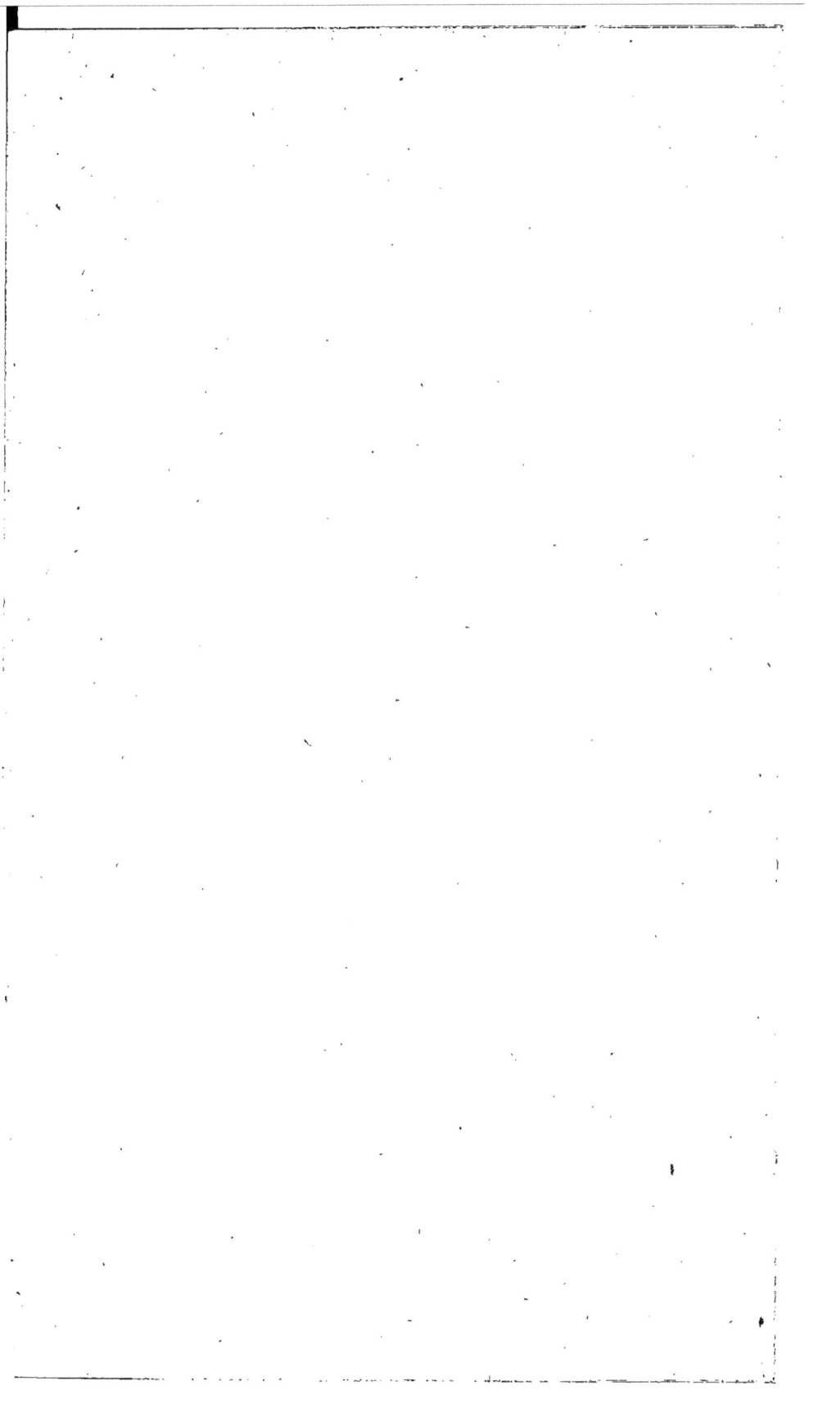

T

F 38458

CLEF DU NOTARIAT.

SENLIS, IMPRIMERIE DE TREMBLAY.

LA CLEF

DU

NOTARIAT,

OU

EXPOSITION MÉTHODIQUE DES CONNAISSANCES NÉCESSAIRES A UN NOTAIRE;

Contenant des principes sûrs, puisés dans lés meilleurs Auteurs, pour
rédiger avec intelligence toutes sortes d'actes et de contrats;

AVEC DES FORMULES DRESSÉES SUR CES MÊMES PRINCIPES;

PAR M. LEDRU,

ANCIEN PRINCIPAL CLERC DE NOTAIRE.

A PARIS,

Chez Madame Vᵛᵉ DABO, Libraire, rue hautefeuille, nº 16;

A SENLIS,

Chez TREMBLAY, Imprimeur-Éditeur, rue du chat-haret.

1822.

PRÉFACE.

Plusieurs ouvrages sur le notariat jouissent, à juste titre, de la plus haute réputation, mais il est à remarquer qu'il n'en existe encore aucun qui soit vraiment élémentaire, c'est-à-dire à la portée des commençans, que l'on semble avoir mis en oubli.

Ces considérations ne m'ont point échappé.

J'ai donc entrepris celui-ci, dans la vue d'être utile à mes jeunes confrères, principalement à ceux qui ne font que d'entrer dans la carrière. Mon vœu le plus ardent est qu'il puisse leur convenir, et commencer avantageusement leur instruction. Du reste, je puis dire que j'ai essayé de faire pour eux, ce que souvent j'ai souhaité qu'on eût fait pour moi.

Cet ouvrage est divisé en trois parties distinctes :

La première offre des notions préliminaires, dans lesquelles j'ai fait entrer,

1°. *Le style expéditionnaire* ou *formulaire à l'usage des élèves du notariat*;

On m'a assuré qu'il n'avait jamais été imprimé, et j'ai pensé que plusieurs seraient satisfaits de le trouver ici; il est augmenté des styles de réformation des grosses non revêtues de la formule royale, styles adoptés par la chambre des notaires de Paris.

2°. *La loi sur l'organisation du notariat*, accompagnée de notes intéressantes recueillies dans divers volumes où elles sont éparses;

Ainsi, cette première partie comprend la nature des fonctions qu'exercent les notaires, leurs droits, leurs devoirs et les règles particulières qu'il doivent observer dans la passation des actes.

3°. Et un extrait en ce qui concerne les dispositions les plus indispensables à savoir, *des Lois sur le timbre, les droits d'enregistrement et d'hypothèques*, etc.

La seconde partie est divisée en autant de titres qu'il y a de sortes d'actes et de contrats.

En tête de chaque titre, est la définition de l'acte, suivie immédiatement de l'indication des lois qui régissent la matière.

J'ai dit dans l'Introduction, page 63, les motifs qui m'ont déterminé à ne point rapporter le texte des Codes. Mon système sera sans doute jugé diversement : les uns, ceux qui liront superficiellement, n'y verront que des chiffres; mais les autres, ceux qui voudront bien examiner plus attentivement et adopter ma méthode, y verront, j'ose me le persuader, sur chaque objet, un traité complet pour les commençans, et aussi quelques avantages particuliers pour les personnes déjà versées dans la pratique.

Je fais l'application de cette méthode, et je prends pour exemple le contrat de vente. — Est-ce un jeune homme qui commence avec la bonne volonté de s'instruire?... Je le suppose à la page 339 qui lui indique l'art. 1582 et suivans; il prend son Code, lit le titre VI du livre III, qui traite de la vente. Lorsqu'il a fini cette lecture, il revient à la page 339, voit qu'il est encore question de la vente sous tels et tels articles du code civil, où il retourne.

Est-ce un principal clerc ou un notaire qui désire revoir les dispositions du Code relatives au défaut de paiement du prix?... Au lieu de chercher machinalement (qu'on veuille bien me pardonner cette expression) dans une table alphabétique où tout est pêle-mêle, il jette un coup-d'œil sur cette même page 339, et, après avoir vu, presque sans intention, tout ce qui a rapport à la vente, il juge avec raison que l'objet de sa recherche doit se trouver dans les *obligations de l'acheteur*, art. 1657.

Mais que sera-t-il résulté pour l'un comme pour l'autre?.... que la page 339 aura fait sur eux l'effet d'un tableau *mnémonique* qui leur retracera fidèlement à l'avenir la distribution du titre VI, livre III, du code civil.

Pour peu qu'on veuille suivre cette méthode, la contexture de ce Code, en général, deviendra tellement familière, que, sans table, on trouvera facilement l'endroit désiré ; et ce n'est pas une chose à dédaigner.

Après le sommaire des lois, j'ai signalé divers points de jurisprudence, objets d'utilité pour les personnes instruites, objets qui piqueront la curiosité des étudians et les engageront à faire des recherches dans les divers traités et recueils d'arrêts qu'ils pourront se procurer.

J'ai cité ensuite des observations particulières sur l'acte ou le contrat dont il s'agit ; enfin , présenté soit une soit plusieurs formules, selon que la matière m'a paru l'exiger.

A cet égard, il sera bon de recourir, en même temps, à la troisième partie, qui contient quelques développemens et diverses instructions sur certains articles, notamment sur les actions de la banque, rentes sur l'État , inscriptions hypothécaires, intérêts, etc.

Cette troisième partie forme donc le complément nécessaire des deux autres ; elle termine le volume et tient lieu de *table des matières,* au moyen de renvois. C'est une collection disposée par ordre alphabétique, de *remarques sur différens sujets qui ont rapport au notariat,* et qui n'avaient pu être comprises dans le corps de l'ouvrage. Elles sont tirées pour la plupart du *Manuel-Pratique, de M. Fleury,* notaire à Paris, qui a bien voulu y donner son assentiment, et auquel la *Clef du notariat* devra son succès.

On pourra remarquer dans ce livre plusieurs choses qu'on ne trouve dans nul autre de cette nature , telles que le *titre préliminaire du projet du code civil* (page 67), le *cautionnement en immeubles* (page 115), la *déclaration des [titulaires des cautionnemens* (page 435), *ceux des statuts et règlemens de notaires de Paris* qui peuvent intéresser les notaires des départemens et leur servir de règle, à défaut de statuts particuliers, etc.

Bien que cet ouvrage ne puisse être considéré que comme une véritable introduction, j'ose espérer, par l'ordre que j'y ai mis, par les nombreuses citations qu'il renferme, mais sur tout à cause des remarques prises dans le *Manuel*, dont je viens de parler, qu'il sera d'une certaine utilité aux jeunes-gens instruits, aux notaires eux-mêmes, en ce qu'il pourra leur épargner de longues et ennuyeuses recherches, lorsqu'ils voudront se rappeler quelques dispositions des lois et réglemens concernant leur état.

Ils pourront d'ailleurs augmenter son dégré d'utilité, en y fesant des annotations.

Au surplus, j'ai tâché de remplir ce que semble promettre le titre.

Je suis bien loin de prétendre offrir un *traité* des connaissances nécessaires à un notaire : c'est purement et simplement *l'exposition* ou le tableau de ces mêmes connaissances ; et, comme la clef d'une science quelconque n'est autre chose que l'exposition de ses principes, c'est ce qui m'a fait intituler cet ouvrage *la clef du notariat.*

Afin de compléter l'idée que je désire en donner, qu'il me soit permis de répéter ce qu'a dit M. Fleury, dans l'avertissement mis en tête de son *Manuel.*

« J'ai voulu rendre quelques services, notamment aux person-
» nes qui se destinent au notariat, en mettant sous leurs yeux,
» dans un cadre resserré, non-seulement les principales dispo-
» sitions des lois, avis du conseil-d'État, arrêtés, décisions et
» arrêts qu'il leur importe de connaître ; mais encore la définition
» des termes de pratique dont les notaires se servent le plus
» ordinairement dans la rédaction des actes, les expressions,
» les formes, les usages consacrés, en quelque sorte, pour le
» notariat ; enfin, des instructions qui pussent leur donner les
» moyens de se procurer, sans peine, des renseignemens sur
» les diverses parties qu'embrasse le notariat. »

Puissent les jeunes étudians trouver dans cet ouvrage le but d'utilité que je me suis proposé ; ce sera ma plus douce récompence !

LA

CLEF DU NOTARIAT.

PREMIÈRE PARTIE.

INSTRUCTIONS PARTICULIÈRES POUR LES JEUNES CLERCS DE NOTAIRES,

SUIVIES

DES PRINCIPALES DISPOSITIONS DE LA LOI SUR L'ORGANISATION DU NOTARIAT.

TITRE PRÉLIMINAIRE.

DES NOTAIRES ET DE LEURS CLERCS.

§. Ier.

Des Notaires.

LES *Notaires* sont les fonctionnaires publics établis pour recevoir tous les actes et contrats auxquels les parties doivent ou veulent faire donner le caractère d'authenticité attaché aux actes de l'autorité publique, et pour en assurer la date, en conserver le dépôt, en délivrer des grosses et expéditions. (*Art. Ier de la loi sur l'organisation du notariat, du 25 ventose an XI.*)

Le mot *notaire* vient du latin *notarius*, formé de *nota*, note, marque, caractère d'une écriture abrégée. Chez les Romains, ceux qui étaient chargés de recevoir les actes, les fesaient d'abord rédiger par des preneurs de *notes*, que l'on appelait *notarii*.

Les notaires sont institués à vie. (*Art. 2 de la même loi.*) Ainsi, leurs fonctions ne peuvent cesser que par leur mort, leur démission, destitution ou suspension.

Il est peu de fonctions plus importantes que celles des notaires. Dépositaires des plus grands intérêts, régulateurs des volontés des contractans, quand ils semblent n'en être que les rédacteurs; interprètes des lois que l'artifice, la mauvaise foi et des combinaisons d'orgueil tendent toujours à éluder, les notaires exercent une espèce de judicature d'autant plus douce qu'elle ne paraît presque jamais, ou ne paraît qu'en flattant les intérêts des deux parties. Ce qu'ils écrivent fait loi pour les contractans; et si ces lois particulières sont en harmonie avec les lois générales et ne blessent point les mœurs ni l'honnêteté publiques, ce grand bien est leur ouvrage! (*M. Favart.*)

§. II

Des Clercs de Notaires.

On appelle *clercs* les jeunes gens qui travaillent chez un notaire à rédiger ou expédier les actes qu'il reçoit en cette qualité. Le lieu où les clercs travaillent se nomme *étude*. Celui qui est le premier de l'étude, prend le titre de *maître-clerc*. (*Ancien Répertoire de Jurisprudence.*)

L'étymologie du mot *clerc* n'a qu'un rapport très-éloigné avec sa signification actuelle; car *clerc* vient du latin *clerus* ou *clericus*, formé du grec ϰλῆϱος, sort, ce qui est échu par le sort. Sous Charles V, *clerc* et *homme savant ou lettré* étaient des termes synonymes.

A Paris, c'étaient autrefois les notaires eux-mêmes qui écrivaient et expédiaient les grosses des actes par eux reçus; ils ne pouvaient alors les faire expédier par leurs clercs. Mais, par lettres-patentes du 1er septembre 1541, François Ier les dispensa de les écrire de leur propre main. Voici ce que portent ces lettres : « François, par la grâce de Dieu, roi de France, etc. » Salut : faisons savoir que, pour le désir que nous avons de » bien favorablement traiter lesdits notaires, avons dit, dé- » claré et ordonné que lesdits notaires puissent dorénavant faire » écrire et grossoyer *par leurs clercs* toutes lettres, instrumens » et contrats qu'ils recevront et passeront, etc. »

Maintenant, il n'y a plus que les minutes des testamens qui doivent être écrits par les notaires eux-mêmes. (*Art. 972 du Code civil.*)

Un arrêt de réglement, du 4 septembre 1632, ordonne que les inventaires des biens des notaires décédés, seront écrits par l'un des deux notaires appelés pour la confection des inventaires, ou de la main du *principal clerc* de celui qui devra avoir la minute, et non de l'une des parties.

A Paris, un clerc ne peut être admis dans une étude, sans le consentement du notaire qu'il quitte, et le principal clerc d'un notaire décédé ou démissionnaire ne peut quitter l'étude que trois mois après la réception du successeur.

Les clercs qui travaillent chez des notaires du ressort de la Chambre de Paris, sont tenus d'aller se faire inscrire sur un registre que garde le secrétaire, dans les trois mois de leur entrée chez les notaires ou de mutation de grades. Cette inscription se fait sur le certificat délivré par les notaires dans les études desquels travaillaient ces clercs avant leur mutation.

Cette forme a été adoptée pour constater d'une manière exacte, le temps de stage prescrit par la loi aux clercs de notaires, et afin de prouver qu'ils l'ont rempli sans interruption jusqu'au moment où ils se présentent pour être pourvus de la commission de notaire.

Un jeune homme qui se place chez un notaire avec le désir d'exercer par la suite cet emploi, doit avoir fait quelques études, écrire proprement, bien orthographier et connaître toutes les opérations de l'arithmétique.

Certes, il est bien à regretter qu'une étude approfondie de la langue ne soit pas l'une des conditions nécessaires pour la nomination des notaires. Quel état exige plus de clarté, plus de précision dans le style, plus de propriété dans les termes, plus de netteté dans la construction, plus de soin jusques dans la ponctuation (1)? Le repos des familles, le besoin de la confiance, l'amour-propre même, tout doit porter les clercs de notaires à se livrer sérieusement à cette étude indispensable pour leur profession future. (*M. Fontaine.*)

Les jeunes clercs de notaires doivent être soumis au premier, complaisans envers les autres, polis, honnêtes avec tout le monde.

Ils peuvent certainement faire leur profit de ce qu'ils voient et entendent des affaires de l'étude; mais rien n'en doit transpirer. La moindre indiscrétion de leur part peut entraîner de graves inconvéniens, et causer un tort infini soit au notaire soit à ses cliens.

---

(1) Dans un testament, après un premier legs fait par le testateur à deux de ses frères, le notaire avait écrit, sur la dictée à lui faite : « Je donne » et lègue de plus à chacun deux mille livres. » On a élevé la question de savoir si c'était *à chacun, deux mille livres,* ou bien *à chacun d'eux mille livres.*

Qu'ils apportent une extrême attention à ce qu'on les charge de faire ; qu'ils cherchent même à retenir dans leur mémoire les clauses ordinaires des actes qu'ils copient, et à en pénétrer le sens et la valeur;

Que surtout ils sachent profiter des momens de loisir qui leur sont accordés, pour lire et étudier nos lois;

Enfin que leur conduite soit sage et régulière ;

Alors ils inspireront de l'intérêt à toutes les personnes qui les connaîtront; ils captiveront leur bienveillance et leur estime, gagneront leur confiance, et pourront espérer d'avoir un jour la satisfaction d'être promus aux fonctions de notaire, honorable et digne récompense de leurs peines !

A leur première entrée dans l'étude, on donne aux jeunes clercs des actes à expédier ; ils apprennent d'abord de leurs camarades la manière de plier leur papier.

Un arrêt du Parlement de Paris, du 4 septembre 1685, ordonnait de laisser trois doigts de marge dans toutes les pages des actes, pour y ajouter commodément les apostilles qu'il conviendrait d'y mettre. En effet, il est d'usage, chez les notaires, de plier le papier timbré en quatre parties égales sur la longueur, dont la première sur la gauche forme la marge.

Du reste, les jeunes gens trouveront dans les chapitres suivans les premières instructions qui leur sont nécessaires.

TITRE PREMIER.

DU STYLE EXPÉDITIONNAIRE.

CHAPITRE PREMIER.

DES EXPÉDITIONS.

§ Ier.

Règles générales.

On entend par *expéditions* les copies littérales que délivrent les notaires, des *minutes* restées en leur possession.

Les *minutes* sont les originaux des actes qu'ils reçoivent, tels que baux, ventes, contrats de mariage, etc. Ces minutes ne sortent point de leur étude.

Aucune *expédition*, copie ou extrait d'actes reçus par des notaires, ne peut être délivrée que sur papier timbré, d'un franc 25 centimes. (*Art.* 63 *de la loi du* 28 *avril* 1816.)

Les *expéditions* ne doivent contenir que vingt-cinq lignes à la page. (*Art.* 20 *de la loi du* 13 *brumaire an* 7.)

Néanmoins, si quelques pages d'une expédition contenaient tantôt plus, tantôt moins que vingt-cinq lignes, il s'établirait compensation d'une feuille à l'autre, de manière qu'il n'y aurait pas d'amende contre le notaire, si l'on ne comptait pas plus de vingt-cinq lignes par page, l'une portant l'autre. (*Art* 20 *de la loi du* 13 *brumaire an VII.*) L'article 174 du décret du 16 février 1807, contenant la taxe des frais de procédure, porte que les expéditions contiendront quinze syllabes à la ligne. (1)

Les notaires doivent tenir à ce que les expéditions soient pro-

---

(1) Les rédacteurs du *Journal de l'enregistrement* (art. 2665) pensent que cette disposition n'a point pour objet l'impôt du timbre ; qu'elle n'a en en vue que d'empêcher les notaires d'employer dans leurs expéditions moins de quinze syllabes par ligne ; qu'en mettant plus que ce nombre, ils n'encourent point l'amende de 25 fr. fixée par l'article 26 de la loi du 13 brumaire an VII.

pres et très-lisibles. L'arrêt du Parlement de Paris, du 4 septembre 1685, prescrivait avec raison d'écrire les noms propres et les sommes d'un plus gros caractère que le reste de l'acte. Mais cela ne doit s'entendre que des noms des personnes qui contractent, des sommes qui sont l'objet de l'acte ou du contrat, et de leur date seulement.

Ce même arrêt ordonnait que les ratures fussent faites par une barre ou trait de plume simple, passant sur les mots, afin de pouvoir compter et distinguer facilement la quantité de mots rayés.

L'empreinte du timbre ne peut être couverte ni altérée, à peine de 25 francs d'amende. (*Art.* 21 *et* 26 *de la loi du* 13 *brumaire an VII.*)

Il ne peut être fait ni expédié deux actes à la suite l'un de l'autre sur la même feuille de papier timbré.

Sont exceptés les ratifications des actes passés en l'absence des parties, les quittances des prix de ventes et celles de remboursemens de contrats de constitutions ou obligations, les inventaires, procès-verbaux et autres actes qui ne peuvent être consommés dans un même jour et dans la même vacation. (*Art.* 23 *de la loi du* 13 *brumaire an VII.*) Même exception à l'égard des révocations de testamens et de procurations. (*Décret du* 15 *juin* 1812.)

Cette disposition a évidemment été déterminée par l'utilité de la réunion de ces différens actes : en conséquence, elle doit avoir son effet nonobstant les changemens de timbre; et il suffit que la formalité ait été remplie, n'importe à quelle époque, même avant 1791, pour autoriser, dans le cas d'exception prévu par la loi, la rédaction d'un nouvel acte à la suite de celui écrit sur du papier frappé d'un timbre devenu hors d'usage. (*Décision du ministre des finances du* 4 *brumaire an XI; Dictionnaire de l'enregistrement,* page 647.)

Les *expéditions* sont signées par les notaires seuls et non par les *parties* (c'est-à-dire, les personnes qui ont contracté.)

Celles des actes passés devant un notaire et deux témoins, sont signées par le notaire seul.

On rapporte, à la fin des expéditions, la mention de l'enregistrement qui est ensuite ou en marge de la minute.

L'*expédition* doit être parfaitement conforme à la minute; aussi est-il d'un usage général de collationner les expéditions, c'est-à-dire, de les confronter avec les minutes, pour s'assurer s'il n'y a point de fautes ou pour corriger celles qui existent. Le clerc chargé de la collation, dont on ne saurait trop recommander l'exactitude, suit des yeux, sur l'expédition, la lecture qu'un autre clerc lui fait de la minute, et y fait à mesure les corrections nécessaires.

Après la collation, on approuve les mots rayés par cette mention qu'on met à la fin de l'expédition : *rayé   mots comme nuls ;* puis, l'on tire des barres dans les blancs à la fin de chaque alinéa. Ceci se pratique généralement à Paris, pour se se conformer à l'article 15 de la loi sur l'organisation du notariat.

Les expéditions étant collationnées et signées du notaire en premier, on y applique son cachet à la marge de la dernière page écrite, et on les envoie signer par le notaire en second (1).

Tout ce qu'on vient de dire à l'égard des expéditions, est applicable aux *grosses* dont on parlera bientôt.

On n'a coutume de rapporter les noms du second notaire que dans les grosses, dans les testamens et dans les actes où les deux notaires instrumentent concurremment à la réquisition des parties.

Les mots *expédition* et *copie*, ne sont pas entièrement synonymes. On entend par *expédition*, la copie que délivrent les notaires d'un acte reçu par eux : et par *copie*, celles qu'ils délivrent d'un acte qu'ils n'ont point reçu, mais qu'on leur a déposé pour minute.

§. II.

Style des expéditions.

Bien que l'expédition doive être conforme à la minute, il est cependant des changemens que l'usage a consacrés.

Ainsi, les mots *ci-annexé*, qui se trouvent dans la minute des actes, se traduisent dans leur expédition par ceux-ci : *annexé à la minute des présentes.*

S'il y avait, *annexé à l'acte dont la minute est des autres parts,* on mettrait : *annexé à l'acte dont la minute précède celle des présentes.*

A la fin des expéditions dont le notaire a reçu la minute, après ces mots *a*, ou *ont signé avec les notaires*, on ajoute : *la minute des présentes demeurée à M*   *l'un des notaires soussignés*, (ou seulement *demeurée à M*   *notaire soussigné*, si l'acte a été reçu par un notaire seul, en présence de témoins) ; *en marge, ou au bas, ou ensuite de laquelle est écrit :*

---

(1) Quand un acte est reçu par deux notaires, on appelle *notaire en premier* celui qui conserve la minute, qu'il signe à droite, et *notaire en second* celui qui ne fait que l'assister ; celui-ci signe à gauche.

·Enregistré à   le   folio   recto (ou verso), case   , Reçu

Signé, (le nom du receveur.)

Lorsque toutes les parties, ou quelques-unes d'elles ne savent ou ne peuvent signer, la mention suivante est mise à la fin de l'acte :

Et ont (lesdits   ) signé, après lecture faite, avec les notaires ; quant auxdits   ils ont déclaré ne le savoir ou ne le pouvoir (en expliquant la cause), de ce interpellés.

Dans l'expédition, on fait à cette mention différentes additions :

1°. On ajoute après ces mots *lecture faite*, ceux-ci : *la minute des présentes.*

2°. On ajoute de même après les mots *de ce interpellés*, ceux-ci :

Il est ainsi à ladite minute demeurée audit Me   l'un des notaires soussignés, ensuite (ou en marge) de laquelle est la mention suivante :

Enregistré, *etc.*

A la fin de l'intitulé et de la clôture des inventaires, on termine les expéditions comme celles des actes ordinaires. A la fin de chaque vacation des inventaires, on rapporte seulement les signatures. A la fin des *dires* ou *déclarations*, on met seulement : *signé à pareil endroit* ou *en cet endroit de la minute des présentes.*

Si, dans l'intervalle de la passation de l'acte à la délivrance de l'expédition, il y avait eu changement de timbre, on ajouterait :

Ces présentes délivrées aujourd'hui   mil-huit-cent

Aux termes de l'art. 1335 du Code civil, les grosses ou *premières expéditions* font la même foi que l'original ; c'est pour cela que beaucoup de notaires mettent à la fin de leurs expéditions :

Pour première expédition délivrée à M. un tel.

L'expédition délivrée à un tiers, qui n'est ni partie dans l'acte, ni intéressé en nom direct, est revêtue du style suivant :

Ces présentes délivrées aujourd'hui   à M. demeurant à   , en vertu de l'ordonnance de M. le président

du tribunal de première instance de   en date du
enregistrée, et dont l'original a été déposé audit M^e   par acte
du   aussi enregistré, et étant ensuite de celui dont expédition
précède.

Quand un notaire délivre l'expédition d'un acte reçu par un
de ses prédécesseurs, il doit rapporter les signatures des parties
et des deux notaires, après lesquelles signatures, on met : *ces
deux derniers, notaires*, et l'on rapporte la mention de l'enregistrement. Puis on met, en style, c'est-à-dire à mi-marge :

L'an   le   collation des présentes a été faite par
M^e   et son collègue, notaires royaux, à la résidence de
soussignés, sur la minute dudit acte de   étant en la possession
dudit M^e   notaire, comme successeur médiat de M^e   au
moyen de diverses mutations (ou comme successeur immédiat) de M^e
ci-devant notaire.

Il arrive souvent que les minutes d'une date antérieure à 1805,
commencent seulement par *furent présens*. On doit faire précéder
ces mots de ceux-ci.

Par-devant les notaires à   soussignés.

Lorsqu'un notaire, dépositaire provisoire des minutes de ses
confrères décédés, en délivre des expéditions, il emploie le
style suivant :

L'an   le   collation des présentes a été faite
par M^e   et son collègue, notaires à la résidence de
soussignés, sur la minute dudit acte de   étant actuellement en
la possession dudit M^e   , auquel la collection des minutes de feu
M^e   ci-devant notaire, a été déposée provisoirement, en vertu
de l'ordonnance de M. le Président du tribunal de première instance de
en date du   enregistrée.

§. III.

Annexes.

Souvent, on annexe à la minute d'un acte une procuration,
ou toute autre pièce à l'appui, dont on fait l'expédition ensuite
de celle de l'acte; en ce cas, on intitule par ces mots :

Suit la teneur de l'annexe (*ou* des annexes).

Après avoir rapporté les signatures, la mention de l'enregistrement et de la législation, on termine de cette sorte :

Il est ainsi au brevet-original de ladite procuration, annexé, comme il est dit ci-dessus, à la minute de l'acte de   dont expédition précède : le tout étant en la possession dudit Mᶜ   l'un des notaires soussignés.

Si l'on ne transcrit pas la légalisation, on commence le style par ces mots :

Il est ainsi au brevet original de ladite procuration dûment légalisé (ou légalisé par) et demeuré, etc.

Lorsqu'on expédie une pièce annexée à la minute d'un acte reçu par un notaire prédécesseur, ensuite de cet acte, après avoir, comme il est dit ci-dessus, rapporté les signatures et transcrit l'enregistrement et la légalisation, on termine avec le style suivant :

L'an   le   collation des présentes a été faite par Mᵉ   et son collègue notaires à la résidence de   soussignés, sur la minute dudit acte de   et sur le brevet original de ladite procuration (ou autre pièce) demeuré, comme il est ci-devant dit, annexé à la minute dudit acte de   ; le tout étant à la possession dudit Mᵉ   notaire, comme successeur médiat, au moyen de diverses mutations (ou immédiat) de Mᵉ   ci-devant notaire.

Mais il arrive quelquefois qu'il n'est pas nécessaire de faire l'expédition de la pièce annexée, cette pièce étant suffisamment énoncée dans l'acte; alors on en fait l'extrait succinctement ainsi qu'il suit :

Par la procuration ci-devant datée et énoncée, il appert qu'elle est spéciale à l'effet de l'acte dont expédition précède.

Ou bien :

Suivant l'acte de naissance ci-dessus daté et énoncé, il appert que M.   est né le

Extrait par Mᵉ   et son collègue, notaires à la résidence de   soussignés, aujourd'hui   , de l'original de ladite procuration (ou de la copie dudit acte de naissance) annexé, comme il est dit ci-dessus, à la minute de l'acte de   dont expédition précède ; le tout étant en la possession dudit Mᶜ   l'un des notaires soussignés.

Si l'on fait séparément l'expédition d'une pièce annexée à la minute d'un acte quelconque, il faut rapporter les signatures, et mettre à la fin :

Il est ainsi au brevet original de   dûment légalisé, certifié

véritable, signé, parafé et annexé à la minute de   passé devant
Mᵉ   l'un des notaires, à   soussignés, le   dûment
enregistré ; le tout étant en la possession dudit Mᵉ   notaire.

Si la pièce annexée que l'on expédie particulièrement dépend des minutes d'un notaire prédécesseur, il faut terminer en ces mots :

Il est ainsi au brevet original de ladite   (ou dudit acte) certifié véritable, signé, parafé et annexé à la minute d'un acte de
passé devant Mᵉ   ci-devant notaire à   et son collègue,
le   enregistré ; le tout étant en la possession de Mᵉ   l'un des notaires à   soussignés, comme successeur médiat au moyen de diverses mutations (ou immédiat) dudit Mᵉ   ci-devant notaire.

Ces présentes collationnées et délivrées par ledit Mᵉ   notaire et son collègue, le

§. IV.

Actes ensuite.

Lorsque l'on fait isolément l'expédition d'un acte, qui se trouve ensuite d'un autre, on intitule ainsi :

Ensuite d'un acte passé devant Mᵉ   l'un des notaires à soussignés, qui en a la minute, et son collègue, le   dûment enregistré, contenant   , est l'acte dont la teneur suit :
Et le, etc.

Dans la minute d'un acte, ensuite d'un autre, on rencontre souvent ces mots : *dont la minute des autres parts ;*
Si le second est expédié à la suite du premier, il faut mettre : *dont l'expédition (ou la grosse) est des autres parts.*
Mais si l'acte est expédié isolément, on doit les remplacer par : *ci-dessus énoncé* (ou, *dont il est ci-dessus question.*)
Les actes de quittances, de décharges, ensuite des contrats de vente ou obligations, sont quelquefois reçus par un autre notaire que celui qui a reçu le contrat de vente ou obligation ; mais comme ces quittances et décharges sont la suite ou le complément du contrat, et que, d'ailleurs, elles font corps avec lui, puisqu'elles sont rédigées sur le même papier, la minute en reste ordinairement au notaire qui a reçu le contrat, et c'est ce qui s'énonce dans cette minute, par les expressions suivantes :

Et ont lesdits   signé avec les notaires, après lecture faite,
ces présentes demeurées audit Mᵉ   tant pour sa décharge, que comme étant ensuite du contrat sus-daté.

Dans l'expédition on substitue à *ces présentes*, ces mots : *la minute des présentes demeurée à*, etc.

§. V.

Dépôts.

Lorsqu'on fait l'expédition de toute pièce déposée à un notaire, après avoir rapporté les signatures, la mention d'enregistrement et la légalisation, on emploie le style suivant :

Il est ainsi au brevet original de   ou en l'original de certifié véritable, signé, parafé et déposé pour minute à Me l'un des notaires à   soussignés par acte du   dûment enregistré.

Si l'on ne rapporte pas la légalisation, il faut mettre :

Il est ainsi (comme dessus) dûment légalisé par M.   certifié, etc.

Si la pièce déposée est un testament olographe ouvert d'après le Code, on emploie cette formule :

Il est ainsi en l'original du testament olographe de M.   signé et parafé par M. le Président du tribunal de première instance de et déposé pour minute à Me   l'un des notaires soussignés, par l'ordonnance de mondit sieur le Président, insérée en un procès-verbal de description ou d'ouverture dudit testament, du   , dûment enregistré (et dont la minute est au greffe du tribunal), ou dont une expédition est, ainsi que ledit testament, demeurée au rang des minutes dudit Me

Si le testament a été déposé à un notaire prédécesseur, on fait au style les changemens suivans :

Il est ainsi au testament olographe de M.   signé et parafé par M. le Président du tribunal civil de   (ou lieutenant civil du ci-devant Châtelet de Paris) et déposé pour minute à Me ancien notaire à   par acte du   enregistré, en vertu de l'ordonnance de mondit sieur   insérée en un procès-verbal du   dûment enregistré, dont la minute est restée au greffe dudit tribunal (ou dudit Châtelet); l'original dudit testament étant actuellement en la possession de Me   l'un des notaires soussignés, comme successeur médiat au moyen de diverses mutations (ou immédiat) dudit Me   ci-devant notaire.

Dans tous les autres cas, quand la pièce déposée et que l'on expédie particulièrement, dépend des minutes d'un notaire prédécesseur, on termine en ces mots :

Il est ainsi au brevet original de (ou en l'expédition de   ) dûment légalisé, certifié véritable, signé, parafé et déposé pour minute à Me   ci-devant notaire, par acte du   enregistré, étant actuellement, ledit brevet (ou ladite expédition), en la possession de Me l'un des notaires soussignés, comme successeur médiat (ou immédiat) dudit Me

Ces présentes collationnées et délivrées par ledit Me   notaire, et son collègue, le

Lorsqu'on délivre l'expédition des brevets rapportés pour minute, on transcrit les signatures et l'enregistrement, et on termine comme il suit :

Il est ainsi au brevet de ladite procuration (ou autre), rapporté pour minute audit Me   par acte du   enregistré le

§. VI.

Contrats de créances sur l'État.

Les notaires ne peuvent délivrer d'expéditions ou extraits des contrats de constitution dont la liquidation appartient à l'État (tels que contrats de rentes créées par le gouvernement, ou par des corporations supprimées), qu'en vertu d'une demande du directeur-général de la liquidation de la dette publique (de la liquidation de la trésorerie, ou d'un corps administratif), à peine de dix années de fers.

On doit faire mention sur la minute, de la demande en vertu de laquelle les expéditions ou extraits ont été délivrés et certifiés ; et sur l'expédition ou extrait, que cette mention a été faite sur la minute, qui ne rappelle elle-même aucun remboursement antérieur.

1°. *Style que l'on doit mettre sur la minute.*

En vertu de la demande à moi faite par M.   directeur-général (ou particulier) de la dette publique, et demeurée ci-jointe, moi, notaire à   soussigné, en me conformant aux dispositions de la loi du vingt-quatre frimaire an six, ai délivré aujourd'hui une expédition du contrat de constitution dont la minute est ci-dessus et des autres parts.
A   ce

2°. *Style à mettre sur l'expédition.*

L'an   le   ces présentes ont été délivrées par

Mᵉ   l'un des notaires à   soussignés, en vertu de la demande qui lui en a été faite par M. le directeur-général (ou particulier) de la liquidation de la dette publique, dont l'original, daté, est demeuré annexé à la minute dudit contrat, sur laquelle il a été fait mention de la délivrance des présentes; certifiant, ledit Mᵉ   notaire, que, soit en marge, soit ensuite de ladite minute dudit contrat de constitution, il n'existe aucune quittance ni mention de remboursement de la rente constituée par ledit contrat.

§. VII.

Actes imparfaits ou non-enregistrés.

Quand on délivre l'expédition d'un acte imparfait, on rapporte les signatures qui sont au bas de l'acte, et on termine comme il suit :

Collation des présentes a été faite cejourd'hui par Mᵉ   et son collègue, notaires à   soussignés, sur la minute dudit acte de non revêtue de la signature de M.   (ou de celles des notaires), et par conséquent resté imparfait, étant ladite minute en la possession dudit Mᵉ   qui en a délivré la présente copie à M.   l'une des parties, pour lui servir et valoir ce que de raison, et ce aux termes de l'ordonnance de M. le Président du tribunal civil de   en date du   enregistrée, l'original de laquelle ordonnance est demeuré annexé à la minute d'un procès-verbal dressé aujourd'hui, ensuite dudit acte imparfait.

Si l'acte dont on délivre une première expédition, n'a pas été enregistré dans le délai, et s'il y a eu ordonnance du juge pour sa délivrance, on termine comme il suit :

Ces présentes, dont la minute n'a pas été soumise à l'enregistrement dans le délai, délivrées aujourd'hui   en vertu de l'ordonnance de M. le président du tribunal de première instance de   en date du   enregistrée le   , et déposée pour minute audit Mᵉ   par acte du   étant ensuite de celui dont expédition précède.

§. VIII.

Copies collationnées.

Les *copies collationnées* sont celles que font les notaires des pièces qu'on leur représente, et qu'ils rendent aussitôt. Ce nom leur a été donné à cause du mot *collationné*, qui commence le style par lequel on les termine.

En voici la formule :

Collationné par Mᵉ   et son collègue, notaires royaux à la rési-

dence de   département de   soussignés, aujourd'hui,
.   mil-huit-cent   sur l'original (la copie ou l'expédition)
de l'acte de   ci-dessus, dûment légalisé (si la pièce l'a été),
représenté aux notaires soussignés et par eux à l'instant rendu.

Dans quelques études, on ajoute :

A M. *un tel*, après qu'il l'a eu certifié véritable, signé et parafé, et
qu'il a eu signé ces présentes avec les notaires.

Avant de mettre cette formule, on doit rapporter les signatures qui se trouvent sur la pièce représentée dont on fait la
copie ; on les fait précéder de ces mots : *ainsi signé*, ou tout
simplement *signé*....
    Lorsqu'il y a des mentions au bas ou en marge, on les rap-
porte textuellement ensuite de la copie, sans laisser d'intervalle ;
mais en les fesant précéder de ces mots, *en marge*, ou *au bas
est écrit*, etc.
    A Paris, on a coutume de rapporter la légalisation.
    Si l'on s'en abstient, on en fait mention dans la formule par
ces mots : *dûment légalisé*.
    Les copies collationnées sont sujettes à la formalité de l'enre-
gistrement, et on les porte au répertoire dans la colonne des
brevets (1).
    Les notaires peuvent les délivrer sur le papier timbré qu'il
leur plaît de choisir, n'importe la dimension, et mettre autant
de lignes à la page, qu'il est possible de le faire, ainsi qu'il est
d'usage pour les minutes et brevets. C'est du moins l'avis de
MM. les rédacteurs du Journal de l'enregistrement. (*Art.* 559 1.)
    Cependant, l'usage est de faire ces copies sur le papier ordi-
naire d'expédition.
    On peut comprendre plusieurs pièces dans la même copie
collationnée : bien entendu que les pièces doivent être copiées à
la suite les unes des autres, sans intervalle.

_____

(1) On appelle *brevet* l'acte dont il ne reste pas de minute chez les
notaires, et qu'ils délivrent en original.

CHAPITRE II.

DES GROSSES.

§. Ier.

Principes généraux.

La *minute* est l'original de l'acte ;
L'*expédition* est la copie simple de la minute ;

La *grosse* en est aussi la copie, mais accompagnée de quelques formules.

On nomme *grosse* l'expédition que le notaire délivre en forme exécutoire d'une minute d'acte ou contrat dont il est dépositaire, à celui au profit duquel le contrat est passé. Ce nom de *grosse* vient de ce qu'anciennement on délivrait cette copie en *grosses lettres*.

La forme exécutoire consiste en ce que la grosse est intitulée et terminée comme les jugemens des tribunaux (1), seule différence qui existe entre les expéditions proprement dites et les grosses.

Dès qu'une grosse est faite, on doit avoir soin d'écrire en tête de la minute : *fait grosse ;* on en connaîtra plus tard les motifs (2). Le notaire met son parafe au bas de ces mots.

Les grosses s'intitulent ainsi qu'il suit :

Louis, par la grâce de Dieu, Roi de France et de Navarre, à tous ceux qui verront ces présentes, salut :
Fesons savoir que par-devant Mᵉ   etc.

Et on les termine de cette manière, après avoir rapporté la mention de l'enregistrement, comme aux expéditions :

Mandons et ordonnons à tous huissiers sur ce requis de mettre ces

---

(1) *Voyez* l'article 25 de la loi du 25 ventose an XI.
(2) *Voyez* l'article 26, *id.*
Autrefois les notaires ne pouvaient délivrer aucune grosse ni expédition, sans en faire mention à l'instant sur la minute, à peine de 100 francs d'amende, et de répondre des dommages et intérêts.

présentes à exécution, à tous commandans et officiers de la force publique d'y prêter main-forte lorsqu'ils en seront légalement requis, et à nos procureurs près les tribunaux d'y tenir la main : en foi de quoi nous avons fait sceller ces présentes (1).

Quand il y a un second acte à transcrire ensuite d'une grosse, et qu'il faut lui donner la même forme, on le commence simplement par ces mots : *de plus, fesons savoir que...*

Et on le termine par la formule ci-dessus, *mandons*, etc.

A la fin d'une seconde grosse, délivrée par ordonnance du juge, lorsque la première se trouve égarée, on met après le *mandons :*

Ces présentes délivrées à M. pour lui servir de seconde grosse, en conformité de l'ordonnance de M. Président du tribunal civil de première instance de l'arrondissement de étant ensuite de la requête à lui présentée à cet effet, et dont l'original, dûment enregistré, est demeuré annexé à la minute des présentes.

§. II.

Grosses non revêtues de la formule royale.

Suivant une ordonnance du Roi, du 30 août 1815, il est défendu, à peine de nullité, de mettre à exécution dans l'étendue du royaume, aucun acte qui ne serait pas revêtu de la formule royale. (Art. 1er.)

Les porteurs de grosses doivent, d'après l'art. 2, s'en procurer de nouvelles; ils ont cependant la liberté de se servir de celles qu'ils possèdent, en les présentant à un notaire, afin d'en faire rectifier la formule. Le notaire doit bâtonner la formule existante, au commencement de l'acte et à la fin, et y substituer la formule royale. La rectification doit être datée et signée, et faite sans frais.

Les grosses nouvelles seront aux frais de ceux qui les demanderont; elles seront considérées comme premières grosses; l'obtention n'en sera soumise à aucune autorisation. Le notaire qui la donnera, en fera seulement mention dans le style.

---

(1) C'est la formule indiquée spécialement par un arrêté du gouvernement, du 15 prairial an XI.

§. III.

Styles (1) que paraît nécessiter l'exécution de l'ordonnance du 30 août 1815.

1°. *Style de réformation d'une ancienne formule de grosse, avec substitution de la formule royale, à mettre en marge ou ensuite de cette grosse.*

Le bâtonnement de la formule existante au commencement et à la fin de la grosse ci-contre (ou qui précède), et la substitution de la formule royale ont été faits en interligne (ou en marge), en exécution de l'ordonnance du Roi, du 30 août 1815, par moi   notaire royal à soussigné, aujourd'hui,   182 .

2°. *Style de délivrance d'une nouvelle grosse, à mettre ensuite de la formule royale qui se trouve à la fin.*

La présente grosse a été délivrée avec la formule royale, par M^e l'un des notaires royaux à   soussignés, aujourd'hui, en exécution de l'ordonnance du Roi du 30 août 1815, sur la représentation de l'ancienne, qui était revêtue de la formule supprimée par cette ordonnance.

Ajouter, si l'on veut :

Laquelle ancienne grosse ne peut servir que d'expédition à la partie, puisque la formule dont elle était revêtue, a été bâtonnée, et que mention en a été faite dessus, comme de la délivrance de la présente, par M^e l'un des notaires soussignés.

3°. *Style de la mention qui doit être faite sur une ancienne grosse, lorsqu'il en sera délivré une nouvelle.*

Je soussigné, notaire royal à   certifie, en exécution de l'ordonnance du Roi du 30 août 1815, avoir délivré une nouvelle grosse, avec la formule royale, du titre ci-contre : pourquoi la formule employée ici a été par moi bâtonnée, afin que cette pièce ne serve plus que d'expédition dans la main du porteur de ladite nouvelle grosse.
A   le

4°. *Style de délivrance de l'expédition d'un acte revêtu d'une formule ancienne.*

Après *il est ainsi*, etc., mettre :

La présente expédition a été délivrée par M^e   et son collègue ;

---

(1) Adoptés par la chambre des notaires de Paris.

notaires à   soussignés, aujourd'hui   suppression faite,
en conformité de l'ordonnance du Roi, du 3o août 1815, de la formule
exécutoire qui s'y trouvait.

5°. Style du bâtonnement en tête de l'expédition.

Bâtonnement de *tant* de mots, en tête de l'expédition ci-contre, a été
fait, en exécution de l'ordonnance du 3o août 1815, par moi,
notaire à   soussigné, aujourd'hui, etc.

§. IV.

Remarques particulières.

1. Si l'on délivre à-la-fois plusieurs premières grosses d'un
acte, ce qui peut arriver lorsqu'il y a plusieurs créanciers, on
termine chacune de ces grosses par le style suivant :

Ces présentes, délivrées audit sieur   pour lui servir séparément
de titre exécutoire de la somme de   qui lui revient dans celle
principale de   formant le montant de ladite obligation.

Ou bien :

Qui lui revient pour sa portion dans la rente sus-énoncée.

2. On ne doit donner la forme exécutoire qu'aux actes dont
il y a minute, et non à ceux qui sont en *brevet*, c'est-à-dire
dont l'original est délivré à la partie. Si l'on voulait avoir une
grosse d'un acte en brevet, on le rapporterait au notaire qui
l'aurait passé, ou à tout autre si le premier n'exerçait plus ses
fonctions.

Les grosses des brevets rapportés pour minute, se terminent ainsi :

Et ont signé avec les notaires, après lecture faite, le brevet-original des
présentes étant en la possession dudit Me   auquel il a été rapporté
pour minute, par acte du   enregistré.

3. Lorsque la minute est signée par un des notaires prédécesseurs du notaire qui délivre la grosse, il faut toujours se
servir du style commun ci-devant énoncé (page 9), rapporter
les signatures et mettre pour clôture :

L'an   le   ces présentes ont été mises pour la première
fois en forme exécutoire, et collation en a été faite par Me   et
son collègue, notaires à   soussignés, sur la minute dudit acte
de   étant en la possession dudit Me   comme successeur
médiat (ou immédiat) de Me   et-devant-notaire.

Si cette première grosse n'est délivrée que pour partie du montant de l'obligation, on termine ce style par ces mots :

Et lesdites présentes ont été délivrées audit sieur   demeurant à   pour lui servir séparément d'un titre exécutoire de la somme de   qui lui revient dans, etc.

4. Lorsqu'il s'agit d'un acte dont le brevet est rapporté pour minute, et que l'acte ait été reçu par le prédécesseur du notaire qui délivre la grosse, il faut rapporter les signatures et l'enregistrement, et terminer la formule (n° 3) par ces mots :

Auquel Me   ledit brevet a été rapporté pour minute par acte du   enregistré.

5. Si dans l'acte dont on fait la grosse, on rencontre ces mots : *la grosse des présentes*, on y substitue ceux-ci : *la présente grosse*.

§. V.

Ampliations.

On nomme *ampliation* la grosse d'un acte expédiée sur une autre grosse déposée à un notaire.

Souvent, ou annexe à la minute d'un partage la grosse du titre d'une créance qui dépend de la succession, afin qu'il en soit délivré une *ampliation* à chacun des co-partageans, avec mention de la portion qui lui est attribuée dans cette créance.

Cette ampliation est, dans les mains de chaque héritier, un titre exécutoire en vertu duquel il touche et reçoit des débiteurs la somme qui lui appartient, et peut prendre en son nom de nouvelles inscriptions sur leurs biens.

Le notaire ne peut délivrer *la seconde ampliation* d'une grosse à lui déposée, qu'en vertu de l'ordonnance du Président du tribunal de première instance, et avec les mêmes formalités que celles qui sont requises pour la délivrance d'une seconde grosse. (*Art.* 844 *du Code de procédure civile.*)

L'*ampliation* ou la copie littérale de la grosse, est terminée par le style suivant :

Il est ainsi en la grosse (en papier ou en parchemin) dudit contrat de constitution, annexée à la minute d'un acte passé devant Me   l'un des notaires à   soussignés, qui en a la minute, et son collègue, le   dûment enregistré, contenant le partage des biens de la succession de M.   Aux termes duquel acte et en vertu de l'ordonnance de M. le président du tribunal de première instance de   en date du   enregistrée, ces présentes ont été délivrées, en forme

d'ampliation, par Me   notaire   au sieur   demeurant
à   pour lui servir de titre exécutoire de la somme de
qui lui a été abandonnée par ledit partage dans le principal de ladite
rente, avec la jouissance des arrérages, à partir du

L'original de laquelle ordonnance est demeuré annexé à la minute d'un
procès-verbal en date du   dressé ensuite dudit partage,

Ou bien :

Délivrées   au sieur   légataire dudit feu sieur
pour lui servir de titre exécutoire de   qui lui ont été abandonnés
par ledit partage, en sadite qualité, dans les   restant seulement
dus sur le prix de la vente faite par le contrat des autres parts, au moyen
d'un paiement de   opéré par une quittance étant ensuite dudit
contrat cet abandonnement fait audit sieur   avec la jouissance
des intérêts à compter du

L'original de laquelle ordonnance, etc.

CHAPITRE III.

DES EXTRAITS D'ACTES.

§. Ier.

Observations.

EXTRAIRE signifie « tirer d'un livre, d'un registre, d'un acte,
» les passages, les renseignemens dont on a besoin. »

Un *extrait* est en général l'exposition d'une ou de quelques
parties qu'on a détachées d'un tout, sans y apporter aucun
changement.

On peut admettre deux sortes d'extraits : l'extrait *littéral*, qui
consiste à rapporter textuellement telles ou telles dispositions d'un
acte (1); et l'extrait *analytique*, qui consiste, soit à tirer d'un acte
quelques-unes des conventions qu'il renferme, soit à faire l'exposition succincte d'un acte qu'on décompose pour le présenter
en raccourci, par le simple énoncé de ses différentes
dispositions.

C'est le notaire, dépositaire de la minute qui en délivre les
extraits; on peut cependant se faire délivrer un extrait par tout

---

(1) C'est presque toujours de cette manière que se fait l'extrait d'un
testament, afin de conserver fidèlement les expressions du testateur.

autre notaire, mais dans la forme des copies collationnées dont nous avons parlé page 14.

Les extraits doivent contenir la transcription littérale de l'enregistrement, car ils sont soumis aux mêmes formalités que les expéditions.

Avant de commencer l'extrait d'un acte, comme d'un partage, d'une transaction, etc., on doit lire cet acte en entier et avec attention, afin de bien le concevoir et de n'omettre dans l'extrait aucune clause essentielle pour la partie à qui il est destiné. Surtout, il faut bien prendre garde d'altérer le sens de l'acte, et de dire autre chose que ce qui s'y trouve inséré. Les commençans doivent d'abord écrire sur papier non timbré les extraits qui présentent tant soit peu de difficultés, et les faire corriger par le notaire ou l'un de ses anciens clercs, avant de les transcrire sur papier marqué.

Il est à observer que la tête et la terminaison de l'extrait s'écrivent *en style*, c'est-à-dire à environ 3 centimètres (1 pouce) de la marge, en rentrant vers la droite, pour que le lecteur puisse facilement distinguer la formule de ce qui est tiré de l'acte ; mais afin qu'on ne puisse rien interposer, on a soin de faire précéder chaque ligne du style de deux petits traits = .

§. II.

Formules d'extraits.

1°. *Extrait d'une procuration annexée à un acte de main-levée.*

Lorsque des procurations sont annexées à un acte, l'expéditionnaire en fait l'extrait à la suite de la grosse ou expédition, sans laisser de blanc ; il énonce particulièrement dans cet extrait, les pouvoirs qui sont spécialement relatifs à l'opération qui a nécessité le dépôt ou l'annexe de la procuration. Ainsi, à la suite de l'expédition d'une main-levée consentie par un mandataire, on met :

Par la procuration ci-devant datée et énoncée
Il appert,
qu'elle contient pouvoir de donner main-levée et consentir la radiation de toutes inscriptions (ou de l'inscription ci-dessus relatée.)
Extrait par M^e et son collègue, notaires royaux à soussignés, sur le brevet original de cette procuration, annexé, comme on l'a dit ci-dessus, à la minute de l'acte de main-levée, dont expédition précède : le tout étant en la possession dudit M^e
Nota. On peut délivrer sur la même feuille de papier timbré, l'expédition d'un acte quelconque et celle de la procuration en vertu de laquelle

il a été passé, lorsqu'elle se trouve annexée à un autre acte de la même étude. (*Décision ministérielle du 17 novembre 1819.*)

2°. *Extrait d'un contrat de mariage.*

L'art. 67 du Code de commerce oblige les notaires de transmettre, par extrait, aux greffes des tribunaux et aux Chambres des notaires et des avoués, les contrats de mariage des commerçans ; cet extrait peut se faire littéralement ou analytiquement.

Première manière.

D'un contrat passé devant Me   qui en a la minute , et son collègue, notaires à   le   enregistré à   le
par   qui a reçu   pour les droits , contenant les conditions civiles du mariage de M.   avec mademoiselle

A été extrait littéralement ce qui suit :

Art. 1er. Les futurs époux ont déclaré se marier sous le régime de la communauté établie par le code civil, sauf les modifications ci-après.
Art. 2. Ils paieront séparément leurs dettes personnelles, etc.

Extrait par Me.   et son collègue, notaires royaux à soussignés,   aujourd'hui,   mil-huit-cent   de la minute dudit contrat de mariage restée en la possession dudit Me

Autre manière.

Par contrat passé devant Me   etc. *comme ci-dessus.*

Contenant les conditions civiles du mariage de M.   avec mademoiselle

Il a été stipulé séparation de biens entre eux , et il a été convenu que la future aurait l'entière administration de ses biens et la jouissance libre de ses revenus.

Extrait par Me   et son collègue , notaires à   soussignés,   aujourd'hui   sur (1) la minute dudit contrat demeurée audit Me

3°. *Extrait collationné d'une quittance , sur une expédition représentée et rendue.*

Suivant une quittance passée en minute devant Me   notaire à   en présence de témoins, le   enregistré à   le
par   qui a reçu
Il appert,

---

(1) On devrait toujours dire *extrait de*, et non *extrait sur* ; toutefois pour nous conformer à l'usage, nous ne disons *extrait de* que dans la formule de l'extrait littéral.

Que M. A   a reconnu avoir reçu de M. B   la somme de
pour le prix d'une maison que le sieur A   a vendue à M. B
par contrat passé devant Me   etc.

Extrait collationné par Me   et son collègue, notaires à la résidence de   département de   soussignés,   aujour-
d'hui   mil huit cent   sur une expédition en forme de
cette quittance, représentée auxdits notaires et par eux à l'instant rendue.

4°. *Extrait d'une procuration en minute.*

Suivant une procuration passée devant Me   et son collègue,
notaires à   le   enregistrée à   le   par
qui a reçu, etc.

Madame   a donné pouvoir à M.   de, pour elle et en
son nom, vendre, etc.

Extrait par ledit Me   et son collègue, notaires à   soussignés,   aujourd'hui   sur la minute de cette procuration,
restée en la possession dudit Me

5°. *Extrait d'une procuration dont le brevet est annexé ou déposé.*

Suivant une procuration passée devant Me   et son collègue,
notaires à   le   enregistrée, etc.

M.   a donné pouvoir à M.   de, pour lui et en son nom,
toucher et recevoir, etc.

Extrait par Me   et son collègue, notaires royaux résidans à
       département de   soussignés, aujourd'hui   mil huit
cent   sur le brevet original de cette procuration, dûment légalisé, certifié véritable et déposé pour minute audit lui   par acte
du   mil huit cent   enregistré.

Ou bien :

Certifié véritable et annexé à la minute d'un acte reçu par ledit Me
       le   etc.

Si c'était l'expédition d'une procuration en minute qui fût
déposée ou annexée, on dirait :

Extrait par, etc.   sur l'expédition de ladite procuration, dûment légalisée, certifiée véritable, etc.

6°. *Extrait d'une quittance et de plusieurs pièces y jointes.*

Par acte passé devant Me   qui en a la minute, et son collègue,
notaires à   le   enregistré à   le   par
qui a reçu, etc.

MM.   ont reconnu avoir reçu de M.   la somme
de   pour, etc.

Cette somme leur appartenait en qualité de seuls héritiers de , etc.

Ils ont donné main-levée et consenti la radiation de l'inscription prise au profit dudit feu sieur etc.

Suivant l'acte de décès inscrit aux registres de l'état civil de la commune de à la date du

Le sieur est décédé à le

Suivant un acte de notoriété passé devant M^e notaire à en présence de témoins, le enregistré à le

ledit sieur a laissé pour seuls héritiers MM. etc.

Extrait par ledit M^e et son collègue, notaires à la résidence de soussignés, 1° sur la minute de ladite quittance ; 2° sur la copie dudit acte de décès, délivrée par M. le dûment légalisée et certifiée véritable ; 3° et sur le brevet original dudit acte de notoriété ; ces deux dernières pièces annexées à la minute de ladite quittance : le tout demeuré en la possession dudit M^e

7°. *Extrait de l'intitulé d'un inventaire.*

L'inventaire des meubles et effets, titres, papiers et renseignemens dépendans de la succession de M. décédé à le (1) a été fait par M^e et son collègue, notaires à le et jours suivans,

A la requête du sieur et de dame son épouse, de lui autorisée, demeurans à etc.

Lesdits habiles à se dire et porter héritiers, etc.

On rapporte exactement les qualités de tous les héritiers qui ont droit à la succession, et on termine comme il suit.

Au bas de cet inventaire est la mention suivante :

Enregistré à le reçu *Signé*, R

Extrait par ledit M^e et son collègue, aujourd'hui mil huit cent sur la minute dudit inventaire restée en la possession dudit M^e

S'il y avait une procuration annexée, immédiatement après avoir rapporté la mention de l'enregistrement, on dirait :

Par la procuration ci-devant datée et énoncée,
Il appert.
Qu'elle est spéciale à l'effet de procéder audit inventaire.

Et l'on terminerait de cette manière :

Extrait par ledit M^e et son collègue, aujourd'hui sur la minute dudit inventaire et sur le brevet de procuration y annexé ; le tout étant en la possession dudit M^e

_____

(1) *Ou bien :* de la communauté qui a subsisté entre M. et la dame son épouse, etc.

8°. *Extrait littéral d'un testament notarié.*

Du testament fait par M.   et reçu par M^e   notaire à
en présence de quatre témoins, le   et en marge duquel est écrit :
Enregistré à   le   reçu   *Signé*, R

Ont été extraites littéralement les dispositions suivantes :
Je donne et lègue, etc.

Extrait par ledit M^e   aujourd'hui   mil huit cent
de la minute dudit testament demeurée en sa possession.

9°. *Extrait d'un testament olographe.* (1)

Du testament olographe de M.   en date à   du tel
jour,
A été extrait littéralement ce qui suit :
Je donne et lègue, etc.

Au bas de ce testament est la mention suivante :
Enregistré à   etc.

Extrait par M^e   et son collègue, notaires royaux à la résidence
de   département de   soussignés, aujourd'hui   mil
huit cent   de l'original dudit testament olographe, déposé audit
M^e   suivant acte par lui reçu le   enregistré, en conformité
de l'ordonnance de M. le Président du tribunal civil de première instance
séant à   en date du   étant ensuite du procès-verbal de
présentation, d'ouverture et de description de ce testament, et dont une
expédition délivrée par M.   greffier en chef dudit tribunal, est
demeurée jointe à la minute dudit acte de dépôt (2).

10°. *Extrait d'un partage, en ce qui concerne l'un des héritiers.*

Par acte passé devant M^e   et son collègue, notaires à
le   mil huit cent   enregistré à   le   par
qui a reçu, etc.
Contenant la liquidation et le partage tant de la communauté qui a subsisté entre le sieur A   et la dame B   sa veuve, que de la
succession dudit sieur A
Et dans lequel acte ont procédé, 1° etc.

(Rapporter ici toutes les qualités des parties.)

---

(1) Écrit par le testateur.
(2) A Paris, les notaires ne dressent point d'acte de dépôt ; ils attachent
seulement à l'original du testament l'expédition du procès-verbal d'ouverture. Alors, dans la formule ci-dessus, on supprime la date du dépôt,
et on termine ainsi : *et dont une expédition délivrée par M.*
greffier du tribunal, est demeurée annexée à l'original dudit testament.

Il appert ,

Que la masse des biens de ladite communauté s'est montée à
non compris les objets laissés en commun , ci. . . . . oo fr. oo c.

Que sur cette masse il a été prélevé, savoir :

1º. Au profit de la veuve , etc.

2º. Au profit de , etc.

Ensorte que la masse active s'est trouvée réduite à

Dont moitié pour la veuve et moitié pour ses deux enfans
conjointement, chaque moitié de

Au moyen de quoi il revenait, savoir :

1º. A la veuve   pour ses reprises , ci. . . . . . .

Et pour sa moitié dans le restant net de la masse active ,
              ci. . . . .

2º. Aux deux enfans, etc.

Que la masse des biens de la succession de M. A
s'est élevée à   y compris les   montant de ses
droits dans la communauté, ci. . . . .

Que les dettes et charges de cette succession se sont mon-
tées à. . . . .

De manière que la masse nette s'est trouvée réduite
à   ci. . . . .

Dont la moitié pour chacun était de

Que pour fournir à M.   la somme de   qui
lui revenait, il lui a été abandonné, à titre de partage, ce
qu'il a accepté :

1º. Pour la somme de   une maison située à

2º. Pour la somme de   une rente de   au
principal de , etc. ci. . . . .

Total pareil à ce qui revenait au sieur

Ou bien, si l'on a fait des lots :

Qu'il a été formé deux lots égaux ;

Que le premier lot échu à M.   qui l'a accepté, se trouve composé, 1º de, etc.

Pour par M.   disposer à compter du jour du partage présentement extrait, des objets à lui abandonnés (ou compris dans son lot),
comme de chose à lui appartenante , en toute propriété, mais n'en
jouir, etc.

S'il y avait soute (1) de part ou d'autre, on en ferait mention,
et l'on dirait si elle a été payée comptant, ou à quelle époque
on s'est obligé de la payer.

Il a été laissé en commun 1º une maison située à   2º une rente
de   due par , etc.

Les titres de tels et tels biens ont été remis à M.   qui s'est
obligé d'en aider M.   etc.

---

(1) Somme que paie l'un des co-partageans pour rendre les lots égaux
en valeur.

On écrit soute sans l.

Extrait par M^e   et son collègue, notaires royaux à
soussignés, aujourd'hui   sur la minute dudit partage, démeurée
audit M^e

Quelquefois, pour éviter la répétition des *que*, qui commencent toutes les phrases de l'extrait ci-dessus, lorsque surtout l'acte est long et compliqué, on adopte la formule suivante :

Par acte passé , etc.
Madame   d'une part ;
Et MM.   d'autre part ;
Ont procédé à la liquidation et au partage , etc.
Pour l'intelligence de cette opération, il a été fait des observations préliminaires.

Ou bien :

Ces opérations ont été précédées d'observations préliminaires pour en faciliter l'intelligence, etc.
La 1re observation est relative à   etc. Il résulte de la 2e observation que   etc. Dans la 3e, est établi le compte de   etc.
Les reprises de madame   ont été liquidées, ainsi qu'il suit, etc.

Nous n'avons pu qu'indiquer la forme des extraits, parce qu'elle est toujours à peu près la même ; mais pour ce qui doit être pris dans les actes, où il est rare de trouver une parfaite ressemblance, c'est aux expéditionnaires de s'attacher à en rapporter clairement et fidèlement les dispositions, en consultant d'ailleurs sur les objets difficiles le notaire ou le maître clerc.

Lorsque dans les actes, se rencontrent ces mots : *à l'effet des présentes*, on les traduit par ceux-ci : *à l'effet de l'acte présentement extrait.*

Au lieu de *ci-annexé*, on met : *annexé à la minute de l'acte présentement extrait.*

On substitue à l'indication *présent mois* ou *mois dernier*, l'énonciation entière de la date.

§. III.

Cas particuliers.

1°. Quand on veut délivrer un extrait en forme exécutoire, on l'intitule ainsi :

Louis, par la grâce de Dieu, etc. Fesons savoir que d'un acte (ou par acte) passé devant, etc.

À l'élection de domicile, au lieu de mettre : *pour l'exécution des présentes*, on met : *pour l'exécution dudit acte*, etc.

Et l'on termine de cette manière :

Mandons et ordonnons, etc. En foi de quoi nous avons fait sceller ces présentes qui furent extraites par M^e , etc.

2°. Si l'acte dont on délivre un extrait a été reçu à la suite d'un autre, et par un notaire autre que celui qui a reçu le premier acte, auquel cependant la minute est demeurée, on intitule en ces termes :

Par quittance passée devant M^e   l'un des notaires à soussignés, et son collègue, le   et dont la minute est ensuite de celle d'un contrat de vente reçu par M^e   , aussi l'un des notaires soussignés et son collègue, le   enregistré le   et auquel M^e   lesdites minutes sont demeurées,
    il appert, etc.

Et l'on termine ainsi :

Extrait par M^e   et son collègue, notaires à la résidence de soussignés, aujourd'hui   , de la minute de ladite quittance, étant, comme il est ci-devant dit, en la possession de M^e   et par lui représentée à cet effet.

Cet extrait est signé par les trois notaires, et au-dessus de la signature de celui qui représente la minute, on écrit : *comme représentant la minute.*

3°. Si le notaire qui a reçu l'acte est remplacé, il faut faire à ce style le changement suivant :

Par :   passé devant M^e   notaire à   et son collègue, le   enregistré le   et dont la minute est ensuite de celle d'un contrat de vente reçu par M^e .   l'un des notaires soussignés et son collègue, le   enregistré le   , auquel M^e   lesdites minutes sont demeurées,
    Il appert que, etc.

Extrait par M^e   et son collègue, notaires à   soussignés, (ledit M^e   comme successeur médiat ou immédiat de M^e ci-devant notaire à   ) de la minute dudit acte de étant, comme il est dit ci-dessus, en la possession dudit M^e   et par lui représentée à cet effet.

4°. Lorsque l'acte dont on doit faire l'extrait, dépend des minutes d'un notaire prédécesseur, on ajoute à la clôture :

Comme successeur médiat (ou immédiat) de M^e   ci-devant notaire.

5°. Lorsque le dépôt auquel la pièce est annexée, a été reçu par un notaire prédécesseur, ou que l'extrait est délivré par un notaire dépositaire des minutes de l'un de ses confrères décédé, ou que l'extrait est délivré à un tiers qui n'est ni partie à l'acte,

TITRE SECOND.

DES NOTAIRES ET DES ACTES NOTARIÉS.

CHAPITRE PREMIER.

DES FONCTIONS, RESSORTS ET DEVOIRS DES NOTAIRES.

§ Ier.

Du Notariat en France.

L'INSTITUTION des notaires, telle qu'elle est connue en France, est toute moderne; elle n'offre que quelques points d'imparfaite ressemblance avec le collége des Tabellions de Rome, et n'en présente aucune avec la profession de ceux qui, connus chez les Romains sous la désignation de *notarii*, ont donné leur nom à notre moderne institution.

Le titre de *fonctionnaire public*, qu'une loi du 29 septembre 1791 avait accordé aux notaires, leur a été conservé par l'art. 1er de celle du 25 ventose. (*Voyez page* 1.) Cette qualification résulte de la nature de leurs fonctions, puisqu'ils sont seuls chargés d'authentiquer les conventions, d'en certifier la date, et de leur donner, en les recevant, le caractère et la force de l'exécution parée, lorsque les parties doivent ou veulent le faire.

§. II.

Devoirs des Notaires.

Les notaires sont tenus de prêter leur ministère lorsqu'ils en sont requis. (*Art.* 3 *de la loi du* 25 *ventose an XI, sur l'organisation du notariat.*)

Excepté 1°. à des personnes incapables d'en user ou de contracter;

2°. Dans des cas et pour des choses qui ne sont pas de leur compétence;

3° Pour des actes qui seraient contraires aux bonnes mœurs

ni intéressé en nom direct, on ajoute à la clôture les styles que nous avons donnés pour·les délivrances d'expéditions dans les mêmes cas. (*Voyez* page 8 et suiv.)

CHAPITRE IV.

DES PROTOCOLES. (1)

Les notaires, en recevant un acte, doivent d'abord faire mention de leur qualité et du lieu de leur résidence, ce qui se fait le plus ordinairement en ces termes :

Par-devant M^e   et son collègue, notaires royaux à la résidence de   département de   soussignés, etc.

Ou, si l'acte est reçu par un seul notaire, en présence de deux témoins :

Par-devant M^e   notaire royal à la résidence de soussigné, et en la présence des témoins ci-après nommés et aussi soussignés, etc.

On se sert encore, pour commencer certains actes, de divers protocoles consacrés par l'usage. Le protocole propre à un acte qu'on emploierait pour un autre acte, ne serait pas une nullité, ce serait simplement une faute contre la coutume. Dire ici quelle est l'origine de cette diversité de formules, c'est ce que nous ignorons. Peut-être est-ce l'utilité que l'on y trouve, en nous fesant connaître la nature de certains actes, au seul aspect du protocole. Ainsi, les actes de dépôt de pièces, de notoriété, de certificats de vie, etc. commencent par :

Aujourd'hui a (2) comparu (ou ont comparu) devant M^e   et son collègue notaires royaux, résidans à   soussignés, M.   etc.

Les quittances et les décharges commencent par :

----

(1) Immatricules ou formulaires, *mention des noms et de la résidence du notaire.*

(2) On dit aussi *est* comparu, *sont* comparus ; l'usage laisse le choix. Mais, dès-lors qu'on ne dit pas *je suis paru*, les gens sensés ne doivent pas hésiter de se décider en faveur de l'analogie.

En présence de M^e   et de son collègue , notaires royaux résidans à   soussignés ,
Le sieur un tel a reconnu avoir reçu, etc.

Les inventaires commencent par :

L'an mil huit cent vingt   , le   heures de
A la requête de , etc.

Les procès-verbaux de comparution :

L'an mil huit cent vingt   , le   heures de
A comparu devant M^e   et son collègue , notaires à
soussignés, en l'étude de M^e   sise   rue   etc.

Lorsqu'on fait un acte ensuite d'un autre, soit une quittance,
soit une ratification, etc. On commence le second acte par sa
date :

Et le   mil huit cent vingt   , a comparu devant
M^e   et son collègue, notaires royaux, résidans à
soussignés, etc.

TITRE SECOND.

DES NOTAIRES ET DES ACTES NOTARIÉS.

CHAPITRE PREMIER.

DES FONCTIONS, RESSORTS ET DEVOIRS DES NOTAIRES.

§ Ier.

Du Notariat en France.

L'INSTITUTION des notaires, telle qu'elle est connue en France, est toute moderne; elle n'offre que quelques points d'imparfaite ressemblance avec le collége des Tabellions de Rome, et n'en présente aucune avec la profession de ceux qui, connus chez les Romains sous la désignation de *notarii*, ont donné leur nom à notre moderne institution.

Le titre de *fonctionnaire public*, qu'une loi du 29 septembre 1791 avait accordé aux notaires, leur a été conservé par l'art. 1er de celle du 25 ventose. (*Voyez page* 1.) Cette qualification résulte de la nature de leurs fonctions, puisqu'ils sont seuls chargés d'authentiquer les conventions, d'en certifier la date, et de leur donner, en les recevant, le caractère et la force de l'exécution parée, lorsque les parties doivent ou veulent le faire.

§. II.

Devoirs des Notaires.

Les notaires sont tenus de prêter leur ministère lorsqu'ils en sont requis. (*Art. 3 de la loi du 25 ventose an XI, sur l'organisation du notariat.*)

Excepté 1°. à des personnes incapables d'en user ou de contracter;

2°. Dans des cas et pour des choses qui ne sont pas de leur compétence;

3° Pour des actes qui seraient contraires aux bonnes mœurs

ou à l'ordre public ; qui contiendraient des conventions prohibées par la loi , ou qui seraient injurieux à des tiers ;

4t. A des personnes qui leur seraient inconnues et dont l'individualité ne leur serait pas constatée. (*Voyez l'art.* 11 ci-après.)

Ils peuvent aussi se refuser de prêter leur ministère , ou du moins de signer un acte , lorsque les droits d'enregistrement ne leur sont pas consignés. (*Arrêt de la cour de cassation du 2 novembre* 1807.)

Comme il ne leur est pas permis de passer, les dimanches et jour de fêtes (1) , des actes qui participent de la juridiction contentieuse , ils doivent se refuser à faire , ces jours-là, des inventaires , actes respectueux , protêts , procès-verbaux de comparution sur sommations , et autres actes qui donnent lieu à des défauts , si les parties sommées ne comparaissent pas. (*Voyez l'art.* 63 *du Code de procédure.*)

N. B. Il est défendu aux notaires de passer des actes pour des maires de communes , et consentis par eux en cette qualité , sans l'autorisation préalable du gouvernement. (*Lettre du ministre de la justice aux procureurs du Roi , du* 21 *mai* 1806.)

§. III.

De la résidence et du ressort des Notaires.

Chaque notaire doit résider dans le lieu qui lui est fixé par le gouvernement. En cas de contravention , le notaire est considéré comme démissionnaire ; en conséquence , le ministre de la justice , après avoir pris l'avis du tribunal , peut proposer au gouvernement son remplacement. (*Art.* 4 *de la loi du* 25 *ventôse an XI.*)

Les notaires exercent leurs fonctions , savoir : ceux des villes où siége la cour royale (ou d'appel) , dans l'étendue du ressort de cette cour ;

Ceux des villes où il n'y a qu'un tribunal de première instance , dans l'étendue du ressort de ce tribunal ;

Ceux des autres communes , dans l'étendue du ressort du tribunal de paix. (*Art.* 5 , *id.*)

Il est défendu à tout notaire d'instrumenter hors de son ressort , à peine d'être suspendu de ses fonctions pendant trois

(1) Noël , l'Ascension , l'Assomption , la Toussaint , le 1er janvier , le 21 janvier (*Loi du* 19 *janvier* 1816.), et le 25 août , (*Décision du ministre des finances, du* 28 *octobre* 1817.)

mois, d'être destitué en cas de récidive, et de tous dommages-intérêts. (*Art.* 6, id.) (1)

Mais il est permis aux notaires d'instrumenter dans leur ressort, entre toutes sortes de personnes, quoiqu'elles n'y soient pas domiciliées. Un notaire peut bien aussi se transporter momentanément hors du lieu de sa résidence, dans toute l'étendue de son ressort, pour y faire un acte; il peut y rester aussi long-temps qu'il est nécessaire pour préparer l'acte, le rédiger et le faire signer; mais il ne pourrait pas y fixer son domicile, ni établir son étude hors du lieu de sa résidence. Un acte fait par un notaire hors de son ressort, et qui serait signé de toutes les parties, vaudrait seulement comme écrit sous seing-privé. Il serait nul, s'il devait être fait devant notaire, sous peine de nullité, comme, par exemple, la donation entre-vifs; il serait pareillement nul, s'il n'était pas signé de toutes les parties, encore qu'il ne dût pas être passé devant notaire, sous peine de nullité.

§. IV.

De l'incompatibilité des fonctions de Notaires avec plusieurs autres fonctions.

Les fonctions de notaires sont incompatibles avec celles de juges, procureurs du Roi, leurs substituts, greffiers, avoués, huissiers, préposés à la recette des contributions directes et indirectes; juges, greffiers et huissiers des justices de paix, commissaires de police et commissaires aux ventes. (*Art.* 7 de *la loi du* 25 *ventose an XI.*) (2)

Elles sont encore incompatibles avec les fonctions de sous-préfet, de conseiller de préfecture, de contrôleur des contributions, de conservateurs et agens des hypothèques. (Décis. du gouv., du 3 brumaire an XII; avis du conseil-d'état, du 10 ventose an XIII; décision du min. des fin., du 8 prairial an XIII, et loi du 9 messidor an III.)

_____

(1) *Voyez* l'art. 68 de la même loi.
(2) *Voyez* les articles 52 et 66, *id.*

CHAPITRE II.

DES ACTES, DE LEUR FORME, DES MINUTES, GROSSES, EXPÉDITIONS
ET RÉPERTOIRES.

§. Ier.

Des formalités auxquelles sont assujétis les actes notariés.

Les notaires ne peuvent recevoir des actes dans lesquels leurs parens ou alliés, en ligne directe à tous les degrés, et en collatérale jusqu'au degré d'oncle ou de neveu inclusivement, seraient parties, ou qui contiendraient quelque disposition en leur faveur. (*Art. 8 de la loi du 25 ventose an XI.*) (1)

Les actes sont reçus par deux notaires, ou par un notaire assisté de deux témoins, citoyens français (2), sachant signer, et domiciliés dans l'arrondissement communal (3) où l'acte est passé (4) (*Art. 9, id.*)

Deux notaires, parens ou alliés au degré prohibé par l'art. 8, ne peuvent concourir au même acte.

Les parens et alliés, soit du notaire, soit des parties contractantes, au degré prohibé par l'art. 8, leurs clercs et leurs serviteurs ne peuvent être témoins. (*Art. 10, id.*) (5)

La prohibition s'étend plus loin pour les testamens. (*Voyez l'art 975 du Code civil.*)

Deux frères peuvent être témoins dans un même acte; la loi n'exclut pas la parenté respective des témoins. Néanmoins, il est de la prudence d'un notaire d'éviter, autant que les circonstances le lui permettent, tout ce qui pourrait servir à contester et à faire suspecter les actes qu'il passe. (*Lettre du min. de la justice, du 7 octobre* 1809.)

---

(1) *Voyez* l'art. 68 de la même loi.
(2) Mâles, âgés de vingt-un ans, et qui ne soient pas en état de domesticité.
(3) C'est-à-dire le ressort d'un tribunal de première instance, l'arrondissement d'une sous-préfecture, et non pas seulement le territoire d'une commune ou d'un canton particulier. (*Art. 2 du sénatus-consulte du* 16 *thermidor an X.*)
(4) Pour les testamens, *voyez* l'article 971 du Code civil.
(5) *Voyez* l'art. 68 de la même loi.

Le nom, l'état et la demeure des parties doivent être connus des notaires, ou leur être attestés dans l'acte par deux citoyens connus d'eux, ayant les mêmes qualités que celles requises pour être témoin instrumentaire. (*Art.* 11, id.)

Cette attestation se rédige à la fin de l'acte, dans ces termes ou autres équivalens :

Fait et passé à   le   en présence de MM. tous deux connus des notaires, lesquels ont attesté l'individualité du comparant.

Voyez l'art. 13 ci-après.

Tous les actes doivent énoncer les nom (1) et lieu de résidence du notaire qui les reçoit, à peine de 100 francs d'amende contre le notaire contrevenant. Ils doivent également énoncer les noms des témoins instrumentaires, leur demeure, le lieu (2), l'année et le jour (3) où les actes sont passés, sous les peines prononcées par l'art 68 ci-après, et même de faux, si le cas y échoit. (*Art.* 12, id.)

Voyez page 50 de ce volume, les divers protocoles [usités par les notaires (4).

Les actes des notaires doivent être écrits en un seul contexte (5).

---

(1) *Nom* est ici au singulier, d'où l'on peut conclure qu'il n'est pas indispensable de mettre les prénoms ; mais on a coutume de les mettre dans les grosses et dans les procès-verbaux ; autrefois même on énonçait les noms et prénoms du notaire en second, et il est encore d'usage de le faire, lorsque ce notaire est appelé par une des parties.

(2) Non-seulement la commune où l'acte est passé ; mais encore la maison où il a été signé des parties. (*Art.* 167 *de l'ordonnance de Blois, du mois de mai* 1579.) Toutefois, un arrêt de la cour de Rennes du 9 mars 1809, a jugé que l'énonciation du lieu est suffisamment remplie, en désignant seulement la ville, le bourg ou village où l'acte a été passé, sans qu'il soit nécessaire de désigner la maison.

(3) C'est-à-dire le mois et le quantième du mois. Il n'est pas nécessaire d'exprimer quel jour de la semaine, si ce n'est lorsqu'il s'agit d'actes qui ne peuvent être passés ni les dimanches ni les jours de fêtes, afin que l'acte porte en lui-même la preuve qu'il n'a pas été fait un jour prohibé. Voilà pourquoi on date ainsi les inventaires.

(4) Quand il y a deux dates pour la réception des signatures, c'est la première qui compte pour l'enregistrement.

Si l'acte n'est pas signé au même lieu par toutes les parties, on met :

Fait et passé à   savoir, à l'égard de M. *un tel*, en l'étude, et quant à M. *un tel*, en sa demeure susdite, l'an   le   etc.

(5) De manière que le caractère de l'écriture soit partout à-peu-près de la même grosseur, et que les lignes soient également espacées.

lisiblement, sans abréviation (1), blanc (2), lacune ni intervalle (3) ; ils doivent contenir les noms, prénoms, qualités
et demeures des parties, ainsi que des témoins qui seraient
appelés dans le cas de l'art. 11 ; et énoncer en toutes lettres les
sommes et les dates : les procurations des contractans doivent
être annexées à la minute (4), qui fait mention que lecture

---

(1) Voici les abréviations qu'on tolère dans les expéditions ou grosses :
M. pour monsieur; Mme pour madame; Mlle pour mademoiselle; M^e
pour maître, titre qu'on donne aux magistrats, notaires, avoués, etc.
M^e *un tel*; M^tre pour maître, en parlant des ouvriers qui paient patentes ;
maître-maçon; S^t, S^te pour saint, sainte; M^d, M^de pour marchand,
marchande; led. lad. pour ledit, ladite; S^r pour sieur ; D^e pour dame,
N^re pour notaire; So^e pour somme; t. d. c., t. d. b. pour tenant d'un côté
d'un bout; dem^t pour demeurant; appar^t pour appartenant. On fait encore dans les minutes quelques autres abréviations· l'usage les apprendra.

(2) Dans une procuration en brevet, le nom du procureur constitué
peut être laissé en blanc, pour être rempli à la volonté de la personne qui
fait faire l'acte ; mais lorsqu'on dépose ou qu'on rapporte pour minute à
un notaire le brevet de la procuration, on doit y remplir le nom du mandataire. (*M. Massé.*)

(3) La chambre des notaires de Paris a arrêté le 28 pluviose an XII,
comme mesure d'exécution de cette disposition, qu'il serait recommandé
aux notaires du ressort, de tirer des traits de plume à la fin de chaque
alinéa, tant des minutes que des expéditions et extraits de leurs actes.

(4) Dès que le notaire a annexé la procuration à un acte passé en son
étude, la jonction des copies qui en serait faite aux minutes des actes subséquens, deviendrait sans objet : il faut observer toutefois que le notaire,
en délivrant les expéditions, doit y joindre l'expédition ou extrait de la
procuration, pour que les actes soient exécutoires. (*Lettre du grand-juge*
du 28 mars 1807.)

Les notaires doivent, sous peine d'encourir l'amende de 100 fr., exiger
la représentation des procurations en vertu desquelles les parties *disent*
agir, et annexer ces procurations à leurs minutes. (*Journal de l'enregis-*
trement, art. 6301.)

Les notaires annexent les procurations, substitutions, autorisations, etc.
lors même que ces actes auraient été reçus par des notaires de leur résidence; mais alors ils font seulement sur ces pièces mention de l'annexe,
sans les faire certifier véritables, parce qu'ils sont censés connaître les
signatures de leurs confrères.

On ne peut annexer une pièce à un acte qu'elle n'ait été préalablement
enregistrée. (*Art.* 42 *de la loi du* 22 *frimaire an VII.*) Les actes de l'état
civil sont exceptés de cette mesure.

Lorsqu'il n'y a qu'une pièce d'annexée et qu'on en fait la copie à la suite
de l'expédition de l'acte, on ne laisse point d'intervalle ; s'il y avait plusieurs pièces annexées, il vaudrait mieux faire signer par les notaires l'expédition de l'acte, et transcrire immédiatemrnt les annexes que les notaires signeraient pareillement : sans cela, on pourrait se tromper en prenant la date d'une pièce annexée pour celle de l'acte.

On doit rappeler dans les actes la patente des contractans, toutes les
fois que ces actes sont relatifs à leur commerce. (*Loi du premier brumaire*
an VII, et ordonnance du Roi du 23 *décembre* 1814.)

a été faite aux parties : le tout à peine de 100 francs d'amende contre le notaire contrevenant. (*Art.* 13, idem.)

Les actes sont signés par les parties, les témoins et les notaires, qui doivent en faire mention à la fin de l'acte (1).

Quant aux parties qui ne savent ou ne peuvent signer, le notaire doit faire mention (2), à la fin de l'acte, de leur déclaration à cet égard (3). (*Art.* 14, id.)

Les renvois et apostilles ne peuvent, sauf l'exception ci-après, être écrits qu'en marge ; ils sont signés ou parafés ; tant par les notaires que par les autres signataires, à peine de nullité des renvois et apostilles. Si la longueur du renvoi exige qu'il soit transporté à la fin de l'acte, il doit être non-seulement signé et parafé comme les renvois écrits en marge, mais encore expressément approuvé par les parties, à peine de nullité du renvoi. (*Art.* 15, idem.)

Si un notaire avait omis de faire approuver un renvoi par l'un des contractans, les autres parties ne pourraient point faire assigner cette personne pour approuver le renvoi, ni demander à faire preuve par témoins qu'elle en était convenue en leur présence et en la présence des témoins, parce que la preuve par témoins, contre et outre le contenu à l'acte, est inadmissible, aux termes de l'art. 1341 du Code civil.

Il ne doit y avoir ni surcharge (4), ni interligne, ni addition

---

(1) Lorsque les notaires ont fait à haute voix la lecture de l'acte, ils le font parafer et signer par les parties et les témoins.

Les signatures ne se mettent qu'à la fin de l'acte. Les parafes s'apposent au bas de chaque recto seulement et de chaque renvoi.

Les notaires ne parafent que les renvois.

Lorsque les parties n'ont pas adopté un parafe à la suite de leur signature, elles écrivent les lettres initiales de leurs prénoms et noms de famille.

Les femmes signent toujours leurs noms de fille, quand bien même elles auraient été mariées plusieurs fois; elles peuvent ajouter *femme* ou *veuve* d'un tel.

(2) A peine de nullité des actes, d'après l'art. 68. Cependant le Conseil-d'état a décidé, le 16 juin 1810, que le vœu du législateur a été d'annuler seulement les actes notariés où la mention des signatures des parties serait omise, et non ceux où le notaire aurait oublié de mentionner sa signature. La Cour de Cassation a jugé de même le 11 mars 1812.

(3) Quant aux parties qui ne peuvent signer, on doit énoncer la cause qui les empêche de le faire ; néanmoins, cela n'est de rigueur que pour les testamens. (*Art.* 973 *du Code civil.*) Dans les autres cas on peut se borner à mettre la déclaration de la partie qu'elle ne peut signer. (*Parfait Notaire,* tom. Ier, pag. 414.)

(4) Un acte public, dont la date est surchargée, est nul, comme n'étant pas daté ; sa nullité n'est pas couverte par l'exécution que la convention a reçue. (*Arrêt de la Cour de Cassation du* 27 *mars* 1811.)

dans le corps de l'acte ;· et les mots surchargés, interlignés ou ajoutés, sont nuls. Les mots qui doivent être rayés, le sont de manière que le nombre puisse en être constaté à la marge de leur page correspondante ou à la fin de l'acte (1) et approuvé de la même manière que les renvois écrits en marge ; le tout à peine d'une amende de 50 francs contre le notaire, ainsi que de tous dommages-intérêts, même de destitution en cas de fraude (*Art.* 16, id.)

Le notaire qui contrevient aux lois et aux arrêtés du gouvernement concernant les noms et qualifications supprimés, les clauses et expressions féodales (2), les mesures (3) et la numération décimale (4), est condamné à une amende de 100 fr., qui est double en cas de récidive. (*Art.* 17, id.)

Cet article prescrivait aussi l'emploi de *l'annuaire de la république*; mais un sénatus-consulte du 22 fructidor an XIII (9 septembre 1805), a supprimé le calendrier républicain qui avait été établi par décret de la convention, du 5 octobre 1793, et a rétabli le calendrier grégorien, à compter du 11 nivose an XIV.

---

(1) Les notaires ont généralement adopté ce dernier moyen ; ils placent sur la marge de la dernière page écrite des minutes ou brevets de leurs actes, la mention par laquelle ils constatent la rature des lignes et des mots.

Quand il y a des mots de rayés dans un renvoi, on dit : Rayé *tant* de mots comme nuls, y compris ceux, au nombre de ———— qui se trouvent dans telle apostille.

A l'égard des grosses, expéditions ou extraits, on met ordinairement l'approbation des mots rayés au-dessus des signatures des notaires.

(2) Ceci paraît être tombé en désuétude depuis le rétablissement de la monarchie en France, encore bien que le régime féodal n'existe plus. Cependant, un décret du 1er mars 1808 défendait aux notaires de donner à qui que ce fût d'anciens titres et qualifications qui n'auraient pas été conservés par le chef du gouvernement ; renouvelant, autant qu'il serait besoin, contre les contrevenans, les lois en vigueur.

(3) Les notaires doivent donc exprimer en *mesures métriques*, toutes les quantités de mesures agraires ou autres qu'ils ont à énoncer ; mais il est toujours d'usage d'énoncer entre parenthèses les mesures anciennes auxquelles correspondent les nouvelles. Nous indiquons ici le *Manuel des poids et mesures*, par M. Tarbé, comme un des meilleurs ouvrages qui aient été publiés jusqu'à ce jour sur cet objet.

(4) Toutes stipulations de sommes d'argent ne peuvent être énoncées qu'en francs et centimes, à compter du 1er vendémiaire an VIII (ou 23 septembre 1799). Depuis lors, toutes les sommes sont censées évaluées en francs et centimes, quand bien même les actes porteraient des livres, sous et deniers.

Mais l'acquittement des obligations antérieures au 1er vendémiaire an VIII, doit être fait en valeur de l'ancienne livre tournois, encore bien qu'on se fût servi de l'expression de *francs* au lieu de celle de *livres*. (*Loi du 17 floréal an VII*.)

(1ᵉʳ janvier 1806.) Lorsqu'il y a lieu de rapporter les dates du calendrier républicain, il est bon d'y joindre celles du calendrier grégorien qui y correspondent.

Le notaire doit tenir exposé, dans son étude, un tableau sur lequel il inscrit les noms, prénoms, qualités et demeures des personnes qui, dans l'étendue du ressort où il peut exercer, sont interdites et assistées d'un conseil judiciaire, ainsi que la mention des jugemens relatifs; le tout immédiatement après la notification qui en est faite, et à peine des dommages-intérêts des parties. (*Art.* 18, id.)

Les secrétaires des chambres de discipline délivrent à chaque notaire un extrait des jugemens d'interdiction et de nomination de conseils, qui ont été signifiés aux chambres. (*Art.* 92 et 175 *du décret du* 16 *février* 1807, *et* 501 *du Code civil.*)

Tous actes notariés font foi en justice, et sont exécutoires dans toute l'étendue du royaume.

Néanmoins, en cas de plainte en faux principal, l'exécution de l'acte argué de faux est suspendue par la déclaration du jury d'accusation, prononçant *qu'il y a lieu à accusation:* en cas d'inscription de faux, faite incidemment, les tribunaux peuvent, suivant la gravité des circonstances, suspendre provisoirement l'exécution de l'acte. (*Art.* 19, id.)

Les notaires sont tenus de garder minute de tous les actes qu'ils reçoivent.

Ne sont néanmoins compris dans cette disposition, les certificats de vie, procurations, actes de notoriété, quittances de fermages, de loyers, de salaires, arrérages de pensions et rentes, et autres actes simples qui, d'après les lois, peuvent être délivrés en brevet. (*Art.* 20, id.) (1)

D'après un procès-verbal de la chambre séante à Paris, du 31 mars 1808, les notaires peuvent délivrer *en brevets* les obligations, même excédant 300 francs, et portant hypothèque.

Cette décision est un peu vague, car il s'en suivrait qu'on pourrait délivrer en brevet une obligation de quelque somme que ce fût.

Les notaires ne doivent ou ne devraient délivrer *en brevets* que les actes les plus simples, tels que ceux qui sont énoncés en l'article 20 ci-dessus : ils devraient, au contraire, garder minute des obligations qui confèrent hypothèque et excèdent 300 fr. ; des quittances qui contiennent main-levée d'inscriptions, pour qu'on fût toujours à même de faire rayer ces inscriptions ; des transports contenant subrogation d'hypothèque ou de privilége ; des délégations qui sont causées pour demeurer quittes par les

_____

(1) *Voyez* l'art. 68 pour les cas de contravention.

cédans envers les cessionnaires de sommes dues par jugemens ou actes dont il y aurait minutes; et généralement de tous les actes synallagmatiques, de ceux qui détruisent l'effet de précédens actes faits en minutes; et de tous ceux dont la perte, s'ils étaient délivrés en brevets, pourraient porter quelque grave préjudice aux parties.

Voyez les articles 931, 933, 1250, 1397, 1451 et 2158 du Code civil, et l'art. 944 du Code de procédure.

Les *minutes* peuvent être écrites de la main des clercs, à l'exception des testamens que les notaires doivent écrire eux-mêmes. L'usage ne veut pas non plus que les clercs écrivent des inventaires dans lesquels ils figureraient comme héritiers. (*Arrêt du Parlement de Paris, du 6 avril 1632.*)

On met les *minutes* en liasse, par ordre de dates et mois par mois, et ou les renferme dans des boîtes ou cartons.

Les minutes des contrats et actes où deux notaires sont appelés concurremment, demeurent au plus ancien, eussent-ils même été dressés par le plus jeune, à l'exception toutefois des actes mentionnés ci-après, dont les minutes ne restent pas de droit au notaire le plus ancien, et sur la propriété desquelles les anciens réglemens ont statué.

« Les minutes des contrats de vente appartiennent au notaire » de l'acquéreur.

» Celles des échanges avec soute, au notaire de l'échangiste » qui paie ou doit la soute.

» Celles des obligations et constitutions de rente, au notaire » du prêteur.

» Celles des transports au notaire du cessionnaire.

» Celles des contrats de mariage au notaire de la future.

» Celles des baux au notaire des bailleurs.

» Celles des quittances au notaire de la partie qui fait le » paiement.

» La minute d'une dotation appartient au notaire le plus » ancien. »

Quant aux minutes des inventaires, nous en parlerons dans la suite de cet ouvrage.

§. II.

Des grosses, expéditions, copies et extraits des actes notariés ou déposés à un Notaire.

Le droit de délivrer des grosses et des expéditions n'appartient qu'au notaire possesseur de la minute, et, néanmoins, tout notaire peut délivrer copie d'un acte qui lui aura été déposé pour minute. (*Art.* 21 *de la loi du* 25 *ventose an XI.*)

Les notaires peuvent aussi délivrer, 1° copies des actes qui sont annexés aux minutes dont ils sont dépositaires; 2° et des copies collationnées de toutes pièces qui leur sont présentées.

Pour le cas où le notaire pense devoir refuser de délivrer une expédition, voyez l'article 839 et suivans du Code de procédure.

Les notaires délivrent aux préposés de l'enregistrement les expéditions dont ils ont besoin et qu'ils requièrent, moyennant une rétribution qui, suivant une décision du ministre des finances, du 19 janvier 1808, est de 75 centimes du rôle pour Paris, et de 50 centimes pour les départemens, outre le papier timbré.

§. III.

De l'obligation imposée aux Notaires de conserver leurs minutes.

Les notaires ne peuvent se dessaisir d'aucune minute, si ce n'est dans les cas prévus par la loi, et en vertu d'un jugement.

Avant de s'en dessaisir, ils en dressent et signent une copie figurée, qui, après avoir été certifiée véritable par le président et le procureur du Roi du tribunal civil de leur résidence, est substituée à la minute, dont elle tient lieu jusqu'à sa réintégration. (*Art.* 22 *de la loi du* 25 *ventose an XI.*)

Voyez le Code civil, article 2060; le Code de procédure, art. 201 et suivans, et le Code criminel, art. 455.

Un testateur peut cependant se faire remettre la minute de son testament, en en donnant une décharge sous seing-privé ou notarié. (*Procès-verbal de la Chambre des notaires de Paris, du* 8 *germinal an XII ou* 29 *mars* 1804.)

§. IV.

De la communication des actes.

Les notaires ne peuvent, sans l'ordonnance du Président du tribunal de première instance, délivrer expédition ni donner connaissance des actes à d'autres qu'aux personnes intéressées en nom direct, héritiers ou ayant-droit, à peine de dommages-intérets, d'une amende de 100 francs, et d'être, en cas de récidive, suspendus de leurs fonctions pendant trois mois; sauf néanmoins l'exécution des lois et réglemens sur le droit d'enregistrement, et de celles relatives aux actes qui doivent être publiés dans les tribunaux. (*Art.* 23 *de la loi du* 25 *ventose an XI.*)

Voyez le Code de procédure, art. 839 et suivans jusques et compris l'art. 852.

La cour royale de Paris a jugé, le 22 juillet 1809, qu'un notaire doit représenter à la partie intéressée, qui l'en requiert, la minute même de l'acte, c'est-à-dire, lui en donner communication oculaire.

Les notaires sont tenus de donner avis aux administrateurs des établissemens de bienfesance, des dispositions faites en faveur des pauvres. (*Art.* 2 *de l'arrêté du gouvernement, du* 4 *pluviose an XII.*)

Cet arrêté a été rendu commun aux fabriques des paroisses, aux établissemens d'instruction publique, et aux communes, par un décret du 12 août 1807, et une ordonnance du roi, du 2 avril 1817.

§. V.

Des compulsoires.

On entend par compulsoire, une commission décernée aux notaires, greffiers ou autres dépositaires d'actes publics, pour les contraindre à représenter les actes qu'ils ont entre les mains, et à en délivrer des extraits ou copies collationnées. Voyez l'article 847 et suivans du Code de procédure.

En cas de compulsoire, le procès-verbal est dressé par le notaire dépositaire de l'acte, à moins que le tribunal qui l'ordonne ne commette un de ses membres, ou tout autre juge, ou un autre notaire. (*Art.* 24 *de la loi du* 25 *ventose an XI.*)

§. VI.

Des grosses.

Les grosses seules sont délivrées en forme exécutoire ; elles sont intitulées et terminées dans les mêmes termes que les jugemens des tribunaux. (*Art.* 25 *de la loi du* 25 *ventose an XI.*)

Voyez le style expéditionnaire, page 16.

Les actes dont les notaires doivent rigoureusement délivrer les copies en forme exécutoire, sont ceux qui portent un engagement formel de payer ou livrer des choses liquides et certaines : ils ne peuvent donc délivrer que de simples expéditions des actes dont il ne résulte aucun engagement de cette nature, et qui ne renferment que des obligations de faire ou de ne pas faire, ou de souffrir une chose. (*Procès-verbal de la Chambre des notaires de Paris, du* 22 *mai* 1811.)

Un contrat revêtu de la forme exécutoire, a la même force que l'expédition d'un jugement. On peut, en vertu de la grosse d'un acte notarié, faire saisir et vendre les biens d'un débiteur.

Il doit être fait mention sur la minute, de la délivrance d'une première grosse faite à chacune des parties intéressées : il ne peut lui en être délivré d'autre, à peine de destitution, sans une ordonnance du Président du tribunal de première instance, laquelle demeure jointe à la minute. (*Article* 26 *de la même loi.*)

Voyez l'art. 854 du Code de procédure.

Plusieurs personnes peuvent avoir droit à la grosse d'un même acte, comme dans le cas où une obligation serait souscrite au profit de deux particuliers pour raison de sommes différentes par eux prêtées ; où un bail serait fait par propriétaires indivis, etc. ; alors on fait ordinairement consentir par le débiteur ou le locataire, qu'il sera délivré une *grosse* à chaque créancier ou propriétaire.

On délivre des grosses par *extrait,* dans diverses circonstances, par exemple, quand il est dû, par un partage, une soute à l'un des co-héritiers. (*Voyez page* 28 *de ce volume.*)

§. VII.

Du cachet notarial.

Chaque notaire est tenu d'avoir un cachet ou sceau particulier, portant ses nom, qualité et résidence, et, d'après un modèle uniforme, les armes de France.

Les grosses et expéditions des actes doivent porter l'empreinte de ce cachet. (*Art.* 27 *de la loi du* 25 *ventose an* **XI.**)

§. VIII

De la légalisation des actes notariés.

Les actes notariés sont légalisés, savoir : ceux des notaires à la résidence des cours royales (ou d'appel,) lorsqu'on s'en sert hors de leur ressort ; et ceux des autres notaires, lorsqu'on s'en sert hors de leur département.

La légalisation est faite par le Président du tribunal de première instance de la résidence du notaire, ou du lieu où est délivré l'acte ou l'expédition. (1) (*Art.* 28 *de la loi du* 25 *ventose an* XI.)

L'article 14 de la loi du 21 ventose an VII (11 mars 1799,) attribue aux greffiers 25 centimes pour chaque légalisation.

Modèle d'une légalisation.

Nous ,   Président du tribunal civil de première instance séant à

Certifions à qui il appartiendra que MM.   qui ont signé l'acte ci-contre (ou ci-dessus) sont notaires en cette ville : en foi de quoi nous avons signé ces présentes auxquelles nous avons fait apposer le sceau de ce tribunal.

A   ce

Lorsqu'il est question de faire usage , en pays étranger , d'un acte reçu par un notaire du royaume , il faut alors que la légalisation de M. le Président soit attestée vraie par le garde-des-sceaux , ministre de la justice; que la signature de ce ministre soit certifiée par celui des relations extérieures , et enfin que celle-ci soit reconnue par l'ambassadeur de la puissance dans les états de laquelle l'acte doit être produit ou exécuté.

Les procurations et autres pièces venant de l'étranger, sont légalisées par le ministre des relations extérieures , avant d'être déposées pour minute.

§. IX.

Du Répertoire des Notaires.

Les notaires doivent tenir répertoire de tous les actes qu'ils reçoivent. (*Art.* 29 *de la loi du* 25 *ventose an* XI.)

Les répertoires sont visés, cotés et parafés par le Président, ou, à son défaut, par un autre juge du tribunal civil de la résidence : ils doivent contenir la date, la nature et l'espèce de l'acte, le nom des parties et la relation de l'enregistrement. (*Art.* 30, id.)

Les notaires inscrivent jour par jour sur leurs répertoires, sans blanc et sans interligne, par ordre de numéros, tous les actes qu'ils reçoivent en minutes et en brevets, sous peine de 10 francs d'amende pour chaque contravention. (*Art.* 49 *de la loi*

---

(1) Il serait vraiment à désirer que la légalisation des signatures des notaires de cantons, fût déférée aux juges-de-paix dont ces notaires sont plus voisins ; car on voit des résidences de notaires, éloignées de huit à dix lieues du chef-lieu de l'arrondissement , ce qui retarde la délivrance des actes et les rend plus coûteux.

du 22 frimaire an VII.) On y porte également les copies collationnées.

Les clercs qui se trouvent chargés de la tenue du répertoire,
doivent y apporter la plus grande attention.

Les répertoires sont visés tous les trois mois par les receveurs
de l'enregistrement de la résidence. La présentation doit leur en
être faite, à cet effet, par les notaires, dans les dix premiers jours
de chacun des mois de janvier, avril, juillet et octobre, à peine
d'une amende de 10 fr. par chaque dixaine de jours de retard.
(*Art.* 51 *de la loi précitée.*)

Les notaires sont tenus de communiquer leurs répertoires, à
toute réquisition, aux préposés de l'enregistrement, qui se présentent chez eux pour les vérifier, à peine d'une amende de 50
francs en cas de refus. (*Art.* 52, *idem.*)

Ils déposent, dans les deux premiers mois de chaque année,
et au plus tard le dernier jour du mois de février, au greffe du
tribunal de première instance de leur résidence, la copie sur
papier timbré, de leurs répertoires, laquelle est certifiée véritable
par eux, sous peine de 100 fr. d'amende pour chaque mois de
retard. (*Lois des 6 octobre 1791 et 15 floréal an 4, et décision du
grand-juge, du 8 brumaire an XII.*) L'amende pour chaque mois
de retard est encourue au premier jour du troisième mois, comme
à la fin. (*Décision du ministre, du 5 mai 1807.*)

L'acte qui constate le dépôt au greffe du répertoire, n'est point
sujet à l'enregistrement. (*Décision du ministre des finances, du 16
avril 1819; Journal de l'enregistrement, articles* 5684 *et* 6357.)

Une décision ministérielle, du 11 novembre 1819, porte
1° que, dans les cas où un notaire aura remplacé son confrère
pour la rédaction d'un acte, cet acte contiendra la mention que
la minute est restée au notaire suppléé, lequel demeurera responsable de la substitution.

Que la minute sera portée à-la-fois sur le répertoire du notaire
substitué et sur celui du notaire substituant, avec mention, par
celui-ci, que la minute est restée au *notaire* suppléé, et qu'elle
sera enregistrée au bureau de l'enregistrement de l'arrondissement
de ce dernier.

2°. Qu'en ce qui concerne la minute d'une quittance ou décharge
donnée personnellement à un notaire, à la suite d'un acte par lui
reçu, cette quittance ou décharge, quoique signée par un autre
notaire, restera en la garde du notaire dont elle opère la libération; que cette quittance doit néanmoins être enregistrée au
bureau de l'arrondissement du notaire qui l'a reçue, et être
portée sur son répertoire, avec mention de la garde par l'autre
notaire, sans qu'il soit besoin de l'inscrire sur le répertoire de
celui-ci.

Forme du répertoire prescrite par un règlement du ministre de la justice, du 1er janvier 1811.

Nos du REPe.	DATES DES ACTES.	NATURE DES ACTES. BREVETS.	NATURE DES ACTES. MINUTES.	NOMS, PRÉNOMS, QUALITÉS ET DOMICILES DES PARTIES. INDICATION, SITUATION ET PRIX DES BIENS.	RELATION DE L'ENREGISTR. DATES.	RELATION DE L'ENREGISTR. DROITS.
	Janvier 1822				Janvier 1822.	
1	1er.		Vente.	Par Charles Lebrun, md mercier, dem. à Paris, rue..., à M...., d'une maison située à..., moyennant 10,000 fr.	10	605 f. »
2	2	Procur.		Par M. Jules de Verneuil, propr. demeurant à Versailles, à....	2	2 20

CHAPITRE III.

NOMBRE, PLACEMENT ET CAUTIONNEMENT DES NOTAIRES.

LE nombre des notaires pour chaque département, leur placement et leur résidence sont déterminés par le gouvernement, de manière 1° que dans les villes de 100,000 habitans et au-dessus, il y ait un notaire, au plus, par 6,000 habitans ; 2° que dans les autres villes, bourgs ou villages, il y ait deux notaires au moins, ou cinq au plus, par chaque arrondissement de justice de paix. (*Art.* 31 *de la loi du* 25 *ventose an* **XI**.)

Les suppressions ou réductions de places ne sont effectuées que par mort, démission ou destitution. (*Art.* 2 *et* 32, idem.)

Les notaires exercent sans patentes, mais ils sont assujétis à un cautionnement fixé par le gouvernement, et qui est spécialement affecté à la garantie des condamnations prononcées contre eux, par suite de l'exercice de leurs fonctions. (*Art.* 33, idem.)

CHAPITRE IV.

CONDITIONS POUR ÊTRE ADMIS, ET MODE DE NOMINATION AU NOTARIAT.

POUR être admis aux fonctions de notaire, il faut :

1° Jouir de l'exercice des droits de citoyen ;

2° Avoir satisfait aux lois sur le recrutement de l'armée ;

3° Être âgé de vingt-cinq ans accomplis ;

4° Justifier du tems de travail prescrit par l'article 36 et suivants de la loi du 25 ventose an **XI**. (*Art.* 35, idem.)

Le tems de travail ou stage est, sauf les exceptions ci-après, de six années entières et non interrompues, dont une des deux dernières, au moins, en qualité de premier clerc chez un notaire d'une classe égale à celle où se trouve la place à remplir. (*Art.* 36.)

Le tems de travail peut n'être que de quatre années, lorsqu'il en a été employé trois dans l'étude d'un notaire d'une classe supérieure à la place qui doit être remplie, et lorsque, pendant la quatrième, l'aspirant a travaillé, en qualité de premier clerc, chez un notaire d'une classe supérieure ou égale à celle où se trouve la place pour laquelle il se présente. (*Art.* 37.)

Le notaire déjà reçu et exerçant depuis un an, dans une classe inférieure, est dispensé de toute justification de stage, pour être admis à une place de notaire vacante dans une classe immédiatement supérieure. (*Art.* 38.)

L'aspirant qui a travaillé pendant quatre ans, sans interruption, chez un notaire de première ou de seconde classe, et qui a été pendant deux ans, au moins, défenseur ou avoué près d'un tribunal civil, peut être admis dans une des classes où il a fait son stage, pourvu que, pendant l'une des deux dernières années de son stage, il ait travaillé, en qualité de premier clerc, chez un notaire d'une classe égale à celle où se trouve la place à remplir. (*Art.* 39.)

Le tems de travail exigé par les articles précédens, doit être d'un tiers en sus, toutes les fois que l'aspirant, ayant travaillé chez un notaire d'une classe inférieure, se présente pour remplir une place d'une classe immédiatement supérieure. (*Art.* 40.)

Pour être admis à exercer dans la troisième classe de notaires, il suffit que l'aspirant ait travaillé pendant trois années chez un notaire de première ou de seconde classe, ou qu'il ait exercé, comme défenseur ou avoué, pendant l'espace de deux années, auprès du tribunal d'appel, ou de première instance, et qu'en outre il ait travaillé pendant un an chez un notaire. (*Art.* 41.)

Le gouvernement peut dispenser de la justification du tems d'étude, les individus qui ont exercé des fonctions administratives ou judiciaires. (*Art.* 42.)

L'aspirant demande à la chambre de discipline du ressort dans lequel il doit exercer, un certificat de moralité et de capacité. Le certificat ne peut être délivré qu'après que la chambre a fait parvenir au procureur du Roi près du tribunal de première instance, l'expédition de la délibération qui l'a accordé. (*Art.* 43.)

En cas de refus, la chambre donne un avis motivé, et le communique au procureur du roi qui l'adresse au ministre de la justice avec ses observations. (*Art.* 44.)

Les notaires sont nommés par le Roi, et obtiennent de S. M. une commission qui énonce le lieu fixe de la résidence. (*Art.* 45.)

Les commissions de notaires sont, dans leur intitulé, adressées au tribunal de première instance dans le ressort duquel le pourvu doit avoir sa résidence. (*Art.* 46.)

Dans les deux mois de sa nomination, et à peine de déchéance, le pourvu est tenu de prêter, à l'audience du tribunal auquel la commission a été adressée, le serment que la loi exige de tout

4

fonctionnaire public, ainsi que celui de remplir ses fonctions avec exactitude et probité.

Il n'est admis à prêter serment qu'en représentant l'original de sa commission, et la quittance du versement de son cautionnement.

Il est tenu de faire enregistrer le procès-verbal de prestation de serment au secrétariat de la municipalité du lieu où il doit résider, et aux greffes de tous les tribunaux dans le ressort desquels il doit exercer. (*Art.* 47.)

Il n'a le droit d'exercer qu'à compter du jour où il a prêté serment. (*Art.* 48.)

Avant d'entrer en fonctions, les notaires doivent déposer au greffe de chaque tribunal de première instance de leur département, et au secrétariat de la municipalité de leur résidence, leur signature et paraphe.

Les notaires à la résidence des cours royales ou d'appel, font, en outre, ce dépôt aux greffes des autres tribunaux de première instance de leur ressort.

CHAPITRE V.

CHAMBRES DE DISCIPLINE.

Les chambres établies pour la discipline intérieure des notaires, sont organisées par des règlemens. (*Art.* 50.)

Les honoraires et vacations des notaires sont réglés à l'amiable entre eux et les parties; sinon par le tribunal civil de la résidence du notaire, sur l'avis de la chambre et sur simples mémoires, sans frais. (*Art.* 51.)

CHAPITRE VI.

GARDE, TRANSMISSION, TABLES DES MINUTES ET RECOUVREMENS.

Les minutes et répertoires d'un notaire remplacé ou dont la place est supprimée, peuvent être remis par lui ou par ses héritiers à l'un des notaires résidans dans la même commune, si le remplacé était le seul notaire établi dans la commune. (*Art.* 54, id.)

Si la remise des minutes et répertoires du notaire remplacé n'a pas été effectuée, conformément à l'article précédent, dans le mois à compter du jour de la prestation de serment du successeur, la remise doit en être faite à celui-ci (*Art.* 55.)

Lorsque la place de notaire est supprimée, le titulaire ou ses héritiers sont tenus de remettre les minutes et répertoires dans le délai de deux mois, du jour de la suppression, à l'un des notaires de la commune ou à l'un de ceux du canton. (*Art.* 56.)

Le procureur du Roi est chargé de veiller à ce que les remises ordonnées par les articles précédens, soient effectuées; et dans le cas de suppression de la place, si le titulaire ou ses héritiers n'ont pas fait choix, dans les délais prescrits, du notaire à qui les minutes et répertoires doivent être remis, le procureur du Roi, indique celui qui en demeurera dépositaire.

Le titulaire ou ses héritiers, en retard de satisfaire aux dispositions des articles 55 et 56, sont condamnés à 100 fr. d'amende par chaque mois de retard, à compter du jour de la sommation qui lui aura été faite d'effectuer la remise. (*Art.* 57.)

Dans tous les cas, il est dressé un état sommaire des minutes remises; et le notaire qui les reçoit, s'en charge au pied de cet état, dont un double est remis à la chambre de discipline. (*Art.* 58.)

Le titulaire ou ses héritiers, et le notaire qui reçoit les minutes, aux termes des art. 54, 55 et 56, doivent traiter, de gré à gré, des recouvremens, à raison des actes dont les honoraires sont encore dus, et du bénéfice des expéditions.

S'ils ne peuvent s'accorder, l'appréciation en est faite par deux notaires dont les parties conviennent, ou qui sont nommés d'office parmi les notaires de la même résidence, ou, à leur défaut, parmi ceux de la résidence la plus voisine.(*Art.* 59.)

Tous les dépôts de minutes, sous la dénomination de *chambres de contrat, bureaux de tabellionage,* et autres, sont maintenus à la garde de leurs possesseurs actuels. Les grosses et expéditions ne peuvent en être délivrées que par un notaire de la résidence des dépôts, ou, à défaut, par un notaire de la résidence la plus voisine.

Néanmoins, si lesdits dépôts de minutes ont été remis au greffe d'un tribunal, les grosses et expéditions peuvent dans ce cas seulement, être délivrées par le greffier. (*Art.* 60.)

Immédiatement après le décès du notaire ou autres possesseurs de minutes, les minutes et répertoires doivent être mis sous les scellés par le juge de paix de la résidence, jusqu'à ce qu'un autre notaire en ait été provisoirement chargé par ordonnance du Président du tribunal de la résidence. (*Art.* 61.)

Dispositions générales de la loi du 25 ventose an XI.

Art. 68.

Tout acte fait en contravention aux dispositions contenues aux articles 6, 8, 9, 10, 14, 20, 52, 64, 65, 66 et 67, est NUL, s'il n'est pas revêtu de la signature de toutes les parties; et lorsque l'acte est revêtu de la signature de toutes les parties contractantes, il ne vaut que comme écrit sous signature privée : sauf, dans les deux cas, s'il y a lieu, les dommages-intérêts contre le notaire contrevenant.

Art. 69.

La loi du 6 octobre 1791, et toutes autres, sont abrogées en ce qu'elles ont de contraire à la présente.

TITRE TROISIÈME.

DES HONORAIRES DES NOTAIRES.

On entend par *honoraires* les rétributions qui sont dues aux notaires pour leurs peines et soins.

Sauf ceux qui ont été fixés par le tarif du 16 février 1807, ils sont réglés à l'amiable entre les parties ; sinon, par la chambre de discipline ou par le Président du tribunal civil, qui demande ordinairement l'avis de la chambre.

Lors du paiement des signatures et vacations des actes où deux notaires ont été concurremment appelés par les parties, les émolumens en sont partagés entre eux également, les frais des expéditions déduits sur le total. (*Art.* 14 *des réglemens des notaires de Paris, homologués le* 31 *mai* 1681.)

Il est taxé aux notaires, pour tous les actes indiqués par le Code civil et par le Code judiciaire ;

Pour chaque vacation de trois heures :

1°. Aux compulsoires ;
2°. Aux actes respectueux ;
3°. Aux inventaires ;
4°. En référé devant le Président du tribunal ;
5°. A tous procès-verbaux, etc. ;

A Paris.......	9 fr.
Dans les villes où il y a tribunal de première instance...	6
Partout ailleurs..............................	4

Dans tous les cas où il est alloué des vacations aux notaires, il ne leur est rien passé pour les minutes de leurs procès-verbaux.

Quand les notaires sont obligés de se transporter à plus d'un myriamètre de leur résidence, indépendamment de leur journée, il leur est alloué pour tous frais de voyage et nourriture, par chaque myriamètre, un cinquième de leurs vacations et autant pour le retour ;

Et par journée, qui est comptée à raison de cinq myriamètres aussi pour l'aller et pour le retour, quatre vacations.

Il est passé aux notaires pour la formation des comptes que les co-partageans peuvent se devoir de la masse générale de la succession, des lots et des fournissemens à faire à chacun des co-partageans, une somme correspondante au nombre des vacations que le juge arbitre avoir été employées à la confection de l'opération.

Les remises accordées aux avoués sur le prix des ventes d'immeubles, sont allouées aux notaires dans les cas où les tribunaux renvoient des ventes d'immeubles par-devant eux, mais sans distinction de celles dont le prix n'excède pas 2,000 fr. ; et, au moyen de cette remise, ils ne peuvent rien exiger pour les minutes de leurs procès-verbaux de publication et d'adjudication (1).

Tous les autres actes du ministère des notaires, notamment les partages et ventes volontaires qui ont lieu par-devant eux, sont taxés par le Président du tribunal de première instance de leur arrondissement, suivant leur nature et les difficultés que leur rédaction a présentées, et sur les renseignemens qui lui sont fournis par les notaires et les parties.

Les expéditions de tous les actes reçus par les notaires, y compris celles des inventaires et de tous procès-verbaux, doivent contenir vingt-cinq lignes à la page, et quinze syllabes à la ligne, et leur être payés, par chaque rôle,

A Paris... 3 f.   c.
Dans les villes où il y a tribunal de première instance....   2
Partout ailleurs...................................   1   50

Les notaires sont tenus de prendre à leur chambre de discipline, et de faire afficher dans leurs études, l'extrait des jugemens qui ont prononcé des interdictions contre des particuliers, et qui leur ont nommé des conseils sans qu'il soit besoin de leur signifier les jugemens. (*Chapitre* 7, *du tarif décrété le* 16 *février* 1807.)

---

(1) 1 pour cent depuis 2,000 fr. jusqu'à 10,000 fr. ; 1/2 pour cent sur la somme excédant 10,000 fr. jusqu'à 50,000 fr.; 1/4 pour cent sur la somme excédant 50,000 fr. jusqu'à 100,000 fr. ; et 1/8e pour cent sur l'excédant de 100,000 fr. indéfiniment. (*Art.* 113.)

TITRE QUATRIÈME.

DU TIMBRE, DE L'ENREGISTREMENT, ET DES DROITS D'HYPOTHÈQUE.

CHAPITRE PREMIER.

DU TIMBRE.

La contribution du timbre est établie sur tous les papiers destinés aux actes civils et judiciaires, et aux écritures qui peuvent être produites en justice et y faire foi. (*Art.* Ier *de la loi du* 13 *brumaire an VII.*)

Les citoyens qui veulent se servir de papiers autres que ceux de la régie, ou de parchemin, sont admis à les faire timbrer avant d'en faire usage. (*Art.* 7, idem.)

Cette faculté est interdite aux notaires; néanmoins, ils peuvent faire timbrer, à l'extraordinaire, du parchemin, lorsqu'ils sont dans le cas d'en employer. (*Art.* 18.)

Le droit de timbre gradué en raison des sommes (à y exprimer), pour effets de commerce, était de 50 centimes par 1000 francs inclusivement et sans fraction. (*Art.* 8, idem.) Mais ces droits ont été augmentés de deux cinquièmes par l'article 64 de la loi du 28 avril 1816.

Les citoyens qui veulent faire des effets au-dessus de 20,000 francs (il n'y a de papier timbré pour les billets que jusqu'à concurrence de cette somme), sont tenus de présenter les papiers qu'ils y destinent, au receveur de l'enregistrement, et de les faire *viser pour timbre*, en payant le droit à raison de 70 centimes pour 1000 francs, sans fraction. (*Art.* 11 *de la loi du* 13 *brumaire an VII*, et 64 *de celle du* 28 *avril* 1816.)

Sont assujétis au droit du timbre établi en raison de la dimension, tous les papiers à employer pour les actes et écritures, soit publics, soit privés, savoir :

1° Les actes des notaires et les extraits, copies et expéditions qui en sont délivrés;

Ceux des huissiers, etc.

Les pétitions et mémoires, même en forme de lettres, présentés aux ministres, à toutes autorités constituées,.... aux administrateurs ou établissemens publics ;

Les actes entre particuliers sous signature privée, et le double des comptes de recette ou gestion particulière ;

Et généralement tous actes et écritures, extraits, copies et expéditions, soit publics, soit privés, devant ou pouvant faire titre, ou être produits pour obligation, décharge, justification, demande ou défense ;

Les registres de l'autorité judiciaire....

Ceux des notaires,... et leurs répertoires. (*Art.* 12 *de la loi du* 13 *brumaire an* *VII.*)

Tout acte fait et passé en pays étranger, ou dans les îles et colonies françaises, où le timbre n'aurait pas encore été établi, doit être soumis au timbre avant qu'il puisse en être fait usage en France, soit dans un acte public, soit dans une déclaration quelconque, soit devant une autorité judiciaire ou administrative. (*Art.* 13, idem.)

Sont assujétis au droit de timbre en raison des sommes et valeurs, les billets à ordre ou au porteur, les rescriptions, mandats, mandemens, ordonnances et tous autres effets négociables ou de commerce, même les lettres de change tirées par deuxième, troisième et *duplicata*, et ceux faits en France et payables chez l'étranger. (1) (*Art.* 14.) (*Voyez la solution rapportée ci-après.*)

Les effets négociables venant de l'étranger, ou des îles et colonies françaises, où le timbre n'aurait pas encore été établi, seront, avant qu'ils puissent être négociés, acceptés ou acquittés en France, soumis au timbre ou au *visa pour timbre.* (*Art.* 15.)

Sont exceptés du droit et de la formalité du timbre, toutes quittances, même celles entre particuliers, pour créances ou sommes non excédant 10 francs, quand il ne s'agit pas d'un à compte ou d'une quittance finale sur une plus forte somme. (*Art.* 16.)

Le papier timbré qui aurait été employé à un acte quelconque, ne peut plus servir pour un autre acte, quand même le premier n'aurait pas été achevé, à peine de 50 francs d'amende. (*Art.* 22 et 26.)

Il peut être donné plusieurs quittances sur une même feuille de papier timbré, pour à compte d'une seule et même créance, ou d'un seul terme de fermage ou loyer.

Toutes autres quittances qui sont données sur une même feuille de papier timbré, n'ont pas plus d'effet que si elles étaient sur papier non timbré. (*Art.* 23.)

---

(1) L'avis du conseil-d'état, du 1er avril 1808, comprend dans cet article les reconnaissances des dépôts faits entre les mains des particuliers.

Une quittance sous seing-privé ne peut être mise à la suite de l'obligation notariée. (*Solution de l'administration* , *du 10 février* 1819.

Il est fait défense aux notaires d'agir sur un acte, registre ou effet de commerce, non écrit sur papier timbré du timbre prescrit, ou non visé pour timbre, à peine de 100 francs d'amende. (*Art.* 24 *et* 26.)

Mais ils le peuvent en vertu des actes exempts de la formalité du timbre, tels que les lois et actes du gouvernement, les inscriptions sur le grand-livre et les effets publics.

Aucun juge ou officier public ne peut non plus coter et parapher un registre assujéti au timbre, si les feuilles n'en sont timbrées, à peine de 100 francs d'amende. (1) (*Art.* 24 *et* 26.)

L'article 26 de la même loi prononce une amende du vingtième de la somme exprimée dans un effet négociable, s'il est écrit sur papier non timbré, ou sur un papier timbré d'un timbre inférieur à celui qui aurait dû être employé.

L'amende est de 30 francs, dans les mêmes cas, pour les effets au-dessous de 600 francs.

Les contrevenans paient en outre les droits de timbre.

Toutes conventions quelconques portant reconnaissance de sommes dues, doivent être écrites sur papier du timbre proportionnel, à moins qu'elles n'aient été faites *doubles* , et qu'elles ne contiennent des marchés, transmissions, ventes, cessions et autres actes synallagmatiques, qui continuent de n'être sujets qu'au timbre de dimension. (*Solution de l'administration de l'enregistrement* , *du 29 messidor an VII.*)

Par l'article 62 de la loi du 28 avril 1816, le droit de timbre ordinaire et extraordinaire pour les actes, a été fixé ainsi qu'il suit :

Demi-feuille de petit papier.....................	o fr.	35 c.
Feuille *idem*.............................	o	70
Feuille de moyen papier.....................	1	25
Idem de grand...........................	1	50
Idem de dimension supérieure................	2	

---

(1) L'art. 943 du code de procédure paraît avoir abrogé cette disposition; quant aux inventaires, puisqu'il enjoint aux notaires de côter et parapher les livres et registres de commerce , s'il y en a.

CHAPITRE II.

DE L'ENREGISTREMENT.

L'ENREGISTREMENT est une formalité établie pour assurer l'existence et la date des actes, en remplacement du contrôle supprimé par la loi du 19 décembre 1790.

Elle se donne en inscrivant sur le registre à ce destiné, par extrait et dans un seul et même contexte, toutes les dispositions de l'acte. (*Art. 7 de la même loi.*)

Le préposé qui enregistre l'acte, fait mention de l'enregistrement et des droits perçus, en bas ou en marge de la pièce enregistrée.

Tous les actes de notaires, à l'exception des certificats de vie pour la caisse Lafarge, sont soumis à l'enregistrement, d'après les bases établies par les lois des 9 vendémiaire an VI, 22 frimaire an VII, 27 ventose an IX, et 28 avril 1816. (1)

Les notaires ne peuvent faire enregistrer leurs actes qu'aux bureaux dans l'arrondissement desquels ils résident. (*Art. 26 de la loi du 22 frimaire an VII.*)

Le délai pour l'enregistrement des actes notariés, est de dix jours, pour les actes des notaires qui résident dans la commune où le bureau de l'enregistrement est établi, et de quinze jours, pour ceux des notaires qui n'y résident pas, non compris le jour de la date, ni le dernier jour du délai lorsqu'il se trouve être un dimanche ou un jour de fête. (2) (*Art. 20 et 25 de la même loi.*)

Les notaires qui n'ont pas fait enregistrer leurs actes dans les délais prescrits, payent personnellement, à titre d'amende et pour chaque contravention, une somme de 50 francs (et le dixième en sus) s'il s'agit d'un acte sujet au droit fixe, ou une somme égale au montant du droit, s'il s'agit d'un acte sujet au droit proportionnel. (*Art. 33.*)

Indépendamment de l'amende, ils sont encore passibles des dommages et intérêts envers les parties, pour raison du tort qu'elles pourraient éprouver par le défaut de l'enregistrement.

---

(1) *Voyez* ces lois.
(2) *Voyez* au bas de la page 33.

Les notaires acquittent le montant des droits, sauf leur recours contre les parties; mais ils ne sont pas responsables du supplément de droit, ou d'un droit omis sur un acte enregistré.

Il y a prescription pour la demande des droits d'enregistrement après deux années, à compter du jour de l'enregistrement, s'il s'agit d'un droit non perçu sur une disposition particulière dans un acte, ou d'un supplément de perception insuffisamment faite.

Les parties sont également non recevables, après le même délai, pour toute demande en restitution des droits perçus. (*Art.*61.)

Les notaires ne peuvent énoncer dans un acte un autre acte, l'annexer ou le recevoir en dépôt, s'il n'a été préalablement enregistré, à peine de 50 francs d'amende et du dixième en sus, et de répondre personnellement du droit. (*Art.* 42.)

A l'égard des actes que le même officier aurait reçus, et, dont le délai d'enregistrement ne serait pas encore expiré, il peut en énoncer la date, avec la mention que l'acte sera présenté à l'enregistrement en même tems que celui qui contient la dite mention; mais dans aucun cas, l'enregistrement du second acte ne peut être requis avant celui du premier, sous les peines de droit. (*Art.* 56 *de la loi du* 28 *avril* 1816.)

Les notaires peuvent comprendre dans un acte de liquidation ou partage, comme dans un inventaire, des titres de créance, avant qu'ils aient été enregistrés. (*Arrêt de la Cour de cassation du* 24 *août* 1818.)

Les notaires trouveront les diverses lois, décisions et solutions sur l'enregistrement, dans le dictionnaire que vient de publier M. Rolland. (1)

Droits d'enregistrement suivant la loi du 2 *Savril* 1816.

	fr.	c.	
Actes de notoriété, autorisations, décharges de pièces, dépôts, main-levées, procurations, substitutions de pouvoirs, etc.	2	»	fixe, plus le 10e.
Prorogations de délai, ratifications, etc.	1	»	
Titres nouvels.	3	»	
Contrats de mariage, donations éventuelles, testamens...	5	»	
Inventaires, par chaque vacation.	2	»	
Quittances.		50	p. 100. fr.
Obligations, transports ou délégations de créances à terme.	1	»	
Transports et constitutions de rentes et ventes de meubles.	2	»	
Transports de rentes créées avant le 11 brumaire an VII..	3	50	
Ventes d'immeubles.	5	50	

(1) A Paris, chez Mongie, libraire, Boulevard-Poissonnière.

		fr.	c
Licitation entre co-héritiers............		4	»
Échange d'immeubles............		3	5o
Baux d'immeubles. { sur les deux premières années...		»	75
{ sur les suivantes............		»	2o

Donations par contrats de mariage.

En ligne directe,	{ mobilier............	»	62 ½
	{ immeubles............	2	75
D'un futur à l'autre	{ mob............	»	75
	{ imm............	3	»
Entre parens,	{ mob............	1	25
	{ imm............	4	»
Entre étrangers,	{ mob............	1	75
	{ imm............	5	»

Donations par actes entre-vifs.

En ligne directe,	{ mob............	1	25
	{ imm............	4	»
Entre époux,	{ mob............	1	5o
	{ imm............	4	5o
Entre parens,	{ mob............	2	5o
	{ imm............	6	5o
Entre étrangers,	{ mob............	3	5o
	{ imm............	8	5o

Droits de succession.

En ligne directe,	{ mob............	»	25
	{ imm............	1	»
Entre époux,	{ mob............	1	5o
	{ imm............	3	»
Entre parens,	{ mob............	2	5o
	{ imm............	5	»
Entre étrangers,	{ mob............	3 · 5o
	{ imm............	7	»

par 100 fr., plus le 10e

CHAPITRE III.

DES DROITS D'HYPOTHÈQUE.

Il y a un bureau de la conservation des hypothèques par chaque arrondissement; il est placé dans la commune où siége le tribunal de première instance.

Le droit d'inscription des créances hypothécaires est d'un pour mille, sans distinction des créances antérieures ou postérieures à la loi du 11 brumaire an VII.

La perception de ce droit suit les sommes et valeurs de 20 fr. en 20 francs inclusivement, et sans fraction. (*Art.* 60 *de la loi du 28 avril* 1816.)

Le droit sur la transcription des actes emportant mutation de propriétés immobilières, est de 1 et $\frac{1}{2}$ pour 100 du prix intégral des mutations, ainsi que ce prix est réglé à l'enregistrement. (*Art.* 25 *de la loi du* 21 *ventose an* **VII**.)

Les actes de transmission d'immeubles et droits immobiliers, susceptibles de transcription ne sont assujétis à cette formalité que pour un droit fixe d'un franc, outre le droit du conservateur, lorsque les droits en auront été acquités à l'enregistrement, d'après la loi du 28 avril 1816.

Il est dû pour salaires aux conservateurs, savoir :

Pour l'enregistrement et la reconnaissance des dépôts d'actes, de mutation pour être transcrits, ou de bordereaux pour être inscrits..	»	25
Pour une inscription..	1	»
Pour chaque déclaration, soit de changement de domicile, soit de subrogation...	»	50
Pour une radiation d'inscription	1	»
Pour un extrait d'inscription, ou certificat qu'il n'en existe aucune..	1	»
Pour la transcription d'un acte de mutation, par rôle d'écriture, contenant vingt-cinq lignes à la page, et dix-huit syllabes à la ligne..	1	»
Pour certificat de non transcription..........................	1	»
Pour duplicata de quittance................................	»	25

Voyez au surplus le dictionnaire de M. Rolland, ou les autres ouvrages qui traitent spécialement des hypothèques.

FIN DE LA PREMIÈRE PARTIE.

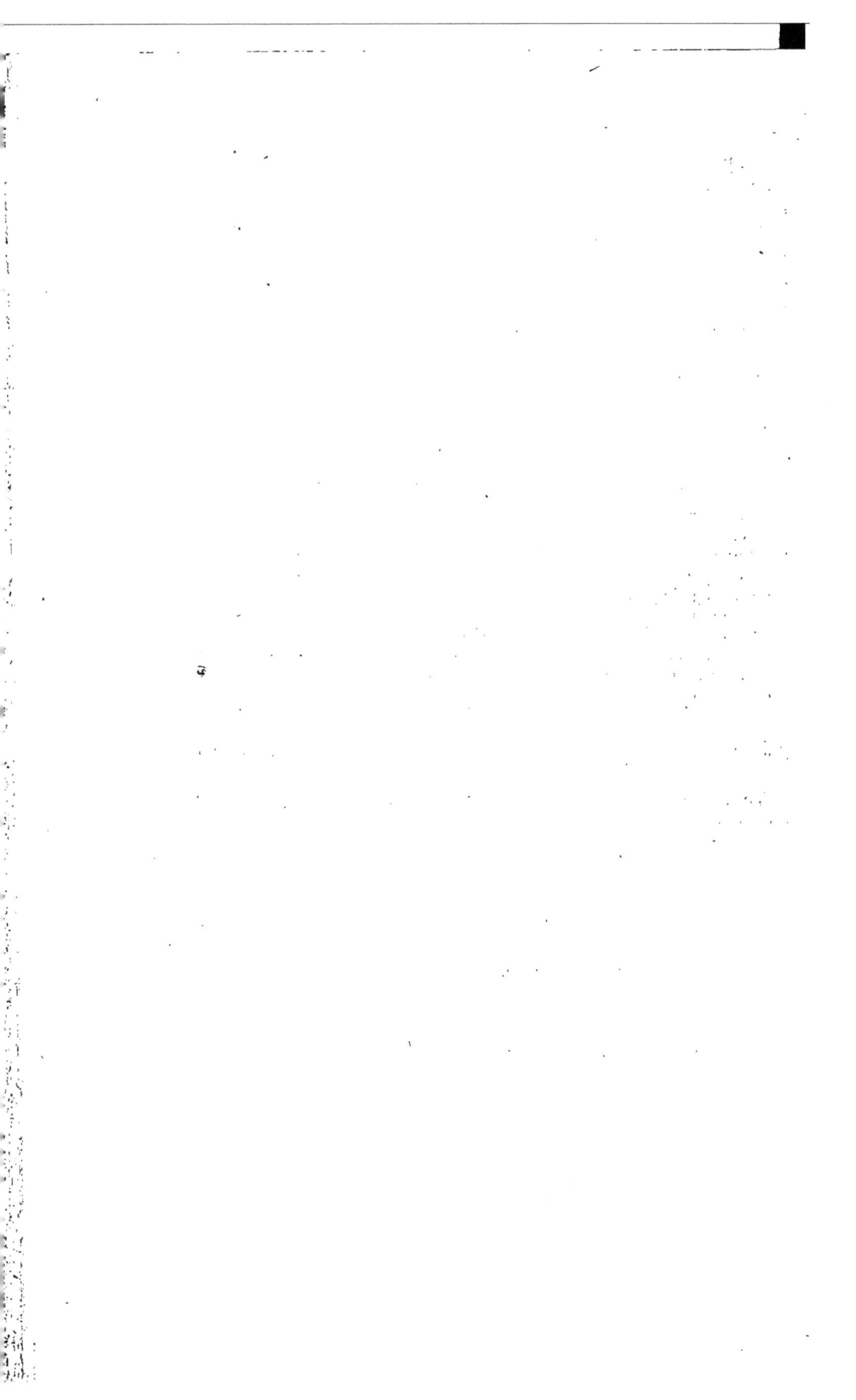

SECONDE PARTIE.

INSTRUCTIONS SUR TOUTES LES ESPÈCES D'ACTES ET DE CONTRATS, AVEC FORMULES.

INTRODUCTION

La première partie de la *Clef du notarial*, ne peut occuper les jeunes gens studieux que très-peu de tems.

En prenant cette seconde partie, ils devront avoir continuellement sous la main le Code civil, le Code de procédure et le Code de commerce, pour y lire, à mesure, les différens articles cités dans le cours de cet ouvrage, où nous n'avons mentionné que les numéros, jamais le texte, par deux raisons : la première, afin que, forcés de recourir, à tout moment, aux Codes, ils se les rendent familiers et s'en gravent profondément dans la mémoire l'ordre et la composition ; la seconde, afin de ne pas grossir inutilement ce volume, économie dont probablement nous sommes les premiers à offrir l'exemple.

Pour rendre encore leur travail plus fructueux, nous les engageons à ne pas faire usage de la table alphabétique du Code civil, et à ne se servir que de celle qu'ils trouveront à la fin de cette introduction. Au moyen de cette table, ils en sauront promptement, par cœur, la division et la contexture, et pourront se passer à l'avenir de toute espèce de table.

Assez généralement, les clercs dressent et font signer les actes aux parties, en l'absence du notaire. Il n'arrive pas d'exemples qu'on abuse de cette facilité, et c'est sans doute la raison pour laquelle cet abus est toléré. Lors donc qu'il se présente des personnes dans une étude pour y passer un acte, le premier clerc (ou, à son défaut, le second) doit 1° s'assurer si toutes les parties sont habiles à faire le contrat dont il s'agit, en examinant leur capacité de contracter, sous le rapport des personnes, des choses et de la nature du contrat ; 2° et, après s'être convaincu de l'identité et de la capacité des parties, se faire instruire par les unes et les autres de toutes leurs intentions, puis rechercher quelles sont les formalités requises pour la validité du contrat.

. « Son principal soin (nous empruntons ces expressions de
» M. Massé) doit être de bien pénétrer les volontés des parties,
» afin de mettre leurs intérêts et leurs intentions dans tout leur
» jour; d'exprimer ces volontés avec netteté et précision, de
» manière à ne mettre rien de superflu et à n'omettre rien des
» choses qui concernent essentiellement l'acte dont il s'agit. Il
» ne doit surtout y insérer aucune clause particulière qui ten-
» droit à en augmenter ou à en diminuer les effets, si ce n'est
» du consentement exprès des parties. »

Avant de rédiger les minutes, nous recommandons aux jeunes élèves d'en dresser d'abord des projets, s'ils en ont le loisir, notamment lorsque les actes doivent être compliqués et mériter une attention soutenue sur quantité d'objets dont plusieurs pourraient échapper aux rédacteurs, sans cette précaution. On fait presque toujours des projets, quand il s'agit de transactions, de partages, de contrats de mariage, etc.

Dans cette seconde partie, nous offrons des instructions sur toutes les espèces d'actes et de contrats; nous les avons fait suivre de formules, mais sans trop les multiplier, car nous sommes intimement convaincus que c'est plus par la pratique et à force d'expédier, qu'on se forme à la rédaction.

On s'est attaché à suivre, dans ces formules, le style des notaires de Paris, et si l'on s'est permis de légères innovations, on a fait en sorte qu'elles ne fussent nuisibles à la diction ni pour l'ordre ni pour la clarté : on a eu soin, au surplus, de conserver les termes et les expressions employés dans les Codes.

Nous avouons avec M. Garnier-Deschesnes, qu'il y a, dans les actes, des locutions, des tournures de phrases que l'usage et le tems y ont introduites, et qu'il est bon de conserver. Nous pensons, comme M. Fleury, qu'il est certaines expressions qu'il ne faut remplacer qu'avec beaucoup de circonspection ; telles que, par exemple,

Faire mention sur toutes pièces que besoin;

Pour servir et valoir ce que de raison sera;

A ce, fut présent et est intervenu ;

Autant que besoin pourrait être;

A qui et ainsi qu'il appartiendra;

Pour par, etc.

Mais il est à remarquer que l'on viole souvent les règles les plus simples de la syntaxe; que l'on passe du passé-défini au présent, du présent au passé-indéfini; qu'ainsi, dès le commencement de l'acte, on dit : *Furent présens, le sieur un tel et la dame   son épouse, qu'il autorise*, etc. ; puis, *lesquels*

ont vendu ; plus loin, *ils reconnaissent, déclarent, s'obligent*, etc.
Qui empêche de dire : *Ont comparu, le sieur un tel et la
dame   son épouse, qu'il a autorisée ; lesquels ont vendu,
se sont obligés, ont reconnu, déclaré*, etc. Du moins, il y aurait
concordance.

Au reste, laissons le tems amener, insensiblement et sans
secousse, la rédaction des actes aux changemens et améliorations
que la raison et le goût pourront indiquer.

TABLE DES PRINCIPAUX TITRES COMPOSANT LE CODE CIVIL.

(1) Les articles 229 à 311 sont relatifs au divorce, qui a été aboli par la
loi du 8 mai 1816.

TITRE PRÉLIMINAIRE.

CHAPITRE PREMIER.

DU DROIT ET DES LOIS (1).

§. Ier.

Définitions générales.

1. Il existe un *droit* universel et immuable, source de toutes les lois positives : il n'est que la raison naturelle, en tant qu'elle gouverne tous les hommes.

2. Tout peuple reconnaît un droit extérieur ou des gens, et il a un droit intérieur qui lui est propre.

3. Le droit extérieur ou des gens, est la réunion des règles qui sont observées par les diverses nations, les unes envers les autres.

Dans le nombre de ces règles, les unes sont uniquement fondées sur les principes de l'équité générale ; les autres sont fixées par des usages reçus ou par des traités.

Les premières forment le droit des gens naturel ; les secondes, le droit des gens positif.

4. Le droit intérieur ou particulier de chaque peuple se compose en partie du droit universel, en partie des lois qui lui sont propres, et en partie de ses coutumes ou usages, qui sont le supplément des lois.

5. La coutume résulte d'une longue suite d'actes constamment répétés, qui ont acquis la force d'une convention tacite et commune.

6. La loi, chez tous les peuples, est une déclaration solennelle du pouvoir législatif sur un objet de régime intérieur et d'intérêt commun.

7. Elle ordonne, elle permet, elle défend ; elle annonce des récompenses et des peines.

---

(1) **Extrait du titre préliminaire du projet du Code civil**, publié à la fin de l'an VIII.

Elle ne statue point sur des faits individuels ; elle est présumée disposer, non sur des cas rares et singuliers, mais sur ce qui se passe dans le cours ordinaire des choses.

Elle se rapporte aux personnes ou aux biens pour l'utilité commune des personnes.

II.

Division des lois.

1. Il est diverses espèces de lois.

Les premières règlent les rapports de ceux qui gouvernent avec ceux qui sont gouvernés, et les rapports de chaque membre de la cité avec tous : ce sont les lois constitutionnelles et politiques.

Les secondes règlent les rapports des citoyens entr'eux : ce sont les lois civiles.

Les troisièmes règlent les rapports de l'homme avec la loi. Cette partie de la législation est la garantie et la sanction de toutes les lois ; elle se compose des lois relatives à l'ordre judiciaire, des lois criminelles, des lois concernant la police, et de toutes celles qui ont directement les mœurs ou la paix publique pour objet.

Les quatrièmes disposent sur des objets qui n'appartiennent exclusivement à aucune des divisions précédentes ; ce sont les lois fiscales, les lois commerciales, les lois maritimes, les lois militaires, les lois rurales.

2. Les lois, de quelque nature qu'elles soient, intéressent à-la-fois et le public et les particuliers. Celles qui intéressent plus immédiatement la société que les individus, forment le droit public d'une nation.

Dans le droit privé, sont celles qui intéressent plus immédiatement les individus que la société.

3. Les lois diffèrent des réglemens, les réglemens sont variables ; la perpétuité est dans le vœu des lois.

§. III.

Des effets de la loi.

.. Le premier effet de la loi est de terminer tous les raisonnemens, et de fixer toutes les incertitudes sur les points qu'elle règle.

2. La loi ne dispose que pour l'avenir, elle n'a point d'effet rétroactif.

3. Néanmoins, une loi explicative d'une autre loi précédente, règle même le passé.

§. IV.

De l'application et de l'interprétation des lois.

1. Le ministère du juge est d'appliquer les lois avec discernement et fidélité.

2. Il est souvent nécessaire d'interpréter les lois.

Il y a deux sortes d'interprétations; celle par voie de doctrine, et celle par voie d'autorité. L'interprétation par voie de doctrine, consiste à saisir le véritable sens d'une loi, dans son application à un cas particulier; l'interprétation par voie d'autorité, consiste à résoudre les doutes par forme de disposition générale et de commandement.

3. Le pouvoir de prononcer par forme de disposition générale, est interdit aux juges.

4. L'application de chaque loi doit se faire à l'ordre des choses sur lesquelles elle statue. Les objets qui sont d'un ordre différent, ne peuvent être décidés par les mêmes lois.

5. Quand une loi est claire, il ne faut point en éluder la lettre, sous prétexte d'en pénétrer l'esprit; et dans l'application d'une loi obscure, on doit préférer le sens le plus naturel et celui qui est le moins défectueux dans l'exécution.

6. Pour fixer le vrai sens d'une partie de la loi, il faut en combiner et en réunir toutes les dispositions.

7. La présomption du juge ne doit pas être mise à la place de la présomption de la loi : il n'est pas permis de distinguer lorsque la loi ne distingue pas; et les exceptions qui ne sont point dans la loi, ne doivent point être suppléées.

8. On ne doit raisonner d'un cas à un autre, que lorsqu'il y a même motif de décider.

9. Lorsque, par la crainte de quelque fraude, la loi déclare nuls certains actes, ses dispositions ne peuvent être éludées sur le fondement que l'on aurait rapporté la preuve que ces actes ne sont point frauduleux.

10. La distinction des lois odieuses et des lois favorables, faite dans l'objet d'étendre ou de restreindre leurs dispositions, est abusive.

11. Dans les matières civiles, le juge à défaut de loi précise, est un ministre d'équité; l'équité est le retour à la loi naturelle, ou aux usages reçus, dans le silence de la loi positive.

12. Le juge qui refuse ou qui diffère de juger sous prétexte

du silence, de l'obscurité ou de l'insuffisance de la loi, se rend coupable d'abus de pouvoir ou de déni de justice.

13. Dans les matières criminelles, le juge ne peut, en aucun cas, suppléer à la loi.

CHAPITRE II.

DES ACTES ET CONTRATS.

§. Ier.

Des diverses espèces d'actes.

ACTE vient du latin *actum*, supin d'*agere*, agir. En pratique, *acte* se dit de l'écrit qui contient des conventions ou stipulations rédigées par le ministère d'officiers publics, ou faites sous signatures privées.

On distingue, chez les notaires, trois espèces d'actes :

La première comprend les donations, testamens, procurations, autorisations, certificats, quittances, ratifications, titres-nouvels, déclarations, affirmations, main-levées, et généralement tous les actes où une seule personne agit.

Dans la seconde espèce, on range les contrats de vente, d'échange, de louage, société, prêt, dépôt, constitution de rente viagère, cautionnement, nantissement, contrats de mariage, partage, licitation, et enfin tous les écrits portant convention ou obligation.

La troisième consiste dans les inventaires, comptes, liquidations, contributions, ordres et distributions de deniers, etc.

§. II.

Des diverses espèces de contrats.

Contrat vient du latin *contractum*, supin de *contrahere*, lier ensemble.

On trouve la définition du *contrat* et l'indication de ses différentes sortes, aux articles 1101, 1102 et suivans du Code civil.

§. III.

Connaissances préliminaires.

Avant de pouvoir dresser un acte ou contrat, il est indispensable de savoir parfaitement les conditions exigées pour la validité d'une convention. Voyez, à cet effet, le Code civil depuis et compris l'art. 1108 jusqu'à l'art. 1133 inclusivement.

Pour connaître, en détail, quelles sont les personnes capables ou non de contracter, il faut examiner particulièrement les articles 1124, 1125, 513, 901 et suivans jusqu'à 912, enfin les articles 1594, 1596, 1597 et 2222.

Le Code ne parle point de la capacité ou incapacité d'un prisonnier; cette question, dit Ferrière, doit se décider par les circonstances. Lorsqu'un prisonnier passe un acte, on le lui fait faire entre les deux guichets; ce qu'on exprime ainsi à la fin de l'acte :

Fait et passé à   en la maison d'arrêt, entre les deux guichets où ledit   a été amené comme lieu de liberté, l'an   le   etc.

TITRE PREMIER.

ACCEPTATION DE DONATION.

§. Ier.

Définition.

L'ACCEPTATION de donation est un acte par lequel une personne accepte la donation qui lui a été faite *antérieurement*.

On appelle *donateur*, *donatrice*, celui ou celle qui fait une donation, et *donataire* celui ou celle à qui la donation est faite.

§. II.

Code civil.

Cas où l'acceptation est nécessaire, art. 932.
Cas où elle n'est pas indispensable, 1087, 1048, 1049 et 1121.
Personnes incapables de contracter par elles-mêmes :
    Femmes, 217, 219, 225 et 1125.
    Mineurs, 465, 935, 942 et 1125.
    Pauvres, hospices, établissemens d'utilité publique, 910.
Sourds-muets, 936.
Formes de l'acceptation, 932, 933, 934, 935, 938 et 1087.

§. III.

Jurisprudence.

1° Quand ce sont les père et mère ou d'autres ascendans du mineur qui acceptent la donation pour lui (935), il n'est pas besoin de l'autorisation du conseil de famille. (*Arrêt de la Cour de cassation du 25 juin 1812.*)

2° Le donataire peut renoncer à la donation qui lui a été faite, si elle est pure et simple; il ne peut s'en départir, si elle emporte des obligations de sa part, parce que dans ce cas la donation a acquis le caractère d'un contrat *synallagmatique*, qui contient un engagement mutuel. (*Traité des Donations, par M. Grenier,* n° 76 *et suivans.*)

3° Le donateur ou ses héritiers ne peuvent opposer l'incapacité de la femme mariée qui a accepté une donation, sans l'autorisation de son mari. (*Droit civil, de M. Toullier, tome V,* n° 193.)

4° Il en est de même de l'acceptation qu'un mineur aurait faite d'une donation sans l'observation des formalités prescrites. (*Idem,* n° 196.)

5° Une donation faite par un tuteur à son pupille, doit être acceptée par le subrogé-tuteur, ou à son défaut par un curateur *ad hoc.* (*Idem,* n° 202.)

6° Le défaut d'acceptation expresse d'une donation, est couvert par l'exécution de la donation. (*Idem,* n° 189.)

7° Lorsque le donateur intervient à l'acte d'acceptation, il est inutile de le lui notifier. (*M. Grenier,* n° 58.)

8° Il ne paraît pas que le défaut de minute de la procuration donnée à l'effet d'accepter, puisse faire annuler la donation, si le brevet de la procuration est annexé à la minute de la donation ou de l'acceptation. (*M. Toullier, tome V,* n° 191.) Néanmoins, il est plus prudent de se conformer à l'art 933 du Code civil.

9° Les biens donnés ne passent au donataire qu'avec les hypothèques et autres charges que le donateur a pu créer dans l'intervalle de la donation à l'acceptation. (*M. Toullier, tome V,* n° 214.)

§. IV.

Formule.

Aujourd'hui a comparu devant M^e   et son collègue, notaires royaux, résidans à   département de   soussignés;

M. (prénoms, nom, qualité et demeure du donataire.)

Lequel, après avoir pris communication et que lecture lui a été faite par ledit M^e   , sur une expédition en forme, représentée et à l'instant rendue, d'un acte passé devant M^e   , notaire à   , qui en a gardé minute, en présence de témoins, le   , enregistrée à   , le   , contenant donation au profit dudit sieur par M.   , d'une maison située à   , pour en jouir après le décès de ce dernier, et à la charge par le donataire d'acquitter dès lors une rente de vingt francs due sur ladite maison à l'hospice de ladite ville;

A, par ces présentes, déclare accepter ladite donation, et se soumettre aux charges, clauses et conditions qu'elle lui impose.

Pour faire notifier ces présentes au donateur, conformément à l'art. 932 du C. C., tout pouvoir est donné au porteur de l'expédition.

Dont acte : fait et passé à   en l'étude dudit M^e
le   1822; et ledit sieur a signé avec les notaires, après lecture faite.

§. V.

Variations.

1. *Acceptation faite par un mandataire.*

Aujourd'hui a comparu, etc. M. (prénoms, nom, qualité et demeure du mandataire), agissant ici au nom et comme fondé de la procuration uniquement spéciale à l'effet des présentes de M. (donataire), passée en minute devant, etc. Et dont une expédition, dûment légalisée, représentée par le comparant, est, à sa réquisition, demeurée ci-annexée, après avoir été de lui certifiée véritable et signée, en présence des notaires soussignés;

Lequel, après avoir pris communication, etc.

2. *Intervention du donateur.*

A ce, était présent (*ou* est intervenu) M. (prénoms, nom, qualité et demeure du donateur);

Lequel a déclaré se tenir pour notifiée l'acceptation qui précède;

Dont acte, etc. Et lesdits sieurs *tel* et *tel* ont, lecture à eux faite, signé ces présentes avec les notaires.

TITRE SECOND.

ACTE DE NOTORIÉTÉ.

---

§. I.

Définition.

On appelle *actes de notoriété* des actes passés par-devant notaires ou par des juges-de-paix, par lesquels des témoins (1) suppléent à des preuves par écrit.

L'acte de notoriété après décès est celui par lequel deux ou plusieurs témoins attestent, à défaut d'inventaire, quels sont les héritiers d'une personne décédée. (*M. Massé.*)

De même, lorsqu'il y a un inventaire, et que l'intitulé ne constate pas d'une manière exacte les qualités des héritiers, on les rectifie par *un acte de notoriété.*

§. II.

Observations.

Il y a beaucoup de circonstances où il est indispensable de produire un acte de notoriété.

Il s'agit, par exemple, de toucher une rente sur l'État, portée au grand-livre de la dette publique au nom de *Pierre*, qui est décédé, ayant institué un légataire universel : alors, deux ou plusieurs témoins certifient qu'ils l'ont parfaitement connu ; qu'après son décès, il n'a point été fait d'inventaire, et qu'il n'a laissé aucun héritier (2) au profit de qui une quotité de ses biens soit réservée par la loi. (3) (*Art.* 1006 *du Code civil.*)

---

(1) Toujours du sexe masculin.

Dans le cas de l'art. 70 du C. C., ces actes sont reçus par les juges-de-paix.

(2) Ascendans ou descendans. (*Art.* 913 *et* 915, C. C.)

(3) On fait encore des actes de notoriété pour rectifier des erreurs de noms commises dans des actes, autres que ceux de l'état civil.

On conçoit facilement que, dans ces actes, il ne faut admettre que des témoins dignes de confiance ; car en certifiant, comme dans l'exemple ci-dessus, que *Pierre* n'a laissé ni ascendant ni descendant, ils donnent au légataire universel le droit de se mettre en possession de sa succession ; et si *Pierre* avait un ascendant éloigné et n'ayant pas connaissance de son décès, cet ascendant serait frustré de la portion indisponible à lui réservée par la loi.

M. Fleury pense qu'il serait convenable de faire intervenir dans l'acte de notoriété, la personne qui le requiert ; cette personne exposerait les faits, et les témoins en certifieraient la vérité ou l'authenticité.

Lorsqu'on a fait lecture de l'acte aux témoins, il est bon de les instruire des conséquences qui peuvent résulter de leur témoignage.

On ne doit pas annexer les actes de naissance, mariage, décès, *etc.*, aux minutes des actes de notoriété qui sont nécessaires pour obtenir des jugemens de rectification d'actes de l'état civil, parce que cette annexe ne dispenserait pas les parties de fournir aux tribunaux d'autres extraits émanés directement des dépositaires des registres. (*Lettre du Procureur près du tribunal de première instance de Paris, du 2 pluviose an XIII, adressée à la chambre des notaires.*)

Comme les actes de notoriété dont il est question, ne sont admis qu'à défaut d'inventaire, il faut toujours y annoncer qu'il n'en a point été fait après le décès de la personne dont il s'agit.

On doit y exprimer pour quelle portion chacun des successibles est héritier, si c'est par représentation, si les femmes héritières sont filles, mariées ou veuves. On y énonce les prénoms, noms, qualités et demeures des maris, et enfin le titre de parenté des héritiers. On doit encore dire si le défunt ou la défunte laisse une veuve ou un veuf, de manière qu'on puisse voir si les biens dépendent d'une communauté conjugale, et n'appartiennent que pour moitié aux héritiers. (*M. Massé.*)

§. III.

Formules.

1. *Acte de notoriété après décès.*

Aujourd'hui ont comparu, etc.
Les sieurs (*prénoms, noms, qualités et demeures des témoins*) ;
Lesquels ont, par ces présentes, certifié et attesté pour vérité et notoriété (*ou pour vérité notoire*) à qui il appartiendra, qu'ils ont parfaitement connu M.

Qu'il est décédé à   , le   , ainsi que le constate son acte de décès inscrit aux registres des actes de l'état civil de la commune de   , à la date du   , et dont une copie en forme représentée par les comparans aux notaires soussignés, leur a été par eux à l'instant rendue;

Qu'après le décès dudit sieur   , il n'a point été fait d'inventaire;

Qu'il était marié et commun en biens avec dame

Et qu'il a laissé pour seuls héritiers (*ou* habiles à succéder), chacun pour *telle portion*, 1°. le sieur, etc. ses   enfans nés de son mariage avec ladite dame.

De ce que dessus, les comparans ont requis acte aux notaires soussignés, qui le leur ont octroyé, pour servir et valoir ce que de raison.

Fait et passé, etc.

2. *Acte de notoriété rectificatif d'un intitulé d'inventaire.*

Aujourd'hui ont comparu, etc.

Lesquels ont, par ces présentes, certifié et attesté pour vérité et notoriété à qui il appartiendra, qu'ils ont parfaitement connu M. Jacques Tarbé, négociant;

Qu'il est décédé en son domicile à Beauvais, rue   , le

Qu'après son décès, il a été fait inventaire par Me   et son collègue, notaires à   , en date au commencement du enregistré le   , à la requête 1° de dame Césarine Le Duc, veuve dudit sieur Jacques Tarbé; 2° de Me Louis Tarbé, avoué à   ; 3° de demoiselle Euphrasie Tarbé, majeure, dte à   ; 4° et de M. Lucien-Pierre Le Duc, propriétaire, dem. en la même ville, au nom et comme curateur du sieur Henri Tarbé, son petit-fils, militaire absent(1): lesdits sieur Louis Tarbé, demoiselle Euphrasie Tarbé et Henri Tarbé, habiles à se porter héritiers, chacun pour un tiers, dudit feu sieur Jacques Tarbé, leur père.

Qu'il est constaté, par cet inventaire, que ledit sieur Henri Tarbé était absent, à cette époque, depuis plus de 5 ans, sans avoir donné de ses nouvelles, et sans avoir laissé de procuration.

Que, dès-lors, c'est à tort si M. Le Duc y a figuré pour ledit sieur Henri Tarbé, puisque la succession de M. Tarbé père devait être dévolue exclusivement à M. Louis Tarbé et à sa sœur, chacun pour moitié, aux termes des articles 135 et 136 du Code civil, et suivant plusieurs arrêts, notamment d'un de la cour de cassation du 16 décembre 1807, et encore d'après deux arrêts de la cour royale de Rouen, des 29 janvier 1817 et 30 mai 1818, qui tous deux ont décidé que les art. 135 et 136 précités, sont applicables aux militaires absens; étant observé d'ailleurs que la loi du 13 janvier 1817, sur les absens, n'a point dérogé à ces deux articles, et que l'art. 13 de cette loi porte que les dispositions du Code civil relatives aux absens, auxquelles elle n'a point dérogé, continueront d'être exécutées.

En conséquence, que les seuls habiles à se dire et porter héritiers de

(1) Lorsqu'il s'agissait d'un militaire absent, on lui nommait un curateur, conformément à la loi du 11 ventose an II. Cette loi a cessé d'avoir son effet depuis la paix générale.

M. Jacques Tarbé sont, chacun pour moitié, M. Louis Tarbé et mademoiselle Euphrasie Tarbé.

A ce faire, était présent ledit sieur Le Duc; lequel a certifié et attesté, en ce qui le concerne, la vérité des faits ci-dessus ; et a reconnu, en tant que de besoin et autant qu'il est en lui, que c'est à tort s'il a figuré dans l'inventaire sus-daté, et que lesdits sieur Louis Tarbé et demoiselle Euphrasie Tarbé, doivent être considérés comme seuls héritiers dudit feu sieur Jacques Tarbé leur père.

De ce que dessus, etc.

3. *Acte de notoriété pour faire rejeter une inscription délivrée par un conservateur, à cause d'identité de nom.*

Aujourd'hui ont comparu, etc.

Lesquels ont, par ces présentes, certifié pour vérité et notoriété, à tous qu'il appartiendra, qu'ils ont parfaitement connu Jean Théroine, anciennement marchand épicier à Belleville, fils de Pierre Théroine et de Marie-Louise Durier sa femme, décédés audit lieu ;

Que c'est lui qui a passé titre nouvel devant Me   , notaire à   , d'une rente de   , au profit de M.   ; pour sûreté de laquelle il a été pris inscription au bureau des hypothèques de   , le   vol.   no.

Que ledit Jean Théroine est décédé à Belleville le

Qu'ils ont également connu un autre Jean Théroine, né à Neuilly, le   , du mariage d'entre Paul Théroine et Marie Tirlet, sa femme. ainsi que le constate l'acte de son batême inscrit aux registres de la paroisse de Neuilly, en date du   , dont un extrait est demeuré ci-joint.

Qu'il est décédé à Neuilly le   laissant pour seul héritier Albin Théroine.

Que ni ce Jean Théroine, de Neuilly, ni son fils Albin Théroine, n'ont jamais été débiteurs de la rente ci-dessus énoncée ; en conséquence, que c'est bien contre le premier Jean Théroine, de Belleville, que frappe l'inscription sus-datée, et que ce n'est qu'à cause de l'entière conformité des nom et prénom, que le conservateur a compris cette inscription dans l'état par lui délivré le...

Mais que d'après les faits établis ci-dessus, elle doit être rejetée dudit état.

Dont acte, requis et octroyé, fait et passé, etc.

TITRE TROISIÈME.

ACTE RESPECTUEUX.

---

§. Ier.

Définition.

L'ACTE respecteux est celui par lequel les enfans de famille, ayant atteint la majorité fixée par l'art. 148 du Code civil, demandent respectueusement le conseil de leur père et de leur mère, ou celui de leurs aïeuls, sur le mariage qu'ils désirent contracter.

§. II.

Code civil.

Enfans tenus de faire des actes respectueux, art. 151, 152, 153.

Forme de l'acte respectueux, 154.

Cas de l'absence de l'ascendant, 155.

Ces articles sont applicables aux enfans naturels, 158.

§. III.

Jurisprudence.

1. Il n'est pas nécessaire que les actes respectueux soient signifiés *à personne*, il suffit qu'ils le soient *à domicile*. (*Cour de Bruxelles*, 21 *frimaire an* 13.)

2. La fille, âgée de plus de 25 ans, peut se marier après un seul acte respectueux. L'obligation de le renouveler deux fois, après 25 ans, jusqu'à 30, regarde les fils et non les filles. (*Bordeaux*, 22 *mai* 1806.)

3. Il n'est pas nécessaire que le fils de famille soit présent à la notification des actes respectueux. (*Bordeaux*, 32 *mai* 1806; *C. de cassation*, 4 *novembre* 1807, *et Douai*, 22 *avril* 1819.)

4. D'où il suit qu'il n'a pas même besoin d'être représenté par un fondé de pouvoir. Les actes respectueux peuvent être notifiés par les notaires seuls. (*Liége*, 20 *janvier et* 2 *décembre* 1813.)

5. L'acte respectueux constatant que l'enfant a demandé le *consentement* et non le *conseil*, est valable. (*Cassation*, 14 décembre 1807.)

6. Les témoins qui assistent le notaire dans un acte respectueux, doivent signer, à peine de nullité, tant l'original de cet acte que la copie. (*Paris*, 12 *février* 1811.)

7. Est nul l'acte respectueux qui n'a pas été présenté au père et à la mère, et qui ne contient la réponse de chacun d'eux : il ne suffit pas que le père ait déclaré répondre tant pour lui que pour sa femme ; la nullité est de droit public. (*Bruxelles*, 5 *mai* 1808 , *et Douai*, 22 *janvier* 1815.)

8. Lorsque le père seul consent au mariage de son enfant mineur, il est encore nécessaire qu'il soit fait des actes respectueux à la mère. (*Cour de Riom*, 30 *juin* 1817.) Cette décision paraît contraire à l'art. 148 du Code civil.

9. L'obligation d'énoncer la réponse du père dans le procès-verbal, ne doit s'entendre que du cas où les notaires trouvent le père dans son domicile. (*Douai*, 22 *avril* 1809.)

§. VI.

Observations.

1. Quand il s'agit de faire un acte respectueux, les notaires se transportent, accompagnés de l'enfant ou de son mandataire, dans le domicile des parens ; dressent procès-verbal de la demande respectueuse qui leur est faite et de la réponse qu'ils donnent ; et, après leur avoir fait lecture du procès-verbal, ils leur en laissent ou notifient la copie entière, quoique la minute ne soit pas encore enregistrée. Cette copie est signée, ainsi que la minute, tant par l'enfant ou son mandataire, que par les notaires, et même par les parens, s'ils consentent à signer ; s'ils refusent de le faire, on constate leur refus.

Si, lors de la dénonciation à faire d'un acte respectueux, le notaire ne trouve pas dans son domicile la personne à laquelle elle doit être faite, il suffit qu'il laisse la copie de son procès-verbal soit à quelqu'un au service de l'ascendant, soit à un voisin qu'il chargera de remettre cette copie. Du moins, telle est la marche qui paraît avoir été adoptée par le plus grand nombre comme remplissant le mieux l'intention de la loi.

2. Les personnes veuves sont obligées de faire des actes respectueux, lorsqu'elles veulent passer à de nouvelles noces.

3. Si la mère de l'enfant qui demande le consentement, est remariée, il paraît naturel de croire que la mère peut faire la déclaration de son refus, sans l'autorisation de son nouveau mari, qui n'a nul rapport avec l'enfant.

4. Le notaire peut écrire sur la même feuille les notifications des trois actes respectueux.

5. Dans les actes respectueux faits par deux notaires, il faut énoncer le nom du notaire en second.

§. V.

Formule.

L'an mil huit cent   le lundi   septembre, dix heures du matin,

Sur la réquisition de M.   majeur de vingt-cinq ans, demeurant à

Nous,   notaire royal, résidant à   soussigné, assisté de MM.   tous deux témoins requis et appelés, aussi soussignés ;

Nous sommes transporté avec ledit sieur   au domicile de M.   son père, à   rue   n°

Où étant arrivé et l'ayant trouvé dans une salle du rez-de-chaussée, ledit sieur   lui a demandé, en termes respectueux, son conseil sur le mariage qu'il désire contracter avec demoiselle

M.   père, a répondu que

Dont acte, fait et passé à   en la demeure de M. les jour, mois et an susdits. Et lecture faite, MM.   père et fils, ont signé ces présentes avec les deux témoins, et nous, notaire, qui en avons laissé audit sieur   père, une copie signée desdits témoins et de nous, pour lui servir de notification.

TITRE QUATRIÈME.

ACTE D'ADHÉSION.

§. Iᵉʳ.

Définition.

L'ACTE d'adhésion est ordinairement celui par lequel une personne approuve et ratifie les arrangemens pris entre son débiteur et la masse des créanciers de celui-ci.

§. II.

Formule.

Aujourd'hui a comparu, etc.

Lequel, après qu'il lui a été donné communication et fait lecture par ledit Me   en présence de son collègue, d'un contrat d'atermoiement passé entre M.   et ses créanciers, devant Me   notaire à   le   etc.

A, par ces présentes, déclaré adhérer purement et simplement audit contrat, et en consentir la pleine et entière exécution.

Fait et passé, etc.

Si l'acte se fesait ensuite du contrat, on commencerait par la date :

Et le   a comparu, etc.

ADJUDICATION. Voyez *Vente par adjudication.*

TITRE CINQUIÈME.

AFFECTATION D'HYPOTHÈQUE.

---

§. Ier.

Définition.

L'AFFECTATION d'hypothèque est un acte par lequel un débiteur hypothèque un immeuble à la garantie d'une obligation qu'il avait souscrite précédemment.

§. II.

Code civil.

Personnes qui peuvent consentir hypothèque, art. 2124 et suivans.

Formes du consentement, 2127, 2129, 2132.

§. III.

Formule.

Aujourd'hui a comparu, etc. M. R

Lequel, pour satisfaire à la promesse qu'il a faite à M. B   de lui garantir le paiement d'une obligation de 6,000 francs qu'il lui a passée devant Me   notaire à \   qui en a la minute, et son collègue, le

A, par ces présentes, affecté et hypothéqué spécialement à la garantie de cette somme et des intérêts dont elle est productive, une maison située à   rue   n.   etc.

M. R   a déclaré que cette maison est d'une valeur de 10,000 fr. et qu'elle n'est grevée d'aucun privilége ni d'aucune hypothèque.

Il s'est obligé de payer le coût du présent acte:

Cette affectation d'hypothèque a été acceptée par ledit sieur B à ce présent, sous toutes réserves de droit.

Fait et passé à   etc.

TITRE SIXIÈME.

ANTICHRÈSE.

---

§. Ier.

Code civil.

§. II.

Observations.

1. M. Paillet pense que depuis la loi du 3 septembre 1807, qui prohibe la stipulation des intérêts au-delà de 5 pour 100 en matière civile, et de 6 en matière commerciale, on ne pourrait abandonner les fruits sans restriction, lorsqu'ils excèdent ce taux, et que si le créancier en touche pour une somme supérieure aux intérêts, il devra imputer l'excédant sur son capital. Il en serait de même, ajoute-t-il, si les parties étaient convenues que le créancier aurait à titre de bail le bien donné en nantissement, et qu'elles auraient, pour augmenter au profit de celui-ci le taux de l'intérêt, fixé le prix du fermage au-dessus de sa valeur.

2. L'antichrèse est indivisible, comme le gage et l'hypothèque. (*Art.* 2083 *du C. C.*)

3. Ce mot dérive du grec *anti*, au lieu de; *chrésis*, jouissance.

§. III.

Formule.

Aujourd'hui a comparu, etc. M. A   lequel, pour satisfaire à la promesse qu'il a faite à M. B   de lui garantir le paiement en principal et intérêts d'une obligation de 10,000 fr., qu'il a souscrite à son profit devant M^e   notaire à   le   etc.

A, par ces présentes, remis en antichrèse, à M. B   à ce présent et ce acceptant.

La jouissance de 25 hectares de terre ou dix pièces situées au territoire de appartenantes audit sieur et dont la désignation suit : 1°, Etc.

Ces terres sont affermées à M. C qui en rend 2,000 fr. , de fermage annuel, suivant bail passé, etc.

Pour, par M. B percevoir les fermages et revenus desdites pièces de terre , sur ses simples quittances, des mains du fermier ou de tous autres qu'il appartiendra , à compter du onze novembre prochain.

Ces fermages seront imputés annuellement sur les intérêts dont l'obligation ci-dessus est productive, et ensuite sur le capital de la créance de 10,000 fr. qui en fait l'objet.

M. B aura droit à ces fermages jusqu'à l'entier acquittement de ladite obligation en principal et intérêts. Et le fermier fesant le paiement desdits fermages entre les mains dudit sieur B en sera valablement quitte et libéré envers M. A.

A cet effet, M. A. s'est, par ces présentes, dessaisi en faveur de M. B. de la jouissance desdites pièces de terre , et l'a mis et subrogé dans ses droits et actions résultans du bail sus-daté contre le sieur C. , fermier.

Il a été convenu que les contributions et les charges annuelles aux-quelles lesdites pièces de terre seront assujéties, resteraient au compte de M. A.

M. B. a reconnu que M. A. lui a remis la grosse du bail ci-dessus relaté, pour ne lui être rendue qu'après son entière libération.

Pour faire signifier ces présentes à qui besoin sera, tout pouvoir a été donné au porteur de l'expédition.

Dont acte, pour l'exécution duquel les parties ont élu domicile en leurs demeures susdites ; auxquels lieux , etc ; nonobstant , etc. ; promettant , etc. ; obligeant , etc ; renonçant , etc. ; (1)

Fait et passé à , etc.

_____

(1) *Voyez* les remarques qui sont à la fin de cet ouvrage, au mot *abréviation.*

TITRE SEPTIÈME.

AUTORISATION.

---

§. Ier.

Définition.

L'AUTORISATION est un acte par lequel un mari autorise sa femme à l'effet de lui passer une procuration. C'est dans ce sens seulement qu'il en est ici question.

§. II.

Observations.

Un mari se trouve dans la nécessité de souscrire une obligation ou de faire une vente conjointement avec sa femme, qui est éloignée de l'endroit où les actes doivent se passer; alors, il est nécessaire qu'il lui envoie les autorisations dont elle a besoin pour lui donner sa procuration. Dans ce cas, le notaire rédige, sur papier timbré, le projet de la procuration, ensuite duquel il met l'acte d'autorisation en brevet, qui seul est signé par le mari; ou bien, sans faire de projet, il énonce et particularise, dans l'acte d'autorisation, les différens pouvoirs dont il a besoin.

§. III.

Formule.

Aujourd'hui a comparu, etc.
M. R.
Lequel a autorisé, par ces présentes, la dame   son épouse, à lui passer procuration conforme au modèle ci-dessus.

Ou :

A lui passer procuration à l'effet de vendre aux personnes et moyennant les prix, charges et conditions qu'il jugera convenables, la portion appartenante à ladite dame   comme héritière pour un quart, de son père, dans une maison située à

De recevoir ce qui pourra lui revenir dans le prix; en donner quittance; donner main-levée et consentir la radiation de toutes inscriptions, d'office ou autres; passer et signer tous actes et contrats, y élire domicile, stipuler toutes garanties, consentir toutes mentions et subrogations, et généralement faire tout ce qui sera nécessaire.

Dont acte, fait et passé, etc.

TITRE HUITIÈME.

BAIL OU CONTRAT DE LOUAGE.

§ I.

Code civil.

§. II.

Jurisprudence.

1. On peut prouver par témoins l'existence et les conditions
d'un bail verbal, lorsqu'il a commencé de recevoir son exécution. (*Cour de Nimes* , 22 *mai* 1819.)

2. Le locataire reste passible de ses obligations envers le bailleur, quoiqu'il ait fait la cession de son bail en vertu de l'art.
1717 du Code civil. (*Journal des Notaires*, *art.* 3615.)

3. Lorsqu'un bail à ferme a été renouvelé plus de trois ans
avant l'expiration du bail courant, par celui qui avait la pleine
propriété d'une partie de l'immeuble et l'usufruit du surplus, le
nu-propriétaire de ce surplus peut, à l'extinction de l'usufruit,
demander l'annulation du bail quant à sa portion; mais il ne peut
demander l'annulation totale, sous prétexte que le bail est indivisible, même dans le cas où l'immeuble ne peut être partagé.
(*C. de Metz*, 29 *juillet* 1818.)

4. Le locataire ou fermier peut opposer aux créanciers qui
viennent à former des saisies-arrêts, le paiement des loyers ou
fermages payés au bailleur par anticipation, bien que ce paiement ne soit constaté que par des quittances, sous seing-privé et
non enregistrées. (*C. de Turin*, 26 *février* 1812; *M. Toullier*,
tom. 8, *p.* 428.)

5. Les dispositions du Code de procédure (*Art.* 129.) sur la
restitution des fruits en nature pour la dernière année, et pour
les précédentes, suivant les mercuriales du marché le plus
voisin, eu égard aux saisons et aux prix communs de l'année,
sont applicables toutes les fois qu'il s'agit des années arréragées
de quelques redevances ou rentes en grains ou autres denrées.
M. Toullier. tome VII, n° 65.)

6. Si, dans un bail, on n'a interdit au preneur que la faculté
de céler son droit au bail, il a le droit de sous-louer.
(*Art.* 1717 *du Code civil*, *et arrêt de la cour de Paris
du* 27 *mars* 1817.)

7. Si le locataire d'une boutique n'en use pas du tout, mais la tient fermée, il y a lieu à la résiliation du bail. (*Cour de Paris*, 28 avril 1810.)

8. *Pothier*, au contrat de louage, n° 131, est d'avis que le fermier ne peut exiger que le prix des impenses nécessaires qu'il a faites sans consulter le propriétaire; qu'à l'égard des impenses utiles, il ne peut s'en faire rembourser par le propriétaire, qui n'a pas donné ordre de les faire; mais qu'à la fin du bail, le fermier peut enlever tout ce qui peut l'être sans nuire à l'héritage, en rétablissant les choses dans leur premier état.

9. Le bailleur peut exiger du preneur tombé en faillite ou en état de déconfiture, une caution hypothécaire, sinon la résiliation du bail, quand bien même le preneur offrirait de garnir les lieux de meubles suffisans. (*Cour de Cassation*, 16 décembre 1817.)

10. Un arrêt de la cour de Paris, du 19 mars 1812, a décidé que le droit de chasse, qui est une dépendance du droit de propriété, ne peut appartenir au fermier qu'autant qu'il lui a été expressément conféré par le propriétaire. — Autrefois, le fermier n'avait droit de chasser ni faire chasser sur les terres de sa ferme. (*Code des chasses.*)

11. Les effets de la tacite réconduction qui s'opère à la suite des baux à ferme écrits, ne sont pas réglés par l'art. 1738, commun aux baux des maisons et des héritages ruraux; mais bien par les art. 1774, 1775 et 1776 qui disposent spécialement pour les baux à ferme. En conséquence, le nouveau bail qui s'opère à la suite d'un bail à ferme écrit, expire, de plein droit, à l'époque à laquelle expirerait le bail non écrit, suivant la nature du fonds, et sans que le bailleur soit tenu de donner congé. (*Cour de Metz*, 1er avril 1818.) Il est aussi à remarquer que l'art. 1736, qui fait partie de la section intitulée: *des règles communes aux baux des maisons et des biens ruraux*, doit être restreint et appliqué seulement aux baux des maisons. (*Cour de Lyon*, 4 septembre 1806.)

12. L'art. 445 du Code pénal, qui prononce une peine contre quiconque abat des arbres qu'il sait appartenir à autrui, est applicable au fermier. (*Cour de Metz*, 11 mai 1819.)

§. III.

Observations sur les baux en général.

1. On appelle *bailleur*, la personne qui donne à bail; et *locataire* ou *preneur*, celui qui prend à bail.

2. On peut limiter la durée du bail, en convenant que les parties auront respectivement la faculté de le résilier à leur volonté, en s'avertissant réciproquement par écrit un certain temps d'avance.

3. Quelquefois, la faculté de résilier un bail au bout d'un certain temps, est réservée par une seule des parties.

4. Les frais du bail et les droits d'enregistrement auxquels il donne ouverture, sont à la charge du preneur.

5. L'indemnité stipulée dans un bail, pour défaut d'exécution, ne donne ouverture à aucun droit particulier d'enregistrement.

6. Les baux sous seing-privé doivent être enregistrés dans les trois mois de leur date; passé ce tems, ils sont soumis au double-droit. (*Art.* 22 *et* 39 *de la loi du* 22 *frimaire an* VII.)

7. Si le bail est sous seing-privé, il faut, avant de diriger les poursuites, qu'il ait été enregistré, reconnu en justice et rendu exécutoire par jugement.

8. Un décret du 11 août 1807 a réglé la forme et la durée des baux des biens des hospices et autres établissemens publics.

Ils doivent être faits pour la durée ordinaire, aux enchères, par-devant le notaire que désigne le préfet du département, et le droit d'hypothèque sur tous les biens du preneur, doit y être stipulé.

Le cahier des charges de l'adjudication et de la jouissance, doit être dressé préalablement par la commission administrative, le bureau de bienfesance ou le bureau d'administration, selon la nature de l'établissement. Le sous-préfet donne son avis, et le préfet approuve ou modifie le cahier des charges.

Les affiches pour l'adjudication, sont apposées dans les formes et aux termes indiqués par les lois et réglemens (1); et, en outre, leur extrait est inséré dans le journal du lieu de la situation de l'établissement, ou, à défaut, dans celui du département, selon qu'il est prescrit à l'art. 683 du Code de procédure. Il est fait mention du tout dans l'acte d'adjudication.

Un membre de la commission des hospices, du bureau de bienfesance ou du bureau d'administration, assiste aux enchères et à l'adjudication.

Elle n'est définitive qu'après l'approbation du préfet, et le délai pour l'enregistrement est de quinze jours après celui où elle aura été donnée.

_____

(1) Un mois d'avance, par des publications de dimanche en dimanche, aux portes des églises de la situation et des environs, et, en outre, par des affiches de quinzaine en quinzaine. (*Lois des* 23 *octobre* 1790 *et* 5 *février* 1791.)

§. IV.

Observations particulières sur les baux à loyer.

1. Le rédacteur du bail d'une maison doit avoir soin de la bien désigner ; cette désignation est d'autant plus essentielle, lorsqu'il ne s'agit que d'un appartement ou d'une partie de la maison.

2. Les baux à loyer se font ordinairement pour trois, six ou neuf années ; ils pourraient être faits pour un plus long temps, la loi ne le défend pas.

3. Quelquefois, le propriétaire exige de son locataire, en lui passant bail, le paiement d'avance de trois ou de six mois de ses loyers. On annonce que ce paiement (qui ne paraît autorisé par aucune loi, mais seulement toléré par l'usage), sera pour les trois ou six derniers mois de la jouissance du preneur. Il n'est pas régulier de dire que les six mois de loyer d'avance payés par le preneur, seront *imputables* sur les six derniers mois de sa jouissance, parce qu'on ne peut concevoir l'action d'*imputer* sur les six derniers mois, la somme qui forme le montant de ces six mois de loyer.

4. On appelle *congé* l'avertissement que le propriétaire ou le principal locataire donne au locataire de cesser d'habiter, à compter de telle époque, la maison ou le local que ce dernier tient de lui, ou de cesser de faire valoir sa ferme ou autre bien.

Si le congé est donné par acte sous signatures-privées, il faut qu'il soit fait double et accepté de part et d'autre.

Dans Paris, pour une maison entière, un corps-de-logis, une boutique ouverte sur la rue, quelque modique que soit le loyer, il faut *six mois* d'intervalle entre la signification du congé et le terme pour lequel il est donné ; *trois mois* pour les loyers d'appartemens au-dessus de 400 francs, et *six semaines* pour les loyers au-dessous de 400 francs.

La jurisprudence accorde au locataire, au-delà du jour porté par le congé, un délai pour sortir et faire les réparations locatives : il est de *huit jours*, lorsque le congé a dû être donné à six semaines de date, et de *quinze jours* lorsqu'il a dû être donné à trois mois.

Le locataire n'est tenu de rendre les clefs que le 8 ou le 15 à midi ; ce délai n'étant qu'un temps de grâce, n'est point compté dans celui du congé : ainsi, quoiqu'il soit dit, dans le bail, que la jouissance du preneur aura lieu du premier jour du mois qui commencera le terme, néanmoins, si la maison est située à Paris, le locataire ne peut exiger d'être mis en possession avant le 8 ou le 15 du même mois, par les raisons énoncées ci-dessus ;

mais aussi, ce nouveau locataire, à la fin de son bail, jouira du même délai de huit ou quinze jours pour vider sa maison.

A Lyon, et dans la plupart des autres villes de province, l'usage est d'avertir un demi-terme avant la sortie.

5. L'état des lieux, dont parle l'art. 1730 du Code civil, est la description détaillée, faite par un homme de l'art, des lieux dépendans d'une location.

Il est toujours prudent, pour le propriétaire et le locataire, de faire dresser un état de lieux : cette précaution évite toutes difficultés en sortant. Souvent, cet état est mis à la charge du locataire ; quelquefois, il se paye à frais communs. A défaut de convention à cet égard, il est aux frais du propriétaire. (M. Ruelle.)

§. V.

Observations particulières sur les baux à ferme.

1. Lorsqu'on fait un bail à ferme, il est important que la désignation des pièces de terre ou autres héritages non clos, en soit faite, non-seulement par mesure, mais encore par tenans et aboutissans; on doit même les orienter, c'est-à-dire les désigner par aspect du soleil, afin de les mieux reconnaître et d'assurer l'étendue de l'héritage.

2. Le fermier (ou preneur) doit avertir le propriétaire de la nécessité qu'il y a de faire de grosses réparations aux bâtimens de la ferme, quand il s'y en présente; parce que sans cet avertissement, le propriétaire pourrait ignorer que son bien dépérit, et le laisser dépérir encore d'avantage.

3. Dans la plus grande partie de la France, et surtout dans les pays de grande culture, la durée des baux à ferme des biens ruraux est toujours convenue pour un espace de tems triennal, comme de trois, six ou neuf années, parce que les terres y sont divisées en trois portions égales, ce qu'on appelle *soles* et saisons, dont chacune a sa culture particulière. Ainsi quelle que soit l'étendue des terres qui dépendent d'une ferme, il y en a toujours, chaque année, un tiers qui est ensemencé en blé-froment, un autre tiers qui ayant produit du blé-froment l'année précédente, est ensemencé en avoine ou en autres menus grains ; et l'autre tiers, qui, ayant été ensemencé en avoine ou menus grains l'année précédente, reste en *jachère* ou repos, afin de recevoir la culture convenable pour produire du blé-froment l'année suivante. De cette manière de cultiver, il résulte que pendant une période de trois ans, la même pièce de terre a dû être soumise à toutes les espèces de culture et de productions

dont elle est susceptible, et que si le fermier pendant les deux premières années, a retiré tous les fruits que cette pièce de terre pouvait rapporter, il ne serait pas juste qu'il la rendît au propriétaire pendant l'année où elle doit se reposer, pour réparer l'épuisement des deux récoltes précédentes, et où, par conséquent, elle ne doit rien rapporter. (*Élémens de la science Notariale, tome III, page* 124.)

§. VI.

Observations particulières sur les baux à cheptel.

1. Le mot *cheptel* dérive, suivant quelques-uns, de *capital, fonds*, à cause que le cheptel est composé de plusieurs chefs de bêtes qui forment un capital.

On appelle *cheptelier* le preneur à cheptel.

2. Outre les clauses ordinaires des baux à cheptel, qu'on trouvera dans les formules ci-après, l'intention des parties et les circonstances peuvent quelquefois en faire naître d'autres ; mais il faut toujours avoir grand soin de bien examiner si elles peuvent être permises dans de pareils actes, eu égard à la nature des cheptels, et le moyen le plus sûr de ne point s'y tromper, c'est de recourir aux articles du Code civil, où l'on trouve le détail des clauses que l'on doit regarder comme illicites : or, celles-là une fois exceptées, toute prohibition cesse, et chacun est maître de faire insérer dans un bail à cheptel telle ou telle stipulation, selon que sa volonté peut la lui suggérer. Alors, le jugement du rédacteur doit être son seul guide, et ce n'est plus que par lui qu'il doit décider s'il y a lieu de rédiger la stipulation, ou si au contraire elle répugne soit au droit public soit aux bonnes mœurs.

§. VII.

Formule d'un bail à loyer.

Par-devant Me   et son collègue, notaires royaux à la résidence de   , département de   , soussignés ;

Fut présent M. G.   propriétaire de la maison ci-après désignée.

Lequel a, par ces présentes, loué pour trois, six ou neuf années, au choix respectif de lui et du preneur ci-après nommé, en s'avertissant réciproquement six mois avant l'expiration des trois ou six premières années qui commenceront le premier janvier prochain,

A M. S.

à ce présent et ce acceptant, preneur pour lui pendant le temps susdit :

Une maison située à   , rue   n.   etc.

De laquelle maison, ainsi qu'elle se poursuit et comporte, M. G.
s'est obligé de faire jouir paisiblement M. S.   , qui de son côté,
a déclaré la bien connaître pour l'avoir vue et visitée, et en être content.

Pour en jouir, par lui, à titre de locataire, pendant lesdites trois, six
ou neuf années.

Ce bail fait moyennant la somme de 1,600 francs en espèces monnayées
d'or ou d'argent ayant cours et non autrement, de loyer, pour et par
chacune desdites trois, six ou neuf années. Lequel loyer, M. S.
a promis et s'est obligé de payer à M. G.   en sa demeure à   ,
ou, pour lui, à son mandataire porteur de la grosse des présentes, en
quatre termes, de trois mois en trois mois, à raison de 400 fr. par terme,
le premier desquels écherra et devra être payé le 1er avril mil huit cent   ,
le second au 1er juillet suivant, pour continuer ainsi de trois en trois mois
pendant toute la durée du présent bail, qui a été fait, en outre, aux
charges, clauses et conditions suivantes, que M. S.   s'est obligé
d'exécuter et accomplir, sans pouvoir, pour ce, prétendre aucune diminution dudit loyer, et à peine de tous dépens, dommages et intérêts,
savoir :

1. D'habiter en personne ladite maison ;

2. De la garnir et tenir garnie de meubles et effets exploitables, suffisans
pour répondre du loyer ci-dessus convenu ; (*Voyez l'art.* 1752 *du C. C.*)

Nota. Les meubles exploitables sont ceux qui peuvent être
saisis et exécutés : *Voyez* pour les objets non exploitables,
l'art. 592 du Code de procédure.

A Paris, pour que les meubles soient censés suffisans, il faut
qu'en les vendant par autorité de justice, leur prix puisse égaler
au moins une année de loyer, déduction faite des frais de vente ;
dans d'autres lieux, il suffit qu'ils puissent répondre d'un terme,
quoique moindre d'un an ; à Orléans, les lieux ne sont
suffisamment garnis, qu'autant qu'il y en a pour le paiement de
deux termes.

3. D'y faire faire, durant sa jouissance, les réparations locatives ou de
menu entretien dont elle aura besoin, pour la rendre en bon état lorsqu'il
devra cesser d'en jouir ; (Voyez *l'art* 1754 *et suiv. du C. C.*)

4. De souffrir qu'il y soit fait toutes les grosses réparations qui seront
jugées nécessaires durant le présent bail, quelque incommodité et quelque privation qu'elles puissent lui causer ; (Voyez *l'art.* 606 *du C. C.*)

5. De payer la contribution des portes et fenêtres ;

6. De satisfaire à toutes les charges de ville et de police dont les locataires sont ordinairement tenus ;

7. De ne pouvoir céder ni transporter son droit au présent bail, ni
sous-louer, en tout ou en partie, à qui que ce soit, sans le consentement
exprès et par écrit du bailleur, à peine de résiliation dudit bail, si bon
semble à M. G.   (*C. C.* 1717.)

8. Et enfin, de payer le coût du présent bail, et d'en fournir incessamment et à ses frais au bailleur la grosse en bonne forme.

Conventions particulières.

Il a été expressément convenu entre les parties,

1. Que le preneur serait tenu, à la fin de sa jouissance, de rendre les différens lieux de ladite maison en bon état de réparations locatives, et tels qu'il les recevra suivant l'état qui en sera dressé incessamment entre le bailleur et et lui. (C. C. 1730.)

2. Que, dans le cas où le bailleur viendrait à vendre ou à échanger ladite maison, pendant l'existence de ce bail, il aurait le droit d'expulser le preneur, sans être tenu envers lui à aucune indemnité, mais à la charge de le prévenir six mois d'avance ; (ou bien : sans être tenu envers lui qu'à l'indemnité fixée par l'art. 1745 du Code civil.)

3. Enfin, que le bailleur pourrait venir occuper ladite maison par lui-même ; se réservant, dans ce cas, la faculté de résoudre le présent bail, en prévenant, par lui, le preneur, six mois d'avance (C. C. 1762.)

Loyer payé d'avance.

M. G.   a reconnu que M. S.   lui a payé la somme de 400 fr. en numéraire compté et réellement délivré à (ou hors) la vue des notaires soussignés, pour le loyer des trois derniers mois de jouissance dudit sieur S.   : ce paiement étant fait d'avance, pour le dernier terme du bail, l'ordre ci-dessus établi pour l'acquittement des loyers, ne sera aucunement interverti.

De sa part, M. G.   s'est engagé, suivant l'usage, à tenir le preneur clos et couvert dans ladite maison. (C. C. 1719 et 1720.)

Et, pour l'exécution des présentes, chacune des parties a élu domicile en sa demeure susdite, auquel lieu, etc., nonobstant, etc., promettant, etc., obligeant etc., renonçant, etc. ;

Fait et passé à   , le   mil huit cent   ;

Et, lecture faite, les parties ont signé avec les notaires.

Il est encore quelques autres clauses, moins ordinaires, qu'on insère dans les baux ; telles sont les suivantes :

1. Clause relative au pot-de-vin.

Il a été convenu, entre les parties, que, par forme de pot-de-vin ou épingles, le locataire paiera au propriétaire une somme de   , le jour de son entrée en jouissance, sans pouvoir rien répéter de cette somme, dans le cas où le locataire viendrait à être expulsé, si sa jouissance a duré seulement trois années.

2 lause relative aux changemens ou embellissemens.

Si le preneur fait quelques changemens ou embellissemens dans la maison à lui louée, le bailleur sera le maître d'en profiter à l'expiration du bail, même sans aucun remboursement ou indemnité; et supposé qu'il préfère de reprendre sa maison dans l'état où elle est actuellement, le preneur sera tenu de l'y remettre à ses frais et dépens : observation faite que, pour constater l'état actuel des lieux, il en a été fait une description double que chacune des parties a déclaré avoir par-devers soi.

3. *Clause de cautionnement.*

A ce, était présent (*ou* est intervenu) le sieur N.　　　　lequel s'est volontairement rendu et constitué caution du preneur envers le bailleur : en conséquence, il s'est obligé solidairement avec lui, et sous les renonciations aux bénéfices de droit, tant au paiement des loyers ci-dessus convenus, à mesure qu'ils écherront, qu'à l'exécution des autres charges, clauses et conditions dudit bail; fesant du tout sa propre affaire et dette personnelle, comme principal débiteur et seul obligé : à quoi, il affecte et hypothèque *tel immeuble,* etc.

4. *Clause de résiliation du bail, à volonté.*

Les parties sont convenues qu'elles pourraient respectivement se désister et se départir du présent bail, en se prévenant réciproquement, par écrit, trois mois d'avance : auquel cas, ledit bail sera et demeurera nul et résilié pour tout le temps qui en restera alors à courir, sans, par les parties, pouvoir prétendre aucune indemnité l'une contre l'autre, mais sans préjudice des loyers alors dus et échus.

5. *Clause de résiliation, à défaut de paiement du loyer.*

Il a été convenu qu'à défaut de paiement de deux termes consécutifs du loyer, ledit bail serait résolu de plein droit, si bon semble au bailleur, sans être tenu par lui de faire prononcer cette résiliation en justice, et sur le simple commandement qui serait fait au preneur.

6. *Etat de lieux.*

Il a été convenu qu'avant l'entrée en jouissance du preneur, il sera fait entre le bailleur et lui, un état double des lieux de ladite maison; conformément auquel le preneur sera tenu de les rendre à la fin du bail. Les frais de cet état seront à la charge du preneur seul.

7. *Engagement par le preneur d'obliger sa future épouse à l'exécution du bail.*

Si le preneur se marie pendant le cours du présent bail, il s'oblige de le faire approuver et ratifier par la personne qu'il épousera, et de la faire obliger, solidairement avec lui, au paiement du loyer et à l'exécution de toutes les charges, clauses et conditions insérées audit bail, qui, au moyen de ce, deviendra commun à son épouse.

§. VII.

Formule d'un bail à ferme.

Pardevant, etc.

Fut présent M. D

Lequel a, par ces présentes, loué à titre de bail à ferme, pour neuf années entières et consécutives qui commenceront par le découennage des jachères de la présente année, pour ensemencer en l'année prochaine, faire la première récolte en l'année   , avec promesse de faire jouir paisiblement pendant ce temps ;

Au sieur R   cultivateur, et à dame   son épouse, de lui autorisée à l'effet des présentes, demeurans à   étant ce jour en l'étude, à ce présens et ce acceptant, preneurs solidaires pour eux audit titre de bail à ferme pendant lesdites neuf années :

Art. 1er. Un corps de ferme situé à

Art. 2. Et la quantité de   hectares de terre, pré et vigne, en soixante-quinze pièces situées au territoire de   et dont la désignation suit :

1°. Etc.

Ainsi que lesdits corps de ferme et pièces de terre, pré et vigne, se poursuivent et comportent, et sans que, dans le cas où la contenance sus-exprimée serait moindre ou plus grande que celle qu'ont réellement lesdites pièces, il y ait lieu à aucune diminution ou augmentation du fermage ci-après, quelle que soit d'ailleurs la différence de la mesure réelle à la mesure ci-dessus énoncée ; de convention expresse. (*Code civil*, 1619 et 1765.)

De tous lesquels biens, lesdits sieur et dame R   ont déclaré avoir une parfaite connaissance, pour en jouir comme fermiers, en vertu du bail que leur en a fait le père de M. D   devant Me notaire à   le   dûment enregistré. L'exécution duquel bail est respectivement réservée pour le temps qui en reste à courir.

Pour, par lesdits sieur et dame R   continuer de jouir desdits corps-de-ferme, terres, prés et vignes, à titre de fermiers, pendant les neuf années susdites.

Le présent bail fait moyennant la quantité de   hectolitres (ou   setiers, ancienne mesure de   ) de blé-froment, sain, sec, net, loyal, marchand et tel qu'il puisse être recevable, de fermage, pour et par chacune desdites neuf années ; lequel fermage, les preneurs se sont obligés solidairement l'un pour l'autre, un d'eux seul pour le tout, sous les renonciations ordinaires aux bénéfices de droit, (*ou bien* : solidairement entre eux), de fournir et livrer à M. D   en sa demeure et en ses greniers à   , ou pour lui à son mandataire porteur de la grosse des présentes, au 25 décembre de chaque année, dont la première écherra et sera payée le 25 décembre mil huit cent   , pour continuer ainsi d'année en année jusqu'à la fin du présent bail, qui est fait, en outre, aux charges, clauses et conditions suivantes, que les preneurs se sont obligés, sous la solidarité ci-devant exprimée, d'exécuter et accomplir, sans pouvoir prétendre aucune diminution dudit fermage, et à peine de tous dépens, dommages et intérêts ;

SAVOIR :

1°. D'acquitter, par chaque année du présent bail, la contribution

foncière, les centimes additionnels, ordinaires et extraordinaires, et tous les autres impôts qui pourront être mis et établis, pendant le courant de ce bail, sur lesdits corps de ferme, terres, prés et vignes, sous quelque dénomination et pour quelque cause que ce puisse être ; de l'acquit desquels impôts, les preneurs devront justifier annuellement au bailleur, en lui en représentant les quittances ;

2°. D'habiter la ferme, en personne, avec leurs gens et domestiques;

3°. De la garnir et tenir garnie de meubles et effets, grains, pailles, fourrages, chevaux, vaches, bestiaux et ustensiles nécessaires à son exploitation ; comme aussi, d'engranger dans les lieux à ce destinés; (*C. C.* 1766 et 1767.)

4°. D'entretenir les bâtimens et murs de la ferme de toutes réparations locatives ;

5°. De souffrir les grosses réparations qu'il conviendra d'y faire pendant le cours du présent bail;

6°. De faire faire, à leurs frais, les voitures et charrois de tous les matériaux qui devront être employés à ces grosses réparations, même aux reconstructions et augmentations qu'il plairait à M. D.   de faire exécuter aux bâtimens de la ferme, durant le cours du présent bail. Les preneurs seront tenus de satisfaire à cette clause, sur la première réquisition du bailleur, mais hors les tems de moisson et de semaille. (La présente charge évaluée à   par année, pour faciliter la perception des droits d'enregistrement.)

7°. De laisser, à la fin de ce bail, deux cents paires de pigeons dans le colombier de la ferme, sauf toutefois les voies de fait et cas imprévus, étrangers aux preneurs;

8°. De labourer, fumer et ensemencer les terres par soles et saisons convenables, sans pouvoir les dessoler ni dessaisonner; comme aussi, de convertir en fumier, dans la ferme, les pailles qui proviendront des récoltes desdites terres, et d'employer ce fumier à leur engrais; enfin, de rendre ces terres en bon état de culture, par soles et avec un tiers en jachère, à l'expiration du présent bail.

9°. D'amender, fumer et étaupiner les prés, les tenir nets et en bonne nature de fauche. d'entretenir la clôture de ceux qui sont fermés, d'y replanter de nouvelles haies partout où il pourra en manquer; curer et nettoyer les fossés ou rigoles qui entourent, longent ou traversent lesdits prés ; et de les rendre aussi en bon état à la fin du bail;

10°. De replanter des arbres à la place des anciens, s'il en meurt;

11°. De bien cultiver et fumer les vignes; les tailler, provigner et échalasser; en un mot, de leur donner toutes les façons dont elles sont susceptibles, dans les tems et saisons convenables;

12°. De fumer et cultiver de même les jardins de la ferme; d'entretenir en bon état les arbres et ceps de vigne qui s'y trouvent; tailler et écheniller lesdits arbres, remplacer ceux qui pourront mourir par d'autres de même nature ;

13°. De conserver la jouissance et possession desdits héritages; d'avertir M. D   des usurpations qui pourraient y être commises, et de lui en administrer des témoignages suffisans dans les trois mois du trouble; (*C. C.* 1768.)

14°. De ne pouvoir prétendre à aucune remise sur le fermage ci-dessus stipulé, ni à aucune indemnité, pour raison des pertes que les preneurs pourraient éprouver, en cas de grêle, feu du ciel, gelée ou coulure, inondation et autres cas fortuits extraordinaires, prévus et imprévus, dont ils demeureront chargés, de convention expresse ; (*C. C.* 1772 et 1773.)

15º. De ne pouvoir céder ni transporter leur droit au présent bail, à qui que ce soit, en tout ou en partie, ni même échanger la jouissance d'aucune des pièces de terre, pré et vigne, sans le consentement formel et par écrit de M. D   , sous peine de résiliation dudit bail, si bon lui semble, et d'être, en outre, tenus (lesdits preneurs) de lui payer une somme de   par forme d'indemnité ; (C. C. 1717.)

16º. De laisser, par lesdits preneurs, lors de leur sortie de la ferme, au fermier qui leur succédera dans la culture, les logemens convenables et autres facilités pour les travaux de l'année suivante, et de plus, les pailles et engrais de l'année ; le tout conformément à l'usage des lieux; (C. C. 1777 et 1778.)

17º. De faire faire, par lesdits preneurs et à leurs frais, dans le cours de la troisième année du présent bail, et par arpenteur - géomètre, un mesurage et plan figuré dudit corps de ferme et desdites pièces de terre, pré et vigne ; lequel plan devra contenir, outre la mesure et la figure de chacune desdites pièces, l'indication des territoires et lieux de leur situation, leurs tenans et aboutissans alors nouveaux, remplis des noms des propriétaires des héritages voisins et non de ceux des fermiers. Duquel plan, les preneurs fourniront, aussi à leurs frais, une expédition à M. D   , quinzaine après sa confection ;

(La présente charge évaluée, pour la perception des droits d'enregistrement, à 72 fr.)

18º. D'entretenir les fossés partout où il s'en trouve; de faire, pour M. D   et sans répétition contre lui, les plantations d'arbres qui seraient ordonnées par le gouvernement, le long de quelques-unes desdites pièces ;

19º. De payer le coût du présent bail, et d'en fournir incessamment la grosse en bonne forme à M. D

Enfin, il a été convenu que M. D   aura la faculté de faire tel échange que bon lui semblera, de partie des pièces de terre, pré et vigne ci-devant désignées, avec d'autres terres ou héritages qui lui paraîtront plus convenables sur les mêmes territoires, sans que les preneurs puissent s'en plaindre ni exiger aucune indemnité : bien entendu qu'ils auront la jouissance des biens qui seront cédés en échange à M. D   , et que ces biens seront à peu près d'une valeur semblable à ceux qu'abandonnerait M. D.

Au paiement du fermage ci-dessus et à l'entière exécution des charges, clauses et conditions insérées au présent bail, les preneurs ont affecté et hypothéqué spécialement toutes les terres qui leur appartiennent sur le territoire de   ; et, pour plus de sûreté, ils se sont soumis volontairement à la peine de la contrainte par corps. (C. C. 2062.)

De sa part, le bailleur s'est engagé à tenir les preneurs clos et couverts dans la ferme, et à remplir à leur égard toutes les obligations dont les propriétaires de ferme sont ordinairement tenus envers leurs fermiers. (C. C. 1719 et suiv.)

Et, pour l'exécution des présentes, etc.

(Voyez la formule précédente.)

§. VIII.

Formule d'un bail à cheptel simple ou ordinaire.

Pardevant, etc.

Fut présent M. Grandjean, etc.

Lequel a, par ces présentes, donné, à titre de cheptel simple, pour trois années consécutives qui ont commencé le jour d'hier,

A Jean-Baptiste Sompuis, laboureur, demeurant à \   à ce présent et acceptant :

Vingt brebis et quatre béliers, distingués par (telle marque), plus six vaches laitières dont deux sous poil rouge, âgées de trois ans chacune, et les quatre autres sous poil mêlé de noir et de blanc, âgées d'environ quatre ans aussi chacune, enfin un cheval de cinq ans, sous poil gris, et deux jumens de même poil, âgées chacune de quatre ans et demi; de tous lesquels bestiaux, que ledit Sompuis déclare avoir en sa possession, ledit Grandjean, à qui ils appartiennent, s'oblige de le faire jouir pendant lesdites trois années.

Ce bail est fait aux charges, clauses et conditions suivantes :

1°. Le preneur sera tenu de nourrir à ses frais tous lesdits bestiaux tant que durera le présent bail, comme aussi d'en prendre tout le soin possible, de les loger, garder, gouverner et héberger comme il convient; moyennant quoi, il jouira seul des profits de laitage, graisse et fumier, ensemble du travail de ceux desdits bestiaux qui servent aux charrois et à la culture des terres. (*C. C.* 1804, 1806 et 1811.)

2°. Le fonds du cheptel est ici estimé par les parties de valeur de   sur laquelle somme elles entendent régler le profit ou la perte qu'il pourra y avoir à l'expiration de la jouissance du preneur. (*C. C.* 1805.)

3°. Pour constater le profit ou la perte, il en sera fait, à l'expiration du présent bail, une nouvelle prisée par des experts dont les parties conviendront. (*C. C.* 1817.)

4°. Si le cheptel se trouve valoir alors plus qu'il ne vaut actuellement, le bailleur ayant une fois prélevé la somme de   à quoi son cheptel vient d'être estimé, l'excédant de valeur sera partagé également entre lui et le preneur; si, au contraire, le cheptel est alors prisé au-dessous de l'estimation ci-dessus faite, le preneur sera tenu de faire raison au bailleur de la moitié de ce dont le cheptel aura diminué de valeur : la convention étant que la perte soit également commune entre eux comme le profit. (1812.)

5°. Relativement aux croîts, le bailleur et le preneur auront réciproquement la faculté de faire priser le cheptel, et d'exiger le partage desdits croîts, soit à la fin de chaque année, soit en tout autre temps, lorsque bon leur semblera : il en sera de même des laines.

6°. Si quelques-uns des chefs du cheptel viennent à mourir, sans qu'il y ait de la faute du preneur, celui-ci devra d'abord les remplacer par les croîts; et il n'y aura que le surplus desdits croîts qui demeurera sujet à partage entre les parties.

7°. Mais si lesdits bestiaux périssent ou se perdent en tout ou en partie, par la faute et la négligence du preneur, il sera tenu de payer sur-le-champ au bailleur la somme de   (s'il s'agit de la totalité), tant pour lui tenir lieu de son cheptel, que par forme de dommages-intérêts; et si dans lesdits bestiaux il n'y en a que quelques-uns de péris ou de perdus par la même faute ou négligence, il sera payé par le preneur au bailleur, savoir   par chaque brebis ou bélier;   pour chaque vache;   pour le cheval si c'est lui qui est perdu ou péri; et par chaque jument.

8°. A l'égard des cas fortuits ou autres circonstances qui pourraient causer la mort ou la perte desdits bestiaux, sans que le preneur fût en faute, il n'en sera tenu que pour la moitié envers le bailleur, qui de sa part supportera l'autre moitié de la perte.

9° Et attendu que le preneur ayant lui-même intérêt de conserver lesdits bestiaux, ne peut être présumé en faute, quoique leur nombre vienne à diminuer, il est arrêté entre les parties que ce sera le bailleur qui demeurera chargé de la preuve, supposé qu'il mette en fait que ce soit par la faute du preneur qu'il se trouve une diminution dans le nombre desdits bestiaux. (*C. C.* 1808.) Mais le preneur sera toujours tenu de rendre compte des peaux des bêtes. (1809.)

10° Les frais des présentes seront supportés par

Pour l'exécution, etc.

§. IX.

Formule d'un cheptel à moitié.

Pardevant, etc.

Furent présens :

Le sieur C   d'une part ;

Et le sieur F   d'autre part.

Lesquels ont, par ces présentes, déclaré avoir fait ensemble, par forme de société, le contrat de cheptel à moitié dont les conditions suivent ; dans lequel contrat le sieur C   procède comme bailleur, et le sieur F   comme preneur, quoique la mise de chacun d'eux soit égale.

Le bailleur et le preneur, propriétaires chacun de six chevaux, deux jumens, cinquante moutons, vingt brebis, dix chèvres, huit vaches et quatre bœufs, désignés distinctement dans les deux états ci-joints, qui ont été signés des parties, *ne varientur*, ayant désiré faire société entre eux de cette quantité de bestiaux, ledit F   a pris chez lui, à titre de cheptel, ceux qui appartiennent audit sieur C   pour, avec les siens propres, servir à la culture, tant de la ferme de   qu'il tient de M.   que des autres héritages qu'il pourra prendre à bail par la suite : à raison duquel contrat de société, chacune des parties sera tenue envers l'autre de la garantie de droit. (*C. C.* 1818.)

La jouissance que le sieur C   a accordée de ses bestiaux audit F   a commencé le premier du présent mois ; et il est convenu qu'elle durera trois années consécutives, à moins que le preneur ne vienne à mésuser de son droit, auquel cas le bailleur sera libre de rompre la société, et d'exiger le partage du cheptel, sans être tenu d'attendre l'expiration des trois années.

Le preneur demeurera seul chargé de la nourriture, du logement, de la garde et du gouvernement des bestiaux de la société ; pour raison de quoi il profitera seul des laitages, fumiers et labeurs desdits bestiaux. (*C.* 1819.)

Quant aux profits des laines et croîts, ils seront partagés également entre l'une et l'autre des parties. (1819)

Pour l'exécution, etc.

§. X.

Formule d'un bail à cheptel de fer.

Par devant, etc.

Fut présent le sieur G

Lequel a, par ces présentes, donné à ferme pour six années et six dé-
pouilles consécutives, à compter du 11 novembre de l'année dernière ;
(C. C. 1821.).

Au sieur M   demeurant à   à ce présent et acceptant :
La ferme ou métairie du bourg, située à   etc.

De laquelle ferme le preneur a déclaré avoir une parfaite connaissance,
pour en jouir par lui-même dès le 11 novembre dernier.

Ce bail fait moyennant la somme de   de redevance annuelle,
tant pour ladite ferme que pour le loyer des bestiaux dont il sera ci-après
parlé ; laquelle redevance sera payable par chaque année, en la demeure
dudit G   etc. (Voyez *la formule du bail à ferme.*)

Par ces mêmes présentes, ledit M   preneur, a reconnu avoir
en sa possession depuis ledit jour 11 novembre dernier, sous le titre de
cheptel de fer, tous les bestiaux qui garnissaient la métairie du bourg,
dont le bailleur, à qui ils appartiennent, s'est obligé de le faire jouir
jusqu'à l'expiration du bail ci-dessus ; l'état desquels bestiaux est demeuré
ci-joint, à la réquisition des parties, après qu'elles l'ont eu signé en présence des notaires soussignés.

Aucun desdits bestiaux ne pourra être vendu par le preneur, pour
cause de vieillesse, ni sous quelque autre prétexte que ce puisse être, sans
le consentement exprès et par écrit dudit sieur G   ; de plus, le
preneur ne pourra s'en servir, les employer, ni souffrir qu'on s'en serve
à aucun autre usage qu'à la culture des terres de la ferme du bourg.
(C. C. 1824.)

Il a été convenu à l'amiable, entre les parties, que les bestiaux composant le cheptel de fer dont il s'agit, demeureront fixés et estimés à la
somme de   (C. C. 1822) ; et qu'à la fin de sa jouissance, le preneur
sera tenu de laisser dans ladite métairie, une quantité de bestiaux qui
égale en valeur le montant de ladite estimation (C. C. 1821.) : bien entendu que le preneur aura seul tous les croîts et profits dudit cheptel,
pendant tout le temps que doit durer le présent bail, cette condition étant
de la nature du cheptel de fer. (1823.)

Le sieur M   supportera seul les frais du présent acte.

Et pour l'exécution, etc.

§. XI.

Formule de bail d'une vache.

(C. C. 1831.)

Par devant, etc.

Fut présent M. B

Lequel a donné à titre de bail à cheptel, pour trois années consécutives qui ont commencé le

Au sieur A   à ce présent et acceptant :

Une vache sous poil rouge, âgée de 5 ans, et que ledit B   a déclaré avoir en sa possession.

Ce bail fait moyennant la somme de   que le sieur B
s'est obligé de payer à M. A   etc.

Et, en outre, à la charge par lui de loger et bien nourrir ladite vache,
de manière qu'elle soit en bon état à la fin de sa jouissance.

Au moyen de ces obligations, le sieur B   aura seul, pendant
lesdites trois années, le produit de ladite vache, en laitage, croîts et fumier

S'il arrivait qu'elle vint à périr dans le cours de ces trois années, la perte en serait supportée par les parties, chacune par moitié, pourvu qu'il n'y ait aucune faute de la part du sieur B   , attendu que, dans le cas où elle périrait par sa faute, la perte en serait supportée par lui seul et il serait tenu de payer à M. A   la somme de 100 francs à quoi les parties évaluent ladite vache.

Le sieur B. paiera le coût des présentes.

Fait et passé, etc.

TITRE NEUVIÈME.

BAIL A VIE.

---

§. Ier.

Définition.

LE BAIL A VIE est l'acte par lequel une personne cède à une autre la jouissance d'un bien quelconque, pendant la vie de l'une d'elles, moyennant une certaine somme payable chaque année.

§. II.

Observations.

La seule différence qui existe entre le bail et la rente à vie, c'est que l'un est fait moyennant une redevance annuelle, et l'autre moyennant un prix fixe, acquis au vendeur dès l'instant que l'acte est signé.

Quoique le bail à vie ne soit qu'une simple obligation de faire jouir, cet acte excède cependant les bornes de l'administration, et une chose ne peut être donnée à vie que par celui qui en a la libre disposition. Le bail à vie est régi, quant à ses effets, par le Code civil, au titre du *louage.*

Le locataire à vie n'est tenu que des réparations locatives, sauf convention contraire.

§. III.

Formule.

Par devant, etc.

Fut présent M. P

Lequel a, par ces présentes, donné à loyer pour la vie entière du preneur ci-après nommé, à compter du

A M. T   à ce présent et acceptant :

Une maison sise à   etc.

Pour par lui en jouir à titre de locataire, pendant sa vie, et jusqu'à son décès.

Ce bail à vie est fait, (*Voyez pour le surplus , la formule du bail à loyer.*)

TITRE DIXIÈME.

BAIL EMPHYTÉOTIQUE.

§. Ier.

Définition.

LE BAIL emphytéotique était un contrat par lequel on prenait à *emphytéose* ou pour longues années qui n'excédaient pas 99 ans, un héritage quelconque, moyennant une prestation ou redevance annuelle, et à la charge d'améliorer l'héritage.

§. II.

Observations.

1. Le mot *emphytéose* dérive d'un mot grec qui signie *ente*, *greffe*, et par métaphore, *amélioration*.

2. Autrefois, tout bail qui excédait neuf ans, était réputé bail à longues années.

3. Le Code civil ne parle point des baux emphytéotiques. Cependant, un décret du 30 décembre 1809, porte que les baux emphytéotiques ou à longues années, des biens appartenans aux fabriques, seront soumis à la délibération du conseil, etc.; ce qui laisse à présumer que ces baux peuvent encore avoir lieu. (*M. Fleury.*)

4. M. Paillet, auteur du *Manuel de Droit français*, est d'une opinion contraire. Voici comment il s'exprime sous l'art. 1708 du Code civil :

« L'emphytéose existe-t-elle encore ? Non. L'emphytéose des » Romains était réellement notre bail à rente, certainement » abrogé, puisqu'il n'y a plus de rentes irrachetables. Chez » nous, l'emphytéose était ordinairement un bail de 99 ans, » mais qui donnait le *jus in re*.

» Il est permis actuellement de faire des baux pour un tems » aussi long qu'il plaît aux parties, mais ces baux ne donneraient » point le *jus in re*. C'est dans ce sens que l'emphytéose est » regardée comme abrogée. »

5. Cependant, le gouvernement parle souvent, dans ses actes,

des baux emphytéotiques. Le canal de l'Ourcq a été concédé de cette manière pour 99 ans.

6. M. Toullier dit qu'il serait à désirer qu'une loi précise fixât les idées sur le bail emphytéotique, que l'on confond quelquefois mal-à-propos avec le bail à longues années ou avec le bail à rente. (*Droit civil, tome III*, n° 101.)

7. Un avis du conseil d'état, du 22 janvier 1809, porte que les contributions imposées sur les propriétés tenues à bail emphytéotique, doivent être à la charge de l'emphytéote, lors même qu'il n'y a pas été astreint expressément par le bail.

8. La cession d'un bail emphytéotique est susceptible de transcription. (*M. Guichard.*)

§. III.

Ancienne formule.

Par devant, etc.

Fut présent M B.

Lequel a, par ces présentes, cédé et transporté à titre d'emphytéose, pour 99 années consécutives à compter du   , avec garantie de la jouissance pendant ce temps,

A M. S.   à ce présent et acceptant, preneur pour lui, ses héritiers ou ayant cause :

1°. Une pièce de terre actuellement en friche, située à Charenton, lieu dit le buisson de l'épine, contenant, etc.

2°. Un terrain vague situé à Vincennes, rue   contenant, etc.

3°. Une pièce de terre, située au terroir de Montreuil, sous le bois de Vincennes, jadis plantée en vigne, actuellement inculte, contenant, etc,

4°. Et une vieille maison, près de tomber en ruine, sise à Vincennes, rue   etc.

Appartenans (lesdits héritages) au sieur B.   comme seul héritier de   ses père et mère, qui les avaient acquis, durant leur communauté, du sieur   , suivant contrat passé devant   , notaire à   , en présence de témoins, le duquel contrat il a été à l'instant remis audit S   une expédition en bonne forme, avec copie d'un acte de notoriété, attestant que ledit B s'est trouvé effectivement le seul héritier de ses père et mère.

Ce bail fait aux prix, charges, clauses et conditions suivantes, que le preneur s'oblige d'exécuter et accomplir de point en point.

Il est convenu, en premier lieu, qu'il paiera annuellement audit B   40 fr. de redevance (*ou canon*) emphytéotique, à commencer de ce jour en un an, pour ainsi continuer d'année à autre, pendant toute la durée du présent bail ; laquelle redevance, que ledit S a promis de fournir et faire valoir au bailleur, sera prise spécialement et par privilége, sur les héritages ci-dessus désignés, que le preneur sera tenu d'entretenir en bon état et de telle sorte que ladite somme de 40 fr. puisse y être aisément prise et perçue par chaque année, à pareil jour que celui-ci : ledit S   se soumettant à perdre non seulement sa jouissance, mais encore toutes les améliorations qu'il aurait faites auxdits héritages, dans le cas où il se trouverait trois années de ladite redevance, échues et non payées.

De plus, le preneur s'est obligé de défricher, améliorer et mettre en bon état de culture la pièce de terre désignée sous le numéro premier, pour ensuite la labourer, fumer et ensemencer par soles et saisons convenables,

Comme aussi, de faire construire, à ses frais, sur le terrain vague, un bâtiment propre à l'exploitation d'une ferme, et d'y employer jusqu'à concurrence d'une somme de   ; lequel bâtiment appartiendra au bailleur, dès le moment que ledit S   cessera ou devra cesser d'être son emphytéote; bien entendu qu'il en sera de même, relativement aux autres améliorations que le preneur pourra faire sur l'un ou l'autre desdits héritages, soit qu'il les ait faites en exécution des présentes, soit qu'elles ne doivent leur existence qu'à sa seule volonté.

Quant à la pièce de terre, ci-devant plantée en vigne, le sieur S s'est obligé d'y planter cinquante pieds d'arbres fruitiers, tant pommiers que pruniers : observation faite que s'il en meurt quelques-uns, il sera tenu de les remplacer par d'autres de même espèce, de manière que le même nombre s'y trouve à l'expiration de sa jouissance.

Enfin, par rapport à la masure désignée sous le n° 4, ledit S s'est obligé à la faire rééditier à neuf, dans la même distribution qu'elle se trouve actuellement.

Le preneur demeurera chargé des réparations qui pourront être à faire pendant le cours du présent bail, sans aucune distinction entre les grosses et menues.

Il paiera les droits et frais du présent acte, et en fournira la grosse au bailleur.

Pour l'exécution, etc.

TITRE ONZIÈME.

BILLET A ORDRE.

§ I.

Définition.

L<small>E</small> <small>BILLET</small> <small>A</small> <small>ORDRE</small> est un acte par lequel une personne s'oblige de payer à une autre ou à son ordre, une certaine somme pour la valeur que celle-ci lui a fournie.

§ II.

Code de commerce.

Règles et forme du billet à ordre, articles 187, 188, 110 et suivans.

Code civil.

Formalités nécessaires pour la validité d'un billet ou promesse sous seing-privé, 1326 et 1327.

§ III.

1. On fait ordinairement les billets à ordre sous signature privée; on ne les fait devant notaire, que lorsque le débiteur ne sait ou ne peut signer.

2. Le billet à ordre fait devant notaire, doit être écrit sur papier du timbre proportionnel. (*Voyez* page 56.)

3. Il doit être délivré en brevet, et le notaire ne peut en délivrer de grosse.

4. Il doit être enregistré dans le même délai que les autres actes notariés. (*Cour de cassation, 5 pluviose an XI.*)

§ IV.

Modèle d'un billet à ordre sous seing-privé.

Au 2 janvier 1823, je paierai à M.   ou à son ordre, la somme de   , valeur de lui reçue en numéraire (*ou* en marchandises.)

Lyon, ce   mil huit cent-vingt-deux.

L'endossement se fait ainsi :

Passé à l'ordre de M.   valeur en compte (en espèces *ou* mar-
handises.) à Paris, le

Formule d'un billet à ordre devant Notaire.

Aujour-d'hui a comparu devant M^e   etc.

M. J

Lequel s'est, par ces présentes, obligé de payer à M. V   ou à
on ordre, le   mil huit cent   , la somme de
our valeur de lui reçue comptant, en numéraire.

Fait à   en l'étude, le

Et lecture faite, ledit sieur   a déclaré ne plus pouvoir signer
cause de   de ce interpellé par les notaires qui ont signé.

TITRE DOUZIÈME.

BREVET D'APPRENTISSAGE.

§. Ier.

Définition.

LE BREVET d'apprentissage est un contrat par lequel une personne qui exerce un art ou métier quelconque, s'engage à l'enseigner à une autre personne, pendant un tems déterminé et à de certaines conditions.

L'élève s'appelle communément *apprenti*.

§. II.

Observations.

1. Les brevets d'apprentissage doivent être rangés dans la classe des contrats de louage du travail. (*Code civil*, 1779 *et suivans.*)

2. Les obligations respectives entre le maître et l'apprenti s'éteignent par la mort de l'un ou de l'autre, parce que ces obligations sont purement personnelles; mais la dette contractée par l'apprenti, devient à la charge de ses héritiers.

3. L'apprenti qui serait empêché, par une maladie ou infirmité, de continuer son apprentissage, pourrait faire résoudre son obligation. (*Ferrière.*)

4. *Voyez* l'art. 852 du Code civil.

5. Suivant une loi du 22 germinal an XI (12 avril 1803), relative aux manufactures, fabriques et ateliers, les contrats d'apprentissage consentis entre majeurs, ou par des mineurs avec le concours de ceux sous l'autorité desquels ils sont placés, ne peuvent être résolus, sauf l'indemnité en faveur de l'une ou de l'autre des parties, que dans les cas suivans, 1° l'inexécution des engagemens de part ou d'autre; 2° de mauvais traitemens de la part du maître; 3° d'inconduite de la part de l'apprenti; 4° si l'apprenti s'est obligé à donner, pour tenir lieu de rétribution pécuniaire, un tems de travail dont la valeur serait jugée excéder le prix ordinaire des apprentissages.

Le maître ne peut, sous peine de dommages et intérêts, retenir l'apprenti au-delà de son tems, ni lui refuser un congé d'acquit, quand il a rempli ses engagemens, etc.

§. III.

Par devant, etc.

Fut présent le sieur D

Lequel, considérant que D   son fils, âgé de   , désire apprendre l'état de menuisier, a proposé à M. T   , maître menuisier, demeurant en cette ville, rue   , de le prendre pour apprenti.

Cette proposition ayant été acceptée par M. T   à ce présent, les parties sont convenues de ce qui suit :

Ledit sieur D   , père s'est engagé à mettre son fils en apprentissage auprès de M. T   pour 4 années entières et consécutives, à compter du 6 septembre prochain.

Ce accepté par ledit sieur T   , qui, en conséquence, a déclaré prendre et retenir auprès de lui ledit D   fils pour son apprenti, et s'est obligé à lui montrer et enseigner son état de menuisier, et tout ce qu'il y fait et exerce, sans lui en rien cacher, en sorte que ledit D fils puisse l'exercer par lui-même au bout desdites quatre années.

M. T   s'est obligé de plus, de nourrir ledit D   fils, à sa table, de le loger, éclairer, chauffer, blanchir, enfin de le traiter humainement et convenablement.

Pour indemniser M. T   desdites obligations, le sieur D père s'est obligé de lui payer la somme de 400 francs, savoir : 200 francs dans un an, et 200 francs dans deux ans, le tout à compter de ce jour, sans intérêt.

Il est bien entendu que M. D   père sera tenu de fournir à son fils le linge et les vêtemens qui lui seront nécessaires, comme aussi de le reprendre chez lui dans le cas où il viendrait à être attaqué d'une maladie sérieuse.

De sa part, ledit D   fils s'est engagé d'obéir à M. T   dans tout ce qu'il lui commandera de licite et d'honnête, relativement audit état; d'apprendre de son mieux ce qu'il lui montrera et enseignera; d'éviter de lui causer aucun dommage, de l'avertir des torts qu'on voudrait lui faire; enfin, de bien employer son temps, et de ne pouvoir s'absenter, ni aller travailler ailleurs, sans la permission et le consentement formel et par écrit de M. T

Si ledit D   fils venait à s'absenter, son père sera tenu de le faire chercher, et, s'il pouvait être trouvé, de le ramener chez M. T pour achever le temps qui resterait à expirer des quatre années susdites.

Pour l'exécution, etc.

TITRE TREIZIÈME.

CAUTIONNEMENT.

§. I.ᵉʳ.

Le cautionnement est un contrat par lequel quelqu'un s'oblige, pour un débiteur envers le créancier, à lui payer en tout ou en partie ce que ce débiteur lui doit, en accédant à son obligation. (*Pothier.*)

On appelle *caution* ou *fidéjusseur* celui qui souscrit un cautionnement.

§. II.

Code civil.

§. III.

Jurisprudence.

1. Un cautionnement n'est pas nul, parce qu'il est contracté sur des obligations futures ou éventuelles; il suffit pour sa validité, que l'obligation soit valable. (*Arrêt de la Cour royale de Paris, du 13 mars 1816.*)

2. Le cautionnement, consenti par un père, d'une dette de son fils, envers un tiers de bonne foi, ne peut, après le décès du père, être attaqué par ses autres enfans, sous prétexte qu'il grève leur légitime. (*Cour de cassation, 5 avril 1809.*)

3. Soit que le créancier ait donné main-levée de son hypothèque, soit qu'il laisse purger ou prescrire par sa négligence, il perd son recours contre la caution, qui, par le fait du créancier, ne peut plus être subrogée dans l'intégrité de ses droits et actions. (*M. Massé, Parfait Notaire, tome I*, page 708.)

§. IV.

Observations.

1. Pour se rendre caution, il faut être capable de contracter et de s'obliger gratuitement. (*Voyez l'art. 1124 du Code civil.*)

2. On peut se rendre caution pour quelque débiteur et envers quelque créancier que ce soit.

3. Au lieu de se rendre caution de la caution (*Code civil, art. 2014*), on se borne ordinairement à certifier que la caution est solvable : c'est ce qui se pratique pour les ventes des bois du gouvernement. La caution n'a pas de recours contre ses propres certificateurs, car elle est obligée principale à leur égard.

4. Les notaires font expliquer clairement les personnes qui veulent bien se rendre cautions, pour savoir si elles entendent payer, seulement dans le cas où le débiteur ne paierait pas, ou si elles consentent à pouvoir être poursuivies comme le principal obligé, auquel cas le créancier aurait le droit d'attaquer la caution avant le débiteur.

5. On peut insérer dans l'acte de cautionnement la condition que le terme de paiement ne sera point prorogé par le créancier, sans le consentement de la caution, à peine de perdre son recours contre elle.

§. V.

Formules.

1. *Cautionnement pur et simple.*

Aujourd'hui a comparu devant, etc.

M. S

Lequel, après qu'il lui a été donné communication et que lecture lui a été faite d'un acte passé devant M^e　　　qui en a la minute, et son collègue, notaires à　　　, le　　　, dûment enregistré, contenant obligation par M. G　　　au profit de M. T　　　de la somme de　　　qui a été stipulée payable le　　　, sans intérêts;

S'est, par ces présentes, volontairement rendu et constitué caution et répondant de M. G　　　envers M. T　　　, pour raison du paiement de ladite somme.

Dont acte, pour l'exécution duquel M. S　　　a élu domicile en sa demeure susdite, auquel lieu, nonobstant, etc.

Fait et passé à, etc.

2. *Cautionnement solidaire avec hypothèque.*

Aujourd'hui a comparu, etc.

M. S

Lequel, après avoir pris communication, etc. (Voyez *la formule qui précède.*)

S'est, par ces présentes, volontairement rendu et constitué caution, garant et répondant solidaire de M. G　　　envers M. T　　　, pour raison de ladite obligation : en conséquence, il s'est obligé, solidairement avec M. G　　　, lui seul pour le tout, sous la renonciation aux bénéfices de division et de discussion, au paiement de ladite somme de　　　, aux époques et de la manière fixées par ladite obligation; fesant de ce paiement sa propre affaire et dette personnelle, comme seul et principal obligé.

A la sûreté et à la garantie duquel cautionnement, M. S　　　a affecté et hypothéqué spécialement une maison située à　　　etc.

Dont acte, pour l'exécution duquel, etc.

3. *Cautionnement d'un bail.*

(*Voyez* page 96.)

TITRE QUATORZIÈME.

CAUTIONNEMENT EN IMMEUBLES QUE DOIVENT FOURNIR LES CONSERVATEURS DES HYPOTHÈQUES.

§. 1.

Observations (1) sur les précautions à prendre pour assurer la validité du cautionnement fourni par un conservateur des hypothèques, pour la garantie de l'exercice de sa place.

1°. IL faut s'assurer de la qualité de celui qui cautionne;

S'il est majeur;

S'il n'est pas interdit ou soumis à un conseil judiciaire; s'il est marié; dans le cas où il le serait, sous quel régime il l'a été, car si c'est sous le régime dotal, la femme ne peut pas s'obliger, ni conséquemment déroger à son hypothèque légale;

Il produira son contrat de mariage;

Dans le cas où il serait marié sous un autre régime que celui dotal, la femme doit cautionner et s'obliger solidairement avec le mari, autrement la subrogation qu'elle consentirait dans l'effet de son hypothèque légale, ne serait pas valable.

2°. Il convient d'énoncer positivement l'objet, la durée et l'étendue du cautionnement.

Son objet, c'est la garantie des faits du conservateur, relativement à sa responsabilité envers les particuliers, dans l'exercice de sa place;

Sa durée, c'est celle de son exercice dans tous les bureaux de conservation d'hypothèques où il pourra être appelé, à moins que la durée du cautionnement ne soit limitée à un certain nombre d'années, ou à l'exercice du conservateur dans un bureau désigné;

Son étendue, c'est la somme jusqu'à concurrence de laquelle la caution entend s'obliger.

---

(1) Extrait des instructions de la direction générale de l'enregistrement et des domaines. (4 juin 1822, n° 1045.)

Ces observations sont tellement claires et si bien posées, qu'elles peuvent être utiles dans beaucoup d'autres circonstances, notamment lorsqu'il s'agit d'obligations, auxquelles les mêmes principes sont applicables.

3°. Dans le gage hypothécaire présenté par la caution, on doit considérer sa nature, sa valeur, l'origine de la propriété;

S'il est libre dans les mains de la caution;

Si le prix en a été entièrement payé, dans le cas où il proviendrait d'acquisition;

S'il a été purgé de toutes hypothèques sur les précédens détenteurs,

Et enfin, s'il n'est pas grevé d'hypothèques légales, conventionnelles ou judiciaires, du fait de la caution.

Nature de l'immeuble.

Si c'est une maison, la désignation en est simple et facile.

Si ce sont des terres, prés ou bois, il faut énoncer leur superficie, et autant que possible, leurs tenans et aboutissans.

Si c'est une usine, il faut joindre l'état des machines, ustensiles et autres objets qui, par leur destination, font partie de l'immeuble.

Sa valeur.

La caution déclarera la valeur de l'immeuble et de son revenu.

Elle produira, à l'appui de sa déclaration,

Les baux s'il en existe; à défaut, un extrait de la matrice des rôles;

Et son titre de propriété, afin que l'on connaisse, ou le prix moyennant lequel la caution aurait acquis, ou l'évaluation qui aurait été faite dans le partage en vertu duquel elle posséderait.

Origine de l'immeuble.

Si c'est une acquisition, la caution doit justifier qu'elle en a payé le prix, et qu'elle a purgé les hypothèques sur les précédens propriétaires.

S'il provient d'une succession, il faut rapporter le partage qui en attribue la propriété, afin qu'on puisse vérifier s'il a été grevé d'une soulte, et si elle a été acquittée.

Il sera nécessaire aussi de produire un certificat du conservateur des hypothèques de la situation des biens, pour s'assurer qu'il n'existe aucune hypothèque sur les auteurs de la caution.

Il en sera de même si la caution possède à titre de légataire universel ou particulier; elle devra en outre rapporter ou l'ordonnance d'envoi en possession, ou le consentement des héritiers à l'exécution du testament.

Si l'immeuble est libre dans la main de la caution.

C'est-à-dire, s'il n'est pas grevé d'usufruit, ou sujet au droit de retour.

On peut s'en assurer par l'examen des titres de propriété, et par une déclaration de la caution, sous les peines de stellionat, qu'elle a la libre propriété et jouissance de l'immeuble hypothéqué, et qu'elle n'en a rien distrait ni aliéné.

Si l'immeuble provenait d'une donation avec stipulation de droit de retour, on ne pourrait pas l'admettre pour le cautionnement, puisque, dans le cas de l'exercice du droit de retour, l'immeuble rentre dans les mains du donateur, affranchi des hypothèques qui auraient été contractées par le donataire.

Si le prix de l'immeuble a été payé.

La caution, outre les certificats négatifs ou de radiation des inscriptions, produira les quittances du prix de son acquisition, et même des acquisitions antérieures, parce que l'action en résolution de vente, à défaut de paiement, subsiste indépendamment de l'hypothèque et du privilége, et ne se prescrit que par trente ans.

S'il a été purgé sur les précédens propriétaires.

La caution représentera son titre et les certificats négatifs, tant sur la transcription et à quinzaine, que sur la purge légale, ou les certificats de radiation des inscriptions qui seraient trouvées après l'accomplissement de ces formalités.

S'il n'est pas grevé d'hypothèques du fait personnel de la caution.

Elle déclarera, sous les peines de stellionat, que l'immeuble hypothéqué n'est grevé d'aucune hypothèque légale, conventionnelle ou judiciaire, et s'obligera en outre de rapporter, dans un délai donné, un certificat du conservateur, conforme à sa déclaration.

Hypothèque légale de la femme.

Si celui qui cautionne déclare être marié sous le régime de la communauté, et non sous le régime dotal, sa femme cautionnera solidairement avec lui sans division ni discussion, et, pour plus de sûreté, elle transportera avec toute garantie une somme égale au cautionnement à prendre, par préférence à elle, dans les reprises et créances quelle a à exercer contre son mari ; en conséquence elle subrogera avec pareille garantie et préférence les particuliers ayant droit dans l'effet de son hypothèque légale contre lui.

Si elle a pris inscription, on l'énoncera.

Elle déclarera si elle a déjà consenti subrogation en faveur d'autres.

§. II.

Modèle d'un acte de cautionnement à souscrire pour la garantie de l'exercice d'un conservateur des hypothèques.

On a choisi le cas le plus ordinaire, celui où le cautionnement est souscrit par une personne mariée en communauté de biens, et où conséquemment la femme doit être obligée pour que la subrogation dans l'effet de son hypothèque légale soit valable.

Par-devant, etc.

Furent présens, M.   et   son épouse, qu'il autorise, à l'effet des présentes, demeurans à

Lesdits sieur et dame   communs en biens, aux termes de leur contrat de mariage, passé devant, etc, dont une expédition par eux représentée, leur a été à l'instant rendue ;

Lesquels, parfaitement instruits de la responsabilité imposée aux conservateurs des hypothèques dans l'exercice de leurs fonctions par le chapitre 10 du titre xviii, au livre III du Code civil.

Déclarent qu'ils se rendent et se constituent par ces présentes volontairement cautions solidaires et répondans de M.   en sa qualité de conservateur des hypothèques.

En conséquence, lesdits sieur et dame   s'obligent solidairement entre eux, et avec le sieur   un des trois seul pour le tout, sans division ni discussion, à garantir les faits dudit sieur   dans l'exercice de sa place de conservateur des hypothèques, pour raison, tant des sommes que des dommages-et-intérêts dont il pourrait être tenu envers les parties, à raison de ses fonctions de conservateur, et ce, pendant toute la durée de son exercice, et dix ans après, conformément à la loi du 21 ventose an VII, mais jusqu'à concurrence seulement de la somme de

A l'exécution duquel cautionnement lesdits sieur et dame affectent, obligent et hypothèquent spécialement, sous ladite solidarité, jusqu'à concurrence de la somme de

(*Désigner exactement le bien hypothéqué ; indiquer son origine d'après les titres ; si c'est une acquisition, énoncer les quittances du prix, et les certificats de purge d'hypothèque.*)

Lesdits sieur et dame   déclarent et affirment, sous les peines de stellionat qui leur ont été expliquées par lesdits notaires, et qu'ils ont dit comprendre,

1°. Qu'ils ont l'entière et libre propriété et la jouissance des biens qu'ils viennent d'hypothéquer ;

2°. Qu'ils ne sont grévés d'aucunes hypothèques conventionnelles ou judiciaires ;

3°. Que ledit sieur   n'a jamais été tuteur de mineurs ou interdits, ni comptable de deniers publics; et qu'enfin lesdits biens ne sont grevés d'aucune autre hypothèque légale, que de celle de la dame
laquelle va subroger dans son effet tous les ayant-droits aux effets dudit cautionnement;

Et, pour plus d'efficacité du cautionnement hypothécaire présentement souscrit, ladite dame   autorisée à cet effet dudit sieur son mari, cède et transporte avec toute garantie auxdits ayant-droit pareille somme de   égale à celle dudit cautionnement, à prendre par préférence à ladite dame   dans les reprises, actions et créances qu'elle a ou aura à exercer contre ledit sieur son mari, à quelque titre que ce soit; à l'effet de quoi elle subroge, avec pareilles garanties et préférence que dessus, lesdits ayant-droit dans l'effet de l'hypothèque légale qui lui est acquise contre son mari pour raison de ses reprises et conventions matrimoniales, déclarant, sous les peines de droit, qu'elle n'a encore consenti à aucune subrogation dans lesdits droits en faveur de qui que ce soit.

(*S'il a été pris inscription pour la femme, on l'énoncera.*)

Ledit sieur   déclare accepter, en tant que de besoin, les cession et subrogation ci-dessus faites par la dame son épouse auxdits ayant-droit aux effets dudit cautionnement.

Lesdits sieur et dame   s'obligent à fournir incessamment, et à leurs frais, un certificat du conservateur des hypothèques, constatant que les biens ci-dessus hypothéqués ne sont grevés d'aucune autre inscription que de celle qui sera prise, en vertu des présentes, au profit desdits ayant-droit.

Pour l'exécution des présentes, les parties font élection de domicile,

(*Faire élire domicile par la caution dans le chef-lieu de la direction.*)

Fait à, etc.

TITRE QUINZIÈME.

CERTIFICAT DE PROPRIÉTÉ.

§. Ier.

Définition.

On entend par *certificat de propriété* l'acte par lequel un notaire atteste , en conformité de la loi du 28 floréal an 7, le droit de propriété ou de jouissance que *telles* ou *telles* personnes ont dans une inscription sur le grand-livre de la dette publique.

§. II.

Observations.

1. Le certificat de propriété doit contenir :

1°. Les noms, prénoms et domicile du nouveau propriétaire ou jouissant ;

2°. La qualité en laquelle il procède ou possède , c'est-à-dire sa qualité d'héritier ou de donataire , ou de légataire universel , ou à titre universel, ou particulier ;

3°. L'indication de sa portion dans la rente ;

4°. L'époque de son entrée en jouissance, ou à compter de laquelle il a droit aux arrérages. (*Art. 6 de la loi du 28 floréal an 7.*)

2. Le certificat de propriété est fait, signé et délivré par un notaire, lorsque le droit du nouveau possesseur résulte d'un inventaire ou partage fait ou reconnu devant notaire, ou d'une transmission gratuite à titre entre-vifs ou par testament. C'est le notaire , dépositaire de la minute ou de l'original de l'acte , qui délivre, dans ces cas, le certificat de propriété. Ce certificat doit être légalisé. (*Même article.*)

3. Ces certificats ne sont signés ni par un second notaire ou par des témoins , ni répertoriés , ni enregistrés.

4. Lorsqu'il n'existe aucun des actes en formes authentiques , mentionnés ci-dessus , ni testament olographe déposé chez un notaire, c'est le juge-de-paix du domicile du décédé qui , sur l'attestation de deux citoyens français , délivre l'acte de noto-

riété. Si la mutation s'est opérée par jugement, le greffier, dépositaire de la minute, délivre le certificat. (*Même loi.*)

5. Les notaires se font déposer pour minute, les pièces qui leur sont nécessaires pour établir les certificats de propriété.

6. Un procès-verbal de la Chambre des notaires de Paris, du 9 ventose an 13 (28 février 1805,) contient plusieurs dispositions relatives à la délivrance de ces certificats. Ce procès-verbal se trouve dans le recueil de leurs statuts et réglemens.

7. Les notaires sont souvent obligés d'avoir le certificat d'origine d'une rente, avant de pouvoir délivrer le certificat de propriété. On appelle *certificat d'origine*, celui que délivre le directeur du grand-livre de la dette publique, pour constater l'origine d'une rente sur l'État.

Ainsi, on trouve dans une succession, une inscription au nom du défunt ; il importe de savoir si elle lui appartenait personnellement, ou si elle formait un conquêt de sa communauté. Alors le notaire adresse au directeur la demande d'un certificat d'origine.

§. III.

Modèle.

CINQ POUR CENT CONSOLIDÉS.

EXTRAIT *d'inscription au grand-livre de la dette publique.*

SÉRIE	N°	SOMME

Au nom de

Je soussigné,   notaire royal, résidant à   certifie en exécution de l'art. 6 de la loi du 28 floréal an 7, que l'inscription de   francs, ci-dessus énoncée, et tous les arrérages qui en sont dus, appartiennent en pleine propriété et jouissance, à
en qualité de
Le tout, ainsi que le constate l'intitulé de l'inventaire fait après le décès dudit   par mon collègue et moi, qui en ai la minute, le dûment enregistré.
Fait à   le

Quand il s'agit d'une pension viagère, voici le modèle de la déclaration qu'il faut joindre au certificat de propriété, pour en toucher les arrérages dus au décès du pensionnaire.

Nous soussignés (*prénoms, noms, professions et domiciles des héritiers légataires ou ayant droit*) héritiers (*ou* légataires universels) de (*prénoms et nom de la personne décédée*) pensionnaire (*nature de la pension*) inscrit sous le n°

Déclarons que, depuis l'obtention de sa pension jusqu'au jour de son décès, il n'a joui d'aucun traitement d'activité ni d'aucune autre pension sous quelque dénomination que ce puisse être, soit à la charge de l'État, soit sur les fonds des invalides de la guerre ou de la marine.

(*Si le pensionnaire jouissait d'un traitement d'activité ou d'une autre pension, il faudrait en indiquer le montant.*)

Nota. L'un des héritiers peut faire cette déclaration en se portant fort pour tous les autres.

Si la partie qui fait la déclaration sait signer, il faut que sa signature soit légalisée par le maire, et celle du maire par le préfet ou sous-préfet.

Si elle ne sait signer, la déclaration est faite par-devant le maire.

Dans tous les cas, cette déclaration doit être sur papier timbré.

§. IV.

Certificat de propriété pour les *cautionnemens*.

Observations.

La caisse d'amortissement est autorisée à rembourser les cautionnemens des titulaires décédés ou interdits, aux héritiers ou ayant-droit, sur le simple rapport :

1°. Du certificat d'inscription ou des titres constatant le paiement du cautionnement ; 2°. des certificats de *quitus*, d'affiche et de non-opposition, prescrits par les lois des 25 nivose et 6 ventose an 13 ; 3°. et d'un certificat ou d'un acte de notoriété, contenant les noms, prénoms et domiciles des héritiers et ayant-droit, la quotité en laquelle ils procèdent et possèdent, l'indication de leurs portions dans le cautionnement à rembourser, et l'époque de leur jouissance.

Ce certificat doit être délivré par le notaire détenteur de la minute, lorsqu'il y a eu inventaire ou partage par acte public, ou transmission gratuite à titre entre-vifs ou par testament ; il l'est par le juge-de-paix du domicile du décédé, sur l'attestation de deux témoins, lorsqu'il n'existe aucun desdits actes en forme authentique.

Si la propriété est constatée par jugement, le greffier dépositaire de la minute, délivre le certificat. (*Art.* 1er *d'un décret du* 18 *septembre* 1806.)

Ces certificats sont assujétis au simple droit d'enregistrement d'un franc, et doivent être légalisés par le président du tribunal de première instance, et conformes aux modèles annexés au décret. (*Art.* 2, id.)

Modèle de certificat de propriété à délivrer par un notaire.

Je soussigné,   notaire à   certifie, conformément aux dispositions du décret du 18 septembre 1806, que M.   (*mettre les noms, prénoms, qualités, résidences, arrondissement et département des ayant-droit*) a *ou* ont seuls droit de recevoir le capital et les intérêts du cautionnement de (*noms, prénoms, qualités, résidence, arrondissement et département.*)

Nota. Il faut aussi indiquer, lorsqu'il y a plusieurs ayant-droit, la portion revenant à chacun ; à quel titre il en est propriétaire, soit comme héritier, comme donataire ou légataire, comme cessionnaire, soit enfin en vertu d'abandonnement fait par le partage de la succession du titulaire décédé ; il est également nécessaire de relater les différens actes de transmission de propriété, tels qu'inventaire, partage, transport, donation et testament soit olographe, soit devant notaires ; s'il s'agit d'un testament olographe, on énonce que le légataire s'est fait envoyer en possession de son legs, et on relate l'ordonnance rendue par le président du tribunal à l'effet dudit envoi en possession.

Si le titulaire décédé a laissé une veuve commune en biens ou non commune, le certificat en fait mention, ainsi que de son droit de propriété, si elle est commune.

Si le titulaire est décédé célibataire, il en est fait mention.

Si, dans le nombre des ayant-droit, il y a des tuteurs, soit naturels, soit judiciaires, il faut les dénommer et énoncer leurs résidences, arrondissemens et départemens, ensemble les noms et titres des mineurs qu'ils représentent : il en est de même des interdits.

Le notaire termine son certificat de la manière suivante :

Le tout, ainsi qu'il résulte des actes sus-énoncés, *soit inventaire, soit partage, transport, donation ou testament;* le tout étant en ma possession. Fait à   le

TITRE SEIZIÈME,

CERTIFICAT DE VIE.

---

§. Ier.

Définition.

LE *certificat de vie* est un acte par lequel les notaires certifient qu'un *tel* a comparu devant eux, pour constater son existence et en demander acte.

§. II.

Observations.

1. Les certificats des rentiers viagers et des pensionnaires sur l'État, sont délivrés par les *notaires certificateurs*, nommés par le roi, conformément à un décret du 11 août 1806.

2. Les *notaires certificateurs* délivrent encore exclusivement les certificats de vie pour la *tontine d'Orléans*.

3. Mais tout notaire, même non-certificateur, peut dresser les certificats de vie qui ne sont pas destinés à être produits pour toucher des pensions ou rentes viagères dues par l'État ou par cette tontine.

4. La Cour de cassation a jugé, par arrêt du 19 novembre 1817, que les certificats de vie nécessaires pour toucher les rentes viagères dues par des *particuliers*, ne peuvent être délivrés que par deux notaires, ou par un notaire en présence de deux témoins, aux termes de l'art. 9 de la loi du 25 ventose an 11.

5. D'après une décision du ministre des finances, du 6 octobre 1812, et une instruction conforme de M. le directeur général des domaines, en date du 16 du même mois, *les certificats de vie pour la caisse Lafarge, sont exempts d'enregistrement*, ils doivent continuer à être délivrés indistinctement par tous les notaires, dans la forme des actes notariés : seulement, il est nécessaire d'écrire, en tête, les mots *caisse Lafarge*, sans indiquer les numéros des actions, et d'exprimer dans le cours des certificats, *qu'ils ne pourront servir que pour cette caisse*. Quoique non sujets à l'enregistrement, on les porte au répertoire. Il n'en

est pas de même des certificats de vie délivrés par les notaires certificateurs, autres que ceux pour la caisse Lafarge.

6. Les certificats de vie exigés des militaires pour le paiement de leur solde de retraite, sont délivrés par les maires de leurs communes. (*Décret du 19 mars 1808.*)

7. Lorsque la personne dont il s'agit de certifier l'existence, n'est pas connue des notaires, il faut que son individualité leur soit attestée par deux citoyens connus d'eux. (*Voyez ci-devant*, page 36.)

§. III.

Formule.

Aujourd'hui a comparu devant M^e   etc.

M. Louis-Isidore Bellart, horloger, demeurant à   né à le

Lequel, étant parfaitement connu desdits notaires (*ou étant accompagné de MM.   qui ont déclaré le connaître parfaitement*) a requis lesdits notaires de lui donner acte de son existence; ce qu'ils lui ont octroyé, pour lui servir et valoir ce que de raison.

Fait et passé, etc.

~~~~~~

TITRE DIX-SEPTIÈME.

CESSION DE BIENS OU CONTRAT D'ABANDONNEMENT.

————

§. Iᵉʳ.

Code civil.

DÉFINITION de la cession, et ses différentes espèces,	1265 et 1266.
Cession volontaire,	1267.
id. judiciaire,	1268 et 1269.
Effets de la cession judiciaire,	1270.
Bénéfice de cession, refusé au dépositaire infidèle,	1945.

Code de procédure.

Bénéfice de cession par le débiteur incarcéré,	800.
Formalités pour réclamer ce bénéfice, effets qu'il produit, etc.	898 — 904.
Personnes non admises au bénéfice de cession,	905.

Code de commerce.

Effets de la cession,	568 et suiv.
Personnes non admises au bénéfice de cession,	575.
Objets que le débiteur peut retenir,	529.
(*Voyez* aussi l'article 592 du Code de procédure.)	
De quelles formalités la cession doit-elle être précédée ?	519, 470 et s.

§. II.

Jurisprudence.

1. C'est au débiteur qui demande à être admis au bénéfice de cession, à établir sa bonne foi; les créanciers qui s'y opposent, ne sont pas tenus d'établir qu'il y a mauvaise foi, elle se présume jusqu'à la preuve contraire. (*Cour de Liége*, 17 janvier 1809.)

2. Le bénéfice de cession doit être refusé à tout débiteur qui

ne justifie point de ses malheurs et de sa bonne foi, encore qu'il ne soit pas compris dans l'énumération de l'art. 905 du Code de procédure. (*Cour d'Aix*, 30 *décembre* 1817.)

3. Tout contrat d'union entre créanciers, doit, à peine de nullité, être précédé d'un procès-verbal de vérification et d'affirmation des créances, et suivi d'homologation. (*Cour de cassation*, 4 *février* 1806.)

§. III.

Observations.

Rien n'est plus ordinaire, au palais, que de voir employer le mot *abandon* pour celui d'*abandonnement*. On dit qu'un failli a fait l'*abandon* de ses biens à ses créanciers. Les rédacteurs du Code civil ont aussi employé ce mot. (*Art.* 1053, 1265.) Il y a cependant une grande différence entre l'un et l'autre.)

L'*abandonnement* est un acte par lequel on cède, on transporte à un autre la propriété qu'on a d'une chose, ou simplement le droit qu'on peut y avoir. L'*abandon* n'est point un acte, c'est un simple état, une simple situation d'une chose délaissée. On peut dire de l'*abandonnement*, qu'il est actif, puisque c'est un acte qui transporte une propriété, un droit, une action, d'une personne à une autre ; et de l'*abandon*, qu'il est purement passif. On dira donc qu'un débiteur a fait un *abandonnement*, et non un *abandon* de ses biens à ses créanciers ; et en parlant des biens dont le propriétaire ne prend aucun soin, qu'ils sont à l'*abandon*.

L'*abandonnement* est un acte de justice par lequel la propriété des biens abandonnés est transférée du débiteur aux créanciers ; tandis que l'*abandon* ne dépouille pas légalement le maître de la propriété de ses biens, pour la transférer à ceux qui les usurpent. (*M. Morel.*)

§. IV.

Formule.

L'an   le   dix heures du matin, par-devant Mᵉ
  et   notaires royaux à la résidence de   soussignés,
et en l'étude dudit Mᵉ   sise à   rue

Ont comparu :

M. A (*prénoms, nom, qualité et demeure du débiteur.*) d'une part ;

Et MM. (*prénoms, noms, qualités et demeures des créanciers*) d'autre part ;

M. A   a exposé qu'ayant essuyé de longues maladies qui l'ont empêché de surveiller constamment ses affaires, il a éprouvé des pertes considérables qui l'ont mis hors d'état de payer ses dettes ; que dans cette malheureuse position, il a cru devoir déposer son bilan au greffe du tribunal de   ; que pour faire cesser les poursuites déjà commencées contre lui, et désirant profiter honorablement des moyens que la loi lui accorde en fesant à ses créanciers la cession de ses biens plutôt que de les voir vendre par suite de saisie, il les a convoqués aujourd'hui, onze heures du matin, en l'étude dudit M.   à l'effet de leur donner connaissance de son bilan, dont une copie, par lui représentée, est, à sa réquisition, demeurée ci-jointe, après avoir été de lui certifiée véritable et signée en présence des notaires ; et de leur proposer d'accepter la cession de ses biens, moyennant qu'ils le tiendront quitte de tout ce qu'il peut leur devoir, lors même que lesdits biens ne seraient pas suffisans.

Les créanciers ci-dessus nommés, après avoir pris communication et lecture du bilan, et reconnaissant la bonne-foi de M. A   ont déclaré accepter sa proposition.

En conséquence, ledit sieur A   a, par ces présentes, cédé et abandonné à tous les créanciers dénommés en son bilan, ce accepté par les comparans, tant pour eux que pour les autres créanciers absens, tous les biens mobiliers et immobiliers qui y sont désignés, savoir :

1°. Le fonds de commerce qu'il exerce en une maison située à rue

2°. Les marchandises et ustensiles qui en dépendent;

3°. Les créances actives détaillées au bilan ;

4°. Les meubles et effets qui garnissent ladite maison ;

5°. Dix hectares de terre, en plusieurs pièces, situées à   etc.

6°. Une maison située à, etc.

Ainsi que tous ces biens, tant meubles qu'immeubles, s'étendent et comportent, sans aucune exception.

M. A   est propriétaire de la maison et des terres, en qualité d'héritier, pour un quart, de M.   son père, et comme lui étant échues par le partage des biens de sa succession passé devant, etc.

Pour par lesdits créanciers toucher et recevoir les créances et sommes dues à M. A   et disposer, comme bon leur semblera, et conformément aux lois, de tous les biens, tant meubles qu'immeubles, fesant l'objet de la présente cession, et dans laquelle il entend comprendre les loyers, fermages et intérêts qui sont échus jusqu'à ce jour.

Cette cession est faite pour, par ledit A   , demeurer quitte et libéré envers tous ses créanciers, tant présens qu'absens, de toutes les sommes qu'il peut leur devoir tant en principaux, qu'intérêts et frais.

M. A   a remis à l'instant les titres de propriété de la maison et des terres ci-dessus désignées, et les billets, reconnaissances et autres pièces concernant les créances par lui cédées ; et il a présentement affirmé, par serment, entre les mains des notaires soussignés, la sincérité et la légitimité des dettes déclarées en son bilan.

Par suite de cette cession, les créanciers, ici présens, ont déclaré s'unir pour ne composer qu'un seul corps et pour agir en nom collectif, par le ministère de M.   et de M.   , qu'ils ont présentement nommés syndics et directeurs de leurs droits, actions et intérêts, et auxquels ils donnent pouvoir de suivre le recouvrement des créances en principaux, intérêts, fermages et loyers, cédés par M. A   ,
ainsi que tous revenus échus et à échoir ; entendre, débattre, clorre et arrêter tous comptes, en fixer les reliquats ; les recevoir ; faire vendre à l'encan les meubles et effets mobiliers de M. A   (à l'exception de ceux dont il sera ci-après parlé) ; vendre les immeubles   enchères

et après les publications requises, en l'étude et par le ministère de
M⁶   l'un des notaires soussignés ; dresser préalablement tous
cahiers de charges ; le tout en la présence dudit sieur A   , ou
après l'y avoir dûment appelé ; recevoir le prix des ventes ; de toutes
sommes touchées, donner quittances et décharges valables ; à défaut de
paiement, ou en cas de contestations, citer et comparaître devant tous
juges, tribunaux et bureaux de conciliation ; s'y concilier, s'il est possible ; traiter, transiger, composer ; sinon, plaider, opposer, appeler ;
former toutes demandes, défendre à celles qui seraient intentées ; exercer
contre qui il appartiendra toutes poursuites, contraintes et diligences
nécessaires ; obtenir tous jugemens, les faire mettre à exécution ; former
toutes oppositions, saisies et inscriptions hypothécaires ; provoquer tous
ordres, y produire, retirer tous mandemens ou bordereaux de collocation,
en recevoir le montant, en donner quittances ; prendre tous arrangemens
avec tous débiteurs, ou même avec les créanciers de l'union ; compromettre ; faire et accepter toutes cessions et délégations, consentir toutes
mentions et subrogations ; donner main-levée et consentir la radiation de
toutes inscriptions ; nommer tous avoués, les révoquer, en constituer
d'autres ; passer et signer tous actes, élire domicile, et généralement faire
pour l'intérêt commun des créanciers, tout ce que lesdits syndics et directeurs jugeront à propos.

MM.   ont accepté les fonctions et pouvoirs qui viennent de
leur être conférés, mais sous la condition qu'ils ne seront point garans du
défaut de poursuites ni des négligences ou fautes de procédures qu'ils
pourraient commettre sans intention.

Les créanciers comparans, tant pour eux que pour les absens, ont
choisi et nommé pour notaire-séquestre de l'union, M⁶   l'un
des notaires soussignés ; et, pour occuper dans les actions, instances et
procès que pourrait avoir la direction, M⁶   avoué à

En considération de l'abandonnement volontaire ci-dessus fait par
M. A   , lesdits créanciers ont consenti, sur la demande qu'il en
a faite, de lui laisser son linge de corps et ses vêtemens, plus son lit, etc.
(*Désigner ici les effets réservés au débiteur.*)

Il a été arrêté entre lesdits créanciers, que tous les deniers restans et
provenus du prix des ventes, seront distribués, après le prélèvement fait
des frais et créances privilégiés, suivant l'ordre qui en sera fait à l'amiable,
sinon en justice, d'après les états qui seront dressés à cet effet par les
officiers de l'union et arrêtés par tous les créanciers, en délibération générale : à l'effet de quoi, lesdits créanciers seront tenus de produire leurs titres
entre les mains de M⁶   notaire, dans le mois de la sommation qui
leur en sera faite à domicile, à la requête des syndics, à peine par ceux
qui négligeraient ou refuseraient de faire cette production, d'être et de
demeurer déchus de leurs droits aux répartitions.

Pour faire homologuer, s'il y a lieu, tant ces présentes que les opérations
qui pourront suivre, tout pouvoir est donné aux syndics.

Il est bien entendu que les énonciations faites dans le bilan de
M. A   , ne pourront attribuer aux créanciers ni aux débiteurs y
dénommés, plus ou moins de droits qu'ils n'en ont.

Le coût du présent acte et tous les frais et honoraires occasionnés par
les opérations de la direction, seront payés par privilége et préférence sur
les premiers deniers qui seront touchés par les syndics.

Dont acte, pour l'exécution duquel les parties ont élu domicile en leurs
demeures susdites, auxquels lieux, etc.

Fait et passé à, etc.

(*Voyez,* page 82 la formule de l'acte d'adhésion.)

TITRE DIX-HUITIÈME.

COMPARUTION.

§. Ier.

Définition.

UNE *comparution* est une présentation de sa personne devant un notaire, en conséquence d'un exploit donné par l'une des parties, à l'effet de procéder conformément aux fins et conclusions prises par l'exploit : ainsi, l'acte de comparution est une espèce de procès-verbal qui contient les comparutions et prétentions des parties, et la mention de l'absence de celles qui font défaut. (*M. Massé.*)

§. II.

Code de procédure.

Voies à prendre pour avoir expédition ou la
seconde grosse d'un acte,   839—858
   Procès-verbaux de compulsoire ou collation ,   849 et suiv.

§. III.

Observations.

1. Il est différens cas où les notaires dressent des procès-verbaux de comparution. Par exemple, une personne fait sommation à une autre de se présenter tel jour, à telle heure, dans l'étude de tel notaire, à l'effet de lui passer bail, vente ou tout autre acte ; d'après leurs conventions, le notaire dresse procès-verbal.

2. Si la partie citée ne comparaît pas, le notaire constate le défaut, et donne acte à la partie présente de sa comparution, pour lui servir et valoir ce que de raison.

3. Le mot *procès-verbal* s'applique à tous les actes par lesquels des officiers publics rendent témoignage de ce qui a été fait et dit en leur présence.

4. *Voyez* ci-devant page 33, page 36 (note 5), et ci-après au titre du compulsoire.

§. IV.

Formule d'un procès-verbal de comparution.

L'an   le lundi   heure   , a comparu devant M^{es}   et   notaires royaux, à la résidence de   , soussignés, et en l'étude dudit M^e

M. C   , assisté de M^e   , avoué au tribunal de première instance, séant à   , demeurant à   , son conseil.

Lequel a exposé que, suivant exploit de   , huissier à   , en date du   , enregistré le   , et dont l'original représenté aux notaires soussignés a été par eux à l'instant rendu, (*ou si on l'annexe :* dont l'original représenté par ledit sieur C   , est, sur sa réquisition, demeuré ci-joint, après avoir été de lui certifié véritable et signé en présence des notaires); il a fait sommer M. F   à comparaître en l'étude, aujourd'hui, heure présente, à l'effet de
        (*On transcrit la demande ou l'objet de la sommation.*)
Et il a requis acte de sa comparution, et défaut contre M. F   dans le cas où il ne comparaîtrait point. Et a signé, après lecture, avec ledit M^e

Et à l'instant a comparu ledit sieur F   assisté de, etc.

Lequel, après que lecture lui a été faite de l'exposé de M. C   , a répondu que

Et, lecture faite, a signé avec ledit M^d   , sous toutes réserves de droit.

A quoi, M. C   a répliqué que, etc.

Et a signé avec M^e   , son avoué, après lecture et sous toutes réserves.

M. F   a répondu que, etc.

Desquelles comparutions et desquels dires, répliques, protestations et réserves, les notaires soussignés **ont donné acte** aux parties pour leur servir et valoir ce que de raison.

Quelquefois on ajoute :

Et les ont renvoyées à se pourvoir devant les tribunaux et juges qu'il appartiendra.

Et on termine ainsi :

Fait et passé à   en l'étude, les jour, mois et an susdits. Et les notaires ont signé après lecture faite.

Ou bien si la séance a duré plus de trois heures :

Il a été vaqué à ce que dessus depuis,   jusqu'à
Et les comparans ont signé avec leurs avoués et les notaires, sous les réserves ci-devant exprimées et après lecture faite.

Si la personne citée ne se présente pas, on attend ordinairement l'espace de trois heures, et on termine alors le procès-verbal de cette manière, après l'exposé :

Et après avoir attendu M. F   jusqu'à   heures sonnées, ne s'étant point présenté ni aucun fondé de pouvoir pour lui, les notaires soussignés, fesant droit au réquisitoire de M. C lui ont donné acte de sa comparution, et défaut contre M. F non comparant :

Fait et passé, etc.

§. V.

Formule d'un procès-verbal constatant la délivrance d'une seconde grosse.

L'an   . le   (comme dessus),
A comparu le sieur B   assisté de Me   avoué
Lequel a exposé que suivant ordonnance rendue par M. le Président du tribunal civil de   , le   , étant au bas de la requête à lui présentée à cet effet, (expédition de laquelle ordonnance est, à sa réquisition, demeurée ci-jointe, après qu'il y a été fait mention de l'annexe); ledit Me   , notaire, est autorisé à délivrer audit sieur B   , partie présente ou dûment appelée, une seconde grosse d'une obligation de la somme de 5,000 fr., souscrite à son profit par M. D le   devant ledit notaire :
Que, par exploit de, etc., dont il a représenté l'original également demeuré ci-annexé, après avoir été du comparant certifié véritable et signé en présence des notaires, il a été fait sommation audit sieur D   , à l'effet d'être présent, si bon lui semblait, à cette délivrance, aujourd'hui, heure susdite, en l'étude de Me   . Que, par autre exploit du même huissier, en date du   , il a été fait sommation audit Me   , notaire, de faire au comparant, à ces jour et heure, la délivrance de ladite seconde grosse, conformément à l'art. 844 du Code de procédure.
En conséquence, il nous a requis de lui donner acte de ses dire et comparution, et de lui délivrer la seconde grosse en question. Et, lecture faite, il a signé avec son avoué.
Après avoir attendu jusqu'à   heures sonnées, le sieur D   n'ayant point comparu, ledit Me   l'un des notaires soussignés en exécution de l'ordonnance ci-dessus mentionnée, a fait et délivré audit sieur B   , qui l'a reconnu, la seconde grosse de l'obligation ci-devant datée et énoncée, au bas de laquelle il a été fait mention de l'ordonnance (1).
Dont acte : fait et passé, etc.

VARIATION DE LA FORMULE PRÉCÉDENTE.

Cas de comparution de la personne sommée.

Au même instant, a comparu M. D   , assisté de Me
Lequel a dit qu'il ne s'opposait pas à ce que la seconde grosse dont il

_____

(1) Si la partie fait défaut, on le constate, sans que cela empêche la délivrance. (*Pigeau, t. II, p.* 351.)

s'agit, fût délivrée aux frais de M. B   ; mais il a observé qu'ayant
payé 1,500 fr. à compte sur le montant de l'obligation, il entendait que
mention en fût faite sur cette seconde grosse, afin qu'elle ne fût exécutoire que pour 3,500 fr. qu'il redoit.

Et a signé avec son conseil, après lecture et sous toutes réserves de
droit.

M. B   a répliqué que le paiement des 1,500 fr. lui a été fait pour une
autre cause; en conséquence, il a requis que la seconde grosse lui fût
remise sans aucune mention à cet égard. Et a signé après lecture.

Les parties n'étant point tombées d'accord, les notaires soussignés les
ont renvoyées à se pourvoir en référé, ainsi qu'elles aviseront, conformément à l'art. 845 du Code de procédure.

Dont acte, etc.

TITRE DIX-NEUVIÈME.

COMPROMIS.

§ Ier.

Définition.

Le *compromis* est l'acte sous seing-privé ou devant notaire, par lequel plusieurs personnes nomment des arbitres pour juger leurs différens.

§. II.

Code de procédure.

Code de commerce.

Code civil.

§. III.

Jurisprudence.

1. Tout compromis fait par un mineur, encore qu'il ait été assisté de son tuteur et autorisé par sa famille, est nul, de nullité absolue, en ce sens que le mineur peut se faire restituer, indépendamment de toutes circonstances de lésion. (*Arrêt de la Cour de Cassation du 4 fructidor an XII.*)

2. Un héritier bénéficiaire ne peut compromettre. (*Cassation,*

20 *juillet* 1814.), si ce n'est sur les revenus de la succession (*Cour de Paris*, 3 *juin* 1808.)

3. Les communes, pour compromettre, doivent être autorisées par le conseil de préfecture, et d'après une consultation de trois avocats désignés par le préfet. (*Arrêtés des* 17 *ventose an X et* 21 *frimaire an XII.*)

4. On peut, par le compromis, renoncer à la voie de la requête civile. (*Cassation*, 18 *juin* 1816).

5. On peut y renoncer d'avance au droit de se pourvoir contre la sentence arbitrale, par la voie d'opposition à l'ordonnance d'exécution. (*Cass.*, 31 *décembre* 1816.)

6. Le pouvoir de transiger ne renferme pas le pouvoir de proroger un compromis. (*Cass.*, 18 *août* 1819.)

7. Les parties peuvent exercer l'action en nullité établie par l'art. 1028 du Code de procédure, lors même que, dans le compromis, il aurait été convenu que les arbitres jugeraient comme amiables compositeurs, sans appel et sans recours en cassation, et que leur jugement serait, au besoin, regardé comme transaction. (*Cass.* 23 *juin* 1819.)

§. IV.

Formules.

1. *Compromis sur procès, avec nomination d'amiables compositeurs.*

Aujourd'hui ont comparu devant, etc,
M. L   , d'une part;
Et M. V   , d'autre part;
Lesquels ont exposé que, etc.
(*Énoncer ici le sujet de la contestation en litige.*)
Que, désirant terminer à l'amiable leurs contestations au sujet de ce que dessus, ils sont convenus d'en soumettre la décision à des arbitres.

En conséquence, il ont, par ces présentes, déclaré choisir et nommer pour arbitres et amiables compositeurs à l'effet de juger leurs différens, MM.   ; entre les mains desquels ils se sont obligés de remettre, sous quinze jours, les titres et papiers relatifs à leurs prétentions, pour, par lesdits arbitres, dans les trois mois qui suivront, faire droit sur le tout par composition amiable et ainsi qu'ils l'entendront, les parties leur donnant à cet effet tous pouvoirs nécessaires.

Dans le cas où lesdits arbitres seraient partagés d'opinion, ils choisiront eux-mêmes un tiers arbitre qu'ils s'adjoindront, et lequel, après en avoir conféré avec eux, devra se réunir à l'avis de l'un d'eux.

A la décision desquels arbitres et tiers-arbitre, lesdits sieurs L et V   se sont obligés de s'en rapporter, comme à un jugement rendu en dernier ressort, et de l'exécuter, sans appel, à quoi ils ont déclaré renoncer; étant convenus, que celui d'entre eux qui se refuserait à son exécution, serait tenu de payer à l'autre une somme de   à titre d'indemnité, et avant de pouvoir rien proposer contre la sentence arbitrale.

Dont acte, pour l'exécution duquel, etc.

2. Compromis portant nomination d'arbitres.

Aujourd'hui, etc.

Lesquels ont exposé que, etc.

(*Énoncer les différens des parties.*)

Que, désirant éviter les frais et les désagrémens d'un procès devant les tribunaux, ils sont convenus de terminer leurs différens par la voie de l'arbitrage.

En conséquence, ils ont, par ces présentes, déclaré nommer pour arbitres, savoir : M   *telle personne,* et M   *telle autre;*

Auxquels arbitres, ils se sont obligés respectivement de remettre sous huit jours, les titres et papiers concernant leurs prétentions; et leur ont donné pouvoir de juger leurs différens, sous trois mois, et, en cas de partage d'opinion, de choisir et nommer entre eux un tiers-arbitre pour les départager.

Promettant de s'en rapporter à leur décision, et de l'exécuter de même qu'un jugement définitif qui serait rendu par les tribunaux, et sans pouvoir en appeler, à quoi ils ont renoncé.

Dont acte, pour l'exécution duquel, etc.

TITRE VINGTIÈME.

COMPTE.

§ Ier.

Définition.

On 'appelle *compte* l'acte qui contient la récapitulation ou le tableau des sommes reçues et payées par une personne pour une autre. Le *rendant* ou *comptable* est celui qui doit le compte, et l'*oyant* est celui auquel le compte est rendu.

§ II.

Code civil.

Code de procédure.

Code de commerce.

§. III.

Observations.

1. Tout compte doit contenir, 1°. l'exposé des faits ; 2°. le chapitre des recettes ; 3°. celui des dépenses ; 4°. la balance ; 5°. et l'arrêté.

2. Dans un compte. on tire une somme *pour ordre*, quand, au lieu de la porter en chiffres dans la colonne des sommes à additionner, on dit que, par tels motifs rapportés dans les observations préliminaires, il en est parlé seulement *pour ordre ;* on écrit le mot *ordre* en dedans pour ne pas gêner les additions.

On tire de même *pour mémoire* une somme, lorsqu'il doit en être question dans le courant de l'opération.

§. IV.

Formule.

Par-devant, etc.,
Furent présens :
M. G   , d'une part ;
Et M. T   , d'autre part ;
Lesquels ont exposé que, suivant sa procuration passée en minute devant Mᵉ   , l'un des notaires soussignés, le   , enregistrée, M. T   a donné pouvoir à M. G   , de gérer et administrer ses biens et affaires ;
Que pendant son absence, qui a duré dix ans, M. G   a fait, en vertu de cette procuration, de nombreuses recettes et dépenses pour M. T   , dont il désire lui rendre compte.
Et aussitôt, M. G   a procédé à cette reddition de compte, de la manière suivante :

CHAPITRE PREMIER.

Recette.

M. G   a reçu pour M. T   , savoir :
1°., etc.

Total des recettes faites par M. G   ,

DEUXIÈME CHAPITRE.

M. G   a payé pour M. T   , savoir :
1°., etc.

Total de la dépense faite par M. G

Balance.

La recette monte à   , ci...
Et la dépense à   , ci...

Partant, la recette surpasse la dépense de la somme de   , ci...

Arrêté.

NM. G   et T   , après avoir examiné le compte ci-dessus
article par article et vérifié les pièces à l'appui, ont reconnu ce compte
parfaitement juste; en conséquence, ils ont fixé la recette à la somme
de   , la dépense à celle de   , et le reliquat, à
la somme de   .

Laquelle dernière somme de   , M. G   a présentement payée à M. T   qui l'a reconnu, en numéraire ayant cours,
compté et réellement délivré à la vue des notaires soussignés.

Au moyen de quoi, les parties se sont tenues quittes réciproquement de
toutes choses généralement quelconques, et la procuration ci-dessus
énoncée cessera d'avoir son effet à dater de ce jour.

M. T   a reconnu que M. G   lui a remis *tels* et *tels*
titres, dont décharge.

Fait et passé à, etc.

TITRE VINGT-UNIÈME.

COMPTE DE TUTELLE.

---

§. Ier.

Définition.

On entend par *compte de tutelle*, l'acte par lequel un tuteur rend à son pupille, lors de sa majorité ou de son émancipation, le compte définitif de toutes les sommes qu'il a reçues ou payées pour lui pendant l'existence de la tutelle.

§. II.

Code civil.

§. III.

Jurisprudence.

1. Plusieurs anciens arrêts ont décidé qu'un tuteur peut faire un legs à son pupille, sous la condition qu'il ne demandera pas à ses héritiers la reddition du compte qu'il lui doit.

2. La prescription de dix ans (*C. C.* 475) n'est pas applicable aux erreurs, omissions ou doubles emplois faits dans un compte de tutelle ; les actions relatives à ces objets, ne se prescrivent que par 30 ans. (*M. Toullier*, *t.* 2, n°s 1276 *et* 1277.)

3. L'article 472 du C. C. n'est relatif qu'aux traités qui interviendraient sur un compte de tutelle. (*Cour de Paris*, 5 *janvier* 1820, *et Cour de cassation*, 22 *mai* 1822.)

4. La cession qu'un enfant devenu majeur fait à son père,

son tuteur, de tous ses droits maternels en masse, sans exception, comprend les meubles et autres effets qui doivent entrer dans le compte de tutelle dû par le cessionnaire, et, en conséquence, cette cession est nulle, si elle n'a été précédée du compte de tutelle. (*Cour de cassation*, 14 *décembre* 1818.)

5. L'action en nullité de traités faits entre le tuteur et le mineur devenu majeur, pour inobservation des formalités prescrites par l'article 472 du C. C., se prescrit par dix ans, à compter de la majorité du mineur, et non à partir seulement de la date du traité. (*Cour de cassation*, 26 *juillet* 1819.)

6. Les intérêts des deniers pupillaires qui sont payés au tuteur, sont réunis chaque année aux capitaux et à l'excédant des revenus sur la dépense, pour produire de nouveaux intérêts, parce qu'ils deviennent eux-mêmes des capitaux. (*M. Toullier*, t. 2, n⁰ˢ 1217 *et* 1218.)

7. Lorsqu'un père rend à son enfant le compte de sa tutelle, il peut retenir annuellement sur les revenus de ce dernier, à titre de pension, une somme proportionnée à la fortune du mineur devenu majeur. (*Cour de cassation*, 13 *mars* 1813.)

8. Lorsque l'arrêté d'un compte de tutelle fait mention que le compte et les pièces à l'appui ont été remis à l'oyant, plus de dix jours avant cet arrêté lui-même, il est valable, encore bien que cette remise ne soit pas constatée en outre par un récépissé. (*Cour de Paris*, 3 *janvier* 1812.)

9. Lorsqu'il y a demande judiciaire à l'effet de faire courir les intérêts du reliquat de compte de tutelle, ces intérêts courent du jour de la demande, et non pas seulement du jour de la clôture du compte. (*Cour de Pau*, 3 *mars* 1818.)

§. VI.

Observations.

1. La reddition du compte de tutelle, la plus usitée comme la plus convenable, est la reddition qui se fait à l'amiable, par acte devant notaires.

2. M. Massé conseille de ne faire signer l'arrêté de compte que dix jours après sa présentation et la remise des pièces justificatives, afin de ne pas se trouver en contradiction avec l'art. 472 du C. C.

3. Pour les quittances dispensées du droit de l'enregistrement, *voyez* l'article 537 du Code de procédure.

4. Il est bon de savoir que, d'après l'article 2 de la loi du 3 septembre 1807, l'intérêt légal est, en matière civile, de 5 pour cent, et en matière de commerce, de 6 pour cent, sans

retenue; et que l'intérêt conventionnel ne peut, non plus, excéder ce taux.

5. Les observations de la page 138, sont applicables au compte de tutelle.

§. V.

Formule.

Par-devant, etc.

Furent présens.

M. A   (prénoms, nom, profession et demeure du tuteur), d'une part;

Et M. B   (prénoms, nom, profession et demeure du mineur), d'autre part;

Lesquels ont exposé que le sieur B   , père dudit B   est décédé à   le   ; que la dame   sa mère, est décédée à   le   ;

Que ledit sieur A   a été nommé tuteur dudit B   , suivant la délibération du conseil de famille, présidée et reçue par M. le juge de paix de   le   ;

Qu'à la requête dudit sieur   (tuteur) et en la présence de M.   , subrogé-tuteur dudit   , il a été procédé par Me   et son collègue, notaires à   , à l'inventaire des meubles et effets, titres, papiers et renseignemens dépendans des successions desdits défunts sieur et dame B   , au fur et mesure de la levée des scellés qui avaient été apposés après le décès de ladite dame B   ;

Que la vente du mobilier a eu lieu à la requête dudit sieur A   (tuteur), en la présence du subrogé-tuteur, aux enchères reçues par le commissaire-priseur de   , et après les formalités remplies, suivant procès-verbal du...

Que, par autre délibération du conseil de famille tenue sous la présidence de M. le juge de paix du canton de   , le   , il a été alloué au tuteur la somme de   , pour la dépense annuelle du mineur;

Que ledit sieur B   fils, ayant atteint sa majorité le   janvier dernier, ledit sieur A   désirait lui rendre compte de la gestion et de l'administration qu'il a eues de sa personne et de ses biens;

En conséquence, il a requis Me   , l'un des notaires soussignés, d'établir ce compte, ainsi qu'il suit :

(*Présenter ici le chapitre de la recette, celui de la dépense et la balance.*)

Ce compte ainsi établi, M. A   l'a affirmé sincère et véritable, entre les mains des notaires soussignés, et M. B   , fils, a reconnu que ledit sieur A   lui a remis à l'instant le projet dudit compte, et les différentes pièces justificatives venant à l'appui des recettes et dépenses,

Savoir : 1°. etc.

Dont acte, fait et passé à, etc.

Arrêté de compte.

Et le...

Ont de nouveau comparu :

M. A   , d'une part ;

Et M. B   , d'autre part.

M. B   a dit qu'après avoir vu et examiné le compte de tutelle que M. A   lui a rendu par l'acte passé devant Me   l'un des notaires soussignés, et son collègue le   , dont la minute précède, il a reconnu, par la vérification qu'il a faite des pièces que M. A lui a remises, et des calculs contenus audit compte de tutelle, que ce compte est parfaitement juste et exact dans toutes ses parties.

En conséquence, lesdits sieurs A   et B   ont fixé le chapitre de recette à la somme de   , celui de la dépense à   , et le reliquat de la recette sur la dépense à la somme de   , que ledit sieur A   a présentement payée au sieur B   , qui l'a reconnu, en espèces d'argent, ayant cours, comptées et réellement délivrées à la vue des notaires soussignés.

Au moyen de quoi, les parties se sont tenues quittes réciproquement de toutes choses généralement quelconques.

M. B   a reconnu que M. A   lui a remis tous les titres et papiers qu'il avait entre les mains, concernant les biens et affaires d'udit sieur B   , dont décharge.

Fait et passé à, etc.

TITRE VINGT-DEUXIÈME.

COMPULSOIRE.

---

§. Ier.

Définition.

Voyez ci-devant, page 43.

§. II.

Code de procédure.

§. III.

Jurisprudence.

1. Pour obtenir un compulsoire, il n'est pas nécessaire d'indiquer la date du titre recherché, ni le nom du notaire qui l'a reçu. (*Cour de Pau*, 5 mars 1818, *et Cour de Paris*, 1er *mars* 1809.)

2. Pigeau conclut de l'article 846 du Code de procédure, qu'on ne peut prendre la voie du compulsoire que pendant une instance; mais, dit M. Paillet, cet article n'est point conçu en termes prohibitifs; il prescrit le compulsoire pour les demandes d'expéditions, formées pendant une instance; il ne le défend pas pour d'autres circonstances. C'est aussi l'opinion de M. Berriat-Saint-Prix.

3. Suivant l'article 2 du titre 12 de l'ordonnance de 1667, le procès-verbal de compulsoire et de collation, ne peut être commencé qu'une heure après l'échéance de l'assignation, et mention en est faite dans le procès-verbal.

§. IV.

Formule d'un procès-verbal de compulsoir.

L'an mil huit cent   , le jeudi   décembre, dix
heures du matin ;
Pardevant M^{es}   et   , notaires royaux à la résidence de   soussignés, et en l'étude dudit M^e
A comparu M. C   assisté de M^e   , son conseil.
Lequel a exposé que, suivant un jugement contradictoire, rendu entre
lui et M. P   par le tribunal civil de première instance séant
à   , le   du présent mois, dont il a représenté la grosse
aux notaires soussignés qui la lui ont à l'instant rendue, ledit sieur
C   est autorisé à compulser, parties présentes ou dûment
appelées, un acte de partage passé devant M^e   l'un des notaires
soussignés, entre la veuve et les héritiers de M.
Que ce jugement ordonne, en outre, qu'extrait de ce partage sera fait,
seulement en ce qui concerne la désignation et l'indication de la propriété
d'une maison située à   rue   n°   , contiguë
à une autre maison dont la propriété est réclamée par ledit sieur C
Que, par exploit de   , huissier à   , en date du   ,
enregistré, et dont il a représenté l'original qui lui a été remis à l'instant,
il a fait sommer ledit sieur P   à se trouver aujourd'hui, heure
présente, en l'étude dudit M^e   , pour assister, si bon lui semblait, audit compulsoire.
Et il nous a requis acte de ses comparution et dire; comme aussi de procéder à ce compulsoire tant en l'absence qu'en la présence du sieur P
Et a signé avec ledit M^e   , après lecture faite.
En ce moment, a comparu M. P   assisté de M^e   ,
avoué   , son conseil.
Lequel a dit que, loin de s'opposer à l'exécution du jugement ci-devant
énoncé, il se présentait pour user de la faculté que lui donne l'art. 852
du Code de procédure, de collationner l'extrait qui sera délivré du partage compulsé,
Et a signé avec ledit M^e   , après lecture.
En conséquence, ledit M^e   , l'un des notaires soussignés, a
donné acte aux parties de leurs comparutions et dires, et a aussitôt exhibé
la minute du partage en question; et, en présence des parties, il en a fait
l'extrait littéral en ce qui concerne la maison dont il est parlé plus
haut.
Pour collationner cet extrait, ledit M^e   , notaire, a fait lecture de la minute, et lesdits sieurs C   et P   , ainsi
que leurs avoués, se sont assurés de l'exactitude de l'extrait, qui, sur la
réquisition dudit sieur C   , lui a été délivré par ledit M^e   ,
auquel il en a payé le coût.
De tout ce que dessus, il a été dressé le présent procès-verbal, auquel il a
été vaqué depuis   jusqu'à
Et lesdits sieurs C   et P   ont signé avec leurs
conseils et les notaires, après lecture faite.

TITRE VINGT-TROISIÈME.

CONCORDAT.

§. Ier.

On nomme *concordat* le traité qu'un débiteur hors d'état de satisfaire à ses engagemens échus, fait avec la masse de ses créanciers.

§. II.

Code de commerce.

§. III.

Jurisprudence.

1. Est nul le concordat passé avec le failli, sans qu'au préalable les formalités prescrites par le Code de commerce, pour la
conservation des droits des créanciers, aient été observées. (*Cour
de Paris*, 11 *février* 1815.)

2. Un concordat n'est pas nul, pour défaut de quelques signatures, *séance tenante*, si d'ailleurs ceux qui l'ont ainsi signé
forment la majorité en nombre, et un total de créances égalan
ou excédant les trois quarts en somme. (*Cour de Nîmes*, 18 ma
1813.)

§. IV.

Observations.

1. L'état de faillite s'applique aux commerçans qui cessen
leurs paiemens. (*Code de commerce, article* 437.)

L'état de déconfiture, aux personnes non-commerçantes.

2. Lorsqu'il n'y a point faillite, mais déconfiture, il n'est p'

nécessaire que le concordat soit précédé des formalités dont parle l'art. 519, et qui ne concernent que les commerçans. Ainsi un débiteur en état de déconfiture peut faire immédiatement, avec la masse de ses créanciers, tel traité ou concordat que bon leur semble. (*M. Massé.*)

3.° Le concordat s'appelle *contrat de remise*, lorsque les créanciers font remise à leur débiteur d'une partie de leurs créances, sous la condition du paiement de la somme à laquelle ils se sont restreints ; et *contrat d'atermoiement*, lorsqu'ils lui accordent seulement des termes pour lui faciliter sa libération.

Souvent aussi le contrat contient tout-à-la-fois remise et atermoiement.

§. V.

Formule d'un contrat d'atermoiement, avec remise d'une partie des créances.

L'an mil huit cent   , le samedi   juin, onze heures du matin,

Pardevant M^c   et son collègue, notaires royaux, résidans à   , soussignés, et en l'étude dudit M^e   , rue   ,

Ont comparu :

M. A   , au nom et comme mandataire de M. B   (*prénoms, nom et qualité du failli*), suivant la procuration qu'il lui a donnée spécialement pour ce qui suit, devant M°   , et son collègue, notaires à   , le   , faite entre les deux guichets de la prison de   , comme lieu de liberté, le brevet original de laquelle procuration, dûment enregistré et légalisé, représenté par ledit sieur A   , est, sur sa réquisition, demeuré ci-annexé, après avoir été de lui certifié véritable et signé en présence des notaires ; d'une part.

Et MM.   , tous créanciers de M. B   , d'autre part.

M. A   , audit nom, a exposé que le sieur B   , son commettant, ne possède plus aucun bien, et n'existe, dans la prison où il est détenu depuis près d'un an, que des alimens qui lui sont fournis par les créanciers contraignans ; que cependant son frère, proposait de payer pour lui à ses créanciers un sixième des capitaux qui leur sont dus, s'ils consentaient à lui faire remise du surplus, et à lui accorder sa liberté : en conséquence, qu'il les priait d'agréer cette proposition.

Les créanciers présens, ci-dessus nommés, ayant délibéré entre eux, sont convenus unanimement,

1°. De faire remise au sieur B   des cinq sixièmes de leurs créances, en principaux, et de tous intérêts et frais, pourvu qu'immédiatement après l'homologation des présentes, si elle est nécessaire, ou après l'adhésion de tous les créanciers absens, le sixième non remis desdits capitaux leur soit payé en numéraire, d'or ou d'argent, ayant cours ;

2°. De consentir, en recevant ce sixième, l'élargissement et la pleine et entière liberté dudit sieur B   ;

3°. De donner alors main-levée de toutes oppositions, saisies et contraintes ; de se désister de toutes poursuites contre lui, et de le quitter et décharger de toutes choses généralement quelconques.

Il est bien entendu que, jusqu'à ce que le paiement de ce sixième soit réellement effectué, ils demeureront conservés dans tous leurs droits et actions contre ledit sieur B

Pour faire homologuer ces présentes, s'il est besoin, et aux frais du sieur B   , tout pouvoir est donné au porteur de l'expédition.

Dont acte, fait et passé à, etc.

Voyez, page 82, la formule de l'acte d'adhésion.

TITRE VINGT-QUATRIÈME.

CONSENTEMENT A MARIAGE.

---

§. Ier.

Code civil.

Forme de cet acte, art. 73.
Cas où c'est le juge de paix qui le reçoit, 160.
Cas où le consentement est nécessaire, 148 et suiv.

§. II.

Observations.

1. Il est convenable de désigner dans l'acte la personne avec laquelle on consent que le fils contracte mariage.

2. Dans ces sortes d'actes, il faut avoir soin, pour qu'ils ne soient pas rejetés, de bien orthographier les noms de famille, de n'omettre aucun des prénoms des parties et de les placer dans leur véritable ordre : on doit, à cet effet, se faire représenter, si cela se peut, les actes de naissance ou de décès.

3. Les dispositions des lois sur le consentement s'appliquent aux veufs et aux veuves qui veulent se remarier, comme à ceux qui se marient en premières noces. (*M. Massé.*)

4. La femme remariée n'a pas besoin de l'autorisation de son mari pour consentir au mariage de son enfant du premier lit. (*M. Fleury.*)

5. *Voyez* le titre 5 du livre Ier du Code civil.

6. « Lorsque le nom d'un des futurs n'est pas orthographié » dans son acte de naissance comme celui de son père, ou lors- » qu'on y a omis quelqu'un des prénoms de ses parens, le témoi- » gnage des pères et mères ou aïeuls assistans au mariage et at- » testant l'identité, suffit pour procéder à la célébration du » mariage. — Il en est de même dans le cas d'absence des pères » et mères ou aïeuls, s'ils attestent l'identité dans leur consente- » ment donné en la forme légale. — En cas de décès des pères, » mères ou aïeuls, l'identité est valablement attestée pour les » mineurs, par le conseil de famille ou par le tuteur *ad hoc*; et

» pour les majeurs, par les quatre témoins de l'acte de mariage.
» — Enfin, dans le cas où les omissions d'une lettre ou d'un
» prénom se trouvent dans l'acte de décès des pères, mères ou
» aïeuls, la déclaration à serment des personnes dont le consen-
» tement est nécessaire pour les mineurs, et celle des parties et
» des témoins pour les majeurs, sont suffisantes, sans qu'il soit
» nécessaire, dans tous les cas, de toucher aux registres de l'état
» civil, qui ne peuvent jamais être rectifiés qu'en vertu d'un ju-
» gement. — Toutes ces formalités ne sont exigibles que lors de
» l'acte de célébration, et non pour les publications qui doivent
» toujours être faites conformément aux notes remises par les
» parties aux officiers de l'état civil. » (*Avis du Conseil-d'État,*
du 30 mars 1808.)

§. III.

Formules.

1. *Consentement par le père et la mère du futur.*

Aujourd'hui ont comparu, etc.

M. Hippolyte Le Brun, md. épicier, et dame Sophie-Joséphine Darcourt
son épouse, de lui autorisée (1), demeurans à...

Lesquels ont, par ces présentes, déclaré consentir au mariage que
M. Auguste Le Brun, leur fils majeur, pharmacien, demeurant à Paris,
rue Saint-Denis, n°   ; se propose de contracter avec demoiselle
Catherine Mercier, demeurante à Paris, rue Aumaire, n°   , (2)

Dont acte, fait et passé, etc.

Souvent les consentemens à mariage se font dans la forme
d'une procuration. La nature et la forme du mandat sont expliquées art. 1984 et suivans du Code civil.

2. *Procuration par le père et la mère du futur, mineur,*
pour consentir à son mariage, l'assister au contrat, lui
constituer une dot, etc.

Pardevant, etc.

Ont comparu M.   et Mme   , etc.

Lesquels ont, par ces présentes, fait et constitué pour leur mandataire
général et spécial M.

---

(1) On a conservé jusqu'à présent, l'usage de faire stipuler les femmes
sous l'autorisation de leurs maris; cependant, il est reconnu que leur
concours dans l'acte est suffisant, d'après l'art. 217 du Code civil.

(2) *Ou bien :* pourra contracter avec telle personne que bon lui
semblera.

(Si on ne remplit point le nom du mandataire, on laisse deux lignes de blanc.)

Auquel ils ont donné pouvoir de consentir en leurs noms, devant tous notaires, officiers de l'état civil et autres qu'il appartiendra, au mariage que M. Hippolyte Le Brun, leur fils, bijoutier, demeurant à Lyon, rue n°   , se propose de contracter avec Mademoiselle

Constituer audit sieur leur fils, par son contrat de mariage, la somme de 20,000 fr.; en avancement de leurs successions futures; lui remettre cette somme ou obliger les constituans solidairement entre eux à la lui payer dans les termes qui seront convenus.

Et, attendu que M. Le Brun fils est encore mineur, l'assister et l'autoriser à faire et accepter toutes donations dans ledit contrat de mariage, et à y stipuler toutes les conventions dont ce contrat est susceptible.

Faire toutes déclarations et affirmations.

Passer et signer tous actes, y élire domicile, substituer, et généralement faire, relativement à ce que dessus, tout ce que le mandataire jugera convenable; promettant d'exécuter les engagemens qu'il contractera en vertu des pouvoirs ci-dessus, même de les ratifier s'il est besoin, etc.

Fait et passé, etc.

3. *Consentement donné par le père seul, la mère étant décédée, ou, étant vivante, refusant d'y souscrire.*

Pardevant, etc.

A comparu M.   etc. *(comme dans le modèle qui précède, en employant le singulier au lieu du pluriel.)*

Observation pour le cas de décès de la mère :

M. Le Brun a observé que la dame Rose Duval son épouse, mère dudit sieur   est décédée à...   le

Pour le cas de refus de la mère :

M. Le Brun, constituant, a déclaré qu'il a vainement prié à diverses reprises la dame Rose Duval son épouse, mère dudit sieur   , de donner son consentement au mariage dont il s'agit, et qu'elle s'y est constamment refusée (1)

Dont acte, fait et passé, etc.

4. *Consentement, avec affirmation relative à l'orthographe du nom de famille du futur.*

Pardevant, etc.

Ont comparu M. Louis Fresneau, marchand, et dame   son épouse, etc.

Lesquels ont, par ces présentes, déclaré consentir au mariage projeté du sieur Jules Fresneau leur fils, âgé de vingt ans, orfèvre, demeurant à Versailles, rue   , n°   , avec mademoiselle   fille de M.   et de dame   ;

Et afin de procéder en leur absence audit mariage, lesdits sieur et

---

(1) Le refus de la mère est suffisamment constaté par cette déclaration. (*M. Massé.*) *Voyez* cependant page 80, n° 8.

dame   comparans ont fait et constitué pour leur mandataire général et spécial M.

Auquel ils ont donné pouvoir de, pour eux et en leurs noms, les représenter partout où il sera besoin; prêter tous consentemens à la publication des bans dudit mariage (1).

Assister ledit sieur Fresneau fils au contrat qui sera dressé des clauses et conditions civiles de son mariage; l'y autoriser à stipuler toutes les conventions dont ce contrat est susceptible, à y faire et accepter toutes donations.

En considération de ce mariage, lui constituer en dot une somme de   , à imputer en totalité sur la succession du premier mourant desdits sieur et dame Fresneau père et mère; les obliger solidairement à lui payer cette somme dans le délai de   , sans intérêt (*ou avec* l'intérêt, à compter du jour de la célébration du mariage, sur le pied de cinq pour cent par an , sans retenue.)

Assister à la célébration dudit mariage, signer l'acte qui en sera dressé, et généralement faire tout ce que les circonstances pourront exiger, promettant d'avouer le procureur constitué en tout ce qu'il fera en vertu des présens pouvoirs.

Lesdits sieur et dame Fresneau ont déclaré (2) que c'est par erreur si dans l'acte de naissance dudit sieur Fresneau leur fils, inscrit aux registres de l'état civil de la commune de   à la date du leur nom de famille a été écrit *Fresnot*, au lieu de *Fresneau*, qui est la véritable manière de l'orthographier : en conséquence, ils ont de plus donné pouvoir audit sieur   d'affirmer, en leurs noms, à l'officier de l'état civil qui dressera l'acte de mariage de leur fils, que ledit sieur Jules Fresneau, né à   , le   , est bien réellement leur fils.

Fait et passé, etc.

5. *Consentement par la mère du futur, avec affirmation relative à l'omission d'un des prénoms du père.*

Par devant, etc.

A comparu dame   , veuve de M. Charles-Paul Foullon, demeurante à   ; laquelle, etc. (*Comme dans l'une ou l'autre des formules précédentes.*)

Ladite dame a observé que M. Foullon son mari, père du futur époux, est décédé le   , et que c'est par omission si, dans son acte de décès inscrit aux registres de l'état civil de la commune de   , en date du   , il n'a été prénommé que *Charles*, attendu qu'il portait les deux prénoms de *Charles-Paul*, ainsi que le constatent son acte de naissance inscrit aux registres des actes de baptême, mariage et sépulture de la paroisse de   , en date du   1769, et son acte de mariage avec la comparante inscrit aux registres, etc.

---

(1) La loi n'exige pas le consentement pour les publications du mariage, mais seulement pour le mariage même. (*Arrêt de la cour de cassation, du 22 juillet* 1807.) Ainsi, le pouvoir qui en est donné est surabondant.

(2) On pourrait se borner à dire : *faire toutes déclarations et affirmations*; mais il vaut mieux les énoncer dans la procuration.

Déclarant et affirmant par serment, entre les mains des notaires soussignés, que ledit sieur   (futur époux) est bien né du mariage d'entre elle et ledit sieur feu Charles-Paul Foullon; donnant pouvoir audit sieur   (nom du mandataire) de réitérer, pour elle et en son nom, lesdites observation, déclaration et affirmation, devant tous officiers de l'état civil que besoin sera.

Nota. Il n'est pas nécessaire de produire les actes de décès des pères et mères des futurs mariés, lorsque les aïeuls ou aïeules attestent ce décès; et, dans ce cas, il doit être fait mention de leur attestation dans l'acte de mariage. (*Avis du Conseil-d'État du 14 thermidor an 13.*)

TITRE VINGT-CINQUIÈME.

CONSTITUTION DE RENTE.

§. Ier.

Définition.

Voyez l'art. 1909 du Code civil.

Une personne emprunte d'une autre une somme d'argent, et s'oblige de lui en payer la rente. Voilà ce qui forme ce que nous appelons un contrat de constitution.

Les auteurs le définissent « un contrat par lequel l'un des con- » tractans vend à l'autre une rente perpétuelle dont il se cons- » titue débiteur envers lui pour un prix *licite* convenu entre » eux. »

On distingue ordinairement celui qui vend où constitue la rente sous la dénomination de *constituant* ou de *rendeur*, et celui qui l'acquiert, ou auquel elle est constituée, sous la dénomination *d'acquéreur*. Dans certaines provinces, on nomme le premier *créeur* de la rente, ou *débirentier*, et le second *rentier*, ou *crédirentier*. Ces expressions sont plus analogues à la nature du contrat de rente et valent beaucoup mieux que celles de *constituant* et d'*acquéreur*, encore que le terme de *créeur* ne soit point reçu dans notre langue, et que les mots *débirentier* et *crédirentier* soient moitié français et moitié latins. On dirait parmi nous *débiteur de la rente* pour débirentier, et *créancier de la rente* pour crédirentier.

§. II.

Code civil.

§. III.

Jurisprudence.

1. L'article 1912 du Code civil n'est pas applicable aux rentes foncières. (*Arrêt de la Cour de Cassation du* 5 *mars* 1817.) La Cour royale de Caen avait jugé de même, par arrêt du 13 mars 1815.

2. L'article 1912 ne soumet pas le créancier à l'obligation de mettre le débiteur en demeure. (*Arrêt de la Cour de Cassation des* 8 *avril et* 10 *novembre* 1818.)

3. Lorsque le débiteur d'une rente *quérable* (dont on doit aller lui demander le paiement) a laissé écouler plus de deux ans sans en payer les arrérages, il ne peut après sommation à lui faite, mais avant toute exécution ou demande en justice, être admis à purger la demeure par des offres réelles de tous les arrérages échus, et se soustraire ainsi au remboursement du capital. (*Cour de Cassation*, 12 *mai* 1819.) — *Nota*. Quand la rente est quérable, il y a nécessité de mettre en demeure.

4. La disposition de l'art. 1912 n'est pas applicable au cas où il est prouvé que le débiteur de la rente a été mis dans l'impossibilité de s'acquitter, par le propre fait du créancier. (*Cassation, 31 août* 1818.)

5. La stipulation dans un contrat de rente viagère, qu'il sera résolu par le seul défaut du paiement des arrérages, est valable. (*Cass. 26 mars* 1817.)

6. Le créancier d'une rente viagère peut demander la résiliation du contrat, non-seulement dans le cas où le constituant ne lui donne pas les sûretés promises, mais encore dans le cas où il diminue les sûretés qu'il a données. Le débiteur d'une rente viagère diminue les sûretés, lorsqu'il aliène tout ou partie de l'immeuble hypothéqué au service de la rente, de telle sorte que le tiers-acquéreur puisse purger. (*Cour de Riom, 4 août* 1818.)

7. Le créancier d'une rente perpétuelle, hypothéquée sur un immeuble, peut demander le remboursement du capital de la rente, lorsque l'immeuble est aliéné, même dans son intégrité, et sans être morcelé, si cet immeuble est de valeur inférieure au montant de la créance hypothéquée, de telle sorte que le créancier soit en danger de ne recevoir que partie de sa créance, quand l'acquéreur voudra purger l'hypothèque. (*Cour de Paris, 21 janvier* 1814.)

8. *Voyez,* sur les effets de l'obligation indivisible, les art. 1222 et suivans du Code civil.

9. Le juge ne peut pas ordonner qu'une somme formant le capital au denier 20 d'une rente viagère, restera, pour la servir, entre les mains de l'acquéreur, sauf à distribuer ce capital aux créanciers postérieurs, après l'extinction de la rente ; les créanciers postérieurs ont droit d'exiger qu'il soit procédé à l'adjudication au rabais d'une somme suffisante pour assurer le service de la rente. (*Cour de Caen, 18 mai* 1813.)

§. IV.

Observations.

1. On divise les contrats de constitution, en constitution de *rente perpétuelle*, et constitution de *rente viagère*.

2. La rente constituée à prix d'argent, s'appelle *rente constituée ;* et celle qui est créée, à perpétuité, pour le prix d'une vente d'immeubles, est appelée *rente foncière* (1).

----

(1) Une rente est constituée et non foncière, quoiqu'elle dérive d'une concession de fonds ou de droits immobiliers, lorsque l'acte de concession détermine un prix capital dont la rente annuelle est la représentation. (*Cour de cass.* 12 *janvier* 1814)

3. La rente viagère est une redevance annuelle dont la durée est bornée au temps de la vie d'une ou de plusieurs personnes.

4. Les intérêts que produit la rente s'appellent *arrérages*.

5. Sur le taux de la rente, *voyez* ci-devant, page 84.

6. Les rentes foncières en grains sont remboursables au denier 25, et pour former l'année commune du prix des grains, on prend les quatorze dernières années; on en supprime les deux plus fortes et les deux plus faibles, et l'on prend le 10ᵉ du restant. (*Loi du* 29 *décembre* 1790.)

7. La retenue que les débiteurs de rentes sont autorisés à faire sur les arrérages, lorsqu'elles ne sont pas déclarées *franches*, est d'un cinquième sur les rentes perpétuelles, et d'un dixième sur les rentes viagères. (*Loi du* 15 *pluviose an V*.)

8. L'usage est d'insérer dans les contrats de constitution, la garantie par le constituant *de fournir et faire valoir;* quand cette garantie ne serait pas exprimée, elle est de droit. M. Massé dit même qu'il est absurde que le débiteur principal promette de payer, à défaut par lui de payer.

9. Il est toujours prudent de faire consentir par le débiteur, dans le contrat de constitution de rente viagère, que l'inscription soit prise sur ses biens, pour le montant de vingt années des arrérages de la rente due, afin que, dans le cas où ses biens viendraient à être vendus, les acquéreurs, en retenant les capitaux, puissent, avec l'intérêt à cinq pour cent, servir annuellement la rente viagère.

10. Pour éviter que le débiteur ait à compter avec les héritiers du créancier, lorsque celui-ci décèdera, on convient, par l'acte de constitution, que les arrérages échus lui appartiendront à partir du premier jour du semestre, où du trimestre dans lequel arrivera le décès; de cette manière, il n'aura de compte à rendre à qui que ce soit.

Cette précaution est d'autant plus sage qu'il arrivera peut-être que le défunt ne laissera pas d'héritiers connus, ou que ses héritiers seront en grand nombre, et qu'ils demeureront dans des pays éloignés, ce qui occasionnerait des démarches et des frais considérables.

11. Le contrat peut contenir la condition que le conservateur des hypothèques sera tenu de radier l'inscription prise pour sûreté de la rente, lors de la remise qui lui sera faite de l'acte du décès du créancier.

12. On peut constituer, à prix d'argent, des rentes payables autrement qu'en argent (1).

_____

(1) On ne le pouvait pas anciennement, un édit de Charles IX le dé-

13. On peut constituer une rente pour une dette antérieure, et lors même que cette dette n'est constatée que par la reconnaissance faite au moment du contrat.

14. Un fait (1) peut être le prix d'une constitution de rente, s'il est appréciable et s'il est accompli avant que le paiement des arrérages de la rente puisse être exigé.

15. Depuis le Code civil, la rente foncière n'est plus réputée qu'une créance privilégiée, et non une réserve sur l'immeuble même, comme autrefois.

16. La rente viagère créée au profit et sur les deux têtes du mari et de la femme, pour le prix d'un bien qui était propre à l'un d'eux, appartient totalement à celui-ci, et s'il décède le premier, ses héritiers seuls en jouissent pendant la vie de l'époux survivant.

§. V.

Formules.

1. Constitution de rente perpétuelle.

Par-devant, etc,

Furent présens :

M. J   et dame   son épouse, de lui autorisée, demeurans à

Lesquels ont, par ces présentes, créé et constitué, avec promesse solidaire entre eux de garantir, fournir et faire valoir, tant en principal qu'arrérages,

A M. L   , demeurant à   , à ce présent et acceptant pour lui et ses héritiers ou ayant-cause :

Mille francs de rente annuelle et perpétuelle, franche et exempte de toute espèce de retenue, que M. J   et son épouse ont promis et se sont obligés, solidairement l'un pour l'autre, de payer à M. L   en sa demeure à   , ou à son mandataire porteur de la grosse des présentes, en deux termes égaux, de six mois en six mois, dont le premier terme écherra et devra être payé le   , le second, le   pour continuer ainsi, de six en six mois, tant que ladite rente aura cours, c'est-à-dire, à perpétuité ou jusqu'au remboursement du principal.

A la garantie de laquelle rente, en principal et arrérages, lesdits sieur et dame J   ont affecté et hypothéqué spécialement et solidairement comme dessus, un corps de ferme situé à, etc. (*Le désigner et en établir succinctement la propriété, en la personne des constituans.*)

Lesdits sieur et dame J   ont déclaré que cette ferme n'est

---

fendait. M. Massé conseille encore, pour éviter, dit-il, des contestations aux contractans, de ne constituer à prix d'argent que des rentes payables en argent.

(1) Par exemple, la construction d'un bâtiment.

grevée d'aucun privilége ni d'aucune hypothèque ; comme aussi qu'ils n'ont jamais été chargés d'aucune tutelle ou curatelle qui puisse donner lieu à hypothèque légale.

Cette constitution faite moyennant la somme de 20,000 fr. que lesdits sieur et dame J   ont reconnu avoir reçue de M. L en espèces d'argent ayant cours, comptées et réellement délivrées à la vue des notaires soussignés, dont quittance.

Ladite rente sera rachetable à toujours, en rendant et payant par les rachetans, à ceux qui pourront y avoir droit, en les avertissant six mois d'avance, pareille somme de 20,000 fr., en un seul paiement, pour le principal de ladite rente, indépendamment des arrérages qui en seront alors dus et échus, et des frais, mises d'exécution et loyaux coûts ;

Le paiement des arrérages et le remboursement du capital de ladite rente, ne pourront s'effectuer qu'en numéraire d'or ou d'argent, aux titre, poids et valeur de la monnaie actuelle, et non en papiers, billets ou effets qui pourraient être introduits dans le commerce, en vertu de lois ou ordonnances quelconques, au bénéfice et à la faveur desquelles lesdits sieur et dame J   ont déclaré renoncer formellement.

Les constituans se sont obligés de payer tous les frais et droits du présent contrat, ainsi que de la grosse qui en sera délivrée à M. L et de l'inscription qui sera prise incessamment à leur profit.

Et, pour l'exécution des présentes, etc.

2. Constitution d'une rente viagère.

Pardevant, etc.

Furent présens :

M. R   et dame :   , son épouse, de lui autorisée, demeurans à   , étant ce jour en l'étude;

Lesquels ont, par ces présentes, créé et constitué, à M. B   , à ce présent et acceptant, 600 fr. de rente annuelle et viagère, franche de toutes retenues, sur la tête et pendant la vie dudit sieur B   ; laquelle rente viagère, lesdits sieur et dame R   ont promis et se sont obligés, solidairement entre eux, de lui payer, en sa demeure à   , ou pour lui à son mandataire, porteur de la grosse des présentes, en quatre termes, de trois mois en trois mois, à raison de 150 francs par terme, le premier desquels écherra et devra être payé le   , le second le   , pour ensuite ainsi continuer de trois en trois mois, pendant la vie et jusqu'au jour du décès dudit sieur B   , à compter duquel jour ladite rente demeurera éteinte et amortie, et les constituans en seront entièrement quittes et libérés.

(Ou bien : jusqu'au dernier jour du trimestre qui précédera le décès de M. B   , à compter duquel jour ladite rente sera éteinte et cessera d'avoir cours ; les parties étant convenues que lesdits sieur et dame R   n'auront rien à payer de la portion de temps qui se sera écoulée depuis lors jusqu'au décès de M. B   .)

A la garantie de laquelle rente viagère, lesdits sieur et dame R ont hypothéqué spécialement tel immeuble dont ils sont propriétaires, au moyen de l'acquisition qu'ils en ont faite de, etc.

Les arrérages de ladite rente ne pourront être payés qu'en espèces métalliques, d'or ou d'argent, et non autrement, lesdits sieur et dame R   dérogeant expressément à toutes lois et ordonnances qui contiendraient des dispositions contraires.

Cette constitution faite, sur le pied du denier dix, moyennant la somme de 6,000 fr. que lesdits sieur et dame R   ont reconnu avoir reçue de M. L   en pièces de cinq fr. comptées et réellement délivrées à la vue des notaires, dont quittance,

Les constituans se sont obligés de payer tous les frais et droits auxquels ces présentes donneront lieu.

Il a été convenu qu'après le décès de M. L   , l'inscription qu'il pourra prendre, en vertu des présentes, contre lesdits sieur et dame R   , devra être rayée sur la simple remise qui sera faite d'une expédition en forme de l'acte de l'état civil qui constatera ce décès, à M. le conservateur des hypothèques de

Et, pour l'exécution des présentes, etc.

3   *Constitution d'une rente viagère sur deux têtes.*

Pardevant, etc

Fut présent M. C   , demeurant à Orléans, rue   , n°   ;

Lequel a, par ces présentes, créé et constitué, à M. J   et à dame   son épouse, de lui autorisée, demeurans à Lyon, à ce présens et ce acceptant :

Douze cents francs de rente annuelle et viagère, sur leurs têtes, pendant leur vie et celle du survivant d'eux, sauf la réduction au décès du premier mourant, dont il sera ci-après parlé.

Laquelle rente viagère de 1,200 fr. M. C   s'est obligé de payer auxdits sieur et dame J   , en l'étude de Me   , l'un des notaires soussignés ou à leur fondé de pouvoirs, porteur de la grosse des présentes, au 1er janvier de chaque année, dont la première écherra et devra être payée le 1er janvier mil huit cent   , pour continuer ainsi d'année en année, à ladite époque, pendant la vie desdits sieur et dame J

Il a été expressément convenu qu'à compter du jour du décès du premier mourant desdits sieur et dame J   , cette rente viagère de 1,200 fr. subira une réduction de 300 fr., et que par conséquent elle n'aura plus cours, dès lors, que pour 900 fr. seulement, pendant la vie et jusqu'au jour du décès du survivant desdits sieur et dame J   ; laquelle rente, ainsi réduite, lui sera continuée de la manière ci-dessus indiquée, toujours en un seul paiement au 1er janvier. Et, au jour du décès dudit survivant, cette rente sera entièrement éteinte et amortie, et M. C   en sera totalement quitte et libéré.

A la sûreté du paiement de laquelle rente viagère, et à la fournir et faire valoir bonne et bien payable, tant qu'elle sera due, M. C   a hypothéqué, etc.

Sur lequel immeuble, il a déclaré qu'il n'existe qu'une seule inscription au profit de la veuve   pour raison d'une somme de qu'il lui doit.

Il a encore été convenu que la susdite rente sera exempte, tant qu'elle aura cours, de la retenue des contributions qui sont ou pourront être établies par la suite ; et que les arrérages ne pourront en être payés qu'en monnaies d'or ou d'argent, ayant cours.

M. et Mme J   devront justifier, chaque année, de leur existence, par un certificat de vie, en forme et dûment légalisé.

Et pour l'exécution, etc.

4. *Constitution d'une pension alimentaire, par des enfans au profit de leur mère.*

Pardevant, etc.
furent présens *tels* et *tels.*

Lesquels, considérant que la dame   , leur mère, veuve de   , se trouve, par son grand âge et ses infirmités, hors d'état de travailler; qu'elle ne possède aucun bien, et n'a aucun revenu qui puisse lui procurer l'existence; qu'alors la nature et la loi (*Art.* 205 *du C. C.*) leur imposent les devoirs de lui fournir des alimens, ou de lui payer annuellement une somme pour lui en tenir lieu:

Ont, par ces présentes, créé et constitué à titre de pension alimentaire, à ladite dame veuve   , à ce présente et ce qu'elle accepte :

Quatre cents francs de rente annuelle et viagère, etc. (*comme dans les formules qui précèdent, si ce n'est qu'on ne stipule aucun prix.*)

N. B. Le droit d'enregistrement de ce dernier acte n'est que de 25 centimes par 100 francs, sur le capital au denier dix de la pension. (*Instruction de la régie*, n° 450.) .

TITRE VINGT-SIXIÈME.

CONTRAT A LA GROSSE.

---

§. Ier.

Définition.

Le *contrat à la grosse aventure* est un acte qui contient reconnaissance d'un prêt d'argent fait à une personne qui doit passer les mers et faire des voyages de long cours, et qui porte obligation par cette personne de rendre l'argent avec un gros intérêt si le vaisseau arrive sans naufrage au lieu destiné, avec stipulation qu'au cas contraire l'argent sera perdu pour le prêteur sans intérêt. Cet acte est moins un prêt qu'un fait de société ou de commerce, où chacun risque à perdre ou à gagner. (Voyez *l'art.* 1964 *du Code civil.*)

§. II.

Code de commerce.

Forme du contrat à la grosse et ce qu'il doit énoncer,   art. 311.
  Ses règles,   312—331.

§. III.

Observations,

La teneur de la convention de prêt à la grosse aventure, n'étant pas justifiée par un billet où toutes les choses indiquées par l'art. 311 du Code de commerce, seraient énoncées, ne serait pas valable, faute de preuve des stipulations des parties.

TITRE VINGT-SEPTIÈME.

CONTRAT D'ASSURANCE.

§. Ier.

Définition.

L'ASSURANCE, ou police d'assurance, est ordinairement un contrat par lequel on s'oblige de réparer les dommages et pertes qui pourront arriver par cas fortuit à un vaisseau ou à son chargement moyennant une certaine somme qui est donnée d'avance par le propriétaire à celui qui fait une telle promesse.

§. II.

Code de commerce.

TITRE VINGT-HUITIÈME.

CONTRAT DE MARIAGE.

---

§. Ier.

Définition.

L'E contrat de mariage, considéré comme contrat civil, est l'acte que font entre elles deux personnes sur le point de s'unir par le mariage, pour déterminer le régime légal auquel elles entendent se soumettre, et constater leurs apports respectifs et les diverses conventions qui doivent régler leur union.

§. II.

Code civil.

§. III.

Jurisprudence.

1. Le contrat de mariage est, de sa nature, irrévocable. Il ne peut être modifié par aucune disposition subséquente, en telle sorte que si les époux avaient, par contrat de mariage, stipulé une communauté avec exclusion des héritiers collatéraux de toute participation à cette communauté, on devrait regarder comme nulles toutes dispositions testamentaires émanées de l'un des époux ou de l'un et de l'autre, qui auraient pour effet de rappeler les héritiers collatéraux au partage de la communauté. (*Cour de Cassation*, 27 mai 1817.)

2. Lorsque, par contrat de mariage, les père et mère de l'un des époux lui ont constitué en dot une rente, l'acte postérieur au mariage, par lequel ils fixent le capital de cette rente, le déclarent exigible à la volonté des époux, et accordent une hypothèque pour sûreté du paiement, est une véritable contre-lettre, nulle en ce qu'elle apporte des changemens aux conventions matrimoniales. (*Cour de Dijon*, 17 juillet 1816.)

3. Un époux auquel ses père et mère ont fait des avantges dans son contrat de mariage, ne peut y renoncer dans un partage anticipé fait par son père ou sa mère. (*Cour de cassation*, 29 juillet 1818.)

4. Les époux ne peuvent, par leur contrat de mariage, renon-

cer au droit de s'avantager. (*Cour de cassation*, 31 *juillet* 1809
et 22 *décembre* 1818.)

5. Lorsqu'un époux a donné à son conjoint l'universalité de
ses biens, ou tout ce dont la loi lui permettait de disposer, la
donation doit valoir, en cas d'existence d'enfans, pour un quart
en *propriété* et un quart en *usufruit*. (*Art.* 1094 *du Code civil*.)
Mais lorsque l'époux n'a disposé qu'en *usufruit* de la totalité de
ses biens, la donation doit être, au même cas, réduite à l'usufruit de la moitié. (*Journal des Notaires, art.* 2635.)

6. La convention de mariage qui, indépendamment d'une
part d'enfant, confère au survivant des époux, les *bénéfices de
la communauté*, doit, sous l'empire du Code civil, être réputé
un avantage indirect, prohibé dans le cas où l'époux prédécédé
a laissé des enfans d'un précédent mariage. (*Arrêt de la Cour de
cassation, du* 24 *mai* 1808.)

§. IV.

Observations.

1. Il peut arriver que deux personnes non connues du notaire
se présentent dans son étude pour arrêter les conditions civiles
de leur mariage, quoique déjà la célébration ait eu lieu, ce
qu'elles laissent ignorer. On doit les interroger avec soin à cet
égard. Au surplus, on n'aura pas de reproches à faire au notaire,
si le contrat contient la déclaration par les parties qu'elles n'étaient
pas encore mariées. Dans le cas où la célébration devrait avoir
lieu le même jour que le contrat, il est à propos d'y énoncer
l'heure à laquelle il est signé.

2. Lorsque l'époux veuf marie l'un de ses enfans, on déclare
dans le contrat de mariage que la somme par lui donnée doit
d'abord servir à remplir l'enfant de la portion qui pourra lui
revenir de la succession de son père ou de sa mère, et que le
surplus sera imputable en avancement d'hoirie sur la succession
future de celui des deux qui a survécu.

3. La dot de la future épouse est le plus ordinairement stipulée
payable soit la veille du mariage, soit postérieurement, à des
époques déterminées. Dans le premier cas, on annonce presque
toujours dans le contrat, que la célébration vaudra quittance.

4. Avant de recevoir les signatures des parties, on doit leur
expliquer, d'une manière bien précise, à quoi les engagent les
stipulations qu'ils viennent de faire. On ne doit pas laisser ignorer
aux futurs époux les dangers qu'ils courent en donnant, par
avance, quittance de sommes qu'ils ne reçoivent pas; et aux
pères et mères, les dommages qu'ils pourraient éprouver, s'ils

négligeaient de retirer des quittances, lorsqu'ils se libèreront des sommes dont ils s'étaient reconnus débiteurs envers leurs gendres et filles.

5. On peut convenir que le survivant, soit qu'il y ait, soit qu'il n'y ait pas d'enfans du mariage, aura la faculté de conserver seul, pour son compte personnel, le fonds de commerce ou la fabrique que les conjoints feront valoir à l'époque du décès du premier mourant, ainsi que les marchandises et ustensiles en dépendans, le tout d'après la prisée qui sera faite par l'inventaire ou par des experts à l'amiable, sans que les héritiers du prédécédé puissent, sous aucun prétexte, en provoquer la vente ou la licitation. On ajoute que le survivant aura la faculté de jouir seul du droit au bail des lieux où se fera le commerce, mais qu'il garantira les héritiers du prédécédé de tous recours et répétitions, soit pour raison des loyers, soit pour raison des clauses et conditions portées dans les baux.

6. Dans les contrats de mariage faits antérieurement au Code civil, on obligeait presque toujours les enfans dotés à laisser jouir leurs père et mère, pendant leur vie, des biens de la communauté, sans pouvoir demander au survivant aucun compte en partage. A présent l'art. 791 de ce Code, ne permet plus une pareille stipulation. Néanmoins, comme beaucoup de personnes entraînées par la force de l'habitude, exigent encore que cette clause soit insérée dans leur contrat de mariage, quelques notaires croient pouvoir accéder à leur demande, en ajoutant que si les comptes et partages étaient demandés, la totalité de la dot constituée à l'enfant serait imputable sur la succession du premier mourant des père et mère. De cette façon, il pourra se faire que l'enfant n'ose pas demander le partage, parce qu'il craindra que la dot par lui reçue n'absorbe la portion qui lui reviendrait dans la succession du premier mourant.

7. A Paris, lorsque les notaires n'ont pas une connaissance précise de la profession des futurs, ils font certifier dans le contrat que les contractans ne font point leur profession habituelle d'aucun des actes de commerce qui les rendent sujets aux dispositions des art. 67 et 68 du Code de commerce. (*Procès verbal de la Chambre séante à Paris, du* 14 *janvier* 1808.)

8. Les parens et amis apposent leurs signatures, seulement à la fin du contrat de mariage après celles des parties, sans parapher le bas des pages, les renvois ni la mention des mots rayés; ils ne prennent même pas connaissance du contrat, à moins que les parties ne consentent qu'il leur en soit donné communication.

9. Le contrat est sans effet, s'il n'est pas suivi de la célébration du mariage.

10. Un époux peut-il, par contrat de mariage, faire à l'autre

époux, pour le cas où il lui survivrait, une donation à condition qu'il ne se remariera pas?

En consultant l'art. 900 du Code civil, quelques personnes ont pu craindre qu'une pareille stipulation ne fût regardée comme contraire aux lois; mais d'après l'avis des jurisconsultes qui ont approfondi cette matière, il est démontré:

Que dans l'ancienne législation, jusqu'au 5 septembre 1791, les donations de ce genre étaient valables;

Que c'est seulement par la loi du 5 septembre 1791, et par celle du 17 nivose an 2 qu'elles ont été annulées;

Et que le Code civil a implicitement abrogé les dispositions de ces deux lois.

En conséquence, les notaires peuvent à présent insérer dans les contrats de mariage, la clause portant donation par un époux au profit de l'autre époux survivant, à la charge par lui de *rester en viduité*; il n'y a pas de doute qu'elle recevra sa pleine et entière exécution.

11. La prohibition portée en l'art. 1098 du Code civil serait la même, quand l'époux n'aurait point d'enfans, mais des petits-enfans dont les pères et mères seraient décédés.

12. Il est nécessaire de s'expliquer nettement dans le contrat de mariage, sur la réduction que devra subir la donation faite par les conjoints au survivant d'eux, dans le cas où il existerait des enfans du mariage lors du décès du premier mourant. Il faut dire si la donation sera réduite soit *à l'usufruit de moitié*, soit à *la propriété d'un quart et à l'usufruit d'un autre quart* des biens de l'époux prémourant; et non pas se contenter de cette clause: *en cas d'enfans, cette donation éprouvera les réductions voulues par la loi.*

§. V.

Formule.

1. *Contrat de mariage entre deux majeurs, avec stipulation de communauté.*

Par devant Me   , notaire royal à la résidence de   ,
département de   , soussigné, et en la présence des deux témoins ci-après nommés et aussi soussignés;

Furent présens:

M. Louis Hotin, commis-marchand de bois, fils majeur de M. Jean Hotin, marchand de bois, et de dame Félicité Lemaire, son épouse, avec lesquels il demeure à   ;

Ledit sieur Hotin, fils stipulant ici pour lui et en son nom, du consentement de ses père et mère, à ce présens, et qui eux-mêmes stipulent en ces présentes, à cause de la dot qu'ils constitueront ci-après à leur fils; tous, d'une part.

Et demoiselle Éléonore Audry, fille majeure de M. Jean Audry, cultivateur, et de dame Justine Leduc, son épouse, avec lesquels elle demeure à   ; ladite demoiselle stipulant et contractant en ces présentes pour elle et en son nom, du consentement de ses père et mère, aussi à ce présens, et qui eux-mêmes stipulent ici en leurs noms personnels à cause de la dot qu'ils vont constituer à leur fille, d'autre part.

Lesquels, dans la vue du mariage projeté entre ledit sieur Hotin fils et ladite demoiselle Audry, et dont la célébration aura lieu incessamment, en ont fait et arrêté les clauses et conditions civiles, ainsi qu'il suit, en présence et de l'agrément de leurs parens et amis ci-après nommés, savoir :

Du côté du futur époux :

M. etc.

Art. 1er. Les futurs époux ont déclaré que leur volonté est de se marier sous le régime de la communauté établi par le Code civil, aux dispositions duquel ils se soumettent à cet égard, mais sauf les modifications ci-après.

Art. 2. Ils ne seront point tenus des dettes ni des hypothèques l'un de l'autre, antérieures à la confection de l'acte civil de leur mariage. S'il en existe, elles seront acquittées par celui des futurs qui les aura contractées, sans que l'autre, ses biens ni ceux de la communauté puissent en être aucunement tenus ni grevés.

Art. 3. Le futur époux apporte personnellement en mariage la somme de 2,000 francs en argent, à lui provenue de ses gains et économies, et dont il a donné connaissance à la future et à ses père et mère, qui l'ont reconnu.

Art. 4. En considération de ce mariage, les sieur et dame Hotin, père et mère, ont constitué en dot, chacun par moitié et en avancement d'hoirie sur leurs successions futures, audit futur époux leur fils, qui l'accepte et les en remercie, la somme de 20,000 francs, qu'ils se sont obligés, conjointement et solidairement, de lui payer, savoir : 1,000 fr. en habits, linge et autres effets mobiliers à son usage; et 19,000 francs en argent, la veille de la célébration dudit mariage, dont l'acte civil leur tiendra lieu de quittance de ces 20,000 francs, de manière qu'ils ne seront point obligés d'en retirer d'autres.

Art. 5. Aussi, en faveur de ce mariage, les sieur et dame Audry, père et mère, ont constitué en dot, chacun par moitié et en avancement de leurs successions futures, à ladite demoiselle future épouse, leur fille, ce acceptant, la somme de 30,000 francs, qu'ils se sont obligés, solidairement entre eux, de lui payer, savoir : 2,000 francs en un trousseau à son usage, 2,000 francs en meubles meublans et effets mobiliers, et 26,000 francs en argent, le tout la veille dudit mariage, dont l'acte civil vaudra pareillement quittance définitive de ladite dot de 30,000 francs auxdits sieur et dame Audry, père et mère, qui, par conséquent, ne sont point obligés d'en retirer d'autres.

Art. 6. Le futur époux a consenti de demeurer chargé envers ladite demoiselle Audry, de ladite somme de 30,000 francs, par le seul fait de la célébration de leur mariage.

Art. 7. Au moyen des dots qui leur sont constituées, les futurs époux ont renoncé pour eux et les enfans qui pourront naître de leur union, à pouvoir demander aucun compte ni partage au survivant de leurs pères et mères, des biens mobiliers et immobiliers qui dépendront de la succession du premier mourant d'eux; ils ont, au contraire, consenti à ce que les survivans jouissent, pendant leur vie, de l'universalité de ces biens;

sans être tenus de donner caution ni de faire emploi des valeurs mobilières, et seulement à la charge de faire faire un fidèle inventaire des biens du prédécédé.

Il a été convenu que si, nonobstant cette clause, le partage était demandé et avait lieu, sous quelque prétexte et pour quelque cause que ce fût, lesdites dots seraient imputables en entier sur les successions desdits premiers mourans, de même que si les survivans n'y eussent point contribué.

Art. 8. Des apports et dots des futurs, il entrera, de part et d'autre, en communauté, jusqu'à concurrence de 4,000 fr., ce qui fera un fonds de 8,000 fr. Le surplus, ainsi que ce qui pourra échoir par la suite aux futurs, tant en meubles qu'immeubles, par successions, donations, legs ou autrement (1), demeurera exclus de ladite communauté, pour demeurer propre à chacun d'eux respectivement (2).

Art. 9. Le survivant des futurs époux prendra, par préciput et avant de faire le partage des biens meubles de la communauté, tels de ces meubles qu'il lui plaira de choisir jusqu'à concurrence de 3,000 francs, suivant la prisée de l'inventaire, faite à juste valeur et sans crue, ou bien cette même somme en deniers comptans au choix du survivant.

Art. 10. S'il est vendu des immeubles appartenans à l'un des époux, de même que si l'on s'est rédimé en argent, de services fonciers dus à des héritages propres à l'un d'eux, et que le prix en ait été versé dans la communauté, le tout sans remploi, il y aura lieu au prélèvement de ce prix sur la communauté, au profit de l'époux qui était propriétaire, soit de l'immeuble vendu, soit des services rachetés. (C. C. 1433.)

Art. 11. Il sera libre à la future épouse et aux enfans qui pourront naître dudit mariage, de reprendre, en renonçant à ladite communauté, lors de sa dissolution, la totalité de la dot de la future, compris sa mise en communauté, et tous les autres biens généralement quelconques qui lui seront avenus et échus pendant ledit mariage, tant en meubles qu'en immeubles, par successions, donations, legs ou autrement; et, si c'est la future qui exerce elle-même cette faculté, elle reprendra, en outre, son préciput ci-dessus stipulé. Toutes ces reprises seront franches et quittes des dettes et charges de ladite communauté, quelles que soient, à cet égard, les obligations contractées par la future épouse, et les condamnations prononcées contre elle.

---

(1) Par bonne fortune, par exemple, la découverte d'un trésor, (Pothier.)

(2) Quelquefois, on remplace cette clause par celle-ci :

« Les apports et dots des futurs époux sont et demeurent exclus de ladite communauté, et leur sont respectivement réservés comme propres, en totalité; cette exclusion s'étendra à tout ce qui, pendant leur mariage, pourra leur avenir et échoir, tant en meubles qu'immeubles, par succession, donation, legs ou autrement :

En conséquence, ladite communauté ne comprendra que les acquisitions mobilières et immobilières qu'ils pourront faire conjointement, ainsi que les fruits et revenus. »

Mais il suit, de cette clause, que si la femme décède, ne laissant que des héritiers collatéraux, et que ses héritiers renoncent à sa succession, le mari sera tenu de remettre la totalité des apports; tandis que, suivant la première clause, il gagnerait, du moins, la mise en communauté de sa femme, ce qui paraît plus juste.

Desquelles dettes et charges (dans le cas où elle s'y serait obligée ou y aurait été condamnée), elle et ses enfans seront acquittés, garantis et indemnisés par le futur époux; sur les biens duquel, il y aura, pour raison de ce et de toutes les autres conditions du présent contrat, une hypothèque à compter de ce jour;

Art. 12. Enfin, les futurs époux, voulant se donner des preuves de leur estime et de leur amitié, se sont fait, par ces présentes, l'un à l'autre, au profit du survivant d'eux, ce qu'ils ont accepté respectivement pour ledit survivant, donation entre-vifs, mutuelle et irrévocable, de l'usufruit de tous les biens meubles et immeubles qui, au jour du décès du premier mourant d'eux, se trouveront lui appartenir et dépendre de sa succession, à quelque titre que ce puisse être, sans aucune exception.

Pour en jouir, par le survivant, pendant sa vie, à compter du décès du premier mourant, sans être tenu de fournir caution ni de faire emploi des valeurs mobilières, mais à la charge de faire faire bon et fidèle inventaire des biens du prédécédé.

Dans le cas où il existerait des enfans ou même un seul enfant dudit mariage, lors du décès du premier mourant, cette donation sera réduite à la jouissance de la moitié de ses biens meubles et immeubles.

Art. 13. Le survivant des futurs époux aura le droit de conserver pour son compte personnel, le fonds de commerce qu'ils exerceront lors du décès du premier mourant, ainsi que toutes les marchandises et les ustensiles qui le composeront; le tout pour le prix de l'estimation qui en sera faite par des experts choisis à l'amiable ou nommés d'office. Si ce commerce est établi dans une maison appartenante au prédécédé, ledit survivant aura également le droit d'en jouir, à titre de locataire, pendant les neuf années qui suivront le décès du prémourant, à la charge de payer à ses héritiers les loyers de ladite maison, suivant la fixation qui en sera faite à l'amiable entre les parties ou par experts qui seront nommés d'office à cet effet.

Enfin, le survivant aura terme et délai de trois années, à partir du jour du décès du prédécédé, pour rendre aux héritiers de ce dernier ce qui leur sera dû par ledit survivant, dans la valeur dudit fonds de commerce, et ce sans intérêt pendant lesdites trois années.

Le tout sans préjudice à la donation ci-dessus.

C'est ainsi que le tout a été convenu et est demeuré d'accord entre les parties, promettant, etc.; obligeant, etc.; renonçant, etc.

Fait et passé à   , en la demeure de M. Audry, en présence de MM.

Tous deux témoins pour ce requis et appelés, à défaut d'un second notaire, l'an mil huit cent   , le   , après-midi,

Et les parties ont signé, après lecture faite, avec leurs parens et amis, les témoins et le notaire.

2. *Préambule d'un contrat de mariage entre un majeur et une mineure dont les père et mère sont décédés.*

Par-devant, etc.

Furent présens M. R   , d'une part;

Et demoiselle D   , demeurante à   , fille mineure de défunts M. D   et de dame A   ; ladite demoiselle D stipulant et contractant pour elle et en son nom, de consentement, sous l'assistance et autorisation de M. T   , demeurant à

au nom et comme tuteur de ladite demoiselle, nommé à cette qualité par feu
M. D   , père, suivant son testament reçu par Me   ,
notaire à   , qui en a la minute, en présence de quatre témoins
le

Et encore, ledit sieur M   représentant ici le conseil de famille
de ladite demoiselle D   , en vertu des pouvoirs *ad hoc* à lui
déférés par la délibération de ses parens et amis, tenue sous la présidence
de M.   , juge-de-paix du canton de   , suivant son
procès-verbal du   dont un extrait est demeuré ci-annexé.
(Voyez *les art.* 1398, 148, 149, 150, *et* 160 *du Code civil.*)

3. Clause de mise en communauté et ameublissement, lorsque l'un des époux n'a que des immeubles. (C. C. 1505.)

Des biens des futurs époux, il entrera de part et d'autre en communauté la somme de 4,000 francs; à l'effet de quoi, la future épouse
consent l'ameublissement jusqu'à due concurrence de sa maison située à
, qui, en conséquence, pourra être aliénée par le futur époux
pour se remplir des 4,000 francs formant la mise en communauté de la
future épouse, mais à la charge de faire remploi du surplus du prix de
cette aliénation en acquisition d'un autre immeuble au profit de la
future.

4. Clause portant que la totalité de la communauté appartiendra au survivant. (C. C. 1520.)

Cette communauté n'aura lieu néanmoins qu'au profit du survivant des
futurs époux et des héritiers en ligne directe du prédécédé : en conséquence, dans le cas où celui-ci ne laisserait que des héritiers collatéraux,
toute la communauté appartiendra au survivant, sauf la reprise par ces
héritiers des apports de leur auteur.

5. Clause portant que les héritiers collatéraux de la future n'auront pour tout droit de communauté qu'une somme déterminée. (C. C. 1522.)

Si la future épouse décède avant le futur, et qu'il n'y ait pas d'enfant
de leur union, les héritiers collatéraux de la future ne pourront prétendre, pour tout droit dans la communauté, qu'à une somme de 10,000
francs, outre l'apport de la future et les biens qui lui seront provenus de
successions, donations ou legs.

6. Institution contractuelle.

Les père et mère de la future lui ont assuré, par ces présentes, l'intégrité de sa portion héréditaire dans leurs successions futures, même
dans la portion disponible; s'interdisant la faculté d'avantager plus que la
future aucun de leurs autres enfans, et de faire aucun acte de libéralité,
testamentaire ou entre-vifs, au préjudice de sa part dans leurs biens
présens et à venir; et s'obligeant même, dans le cas où ils doteraient par
la suite un de leurs autres enfans, à donner dès-lors pareille dot à la future
épouse.

7. *Constitution de dot tant pour les droits successifs déjà échus qu'en avancemeut de ceux à échoir.*

En faveur de ce mariage, la dame veuve   , mère de la future épouse, s'est obligée de lui payer et donner, la veille de son mariage, la somme de 12,000 francs, à imputer sur ses droits mobiliers et immobiliers dans la succession de son père.

Dans le cas où ces droits ne s'élèveraient point à cette somme, la différence sera en avancement d'hoirie sur la succession future de ladite dame veuve   .

N. B. Cette clause donne lieu à un droit d'enregistrement sur la totalité de la somme, bien qu'il n'y ait réellement donation que la de différence qui existe entre le montant des droits successifs et la somme promise, ce qui souvent est peu de chose. On pourrait conseiller alors de substituer cette clause :

La dame   , mère de la future, lui remettra, la veille de son mariage, le montant de ses droits dans la succession de son père, en meubles ou deniers comptans. Et si ces droits ne s'élèvent point à 12,000 francs, elle donnera et paiera la différence de ses deniers personnels, en avancement de sa succession future.

8. *Contrat de mariage entre deux veufs avec stipulation de communauté.*

Pardevant, etc.

Furent présens :

M. P   , propriétaire, demeurant à   , veuf en premières noces avec deux enfans mineurs de demoiselle B   , stipulant et contractant pour lui et en son nom personnel, d'une part ;

Et dame F   , veuve en premières noces avec un enfant mineur du sieur C   , demeurante à   , stipulant, etc. d'autre part ;

Lesquels ont, par ces présentes, réglé et arrêté entre eux, ainsi qu'il suit, les clauses et conditions civiles du mariage qu'ils se proposent de contracter incessamment.

Art. 1er et 2 (Voyez *la première formule.*)

Art. 3. Les biens du futur époux consistent en ses droits dans la communauté de biens qui a existé entre lui et ladite défunte demoiselle B   ; lesquels droits ne sont pas encore liquidés, mais sont constatés par l'inventaire fait après le décès de cette dernière, par, etc.

Art. 4. Les biens de la future épouse consistent, 1° dans les reprises et prélèvemens qu'elle a droit d'exercer sur la communauté qui a existé entre elle et M. C   ; 2° en sa moitié dans les bénéfices de cette communauté ; 3° et dans ses droits et créances matrimoniales contre la succession dudit feu sieur C   , son premier mari : tous lesdits droits non encore liquidés, attendu la minorité de son fils, mais régulièrement constatés par l'inventaire fait après le décès de M. C.   par Me et son collègue, notaires à   , le   et jours suivans, enregistré.

(*Voyez les art.* 8, 10 *et* 11 *de la première formule, qui peuvent devenir ici les art.* 5, 6 *et* 7.)

Art. 8. Les futurs époux, voulant se donner des preuves de leur estime, se sont, par ces présentes, fait donation entre-vifs, mutuelle et irrévocable, l'un à l'autre, au profit du survivant d'eux, ce qu'ils ont accepté respectivement pour ledit survivant, de la pleine propriété et jouissance, à compter du décès du premier mourant, d'une part d'enfant dans tous les biens meubles et immeubles qui se trouveront appartenir audit premier mourant, au jour de son décès, à quelque titre que ce soit, sans exception; laquelle part sera égale à celle que l'un de ses enfans légitimes, le moins prenant dans sa succession, pourra en recueillir, et ne pourra, dans aucun cas, excéder le quart des biens du prédécédé. (*C. C.* 1098.)

Si, lors du décès du premier mourant, il n'existe aucun enfant ou descendant du premier lit, cette donation, au lieu d'être de la pleine propriété et jouissance d'une part d'enfant, sera de l'usufruit de la moitié des biens meubles et immeubles que laissera le prédécédé, pour en jouir par le survivant, pendant sa vie, sans être tenu de donner caution, mais seulement à la charge de faire inventaire.

C'est ainsi que, etc.

9. *Clauses d'un contrat de mariage, contenant exclusion de communauté.* (C. C. 1530 *et suiv.*)

Il a d'abord été convenu qu'il n'y aura point de communauté de biens entre les futurs époux :

En conséquence, ils ne seront point tenus des dettes ni des hypothèques, l'un de l'autre, créées soit avant, soit pendant leur mariage; lesquelles dettes seront payées distinctement par celui qui les aura contractées.

La future épouse a déclaré n'avoir d'autres meubles et effets que les habits, linge, dentelle et bijoux à son usage personnel; ce mobilier se trouvant, par sa nature, suffisamment distingué de celui du futur, il n'en a été fait aucun état.

Lors de la dissolution du mariage, tous les habits, linge, dentelle et bijoux qui se trouveront être à l'usage de la future, lui appartiendront, sans que, pour ce, elle soit tenue de faire aucune justification. Mais, si elle prétendait à la propriété d'autres meubles et effets, elle serait tenue de produire des quittances des marchands qui les lui auraient vendus; au moyen de quoi ces objets lui appartiendraient.

S'il lui en provient de successions, donations ou legs, ceux qu'elle aura recueillis et qui seront constatés par inventaires ou autres actes authentiques, seront repris par elle.

Le futur époux l'indemnisera des dettes qu'elle pourra contracter pour lui et avec lui, pendant leur mariage.

10. *Clauses d'un contrat de mariage, portant séparation de biens.* (C. C. 1536 et suiv.)

Les futurs époux seront séparés de biens,

En conséquence, ils ne seront point tenus des dettes ni des hypothèques l'un de l'autre, créées avant ou pendant leur union,

Pour distinguer des meubles et effets mobiliers du futur époux, ceux qui appartiennent actuellement à la future, il a été fait un état de ces derniers, lequel est demeuré ci-joint, à la réquisition des parties, après qu'elles l'ont eu signé en présence des notaires.

À l'égard des meubles, vaisselle, bijoux ou autres objets que la future épouse pourra acheter pendant ledit mariage, elle sera tenue d'en retirer quittances notariées des marchands qui les lui auront vendus, pour établir que ce sera de ses propres deniers qu'ils auront été achetés et payés; faute de laquelle preuve résultante d'actes authentiques, tous les meubles et effets qu'elle pourrait acheter durant ledit mariage, appartiendront au futur époux comme étant censés acquis de ses deniers.

Il a été arrêté que chacun des futurs jouira, à part et divisément, des biens à lui appartenans ou qui pourront lui appartenir par la suite : le futur époux ayant dès-à-présent autorisé la future épouse, tant à l'effet de gérer et administrer par elle-même ses biens personnels, d'en passer, résilier et renouveler tous baux, en recevoir les loyers et fermages. en donner quittances; qu'à l'effet de disposer valablement de son mobilier, ainsi qu'elle le jugera à propos; sans que, pour toutes ces choses, elle puisse avoir besoin d'obtenir de lui aucune autorisation plus spéciale.

La future épouse sera tenue de payer annuellement au futur époux, sur les quittances qu'il lui en donnera, la somme de 1,000 francs, pour contribuer aux frais et charges de leur mariage.

Le futur époux et ses héritiers indemniseront la future et ses héritiers de toutes les dettes et hypothèques qu'elle pourra contracter pour lui ou avec lui pendant leur mariage.

Nota. On termine par la donation, si les parties en conviennent.

11. *Clause d'un contrat de mariage, avec soumission au régime dotal, sans société d'acquêts ni communauté* (1).

Les futurs époux ont déclaré se marier sous le régime dotal, auquel ils se soumettent, sauf les modifications ci-après. (*C. C.* 1540 *et suiv.*)

Il n'y aura donc entre les futurs époux aucune communauté de biens.

On mentionne ici les constitutions de dots faites aux futurs par leurs pères et mères, et l'on continue ainsi :

Tous les autres biens que la future épouse pourra posséder par la suite, seront à sa libre disposition, comme biens *extrà dotem* et paraphernaux.

De la dot ci-dessus constituée par M. ___ à sa fille, le futur époux, s'il lui survit, et qu'il n'y ait pas d'enfant du mariage, retiendra en propriété la somme de ___ dont la future, sous l'autorisation de son père, a déclaré lui faire don.

À l'égard du surplus, le futur époux, dans les mêmes cas, aura terme et délai de deux années pour le rendre aux héritiers de la future, sans intérêts.

Le futur époux a fait donation à la future, pour le cas où elle lui survi-

_____

(1) C'est le mode adopté dans les pays qui étaient régis autrefois par le droit écrit.

vrait, qu'il y eût ou non des enfans dudit mariage, de la somme de   , à une fois payer, et à prendre sur les deniers les plus clairs de la succession de son mari ; pour par elle en jouir et disposer en toute propriété, immédiatement après le décès du futur.

12. *Clause d'un contrat de mariage avec soumission au régime dotal et société d'acquéts.*

Les futurs époux ont adopté pour base de leurs conventions matrimoniales le régime dotal, auquel ils se soumettent, mais avec société d'acquéts, dont les effets seront réglés conformément aux articles 1498 et 1499 du Code civil, et sauf les modifications suivantes.

Pour constater les objets mobiliers dont chacun des futurs se trouve actuellement propriétaire, il en a été fait deux états distincts, l'un contenant la désignation de ceux du futur, et l'autre de ceux de la future : ces deux états, représentés par eux, sont à leur réquisition demeurés ci-joints, après qu'ils les ont eu signés en présence des notaires.

La future se constitue en dot *tels* biens (*les désigner.*)

A l'égard de tous ses autres biens actuels et de tous ceux qu'elle pourra recueillir par la suite, par succession, donation ou legs, ils seront à sa libre disposision, comme biens *extrà dotem* ou paraphernaux.

M.   , père de la future, a constitué en dot, en avancement de sa succession future, à la demoiselle sa fille, ce qu'elle a accepté, 1° vingt hectares de terre en quinze pièces situées à   , etc. ; 2° et une somme de 9,000 francs qu'il s'est obligé de remettre au futur le lendemain du mariage.

Desquelles terres, le futur époux pourra se mettre en possession et jouissance, comme bien dotal, aussitôt après la confection de l'acte civil de son mariage.

M.   , père de la future, se réserve expressément le droit de retour sur lesdites terres, pour le cas où sa fille décéderait avant lui sans enfans ou petits-enfans, et pour le cas où ceux-ci décéderaient eux-mêmes avant lui. En conséquence, les futurs ni leurs descendans ne pourront aliéner ni hypothéquer ces terres, sous quelque prétexte que ce puisse être, au préjudice du droit de retour.

Des 9,000 francs fesant partie de la dot de la future, il sera employé jusqu'à concurrence de 6,000 francs en acquisition d'immeubles, qui auront même nature de biens dotaux. Cet emploi devra avoir lieu avec le consentement de la future dans les deux années qui suivront le jour de la célébration du mariage.

Le futur époux, en cas de survie sans enfans, retiendra en propriété les 3,000 fr. de surplus, dont la future épouse lui fait don.

Le futur époux a fait donation entre-vifs et irrévocable à la future épouse, ce qu'elle a accepté, pour le cas où elle lui survivrait, de la somme de   dont elle jouira en usufruit seulement, pendant sa vie, à compter du jour du décès du futur époux, sans être tenue d'en faire emploi, et soit qu'il y ait ou non des enfans de leur mariage.

Pour assurer à la future épouse la jouissance de cette somme, le futur s'est constitué irrévocablement débiteur envers elle et sur tous ses biens présens et à venir, de ladite somme de   ; se dessaisissant à cet effet, de tous lesdits biens jusqu'à due concurrence : le tout sauf l'événement de la condition de survie de la future épouse.

Quant aux bagues et joyaux, le futur époux a promis d'en donner à la future épouse le jour de la célébration de leur mariage, pour une somme de

Si, lors de la dissolution du mariage, il existe des récoltes non encore faites et des fruits pendans par racines, des immeubles dotaux de la future épouse, ou s'il en est dû des fermages, ils appartiendront à la future épouse et à ses héritiers, nonobstant la disposition contraire du Code civil. (Art. 1549.)

Le survivant des futurs époux prélèvera, avant le partage de la société d'acquêts, à titre de préciput conventionnel, tels meubles et effets qu'il lui plaira de choisir, jusqu'à concurrence de la somme de suivant la prisée de l'inventaire, ou cette somme en deniers comptans, à son choix.

La future épouse y aura droit, bien qu'elle renonce à la société d'acquêts; et si les biens de cette société ne suffisent pas pour acquitter le préciput, elle pourra l'exercer sur les biens propres du futur.

Cette société sera composée de tous les bénéfices que les futurs pourront faire pendant leur mariage, tant en meubles qu'immeubles. Chacun d'eux en aura la moitié en propriété, distraction faite des reprises, indemnités, remplois et prélèvemens résultans du présent contrat.

Si la future épouse ou ses héritiers renoncent à ladite société d'acquêts, elle pourra exercer la répétition de sa dot, et ses autres droits, reprises et prélèvemens, comme si cette société n'eût jamais existé.

Les immeubles dotaux de la future épouse pourront être échangés ou vendus pendant le mariage, mais sous la condition qu'ils seront remplacés en immeuble de même valeur, pour lui tenir nature de dot.

Voyez ci-après au titre de la DONATION.

TITRE VINGT-NEUVIÈME.

CONTRAT DE SOCIÉTÉ.

§. Iʳ.

Code civil.

§. II.

Jurisprudence.

La nullité d'un acte de société de commerce, résultante de ce que, contrairement à l'art. 42 du Code de commerce, l'extrait de l'acte n'a pas été publié au greffe du tribunal de commerce, peut être opposée par l'un des associés à son co-associé. (*Arrêts de la Cour royale de Montpellier, 9 janvier 1816, et de la Cour de Cassation, 2 juillet 1817.*) Plusieurs auteurs sont d'une opinion contraire, notamment M. Massé, en son *Parfait notaire,* tom. II, pag. 343.

§. III.

Formules.

Contrat de société entre deux marchands.

Par-devant, etc.

Furent présens :

M. L   , négociant, demeurant à Saint-Denis, étant ce jour à Paris, d'une part;

Et M. B   , marchand, demeurant à Paris, rue   , n°   , d'autre part.

Lesquels, désirant s'associer pour faire ensemble le commerce de charbon de terre, ont arrêté, ainsi qu'il suit, les clauses et conditions de leur société.

Art. 1er. Lesdits sieurs L   et B   s'associent pour faire ensemble, sous la raison de L   et B   , le commerce de charbon de terre, dans une maison située à Paris, rue   , n°   , dont le sieur C   est propriétaire.

Art. 2. Cette société est contractée pour neuf années entières et consécutives, qui ont commencé le 1er juin dernier, et finiront par conséquent le 1er juin 1831.

Art. 3. Lesdits sieurs L   , et B   mettront chacun une somme égale dans ladite société, mais qui ne pourra excéder 20,000 fr. pour la totalité.

Art. 4. Si cependant l'un des associés verse, dans la société, une somme plus forte que l'autre, il touchera annuellement pour l'excédant de la somme qu'aura mise son associé, l'intérêt de cet excédant, à raison de six pour cent par année sans aucune retenue.

Art. 5. M. L   fera les achats de charbon, et pourra, pour raison de ces achats, contracter les obligations et faire tels effets qu'il jugera convenables, tant en son nom qu'en celui de M. B   , son co-associé; et les obligations ou effets qu'il souscrira, pour ces achats, seront payés par tous deux, chacun par moitié, de même que s'ils les eussent signés l'un et l'autre, étant convenu que M. L   pourra obliger M. B   solidairement, au paiement du prix desdits achats de charbon.

Art. 6. Il y aura deux livres de commerce, l'un, pour les achats, qui sera tenu par M. L   , après que chaque page aura été parafée par M. B   ; et l'autre, pour les ventes, qui sera tenu par M. B   . aussi après que chaque page en aura été parafée par M. L

Art. 7. Les loyers des lieux où sera déposé le charbon, ainsi que les frais de voyage, ports de lettres et autres frais relatifs à la société, seront employés en dépense par celui des associés qui les fera; et il lui en sera tenu compte sur le simple état qu'il en fournira : il en sera de même des outils et instrumens nécessaires au service du magasin, tels que poids, balances, mesures et pelles, qui seront fournis et entretenus à frais communs.

Art. 8. Le bénéfice de la société se partagera par moitié entre les associés, tous les six mois; et, lors de ce partage, il sera constaté la valeur du charbon de terre qui se trouvera encore en magasin.

Art. 9. Dans le cas où l'un des associés décéderait avant la dissolution de ladite société, la veuve et les héritiers du décédé pourront, s'ils le jugent à propos, continuer cette société jusqu'à l'expiration du terme convenu par l'art. 2; mais ils ne pourront y être contraints, et ils seront seulement tenus de prévenir l'associé survivant dans les six mois du décès de l'associé décédé.

Art. 10. Ces présentes seront enregistrées aux greffes des tribunaux de commerce de Paris et partout où besoin sera, dans les délais prescrits par la loi. (*Code de commerce*, art 42.)

Et, pour l'exécution des présentes, etc.

TITRE TRENTIEME.

CONTRAT D'UNION.

§. Ier.

Définition.

LE *contrat d'union* est celui par lequel les créanciers du failli se réunissent pour exercer leurs droits conjointement, par les soins les syndics qu'ils choisissent à cet effet, et qui sont chargés de faire toutes les diligences et poursuites nécessaires pour parvenir au recouvrement des sommes dues à la masse des créanciers.

§. II.

Code de commerce.

§. III.

Formule.

Voyez, ci-devant, page 128.

TITRE TRENTE-UNIÈME.

CONTRE-LETTRE.

§. Iᵉʳ.

Définition.

LES *contres-lettres* sont des conventions ou déclarations secrètes, par lesquelles on restreint ou l'on étend, on change ou l'on explique les conventions contenues dans un autre acte. Elles sont ainsi appelées, parce qu'elles sont, en général, contraires à l'acte au sujet duquel elles sont faites, et qu'elles ont pour objet d'en détruire l'effet apparent.

§. II.

Code civil.

Les contre-lettres ne peuvent avoir d'effet qu'entre
les parties contractantes,   1321.
Contre-lettre à la suite du contrat de mariage,   1397.

§. III.

Jurisprudence.

1. La contre-lettre sous seing-privé, portant qu'une vente est feinte ou simulée, est considérée comme une rétrocession qui donne ouverture à un second droit de mutation. (*Arrêt de la Cour de cassation*, 25 octobre 1808.)

2. Suivant l'art. 40 de la loi du 22 frimaire an VII, « toute » contre-lettre faite sous signature-privée, qui a pour objet une » augmentation du prix stipulé dans un acte public ou dans un » acte sous seing-privé précédemment enregistré, est déclarée » nulle et de nul effet. Néanmoins, lorsque l'existence en est » constatée, il y a lieu d'exiger, à titre d'amende, une somme » triple du droit qui aurait eu lieu sur les sommes et valeurs » ainsi stipulées. »

3. L'art. 1321 du code civil, portant, en termes généraux,

que les contre-lettres doivent avoir leur effet entre les contractans, s'applique même à celles qui ont pour but d'augmenter,
au préjudice du fisc, le prix stipulé dans un acte public. L'article 40 de la loi du 22 frimaire an VII, qui, dans ce cas,
déclarait la contre-lettre nulle, a été virtuellement abrogé par
l'article 1321 du Code civil. (*Arrêt de la Cour de cassation du
10 janvier 1819.*)

§. IV.

Observation.

☞ Généralement, les contre-lettres sont vues avec défaveur. Les
notaires doivent avoir la sage précaution de résister aux solli-
tations de leurs cliens, et de ne pas recevoir comme dépôts de
confiance, des contre-lettres qui pourraient leur attirer des désagrémens.

§. V.

Formule.

Contre-lettre d'une obligation.

Aujourd'hui a comparu , etc.

M. A

Lequel a, par ces présentes, déclaré n'avoir rien à prétendre dans
l'obligation de 10,000 francs souscrite par M. B   tant au profit
dudit sieur A   que de M. C   , devant Me   ,
qui en a la minute, et son collègue, notaires à   , le   ,
dûment enregistrée ; reconnaissant que, quoiqu'il soit dit, dans cette
obligation, qu'elle est causée pour prêt de pareille somme fait par M. C
et lui, la vérité est qu'il n'en a fourni aucune partie, que c'est
M. C   qui a prêté à M. B   la somme entière, de
ses propres deniers.

Dont acte, fait et passé à, etc.

TITRE TRENTE-DEUXIÈME.

CONVERSION D'UNE RENTE PERPÉTUELLE EN UNE RENTE VIAGÈRE.

§. Ier.

Observation.

CET acte n'est qu'une modification du contrat constitutif de la rente perpétuelle, pour lequel le droit d'enregistrement proportionnel a été acquitté; dès-lors l'acte de conversion n'opère qu'un droit fixe de 2 francs. (*Solution de l'administration de l'enregistrement.*)

§. II.

Formule.

Par-devant, etc.,
Furent présens : M. D   , d'une part;
Et M. B   , d'autre part;
Lesquels ont dit que, par acte passé devant Me   , l'un des notaires soussignés, et son collègue, le   , enregistré le
    M. D   a vendu audit sieur B   , une maison située à   , rue   , moyennant 90 francs de rente perpétuelle, franche de retenue, remboursable de 1,800 francs;
Que M. D   , désirant convertir cette rente en une rente viagère de 180 francs, a proposé à M. B   cette conversion, moyennant qu'il demeurerait quitte et déchargé envers lui de la rente perpétuelle de 90 francs et de son principal.
Cette proposition ayant été acceptée par M. B   , il a, par ces présentes, créé et constitué, avec promesse de garantir, fournir et faire valoir,
A M. D   , ce qu'il a accepté :
Cent quatre-vingts francs de rente annuelle et viagère, franche et et exempte de la retenue de toutes contributions et impositions quelconques, etc. (*Voyez la formule d'une constitution viagère, pag.* 159.)
Cette constitution faite pour, par M. B   , demeurer quitte, ainsi qu'il est dit ci-dessus, envers M. D   , qui l'en quitte et décharge, de la rente perpétuelle de 90 francs, au principal de 1,800 fr., créée par le contrat passé devant Me   , le   et ci-devant énoncé : au moyen de quoi, cette rente perpétuelle demeure éteinte à compter du
Les frais du présent acte seront supportés par M. B   , qui a reconnu que M. D   lui a remis la grosse du contrat de vente sus-daté.
Et pour l'exécution, etc.

TITRE TRENTE-TROISIÈME.

DÉCHARGE.

---

§. Ier.

Définition.

On appelle *décharge* l'acte par lequel on déclare que *telle* personne a remis les sommes qu'elle avait été chargée de recevoir, ou qu'elle a rendu les pièces et titres qui lui avaient été confiés.

§. II.

Code civil.

Décharge que donnent	le mineur émancipé,	482.
	l'interdit,	499.
	le prodigue,	513.
Circonstances qui opèrent la décharge d'une dette,		1382.
Délais après lesquels les juges, avoués et huissiers sont déchargés des pièces d'un procès,		2276.

§. III.

Observation.

Les notaires ne se dessaisissent des sommes dont ils s'étaient constitués *dépositaires* qu'en retirant une décharge authentique. (*Voyez* la décision ministérielle du 11 novembre 1819, rapportée page 46.)

§. IV.

Formule.

1. *Décharge de titres remis par un vendeur à son acquéreur.*

Aujourd'hui a comparu devant Me, etc.
M. T   (noms, qualification et domicile de l'acquéreur);
Lequel a, par ces présentes, reconnu que M. O   , propriét

taire, demeurant à   , à ce présent, lui a remis aujourd'hui les titres qu'il lui avait promis suivant le contrat passé devant M^e et son collègue, notaires à   , le   , contenant vente par M. O   à M. T   , d'une maison située à Paris, rue   , n°   ;

Ces titres consistent, 1° etc. (*Les désigner succinctement.*)

De tous lesquels titres et papiers , M. O   se trouve en conséquence déchargé envers M. T

Fait et passé à, etc.

Décharge à un avoué de pièces par lui remises.

Aujourd'hui a comparu , etc.

M. T   ; lequel a reconnu que M^e D   , avoué au tribunal de   , lui a présentement remis toutes les pièces relatives aux poursuites et procédures du procès que M. T   a eu avec le sieur   , ainsi que tous les titres et papiers que M. T   avait confiés audit M^e D   pour soutenir ce procès : dont décharge.

Fait et passé à   , en l'étude dudit M^e D   , le   mil huit cent   ; et, lecture faite, ledit sieur T a déclaré ne plus pouvoir écrire ni signer à cause de   ,

3. *Décharge à un mandataire des sommes par lui touchées pour son commettant.*

Par-devant, etc.

Fut présente dame   veuve de M. S   , demeurant à   ;

Laquelle a, par ces présentes, reconnu que M. R   lui a, à l'instant, remis et payé la somme de 15,650 francs en pièces de cinq francs comptées et réellement délivrées à la vue des notaires soussignés, montant des diverses sommes que M. R   a touchées pour elle, en vertu de la procuration qu'elle lui a passée devant M^e   l'un des notaires soussignés, en présence de témoins, le   , dûment enregistrée;

Savoir : 1° 650 francs de M. *un tel* , pour, etc.

2° 4,000 francs de M.   , suivant quittance passée devant M^e   etc.

De laquelle somme totale de 15,650 francs, ladite dame veuve S   a quitté et déchargé M. R   , ainsi que de toutes choses quelconques jusqu'à ce jour.

Fait et passé à, etc.

4. *Décharge à un notaire d'un dépôt de prix de vente, à la suite du contrat.*

Et le   , a comparu devant M^e   , etc.

M. B   ; lequel a, par ces présentes, reconnu que M^e E   , notaire à   , à ce présent, lui a remis en pièces d'or de vingt francs comptées et réellement délivrées à la vue des notaires soussignés, somme de 10,000 francs qui avait été déposée audit M^e E   , par M. L   , pour le prix de la vente que lui a faite M B   , une maison sise à Paris, rue   , n°   , suivant contrat passé devant ledit M^e E   , le   , dont la minute précède; aux termes duquel contrat, cette somme avait été laissée entre ses mains, pour n'être remise à M. B.   , qu'après la transcription de ce contrat et l'accomplissement des autres formalités nécessaires pour purger les hypothèques de toute nature dont cette maison pouvait être grevée.

> Dont décharge.

Cette remise a été faite du consentement de M. L   , aussi à ce présent, et au moyen de ce que, pendant l'accomplissement des formalités dont il vient d'être question, il ne s'est trouvé aucune inscription hypothécaire sur ladite maison, ainsi que le constatent les certificats délivrés par M. le Conservateur des hypothèques de Paris, etc.

Fait et passé à, etc.   , le

Et, lecture faite, M. B   et ledit M^e E   ont signé, avec les notaires, ces présentes restées en la possession dudit M^e E

5. *Décharge par un créancier à la caution du débiteur.*

Par-devant, etc.

Fut présent M. V   (créancier);

Lequel a, par ces présentes, déclaré renoncer au cautionnement solidaire et à la garantie que M. B   avait contractés envers lui, pour raison de l'obligation de 6,000 francs, passée au profit du sieur V   , par M. C   , devant M^e   et son collègue, notaires à   , le   , dûment enregistrée.

En conséquence, M. V   a déchargé M. B   de toute responsabilité à ce sujet, sous la réserve de ses droits, actions et hypothèques contre M. C

Dont acte : fait et passé à, etc.

TITRE TRENTE-QUATRIÈME.

DÉCLARATION DE COMMAND.

---

§. Iᵉʳ.

Définition.

LE mot *command*, synonyme de commettant, désigne quelqu'un qui a commandé d'acquérir.

La *déclaration de command* est donc un acte par lequel une personne qui, par un contrat de vente, un jugement ou procès-verbal d'adjudication, s'est réservé la faculté de nommer son command, déclare que l'acquisition ou l'adjudication est pour telle ou telle personne, qui accepte la déclaration faite à son profit.

§. II.

Observations.

1. Sont sujettes au droit fixe d'un franc pour enregistrement, les déclarations ou élections de command ou ami, lorsque la faculté d'élire un command a été réservée dans l'acte d'adjudication ou contrat de vente, et que la déclaration est faite par *acte public*, et notifiée dans les vingt-quatre heures de l'adjudication ou du contrat. (*Art.* 68, nº 24, *de la loi du 22 frimaire an VII.*)

Cette disposition a été répétée par l'article 21 de la loi du 28 avril 1816, mais le droit a été élevé à trois francs.

2. Les droits sont de 4 francs par 100 francs, si les déclarations sont faites après les vingt-quatre heures de l'adjudication ou du contrat, ou lorsque la faculté d'élire command n'y a pas été réservée. (*Art.* 69, §. VII, nº 3, *id.*) Ce droit a été porté à 5 fr. 50 centimes par 100 fr., suivant l'art. 52 de la loi du 28 avril 1816.

3. On peut passer déclaration de command, pour objets mobiliers. (*Décision ministérielle.*)

4. La déclaration est régulière et seulement passible du droit fixe, lorsqu'elle a été faite dans l'acte même de l'adjudication, sans avoir été précédée d'une réserve. (*Délibération de la régie, du 26 juin 1816.*)

5. La déclaration dont il s'agit en l'art 709 du Code de procédure, n'est point considérée comme une déclaration de command. (*Cour de cass.*, 3 *septembre* 1810, 9 *et* 24 *avril* 1811.)

6. Si la déclaration n'était pas faite aux mêmes conditions
que l'acquisition, si par exemple, les termes du paiement étaient
changés, elle serait considérée comme revente. (*Cour de cass.*
11 *janvier* 1814.)

7. La déclaration faite dans le délai de la loi, en vertu de
la réserve d'élire un ou plusieurs amis, au profit de plusieurs
individus auxquels l'adjudicataire assigne à son gré les biens
que chacun doit posséder, et le prix qu'il doit payer, n'est
point une revente et n'est par conséquent sujette qu'au droit fixe.

(*Arrêts de cassation des* 30 *avril* 1814, 8 *novembre* 1815 *et*
23 *avril* 1816.)

§. III.

Formule.

Aujourd'hui a comparu devant, etc. M. A

Lequel, en vertu de la faculté qu'il s'est réservée de nommer un command, suivant contrat passé devant M^e   et son collègue, notaires
à   , le   , contenant vente à M. A   par M. B   d'une
maison située à   moyennant la somme de 20,000, dont 10,000 francs
ont été payés comptant, et le surplus a été stipulé payable le   ;
et, en outre, aux charges clauses et conditions énoncées audit contrat;

A, par ces présentes, déclaré qu'il a fait cette acquisition pour le compte
et au profit de M. C   demeurant à   , auquel il n'a fait
que prêter son nom pour l'obliger.

En conséquence que lui, M. A   , ne prétend aucun droit à la
propriété de cette maison.

Il a déclaré de plus, que les 10,000 francs qu'il a payés comptant à
M. B   , en déduction du prix de la vente, lui avaient été remis
à cet effet par M. C   ;

Ce accepté par ce dernier, à ce présent, et qui, après avoir entendu la
lecture du contrat s'est obligé de payer les 10,000 francs qui restent dus
sur le prix de ladite vente, à l'époque et de la manière fixées par ledit
contrat; d'exécuter et accomplir toutes les charges et conditions y insérées;
et de faire ensorte que M. A   ne soit nullement inquiété, poursuivi
ni recherché à ce sujet, à peine contre M. C   de tous dépens, dommages-et-intérêts.

Dont acte, pour l'exécution duquel, M. C   a élu domicile en sa
demeure susdite, auquel lieu, etc.

Fait et passé à, etc.

TITRE TRENTE-CINQUIÈME.

DÉLIVRANCE DE LEGS.

§. Ier.

Définition.

On appelle *délivrance de legs* l'acte par lequel les légataires sont mis en possession des objets qui leur ont été légués. (*Voyez les remarques, à la fin de ce livre, au mot LEGS.*)

§. II.

Code civil.

Code de procédure.

§. III.

Formule.

Par devant, etc.

Furent présens :

M. Joseph V   , majeur, étudiant en droit, demeurant à Pari rue   , n°   ;

Et M. Auguste V   , mineur, émancipé d'âge par M. Jean V son père, suivant la déclaration par lui faite devant le juge-de-paix du arrondissement de Paris, le   , enregistrée; ledit mineur demeurant à Paris, rue   , n°   , agissant en ces présentes sous l'autorisation de M. L   , avocat, demeurant à Paris, rue n°   , à ce présent, curateur à ladite émancipation, nommé et é à cette qualité, qu'il a acceptée, par la délibération des parens et an dudit mineur, réunis en conseil de famille, sous la présidence de M. juge-de-paix du   arrondissement, suivant son procès-verbal en da du   , enregistré.

« Lesdits sieurs Joseph V   et Auguste V   , frères germains, seuls héritiers, chacun pour moitié, de dame Marie J   , leur grand'mère, veuve de M. D   , par représentation de dame Angélique J   , leur mère, décédée épouse de M. Jean V   , et fille adoptive de ladite dame Marie J   , veuve D   , aux termes d'un acte passé le   , devant Mᵉ   , notaire à   , en présence de témoins, enregistré.

» Et , en outre, légataires universels conjointement de tous les biens mobiliers et immobiliers composant la succession de ladite dame D   , aux termes de son testament olographe en date, à Paris, du   , et dont l'original, portant la mention suivante : enregistré à Paris le , etc. *Signé C*   ; a été décrit par M. B   , vice-président du tribunal civil de première instance du département de la Seine, et déposé à Mᵉ   , l'un des notaires soussignés, suivant procès-verbal et ordonnance de mondit sieur B   , en date du   , enregistré; lesquelles qualités d'héritiers résultent de l'intitulé de l'inventaire fait après le décès de ladite dame veuve D   , par ledit Mᵉ   , qui en a la minute, et son collègue, le   , enregistré, et n'ont été acceptées, ainsi que celles de légataires universels, que sous bénéfice d'inventaire, suivant déclaration faite au greffe du même tribunal, le   , et dont une expédition représentée par les comparans, est demeurée ci-annexée, après que mention de l'annexe y a été faite par les notaires soussignés. »

Lesquels ont, par ces présentes, déclaré consentir purement et simplement l'exécution du testament de ladite dame veuve D   , leur aïeule paternelle, ci-dessus énoncé, et faire délivrance des legs y portés.

Et ils ont requis ledit Mᵉ   de délivrer les certificats de propriété nécessaires pour faire immatriculer en leurs noms les inscriptions dépendantes de la succession de ladite dame veuve D   , et pour en toucher les arrérages.

Dans le cas où ces inscriptions ne pourraient pas se partager également sans fraction de franc, M. Joseph V   a consenti à ce que le franc qui ne pourrait se diviser fût donné à M. Auguste V   son frère.

Dont acte : fait et passé, etc.

TITRE TRENTE-SIXIÈME.

DÉLÉGATION

§. Iᵉʳ.

Définition.

La *délégation* est un acte par lequel un débiteur donne à son créancier un autre débiteur qui se charge de payer la dette : *ou autrement*, un transport qu'un débiteur passe au profit de son créancier, en lui donnant à prendre le paiement de son dû sur une autre personne. (*Voyez* au titre TRANSPORT, avec lequel la délégation a beaucoup d'analogie.)

§. II.

Code civil.

§. III.

Observations.

On distingue deux sortes de délégations :
La *délégation parfaite* et la *délégation imparfaite* ou *indication de paiement*.

La première ne peut se faire sans le consentement de trois personnes, savoir, du débiteur qui délègue un autre débiteur en sa place ; du débiteur qui est délégué et qui s'oblige envers le créancier ; et du créancier qui accepte la nouvelle obligation : c'est en quoi la délégation est différente de la cession ou transport, où le consentement du débiteur, sur lequel le transport est fait, n'est pas nécessaire.

Quand la délégation est acceptée purement et simplement par le créancier, le débiteur qui l'a faite est déchargé de plein droit ;

e sorte que quand le débiteur qui a été délégué serait insolvable,
 créancier qui l'a acceptée, n'a plus de recours contre son pre-
ier débiteur : aussi voit-on rarement des délégations pures et
imples; un créancier habile se réserve presque toujours son re-
ours contre le premier débiteur, en cas qu'il ne puisse pas être
ayé par le second. (*Argou.*)

La *délégation imparfaite* ou *indication de paiement* a lieu lorsque
ar exemple, dans une vente d'immeuble, le vendeur charge son
cquéreur de payer en son acquit à un tiers, tout ou partie du
rix de la vente, pour se libérer envers ce tiers, qui n'intervient
oint au contrat, dont alors il n'aurait pas le droit de se faire
lélivrer la grosse.

§. IV.

Formule.

Par-devant, etc.
Fut présent M P.
Lequel, pour se libérer envers M. G, demeurant à,
le la somme de 4,000 francs qu'il lui doit, aux termes d'une obligation
assée devant Mᵉ, etc. (*ou suivant un billet sous seing-privé en
late du, enregistré à, le, par,
ui a reçu;*)

A, par ces présentes, cédé, transporté et délégué, avec toute garantie
t même promesse de payer, à défaut de paiement par le débiteur ci-après
ommé;

Audit sieur G, à ce présent et acceptant, sous la réserve
i-après exprimée :

Pareille somme de 4,000 francs à prendre dans celle de 8,000 francs que
I. C, demeurant à, doit audit sieur P,
our le prix principal de la vente que ce dernier lui a faite d'une maison
ituée à, suivant contrat passé en minute devant Mᵉ
t son collègue, notaires à, le, enregistré, et d'après
equel, ladite somme de 8,000 francs sera exigible le deux juin mil huit
ent-vingt..., et est productive d'intérêts payables annuellement le deux
uin, sur le pied de cinq pour cent par année, sans retenue.

Pour, par M. G, toucher et recevoir ces 4,000 francs de
I. C ou de tous autres qu'il appartiendra, ainsi que les intérêts
le cette somme, à compter du deux juin prochain, le tout sur ses simples
uittances; ou bien autrement, en jouir et disposer dès aujourd'hui
omme bon lui semblera et comme de chose à lui appartenante : à l'effet
le quoi, M. P l'a présentement mis et subrogé dans tous ses
lroits, actions, priviléges et hypothèques, contre M. C, ainsi
ue dans l'effet de l'inscription d'office qui a été prise à son profit au
ureau des hypothèques de, le, vol., n°; entendant
ue M. G exerce lesdits droits, priviléges et hypothèques, jusqu'à
lue concurrence et par préférence à M. P, qui a consenti de
'être payé du surplus de sa créance sur M. C qu'après M. G.

Au moyen de cette délégation, et sous la foi de sa pleine et entière
xécution, M. G a déchargé M. P de son obligation du *tel
iour*; mais avec réserve expresse qu'à défaut de paiement par M. C

13

des 4,000 francs à lui délégués, à l'époque susdite du deux juin mil huit cent-vingt   , il rentrera dans tous ses droits, actions et hypothèques résultans de cette obligation, sans aucune novation ni dérogation, et sans préjudice de l'effet de la présente délégation, de telle sorte qu'il aura la faculté d'exercer cumulativement ou séparément, selon qu'il avisera, les droits résultans de l'obligation et de la délégation.

M. P   a remis à M. G   la grosse du contrat de vente ci-dessus énoncé, de laquelle ce dernier aidera M. P   à toutes réquisitions et moyennant récépissés.

Ou bien :

M. P   , restant créancier de 4,000 francs, la grosse du contrat de vente ci-dessus énoncé, est, à sa réquisition, demeurée ci-jointe, après qu'il l'a eu certifiée véritable et signée en présence des notaires, pour en être délivrée une ampliation à chacun des dits sieurs P   et G   , (*Voyez ci devant page 20.*)

Est intervenu au présent acte M. G

Lequel, après que lecture lui a été faite par Me   , l'un des notaires soussignés, son collègue présent, de la délégation ci-dessus, a déclaré l'avoir pour agréable et se la tenir pour signifiée; comme aussi, qu'il n'existe entre ses mains aucune saisie ni aucun empêchement sur M. P

Et, pour l'exécution des présentes, etc.

Si le débiteur n'intervient pas pour accepter (C. C. 1690.), on insère ceci avant l'élection de domicile :

Pour faire signifier cette délégation à M. C   , tout pouvoir est donné au porteur de l'expédition des présentes.

TITRE TRENTE-SEPTIÈME.

DÉMISSION DE NOTAIRE.

§. Ier.

Définition.

C'EST l'acte par lequel un notaire déclare purement et simplement qu'il se *démet* de la commission dont il est pourvu, c'est-à-dire qu'il y renonce, et qu'il n'entend plus en faire aucune fonction.

§ . II.

Observation.

Les notaires peuvent présenter à l'agrément de Sa Majesté des successeurs, pourvu qu'ils réunissent les qualités exigées par les lois. Cette faculté n'a pas lieu pour les titulaires destitués. Il doit être statué, par une loi particulière, sur l'exécution de cette disposition et sur les moyens d'en faire jouir les héritiers ou ayant-cause desdits officiers. (*Loi du 28 avril 1816.*)

§ . III.

Modèle.

Aujourd'hui a comparu devant M^e   , etc.

Me Hyacinthe Lebrun, notaire royal, à la résidence de   ;

Lequel, ayant exercé ses fonctions de notaire pendant   années, s'est, par ces présentes, démis de la commission de notaire à la résidence de   , dont il était pourvu, en faveur de M.

Suppliant Sa Majesté de vouloir bien le nommer à son lieu et place.

Dont acte : fait et passé, etc.

TITRE TRENTE-HUITIÈME.

DÉPOT.

§. Iᵉʳ.

Code civil.

§. II.

Observation.

Les notaires, depuis la publication de la loi du 23 septembre 1793, qui a ordonné le versement au trésor, des sommes dont ils étaient dépositaires, ne peuvent plus recevoir le dépôt d'aucune somme, à moins que ce ne soit à l'amiable, et pourvu qu'il n'y ait pas d'oppositions formées entre leurs mains.

§. III.

Formules.

1. *Reconnaissance d'un dépôt d'argent.*

Aujourd'hui a comparu devant, etc.
M. D

Lequel a, par ces présentes, reconnu que M. T , étant sur le point de faire un voyage de long cours, lui a déposé et remis entre les mains, pour la lui garder, à titre de dépôt, la somme de 10,000 francs en pièces d'or de 20 et 40 francs comptées et réellement délivrées à la vue des notaires soussignés.

En conséquence, M. D s'est obligé à remettre cette somme à M. T , dans les mêmes espèces à sa volonté et première réquisition.

Dont acte : fait et passé, etc.

Cet acte opère un droit d'enregistrement d'un pour cent. (*Art.* 69 *de la loi du* 22 *frimaire an VII.*)

2. *Dépôt de deniers entre les mains d'un notaire, nommé séquestre d'une direction de créanciers.*

Aujourd'hui a comparu, etc.

M. S

Lequel, en exécution de l'art. du contrat d'union des créanciers unis de M. T , reçu par Mᵉ C , l'un des notaires soussignés, le , homologué par jugement du .

A présentement déposé audit Mᵉ C séquestre de cette direction, la somme de en pièces de cinq francs comptées et réellement délivrées à la vue des notaires soussignés, pour six mois échus, le , du loyer de la maison située à , rue , qui lui a été louée par ledit sieur T , suivant bail passé devant, etc.

De laquelle somme de , ledit Mᵉ C , s'est chargé envers la direction.

Fait et passé, etc.

TITRE TRENTE-NEUVIÈME.

DÉPOT POUR MINUTE.

§. Ier.

Définition.

LE *dépôt pour minute* est un acte par lequel on dépose des pièces dans l'étude d'un notaire, pour qu'il les mette au rang de ses minutes.

§. II.

Observations.

1. Avant de recevoir les pièces à déposer, on les examine avec la plus grande attention, pour savoir si elles sont revêtues des signatures des parties, des témoins et des notaires; si elles sont timbrées, enregistrées et légalisées; si toutes les signatures sont faites régulièrement; si tous les renvois sont approuvés; s'il n'y a pas de surcharges, etc.

2. On fait certifier véritables, signer et parafer les pièces, par la personne qui les dépose.

3. Aucun notaire ne peut recevoir un acte en dépôt, s'il n'a été préalablement enregistré, à peine de 50 francs d'amende. (*Art.* 42 *de la loi du* 22 *frimaire an* 7.)

4. Il est défendu à tout notaire de recevoir aucun acte en dépôt, sans dresser acte du dépôt. (*Art.* 43, id.)

5. Sont exceptés les testamens déposés chez les notaires, ou par les testateurs, ou par le président du tribunal de première instance auquel ils sont présentés après le décès du testateur. (*Code civil,* 1007.)

6. Toutes sortes d'actes, s'ils n'ont rien de contraire aux lois d'ordre public ni aux mœurs, peuvent être déposées chez un notaire.

7. Les notaires de Paris se sont imposé des règles particulières, relativement aux annexes et dépôts d'actes. *Voyez* l'arrêté de la Chambre du 9 ventose an 13, inséré dans le recueil de leurs statuts et réglemens, dont chaque notaire doit avoir un exemplaire.

8. Si la pièce qu'on dépose pour minute, est un acte sous signatures privées, il faut la désigner d'une manière précise; on doit dire sur combien de feuilles elle se trouve écrite, quel est le format du papier, quel en est le timbre, combien de pages ou de portions de pages sont restées en blanc; on y mentionne les surcharges, ratures, interlignes, etc. S'il s'agit d'un testament, on relate le nombre de lignes, et on rapporte textuellement, même avec les fautes d'orthographe, la première et la dernière ligne de chaque page. De cette manière, on ne peut soupçonner que la pièce déposée ait été altérée après le dépôt.

9. L'acte de dépôt opère un droit fixe d'enregistrement, qui est de 2 francs, suivant l'art. 43 de la loi du 28 avril 1816; mais l'acte de dépôt de plusieurs procurations données par des personnes qui ont des intérêts distincts, opère autant de droits qu'il y a de procurations, quoiqu'il ne s'agisse que d'un seul acte de dépôt : ainsi l'a décidé S. Ex. le ministre des finances, le 3 octobre 1817.

10. Les actes de l'état civil (naissances, mariages et décès), n'étant point sujets à l'enregistrement, d'après l'art. 70 de la loi du 22 frimaire an VII, ils peuvent être déposés sans qu'ils aient été soumis à cette formalité.

§. III.

Formules.

1. Dépôt d'une procuration en brevet.

Aujourd'hui a comparu, etc.
M. J

Lequel a, par ces présentes, déposé pour minute à M^e   l'un des notaires soussignés, le brevet-original d'une procuration donnée audit sieur J   , par M. T   , devant M^e   et son collègue, notaires à   , le   , enregistré à   , le   , légalisé par M. le Président du tribunal civil de   , le   .

Ce brevet, représenté par M. J   , est, sur sa réquisition, demeuré ci-annexé, après qu'il l'a eu certifié véritable et signé en présence des notaires.

Dont acte : fait et passé à , etc.

2. Mention à mettre sur le brevet déposé.

Certifié véritable et signé par M. J   , en présence des notaires à   , soussignés, et déposé pour minute à M^e   ; l'un d'eux, par acte passé devant lesdits notaires aujourd'hui mil huit cent-vingt.

Si le déposant ne sait pas signer, la mention se fait ainsi :

Certifié véritable par M.   en présence des notaires à   ,
soussignés, et déposé pour minute à M^e   , l'un d'eux, par
acte passé aujourd'hui   mil huit cent-vingt   , devant
lesdits notaires , qui ont seuls signé cette mention, attendu que M. J
a déclaré ne le savoir.

TITRE QUARANTIÈME.

DÉSISTEMENT.

§. Ier.

Définition.

LE *désistement* est un acte par lequel un particulier renonce à une convention faite entre lui et un autre, ou à un droit qu'il peut avoir, ou à une poursuite, à une demande, à un appel interjeté d'un jugement rendu contre lui, etc.

Il y a aussi le *désistement d'héritage*, qui est l'acte par lequel le détenteur d'un immeuble en délaisse la propriété et la possession à celui qui le revendique en qualité de propriétaire.

§. II.

Code civil.

Cas où l'acquéreur d'un immeuble peut se désister du contrat de vente,   art. 1618 et suiv.

Code de procédure.

Actes par lesquels le désistement peut être fait et accepté,   402
Effets du désistement,   403

Code d'instruction criminelle.

Le désistement d'une plainte n'est plus valable après le jugement,   57

§. III.

Formules.

1. *Désistement du bénéfice d'un jugement.*

Aujourd'hui a comparu, etc.
M. G

Lequel a, par ces présentes, déclaré se désister purement et simplement du bénéfice résultant en sa faveur, et des condamnations prononcées à son profit, en principal, intérêts et frais, contre M.   ,
suivant un jugement contradictoire du tribunal civil de première instance séant à   ; le   , enregistré et signifié.

Pour faire signifier ces présentes à qui il appartiendra, tout pouvoir est donné au porteur de l'expédition.

Dont acte : fait et passé à, etc.

2. *Désistement de plainte.*

Aujourd'hui, etc.

Lequel s'est désisté purement et simplement de la plainte par lui formée contre M

relativement à

devant M

Consentant que cette plainte soit et demeure sans effet, renonçant à en former de nouvelles à ce sujet.

Fait et passé, etc.

3. *Désistement de bail.*

Voyez au titre RÉSILIATION DE BAIL.

TITRE QUARANTE-UNIÈME.

DONATION.

§. Ier.

Code civil.

Code de procédure.

§. II.

Jurisprudence.

1. Le sourd-muet, qui sait écrire, est capable de faire une donation. (*M: Merlin.*)

2. La libéralité qui a été faite au profit de la fille légitime de la concubine du donateur est valable; elle ne peut être attaquée comme faite à personne interposée. (*Cour de cassation,* 28 *juin* 1820.)

3. Les établissemens ecclésiastiques peuvent recevoir des donations. (*Loi du 2 janvier* 1817.)

4. Le donateur peut faire la donation par l'organe d'un man-dataire. (*Journal des notaires, art.* 1193.)

5. La donation entre-vifs d'une somme fixe à prendre sur les biens meubles et immeubles que le donateur laissera à son décès *ou bien* à prendre dans la succession avant partage, est nulle (*Art.* 943 *du Code civil, arrêt de la Cour royale de Metz, du* 5 *août* 1819.)

6. Un acte contenant abandonnement de divers objets, et reconnaissance de services rendus, est moins une donation qu'une dation en paiement; en conséquence, il n'est pas sujet aux formalités des donations. (*Cour de Colmar, du* 18 *juillet* 1809.

7. Si un acte privé contenant abandonnement d'une rente en grains par des héritiers, en faveur de la domestique du dé-funt, pour récompense de ses services, ne peut être exécuté comme donation, il doit l'être comme dette morale que ces héritiers ont voulu acquitter; il ne peut d'ailleurs être attaqué par ceux-ci, lorsqu'ils l'ont exécuté. (*Idem,* 10 *décembre* 1808.

8. La Cour d'Amiens a jugé que le défaut d'état estimatif (Code civil, 948) peut être opposé par le créancier postérieur à la donation.

9. La nullité d'une donation n'est pas couverte par l'exécu-tion que lui a donnée volontairement le donateur. (*Cour de cassation,* 6 *juin* 1821.)

10. La condition d'épouser telle personne désignée par le donateur au donataire, est valide. (*M. Toullier,* Droit civil *tom.* 5.)

11. Un donateur n'est pas tenu à la garantie des choses don-nées. (*M. Grenier.*)

12. Le donataire contre lequel l'action hypothécaire serait formée, peut se soustraire au paiement des dettes du donateur en délaissant l'immeuble hypothéqué. Les articles 2168 et 2172 du Code civil, lui sont applicables.

13. Le défaut de transcription de la donation pendant la vie du donateur, ne peut être opposé par les héritiers. (*Cour de cassation,* 12 *décembre* 1810.) Mais ce défaut peut être opposé par les créanciers et les acquéreurs dont les titres sont posté-rieurs à la donation. (*Cour de cassation,* 10 *avril* 1815.)

14. L'état estimatif des meubles n'est pas nécessaire dans la donation de biens présens et à venir. (*Cour de cassation,* 27 *février* 1821.)

15. L'époux encore mineur ne peut disposer au de-là de la moitié de ce qu'un majeur pourrait disposer. (*Art.* 904 *du Code civil, et arrêt de la Cour royale de Paris,* 11 *décembre* 1812.)

16. L'époux, donataire de son conjoint *par contrat de mariage*, eut exiger le rapport des dots ultérieurement constituées aux ıfans, pour exercer sur leur montant, réuni à la masse, la ɔnation qui lui a été faite. (*Journal des notaires, article* 3778.)

17. Les donations faites entre époux par contrat de mariage, ɛ règlent par les lois en vigueur au jour de leur passation. *Cour de cassation.*)

18. Les époux mariés depuis la loi du 17 nivose an 2, ne euvent réclamer les dons et avantages matrimoniaux résultans es coutumes et usages locaux antérieurs à cette loi. (*Cour de ıssation,* 20 *octobre* 1817.)

§. III.

Observations.

1. On appelle *donations onéreuses*, celles qui sont faites sous ertaines charges imposées par le donateur au donataire; et *doations rémunératoires*, celles qui sont faites en reconnaissance e quelques services ou de quelques bienfaits qu'on a reçus du ɔonataire.

2. La transcription n'est pas requise pour les donations d'objets nobiliers.

3. Lorsque les parties entendent se charger elles-mêmes des ormalités à remplir, les notaires écrivent à la fin des expéditions les actes de donation, ces mots, qui précèdent leurs signatures : *werti de la transcription.*

4. Quand les parties ne savent point signer, les notaires ont ɔoin de faire certifier l'état mobilier dont parle l'article 948 du Code civil, et d'y faire mention de l'annexe.

5. *Voyez* ci-devant, page 166.

§. IV.

Formules.

1. *Donation pure et simple.*

Par-devant, etc.
Fut présent M. L
Lequel a, par ces présentes, fait donation entre-vifs et irrévocable, à M. T   , à ce présent et ce acceptant pour lui, ses héritiers ou ayant-cause, une pièce de terre labourable, située au territoire de   , lieu dit   , etc.
Ainsi qu'elle s'étend et comporte, sans en rien excepter ni réserver de la part du donateur, à qui elle appartient comme l'ayant acquise, suivant contrat passé devant Me   , notaire à   , le   ,

de demoiselle   , fille majeure, demeurante à
qui en était elle-même propriétaire, de la manière exprimée audit contrat.

Pour, par M. T   , ses héritiers ou ayant-cause, faire et disposer, en toute propriété, de la pièce de terre ci-dessus désignée, et en commencer la jouissance, à compter d'aujourd'hui : à l'effet de quoi, M. L   a transmis au donataire tous les droits de propriété et autres qu'il a ou peut avoir sur ladite pièce, s'en dessaisissant à son profit, voulant qu'il en soit saisi et mis en possession par qui et ainsi qu'il appartiendra, constituant à cet effet pour son procureur le porteur de l'expédition des présentes, auquel il a donné tout pouvoir de ce faire.

La présente donation ainsi faite, pour l'amitié que M. L porte au donataire, et au surplus parce que telle est la volonté du donateur.

Les parties ont déclaré que ladite pièce de terre est affermée à M.   qui en rend *tant* de fermage par année, en sus des contributions.

Ledit sieur L   a remis à M. T   l'expédition du contrat d'acquisition ci-devant énoncé, avec tous les autres titres de propriété qui y sont relatés.

Fait et passé à , etc.

Si la donation était faite à un présomptif héritier, et qu'il entrât dans l'intention du donateur que le donataire fût dispensé de rapporter à sa succession l'objet donné, on ajouterait à la fin :

Cette donation faite à titre de préciput et hors part, M. L dispensant expressément le donataire de rapporter à sa succession la pièce de terre ci-dessus désignée. (C. C. 919.)

Si le donateur se réservait le droit de retour, on l'exprimerait ainsi :

Le donateur se réserve expressément le droit de retour sur la pièce de terre ci-dessus désignée, pour le cas où le donataire le prédécéderait sans laisser d'enfans. (C. C. 949, 951, 952.)

2. Donation de choses mobilières.

Par-devant, etc.
Fut présent M. V

Lequel, voulant donner à N   , son neveu, des marques de l'amitié qu'il a pour lui, en l'aidant à faire un établissement avantageux, a, par ces présentes, fait donation entre-vifs et irrévocable, audit N   , à ce présent et acceptant, toutes les marchandises d'épicerie, ustensiles, comptoirs, tablettes, tiroirs, etc., qui se trouvent actuellement dans la boutique de M. V   , et qui sont compris dans l'état estimatif qui en a été fait entre les parties, lequel état est, à leur réquisition, demeuré ci-joint, après qu'elles l'ont eu signé en présence des notaires. (C. C. 948.)

Pour, par le donataire, en jouir, faire et disposer en pleine propriété, à compter du   de l'année prochaine.

Cette donation faite pour les causes susdites, et parce que telle est la volonté du donateur.

Fait et passé à, etc.

3. Donation conditionnelle.

Si la donation qui précède était faite sous la condition, par exemple, que M. N   épouserait telle personne, on exprimerait ainsi :

A fait donation entre-vifs et irrévocable, mais dont l'effet sera soumis à évènement de la condition ci-après et suspendu jusqu'à l'accomplisse-tent de cette condition, etc.

Et à la fin :

Cette donation faite pour les causes susdites et sous la condition ex-resse que ledit N   épousera, d'ici à trois mois, la demoi-elle   demeurante à   ; le donateur entendant umettre l'effet de la présente donation à l'accomplissement de cette con-ition, et que, dans le cas où ce mariage n'aurait pas lieu, cette donation it dès-lors considérée comme non faite ni avenue.

4. Donation onéreuse.

Si la donation, n° 2, était faite à titre onéreux, par exemple, la charge de payer une rente viagère au donateur, on termi-erait l'acte de cette manière :

Cette donation faite à la charge de 150 francs de rente annuelle et iagère que le donataire s'oblige de payer au donateur, etc. (Voyez ci-evant page 159.)

5. Donation rémunératoire.

Si la donation avait lieu à titre rémunératoire, on l'exprime-ait ainsi :

Lequel, considérant les bons et fidèles services que N   lui a endus depuis qu'il est entré chez lui à titre de commis ou de premier garçon picier, a, par ces présentes, fait donation entre-vifs et irrévocable, à itre rémunératoire, etc.

6. Donation faite à la charge de nourrir le donateur.

Si la donation, n° 2, était faite à cette charge, on la termi-ierait en ces termes :

Cette donation faite à la charge par N   qui s'y est obligé, de

.nourrir, loger, chauffer, éclairer et blanchir, chez lui, le donateur, pendant sa vie, tant en santé que maladie, et de lui donner tous les soins convenables, sans par lui être tenu à aucun loyer ni à aucune pension envers le sieur N   .

7. Donation d'une pension viagère.

Fut présent M. A

Lequel, considérant, etc., a, par ces présentes, fait donation pure et simple, entre-vifs et irrévocable, au sieur B   , à ce présent et acceptant, de 300 francs de pension ou rente annuelle et viagère, exempte de toute retenue, payable annuellement le   , en la demeure de   , dont la première année écherra et sera payée le   , et ainsi de suite, pendant la vie et jusqu'au jour du décès de B   , à compter duquel jour, cette rente sera éteinte et cessera d'avoir cours, et M. A   en sera quitte et déchargé.

En conséquence, M. A   s'est constitué dès-à-présent débiteur de cette pension viagère envers le sieur B   , sur tous ses biens présens et à venir, dont il s'est dessaisi jusqu'à due-concurrence.

Cette donation faite sous la condition expresse que ladite rente ou pension viagère sera incessible et insaisissable, comme étant donnée pour servir d'alimens au donataire. (C. C. 1981.)

8. Donation avec réserve d'usufruit.

La donation, n° 1, par exemple, pourrait être faite sous la réserve de l'usufruit; on l'exprimerait ainsi :

Pour, par M. T   , ses héritiers ou ayant-cause, faire et disposer de la pièce de terre ci-dessus désignée, comme de chose à eux appartenante, savoir : quant à la nue-propriété, à compter de ce jour; et quant à l'usufruit, à compter seulement du jour du décès du donateur, qui s'en réserve expressément la jouissance, pendant sa vie et jusqu'au jour de son décès, auquel jour l'usufruit sera réuni à la nue-propriété au profit du donataire et de ses héritiers ou ayant-cause.

Sous la réserve de cet usufruit, M. L   a transmis au donataire, etc. (C. C. 949.)

9. Donation à un mineur.

Si la donation était faite à un mineur, on énoncerait ainsi l'acceptation :

Ce accepté pour ledit mineur par le sieur   , son père, demeurant à   , à ce présent.

(*Voyez* ci-devant page 72.)

Si le mineur était émancipé :

Ce accepté par ledit mineur sous l'assistance et autorisation de M.

ce présent, son curateur, nommé à cette qualité par la délibération du
onseil de famille, présidée et reçue par M.⁣   , juge-de-paix du
anton de ⸱   , suivant son procès-verbal en date du⁣   , etc.

Donation ou partage anticipé, (*voyez* au titre du PARTAGE.)
Donations par contrat de mariage, (*voyez* ci-devant, pag. 165
t suiv.)

9. *Donation par un mari à sa femme.*

Par-devant, etc.
Fut présent M. C
Lequel, voulant donner à la dame F⁣   , son épouse, demeu-
ante avec lui, des preuves de son attachement, et lui procurer les moyens
e vivre avec le plus d'aisance possible, pour le cas où elle lui
urvivrait,
   A, par ces présentes, fait donation entre-vifs en la meilleure forme que
onation puisse se faire et avoir lieu,
   A ladite dame⁣   , son épouse, à ce présente et ce acceptant,
vec son autorisation :
   De l'usufruit de tous les biens meubles et immeubles généralement
uelconques qui, au jour du décès du donateur, se trouveront lui appar-
enir et dépendre de sa succession, à quelque titre que ce soit, sans aucune
xception.
   Pour, par ladite dame son épouse, si elle lui survit, jouir de l'univer-
lité desdits biens, pendant sa vie, à compter du jour du décès du dona-
eur, sans être tenue de donner caution ni de faire emploi des valeurs
iobilières, mais à la charge de faire faire bon et fidèle inventaire.
   Cette donation sera réduite à moitié dans le cas où au décès du donateur,
existerait des enfans de son mariage avec la donatrice, conformément à
art. 1094 du Code civil.
Fait et passé, etc.

10. *Donation par la femme à son mari.*

Fut présente dame F⁣   , épouse de M. C⁣   , avec
quel elle demeure à⁣   , rue⁣   , et de lui, pour ce
éserit, spécialement autorisée.
   Laquelle, voulant, etc. (*Comme dans la formule qui précède, en subs-
tuant au nom de l'épouse celui de l'époux, et réciproquement.*)

TITRE QUARANTE-DEUXIÈME.

ÉCHANGE.

§. Ier.

Code civil.

§. II.

Observations.

1. On appelle *échangiste* ou *co-permutant* celui qui fait un échange.

2. L'échange est le premier contrat qui ait été en usage parmi les hommes.

Il peut se faire de trois manières différentes ; car on peut changer un meuble contre un autre meuble, ce qu'on appelle plus ordinairement *troc ;* on peut échanger un meuble contre un immeuble, ce qui passe souvent pour vente, lorsque le meuble donné en échange peut être facilement estimé ; on peut enfin échanger un immeuble contre un autre immeuble, et c'est proprement ce qu'on entend quand on parle d'un contrat d'échange. (*Argou.*)

3. Comme il est difficile de trouver deux choses différentes qui soient de pareille valeur, il n'y a presque pas d'échange qui soit sans retour, et alors le contrat est mêlé de vente et d'échange. (*Idem.*)

4. Un décret du 16 juillet 1812 détermine la forme et les

conditions des actes d'échange entre des particuliers et le domaine de la couronne.

§ III.

Formules.

1. Echange sans retour.

Par-devant, etc.

Furent présens :

M. A   , d'une part; et M. B.   d'autre part;

Lesquels ont fait entre eux l'échange suivant :

M. A   a cédé et abandonné, à titre d'échange, a promis et s'est obligé de garantir de tous troubles, hypothèques, et autres empêchemens, à M. B   , ce acceptant, pour lui et ses héritiers ou ayant-cause, une pièce de pré située au territoire de   , lieu dit   , contenant   , joignant d'un côté M.   , etc.

Telle que cette pièce se poursuit et comporte, sans en rien réserver ; mais aussi sans aucune garantie de mesure,

Elle appartenait à M. A   , au moyen de l'acquisition qu'il en a faite de, etc.

Pour, par M. B   , en jouir et disposer dès aujourd'hui, comme bon lui semblera, en toute propriété et comme de chose à lui appartenante.

En contr'échange, M. B   a cédé et abandonné, avec promesse de garantir de tous troubles, hypothèques, évictions et autres empêchemens quelconques,

A M. A   , ce qu'il a accepté pour lui et ses héritiers ou ayant-cause,

Une pièce de terre labourable sise, etc.

Ainsi qu'elle s'étend et comporte, sans aucune exception, mais sans garantie de mesure dont le plus ou le moins, s'il y en a, sera au profit ou à la perte de M. A   .

M. B   en était propriétaire en qualité de légataire universel de M.   , etc.

Pour en jouir et disposer, par ledit sieur A   , comme de chose à lui appartenante, en toute propriété, à compter de ce jour.

Cet échange a été fait but-à-but, sans aucun retour de part ni d'autre :

En conséquence, les parties se sont dessaisies respectivement, en faveur l'une de l'autre, de leurs droits de propriété sur chaque objet échangé.

Il a été convenu 1° que chacune des parties paiera les contributions auxquelles seront imposés les biens échangés, à compter du 1er janvier prochain et à l'avenir.

2°. Et qu'elles en conserveront respectivement les titres de propriété, attendu qu'ils sont communs à d'autres biens qu'elles possèdent, mais qu'elle s'en aidront mutuellement à toutes réquisitions et sous récépissés

Les parties ont déclaré que la pièce de pré cédée par M. A   , peut produire un revenu annuel de 80 francs, en sus des contributions, et que la pièce de terre cédée par M. B   , est de même valeur.

Les frais du présent acte seront supportés par moitié entre les échangistes. — Et pour l'exécution, etc.

2. *Échange avec retour.*

Par-devant, etc. (*Comme dans la formule précédente jusqu'à ces mots ·
cet échange a été fait.*)

Le présent échange fait à la charge par M. B   , qui s'y est
obligé,

1°. De payer seul les frais, droits et honoraires du présent acte ;

2°. Et de payer à M. A   , en sa demeure à   , ou à son
mandataire, porteur de la grosse des présentes, dans quatre mois de ce
jour, la somme de 400 francs, à titre de soute et retour, sans intérêts.

Les parties ont déclaré que la pièce de pré, cédée par M. A
est de valeur de 1600 fr., pouvant produire un revenu annuel de 80 fr.
(les contributions restant à la charge du propriétaire), ci.. 1600.   »

Et que la pièce de terre cédée par M. B   , est de
valeur de 1200 francs, étant susceptible d'être louée 60
francs par année (les contributions restant de même à la
charge du propriétaire), ci........................... 1200.   »

Qu'ainsi la pièce de pré est d'une plus-value de 400 fr.,
ce qui a occasionné la soute ci-dessus, ci............... 400.   »

Pour la manière d'établir la propriété, la réserve du privilége,
la clause de transcription, la remise des titres, etc. (*Voyez* ci-
après au titre de la Vente.)

TITRE QUARANTE-TROISIÈME.

INVENTAIRE.

§. I.ᵉʳ.

Définition.

Le mot *inventaire* paraît tirer son étymologie du mot latin *invenire*, trouver.

Dans l'acception la plus commune, l'inventaire est un acte conservatoire qui se fait pour constater l'état d'une succession, d'une communauté de biens, à l'effet de maintenir les droits de ceux qui peuvent y avoir intérêt, tels que le survivant des conjoints, les héritiers du prédécédé, les créanciers, les légataires, etc. (*Répertoire de Jurisp.*)

§. II.

Code de procédure.

Code de commerce.

§. III.

Observations.

1. Les notaires ont le droit exclusif de faire les inventaires. (*Art.* 10 *de la loi du 27 mars* 1791, *et art.* 943 *du Code de procéd.*)·

2. Le mari a le droit de faire procéder seul aux inventaires dans lesquels sa femme est partie lorsqu'ils sont communs en biens.

3. Lorsque les héritiers demeurent hors de la distance de cinq myriamètres (10 lieues), il n'est pas besoin de les appeler

_____

(1) Pour la signification de certains mots, tels que celui-ci, *voyez* la nomenclature qui termine *la Clef du notariat.*

à l'inventaire; on les fait représenter par un notaire nommé d'office par le président du tribunal de première instance. (*Code civil, art.* 113, *Code de procédure* et *art.* 942.)

4. S'il arrive qu'un héritier présent ne veuille pas comparaître, on lui fait sommation, à la requête d'un co-héritier, de se trouver tel jour, à telle heure, dans le domicile du défunt, à l'effet d'être présent, si bon lui semble, à l'inventaire qui doit être fait; si alors il ne comparaît pas par lui-même ou par un fondé de pouvoir, le notaire dresse procès-verbal de défaut, et, sur le vu de l'expédition de cet acte, le président commet un notaire pour représenter cet héritier non-comparant.

5. L'intitulé de l'inventaire contient l'énonciation exacte des qualités de toutes les parties qui ont droit à la succession.

6. Souvent, les héritiers sont obligés de fournir l'intitulé de l'inventaire, pour toucher des sommes dues à la succession, pour vendre des biens qui en dépendent, pour recevoir les arrérages d'une rente viagère échus au décès de la personne sur la tête de laquelle cette rente avait lieu, etc.

7. Lorsque l'inventaire se fait à la requête d'une veuve, on lui réserve, par l'intitulé, la faculté d'accepter la communauté ou d'y renoncer. Le mari survivant n'a pas cette faculté.

8. L'inventaire est un véritable procès-verbal qui contient la description détaillée de tout ce qui se trouve dans les lieux qu'occupait la personne après le décès de laquelle on fait l'inventaire, et où elle avait des effets, tant en mobilier réel dont on fait la prisée, qu'en titres de biens-fonds ou de créances, droits, actions, papiers et renseignemens sur l'actif et le passif de la succession. Un inventaire demande beaucoup de soins, parce qu'il doit servir de base à toutes les autres opérations qui, peut-être, ne seront faites que plusieurs années après.

9. Avant de procéder à l'inventaire des papiers, le notaire les réunit tout, les examine les uns après les autres, rejette ceux qui lui paraissent inutiles, renferme dans des liasses distinctes les pièces qui ont rapport aux mêmes affaires. Ces liasses forment des cotes; les pièces qui les composent sont parafées par le notaire; le parafe se met au-dessous de la mention de l'inventorié qui se fait ainsi : *première pièce inventoriée sous la cote un,* ou *pièce unique de la cote deux, vingtième et dernière pièce de la cote trois,* etc.

10. Lorsqu'il y a des scellés, les avoués, conseils des parties, signent seulement sur le procès-verbal du juge de paix ; s'il n'y a pas de scellés, ils signent chaque vacation sur la minute de l'inventaire.

11. Les actes sous seing-privé peuvent être énoncés dans un inventaire, sans qu'on soit tenu de les soumettre préalable-

ment à l'enregistrement: il en est de même des titres de créances
(*Cour de Cass.* 24 *août* 1818.)

12. Si cependant, l'on inventorie un bail ou une vente
d'immeubles sous seing-privé, les préposés de l'enregistremen
sont fondés à former la demande des droits, parce que ces acte
sont assujétis à la formalité dans les trois mois de leur date
(*Dict. de l'enreg.*)

13. Ordinairement, après la clôture de l'inventaire, on fai
donner aux veuves ou aux héritiers les autorisations nécessaire
pour recevoir et payer sans attribution de qualités. Ces autorisations s'obtiennent en référé. (*V. les art.* 807 *et* 944 *du Cod*
de procédure.)

14. Les inventaires se paient par vacations. (*V. ci-devant,*
page 55.) A cet effet, les notaires indiquent, à chaque séance
l'heure du commencement et celle de la fin. Chaque vacatior
ne peut excéder 4 heures. (*Art.* 4 *du décret du* 10 *brumair*
an 14.) Elle peut être moindre, et elle est ordinairement de
trois heures.

15. Toutes les fois qu'il y a interruption dans l'inventaire,
avec renvoi à un autre jour ou à une autre heure de la même
journée, il en est fait mention dans l'acte, que les parties et le
officiers signent sur-le-champ pour constater cette interruption.
(*Art.* 2 *du même décret.*)

16. Dans les lieux où il n'y a pas de commissaires-priseurs,
ce sont ordinairement les huissiers qui font l'estimation du
mobilier.

17. *Voyez* l'art. 453 du code civil.

18. Si, parmi les héritiers, il y a des mineurs, la prisée des
marchandises et ustensiles ayant rapport au commerce ou à la fabrique que le défunt fesait valoir, est faite, lors de l'inventaire, par
le commissaire-priseur ou autre officier, de l'avis de deux experts
patentés, qui signent sur l'inventaire à la fin de leur estimation.

19. Les notaires qui résident dans les villes ou siége une cour
royale, pouvant instrumenter dans toute l'étendue du ressort de
cette cour, sont autorisés à faire enregistrer les inventaires à
leur rapport (reçus par eux), au bureau du lieu où ils ont instrumenté, dans les dix ou quinze jours de chaque vacation, suivant que
la commune dans laquelle l'opération est faite, se trouve ou
non un chef-lieu de bureau, à la charge néanmoins par lesdits
notaires de soumettre la dernière séance, contenant la clôture
de leurs inventaires, à la formalité de l'enregistrement, au
bureau de leur résidence, dans les 15 jours de leur date.
(*Déc. du min. des fin., du* 12 *thermidor an* 12.)

20. *Voyez* les statuts et réglemens des notaires de Paris, au
mot *Inventaire.*

21. D'après ces réglemens, lorsque deux notaires sont appelés concurremment pour faire un inventaire, la minute en demeure au plus ancien. Si cependant l'inventaire avait été commencé par un seul notaire, et que postérieurement une partie en choisît un autre, la minute demeurerait au premier, quoique plus jeune.

Dans tous les cas, le notaire de l'exécuteur testamentaire, quoique le plus jeune en réception, a la préférence, pour la confection d'un inventaire, sur le plus jeune des notaires choisis par les héritiers, quoique celui-ci soit son ancien ; et la minute de l'inventaire doit, sans aucune exception, rester au plus ancien des notaires qui ont droit d'y concourir.

Une veuve non-commune, quoique donataire particulière, n'a pas le droit de nommer un notaire pour l'inventaire après le décès de son mari ; et quoiqu'il n'y ait qu'un seul notaire nommé par les héritiers, celui que nomme la veuve ne peut être admis qu'en assistant à ses frais, et, en ce cas, la minute appartient toujours au notaire des héritiers, quoique plus jeune que celui de la veuve.

22. Mais la veuve commune en biens a le droit de choisir le notaire. (*Cour de Paris*, 28 octobre 1808.)

23. L'art. 12 du décret du 4 mai 1809, relatif à la conservation des majorats, enjoint au notaire qui procède à un inventaire après le décès d'un titulaire (chevalier, baron etc.) de se faire représenter le certificat constatant la notification du décès faite au procureur-général du sceau des titres, et de faire mention de ce certificat dans l'intitulé de l'inventaire à peine d'interdiction.

Cet article suppose le cas où la qualité du décédé serait à la connaissance du notaire, sans quoi il ne peut être tenu d'exiger la notification. Si cette connaissance lui est acquise dans le cours de l'inventaire, dès cet instant il doit demander le certificat de notification ou la faire lui-même. (*Lettre du procureur général du conseil du sceau des titres*, 16 octobre 1809.)

24. Lorsqu'une succession est échue à des majeurs, et que l'un deux seulement fait faire inventaire, les autres n'en doivent pas moins supporter leur part des frais. (*Cour de Caen*, 22 février 1820.)

25. *Voyez* ci-devant, pages 2, 31, 36 (note 3) et 41.

§. III.

Formules.

1. *Inventaire à la requête d'une veuve et des héritiers du mari.*

L'an   , le samedi   , dix heures du matin,

A la requête de dame Adélaïde G   , veuve de M. Auguste
L   , propriétaire, demeurante à   , rue
n°   ;

Agissant tant en son nom personnel, 1°. à cause de la communauté qu
a existé entre elle et son mari, communauté qu'elle se réserve d'accepter
ou de répudier, ainsi qu'elle avisera par la suite; 2°. en qualité de donataire en usufruit de la moitié des biens meubles et immeubles dépendans
de sa succession; 3°. et à cause des reprises et créances qu'elle a ou peut
avoir le droit d'exercer contre lesdites communauté et succession : le
tout, aux termes de son contrat de mariage passé devant M^e   ,
qui en a gardé la minute, et son collègue, notaires à   ; le   ,
dûment contrôlé et insinué.

Qu'au nom et comme tutrice légale de M. Victor L   son fils
mineur, né de son mariage avec ledit feu sieur Auguste L   . (Code
civil, 390.)

A la requête de M. Achille L   , majeur, demeurant à Lyon,
rue   , représenté ici par M. D   , au nom et comme
fondé de sa procuration spéciale entre autres choses à l'effet des présentes
passée devant M^e   et son collègue, notaires à Lyon, le   ,
enregistrée le   , et dont le brevet-original, dûment légalisé, est
à la réquisition dudit sieur D   , demeuré ci-annexé, après qu'il
l'a eu certifié véritable, signé et parafé, en présence des notaires soussignés.

A la requête de M. R   , négociant, demeurant à   ,
au nom et comme ayant l'administration des biens personnels de la dame
Sophie L   son épouse, avec laquelle il a déclaré être commun en
biens, et, à ce titre, pouvant exercer seul toutes les actions mobilières e.
possessoires qui appartiennent à sadite épouse. (Code civil, 1428.) (Ou
plus simplement : au nom et comme mari et maître des droits et actions
mobiliers et possessoires de la dame Sophie L   son épouse, avec
laquelle il est commun en biens.)

Et en la présence de M. Julien L   , horloger, demeurant
à   , au nom et comme subrogé-tuteur dudit mineur Victor
L   son neveu, ayant été nommé à cette qualité, qu'il a acceptée,
suivant la délibération du conseil de famille, présidée et reçue par
M.   , juge-de-paix du canton de   , suivant son procès-
verbal en date du   .

« Lesdits sieurs Achille L   , mineur Victor L   , et
» demoiselle Sophie L   épouse de M. R   , frères et sœur
» germains, habiles à se dire et porter seuls héritiers, chacun pour un
» tiers, de feu M. Auguste L   , leur père. »

(Si son décès n'a pas eu lieu dans la maison où se fait l'inventaire, on
ajoute ici : décédé à   le   .)

A la conservation des biens, droits et intérêts des parties, et de tous
autres qu'il appartiendra, et sans que les qualités ci-dessus prises puissent
leur nuire ni préjudicier, il va être procédé, par M^e   et   ,
notaires, royaux résidans à   , soussignés, à l'inventaire fidèle
et à l'exacte description de tous les biens, meubles-meublans, ustensiles
de ménage, habits, linge, hardes, livres, argenterie, bijoux, deniers
comptans, titres, papiers et renseignemens dépendans de la communauté
qui a existé entre lesdits sieur et dame L   , ainsi que de la succession de M. L   , et qui seront trouvés dans les différens lieux ci-après
désignés, fesant partie d'une maison située à   , rue   :

n° ......, appartenante à ladite communauté, et où M. L...., ... est décédé le ...... dernier.

Sur la représentation qui sera faite desdits objets par ladite dame veuve L............, gardienne des scellés dont il va être parlé, et qui a promis de tout montrer et indiquer, sans rien cacher ni détourner, sous les peines de droit qui lui ont été expliquées par les notaires soussignés, et qu'elle a déclaré bien comprendre. (1)

La prisée des choses qui en sont susceptibles (ou qui y sont sujettes) sera faite par M................, commissaire-priseur, demeurant à ...., à ce présent.

Ou bien : par le sieur ...., expert choisi et nommé par M. Julien L........., conformément à l'art. 453 du Code civil, suivant acte reçu par M. le juge-de-paix du ...., le ...., et devant lequel il a prêté serment de faire cette estimation à juste valeur.

Ou bien encore : par le sieur ...., expert choisi et nommé à l'amiable par toutes les parties, et lequel, à ce présent, a promis de faire cette prisée en son ame et conscience, à juste valeur, sans crue, et en ayant égard au cours du temps actuel. (*Code de procédure*, n° 943, n° 13.)

Ces représentation et prisée auront lieu au fur et à mesure que les scellés mis et apposés après le décès de M. L........, par M. le juge-de-paix de ...., suivant son procès-verbal du .... dernier, dûment enregistré, auront été par lui reconnus sains et entiers, et comme tels levés et ôtés, suivant son procès-verbal de ce jour.

Et les parties ont signé avec ledit sieur (commissaire-priseur ou expert) et les notaires, après lecture faite.

On fait ici la lecture de l'intitulé, on reçoit les signatures des parties, les notaires signent eux-mêmes, et on commence l'inventaire par la description et la prisée du mobilier qui est en évidence, d'abord des ustensiles et de la batterie de cuisine, puis des objets qui se trouvent dans l'office, la salle à manger, le salon, les chambres, cabinets, greniers, caves, cour, jardin, etc.

On décrit ensuite l'argenterie, les bijoux et les deniers comptans. (*Voyez l'art.* 943 *du code de proc.* n°⁵ 4 et 5.)

Enfin, on procède à l'inventorié des papiers (n°. 6), et on reçoit la déclaration des dettes actives et passives (n°. 7).

Toutes ces choses se font à-peu-près dans la forme suivante.

Premièrement, dans la cuisine ayant son entrée sous le vestibule, et éclairée par deux croisées donnant sur la cour, au rez-de-chaussée ; au foyer, une crémaillère, une pelle, etc., estimées 6 francs, ci... 6 francs.

Deuxièmement, dans l'office ; etc.

Clôture de la première vacation.

Il a été vaqué à ce que dessus depuis dix heures du matin jusqu'à quatre heures de l'après-midi, sans interruption.

_____

(1) *Voyez* les articles 1460, 1477, 792 et 801 du Code civil, et les articles 380 et 408 du Code pénal.

Ce fait, tous les objets qui viennent d'être inventoriés, de même qu
ceux qui sont encore sous les scellés, sont, du consentement d
M. Achille L   , de M. D   audit nom, d
M. R   et de M. Julien L   , en ses qualités sus
dites, restés en la garde et possession de Madame veuve L
qui l'a recbnnu et qui s'en est chargée, à titre de dépositaire judiciaire
pour en faire la représentation, quand et à qui il appartiendra.

La vacation, pour la continuation du présent inventaire, a été remis
et indiquée à après-demain lundi   décembre présent mois, di
heures du matin.

Et toutes les parties ont signé avec le commissaire-priseur (ou l'expert
après lecture faite et sous toutes réserves de droit.

Suivent les signatures.

Et le lundi   décembre mil huit cent   , dix heure
du matin, en conséquence de l'assignation prise par la clôture de l
précédente vacation, il va être procédé, par ledit M^e et so
collègue, notaires à   , soussignés, ès-mêmes requêtes et présences que ci-devant, à la continuation du présent inventaire, de la manière suivante :

Dans le cabinet du défunt, ayant son entrée sur le corridor du premier
étage et éclairé par deux croisées donnant sur le jardin :

Un corps de bibliothèque formé de
estimé

Suivent les livres dont l'estimation va être faite par ledit M^e
commissaire-priseur de l'avis de M.   , libraire, demeuran
à   , rue   , patenté sous le n°   , à
ce présent, expert choisi par toutes les parties ; lequel a promis de donner
son avis en son ame et conscience, et a signé après lecture.

1° Les œuvres complètes de Voltaire, édition de Beaumarchais, avec
les figures de Moreau, 70 volumes in-octavo, reliés en veau, avec filets,
Paris, 1784 ; estimés *tant*, ci. . . . . . .

2° Etc. Et M.   , libraire, a signé après lecture faite.

Il a été vaqué à l'inventorié des livres ci-dessus par double vacation,
depuis dix heures du matin jusqu'à quatre heures sonnées ; ce fait, tous
les objets précédemment inventoriés et ceux qui restent à l'être, sont demeurés en la garde et possession de Madame veuve L   , qui
s'en est chargée, pour les représenter quand et à qui il appartiendra.

La vacation, pour la continuation, etc. (*Comme plus haut.*)

Et le   , jour et heure indiqués par la clôture de la précédente vacation, il va être, par lesdits notaires, ès-mêmes requêtes, présences et qualités que ci-devant, procédé à la continuation du présent inventaire, ainsi qu'il suit :

Dans la chambre à coucher du défunt, etc.

De retour dans le cabinet de M.   , ouverture faite du secrétaire, après reconnaissance et levée faites des scellés, il s'est trouvé les
objets suivans :

Bijoux.

1° Une tabatière en or, etc.

2° Une montre à boîte d'or, portant le nom de *Leroy*, à Paris,
n°   , avec sa chaine en acier et clé en or, estimée, etc.

Deniers comptans.

Cinq pièces de vingt francs, etc.

Papiers.

PREMIÈREMENT. L'expédition en parchemin d'un contrat passé devant
M^e   et son collègue, notaires à   , le   ,
dûment contrôlé et insinué, contenant les clauses et conditions civiles du
mariage d'entre ledit feu sieur L   et ladite demoiselle Adélaïde G

Par ce contrat, il a été stipulé communauté de biens entre eux, suivant l'ancienne coutume de   , avec exclusion des dettes et
hypothèques créées avant leur mariage.

*(On continue d'analyser ainsi le contrat, dont on rapporte ordinaire-
ment toutes les dispositions.)*

Cette expédition a été cotée, parafée et inventoriée pièce unique de
la cote première, ci   première.

DEUXIÈMEMENT. L'expédition d'un partage, etc.

On décrit successivement les titres et papiers;

On commence par inventorier ceux des biens et créances ap-
portés en mariage par la femme, ou qui lui sont provenus de
successions ou donations pendant le mariage ; puis les titres des
biens et créances du mari.

Quand les titres manquent ou ne donnent pas de renseignemens suffisans, on y supplée par les déclarations du survivant
des époux ou des héritiers qui en ont connaissance.

On inventorie ensuite les titres des biens acquis pendant la
communauté, les obligations, billets et autres papiers qui en
constatent l'actif; et, enfin, les baux qui ont pu être faits aux
époux, les quittances de loyers, celles des contributions, les
mémoires d'ouvriers et fournisseurs, et les papiers de famille
ou autres pièces pouvant servir de renseignemens.

Lorsqu'il y a des effets au porteur, on n'y fait pas mention de
l'inventorié, et on dit, dans l'inventaire, que ces pièces, attendu
leur nature, n'ont été cotées ni parafées, mais qu'elles ont été
seulement inventoriées sous *telle* cote.

Lorsque les pièces de renseignemens ne méritent pas description, on l'énonce ainsi dans l'inventaire :

Lesquelles pièces, qui ne méritent plus ample description,
ou qui n'ont été plus amplement décrites à la réquisition des
parties, ont été cotées et parafées par première et dernière, et
inventoriées l'une comme l'autre sous la cote *tant*.

Pour l'inventorié des registres, *Voyez* l'article 945 du code de
procédure et ci-devant page 57, note 1.

Quand les papiers sont finis, on reçoit les déclarations actives
et passives, comme il suit.

Madame veuve L   a déclaré qu'il est dû aux dites succession
et communauté, savoir :

1°. Par M   la somme de   , pour
2°. etc.

Et que lesdites succession et communauté doivent,
1°. A M.   la somme   , pour
2°. Etc. Et ladite dame a signé la fin de ses déclarations, après lectu
Contre lesquelles déclarations MM.   ont fait toutes réser
et protestations; et ont signé.

Et, en cet endroit, sur l'interpellation à elle faite par Me
l'un des notaires soussignés, son collègue présent, conformément à l'
ticle 451 du Code civil, ladite dame veuve L   a déclaré q
ne lui est rien dû personnellement par ses enfans mineurs, mais qu'il
est dû par lesdites communauté et succession, les reprises, remplois
créances résultans de son contrat de mariage. Et elle a signé après lectu

Clôture.

Il a été vaqué à ce que dessus depuis   heures, jusqu'à
Ce fait, ne s'étant plus rien trouvé à dire, comprendre ni déclarer
présent inventaire, madame veuve L   l'a affirmé sincère
véritable (C. C. 1456), et elle a prêté serment entre les mains des notai
soussignés, de n'avoir rien détourné des objets dépendans desdites co
munauté et succession, vu détourner ni su qu'il en ait été détourné aucu
(Code de procédure, 943.)

Tous les objets mentionnés en cet inventaire ont été, du consenteme
de MM. R   , D   et L   ès-dits noms, lais
en la garde et possession de madame veuve L   , qui s'en
chargée pour en faire la représentation quand et à qui il appartiendra.

Et tous les comparans ont signé avec les notaires après lecture faite,
sous les réserves ci-devant exprimées et que les parties réitèrent.

2. Intitulé d'un inventaire à la requête du mari survivant

L'an, etc. à la requête de M. P   , tant en son nom, à cau
de la communauté de biens qui a existé entre lui et défunte dame s
épouse, aux termes de l'ancienne coutume de   , sous l'empi
de laquelle ils se sont mariés sans faire de contrat de mariage; qu'
nom et comme tuteur légal de , etc. (Voyez la septième observation
§. III du présent titre.)

3. Intitulé d'un inventaire à la requête d'une veuve sépar
de biens.

L'an, etc. à la requête de dame   , veuve de M.
duquel elle était séparée quant aux biens, suivant leur contrat de maria
passé, etc. ou suivant jugement rendu au tribunal civil de première in
tance séant à   , le   , dûment enregistré et signifi
Tant en son nom personnel, à cause de ses droits matrimoniaux
créances contre la succession de son mari, qu'au nom et comme tutrice, e

4. Intitulé d'un inventaire à la requête d'une veuve marié
sous le régime dotal.

L'an, etc. à la requête de dame   , veuve de M.   av lequel elle était mariée sous le régime dotal, aux termes de leur contrat de mariage passé, etc. *ou* comme étant domiciliée *à tel endroit* (1), lors de son mariage qui a eu lieu en l'année   ;

Tant en son nom personnel, à cause des créances et droits matrimoniaux qu'elle a droit d'exercer contre la succession de son mari, *ou bien* : à cause de la société d'acquêts qui a subsisté entre elle et son mari, suivant ledit contrat de mariage, laquelle société d'acquêts elle se réserve d'accepter ou de répudier, selon qu'elle avisera par la suite ;

Qu'au nom et comme tutrice, etc.

5. *Intitulé d'inventaire à la requête d'un exécuteur testamentaire.*

L'an, etc. à la requête de M.   , au nom et comme exécuteur des ordonnances de dernières volontés de M.   suivant son testament, etc.

6. *Récolement des papiers désignés en un premier inventaire.*

Si, dans les papiers à inventorier, il existe une expédition avec des cotes d'inventaire, on l'inventorie sommairement, puis on fait, sur cette expédition, le récolement des cotes de cet inventaire, en indiquant les papiers qui sont encore en nature, et ceux qui sont en déficit (qui manquent.)

Style du récolement.

Sur laquelle expédition, il a été procédé, à la réquisition des parties, au récolement des titres et papiers y désignés, ainsi qu'il suit :

La pièce unique de la cote première, les quinze pièces de la cote deux, se sont trouvées en nature.

La pièce unique de la cote trois s'est trouvée en déficit, etc.

Les pièces trouvées en nature, qui ont dû être côtées et parafées lors du premier inventaire, ne le sont point de nouveau par le notaire qui fait le récolement.

7. *Clôture de vacation par laquelle un des héritiers donne pouvoir à quelqu'un de le représenter à la continuation de l'inventaire.*

Avant ces mots : *il a été vaqué*, on met :

En cet endroit, M   , sus-nommé, ayant besoin de s'absenter,

---

(1) On suppose que c'est un lieu qui était alors régi par le droit romain.

pour ses affaires particulières, a fait et constitué, par ces présentes, pou
son mandataire, M.   ; auquel il donne pouvoir d'assister pour lu
et en son nom à la continuation et à la confection du présent inventaire
d'y faire tous dires, réquisitions, protestations et réserves que besoi
sera, etc. Il a été vaqué, etc.

Alors dans la reprise ou intitulé de la vacation subséquente
on dit :

Es-mêmes requêtes et présences que ci-devant, à l'exception de M,
maintemant représenté par M.   , en vertu des pouvoirs qu
M.   lui a donnés à la fin de la dernière vacation.

8. *Renvoi des parties en référé.* (Voyez *l'art.* 944 *du Code de procédure.*)

Sur quoi, les parties n'ayant pu se mettre d'accord, les notaires on
délaissé les parties à se pourvoir en référé devant M. le président du tri
bunal séant à

Ou bien, si les notaires résident dans le canton où siége le
tribunal :

Sur quoi, les parties n'ayant pu tomber d'accord, il en sera référé par
les notaires soussignés à M. le président, etc.

On achève ainsi :

A l'effet d'être ordonné, par mondit sieur le président, ce qu'il appartiendra.
Pour lequel référé, les parties ont pris assignation (*ou* les notaires ont
pris assignation, du consentement des parties) à jeudi prochain, quinze
du présent mois, onze heures du matin. Et, lecture faite, toutes les
parties ont signé avec les notaires.

Lorsque les notaires en réfèrent eux-mêmes, ils se présentent
seuls devant le président, qui, après avoir pris communication
de l'inventaire, et des dires des parties, fait écrire et signe son
ordonnance sur la minute de l'inventaire à la suite de la vacation, sans qu'il en soit dressé procès-verbal. (*M. Massé.*)

LICITATION, *voyez* VENTE PAR LICITATION.

TITRE QUARANTE-QUATRIÈME.

LETTRE-DE-CHANGE.

§. Ier.

Définition.

La lettre-de-change est une traite tirée par un négociant sur son correspondant, à son ordre, au profit d'un tiers qui a fourni la valeur.

§. II.

Code de commerce.

§. III.

Observations.

1. Les notaires peuvent être requis de dresser des lettres-de-change et des billets à ordre pour des personnes qui ne savent ou ne peuvent signer, mais ces cas sont très-rares.

Au surplus, on peut consulter le *Répertoire de Jurisprudence*, aux mots Lettre et Billet de change.

2. *Voyez* ci-devant le § 3 du titre XI, page 108.

15

§. IV.

Formules.

1. *Lettre de change à vue sous signature privée.*

A un mois de vue, il vous plaira payer par cette première de change, à Rouen, au domicile de M.   , à l'ordre de M.   , la somme de   , en espèces d'argent, valeur en compte, sans autre avis de

    LENOIR.

A M.   , négociant   , à Rouen.

2. *Lettre de change devant notaires.*

Aujourd'hui a comparu devant, etc.

    M. A   , négociant, patenté sous le n°   , demeurant à   , rue   , n°   .

Lequel a requis par cette seule de change, M.   , négociant à Rouen, de payer en ladite ville, en sa demeure, à M.   , ou à son ordre, le *tel-jour*, la somme de   , en espèces d'argent, valeur en compte, sans autre avis de M. A

Fait à   en la demeure de M. A   , le   ; et il a déclaré ne pouvoir écrire à cause de   , après lecture faite, ensuite de laquelle les notaires ont signé.

TITRE QUARANTE-CINQUIÈME.

LIQUIDATION.

§ Ier.

Définition.

ON entend par *liquidation* l'action de débrouiller, de rendre clair, de régler, de fixer ce qui était embarrassé, incertain, en matière d'affaires.

On dit liquidation de compte, liquidation de commerce, liquidation de société, etc.

Dans le notariat, on connaît plus particulièrement la liquidation de communauté, la liquidation de succession et la liquidation de reprises.

La *liquidation de communauté* sert à établir les sommes qui reviennent dans la communauté tant à la veuve qu'aux héritiers du mari, ou tant au mari qu'aux héritiers de la femme.

La *liquidation de succession* détermine, d'une manière certaine, les parts et portions qui reviennent à chacun des cohéritiers.

La *liquidation de reprises* est l'acte qui se fait après la dissolution de la communauté, soit par séparation, soit par décès. Cet acte a pour objet de remplir la femme du montant de ses droits et créances, à tous titres, par suite de la renonciation à la communauté.

§ II.

Observations.

1. On n'a pas cru devoir indiquer ici particulièrement les articles du code civil qui ont rapport aux successions ni ceux qui sont relatifs à la communauté, car il faut, pour ainsi dire, connaître ce code entièrement, il faut surtout avoir bien saisi l'esprit et les motifs de ses dispositions en ce qui concerne les successions et le contrat de mariage, pour être en état de dresser une liquidation quelconque, acte qui demande d'ailleurs beaucoup de jugement et de connaissances en droit de la part du rédacteur.

Dans un gran! nombre de liquidations, principalement de communautés, à peine en trouverait-on deux qui eussent en-tr'elles une parfaite ressemblance. Cependant, pour indiquer aux jeunes clercs la forme qu'on suit le plus ordinairement à Paris, on leur présente ici la formule d'une liquidation de chaque es-pèce, choisie entre les plus simples.

Pour apprendre à dresser des liquidations, ils feraient bien d'examiner de tems à autre, un inventaire, d'en faire le dé-pouillement, de liquider les droits des parties, enfin de prier le premier clerc de vérifier leur travail et de leur indiquer les erreurs qu'ils auraient commises : ou bien encore, de lire at-tentivement les liquidations qui se passent dans leur étude, et de se rendre raison des calculs et opérations qu'elles peuvent con-tenir. Ces deux moyens mis en pratique, mettraient bientôt un jeune homme laborieux en état de dresser les liquidations les plus difficiles.

2. Excepté la liquidation de reprises, il est rare de voir une liquidation qui ne soit pas suivie de partage : aussi, dans les actes de notaires, rencontre-t-on souvent ces deux mots *liquida-tion et partage*, qui semblent ne pouvoir être séparés.

3. Dans toute liquidation, on commence par exposer les faits qui doivent en faciliter l'intelligence.

Dans une liquidation de succession, cet exposé se réduit or-dinairement aux circonstances suivantes :

1°. Le décès de la personne dont il s'agit de liquider et par-tager la succession;

2°. Son testament;

3°. Apposition et levée des scellés;

4°. Inventaire;

5°. Vente mobilière;

6°. Estimation des immeubles;

7°. Compte de la gestion des biens depuis le décès jusqu'au partage;

8° Dots sujettes à rapport.

Après avoir rapporté ces diverses circonstances, sous le titre d'observations préliminaires, on indique le plan de l'opération ou sa division.

Cette division se fait presque toujours dans l'ordre suivant :

1°. Masse active des biens de la succession;

2°. Masse passive, ou état des dettes et charges de la succes-sion;

3°. Balance;

4°. Prélèvemens;

5°. Réunion ou récapitulation des droits des parties;

6°. Abandonnemens;

7°. Fixation de l'époque d'entrée en jouissance ;

8°. Remise des titres, etc.

4. Assez généralement, la masse active se dresse par dépouillement d'inventaire, surtout lorsque les papiers ont été inventoriés dans un ordre convenable. Mais lorsqu'on veut l'établir plus brièvement, au lieu de rappeler la cote et les titres de propriété en tête de chaque article, on désigne l'objet, soit une maison, soit une rente ou créance, et on explique ensuite de quelle manière ou en vertu de quel titre l'objet dépend de la succession.

5. Les notaires peuvent comprendre dans un acte de liquidation ou de partage, comme dans un inventaire, des titres de créance, avant qu'ils aient été enregistrés. (*Arrêt de la Cour de Cassation du 24 août 1818.*)

§. III.

Formules.

1. *Liquidation de successions.*

Par-devant, etc.

Furent présens :

M. Pierre Viet, marchand épicier, demeurant à

M. Louis Poret, marchand boulanger, et dame Emilie Viet son épouse, de lui autorisée, demeurans à

M. François Chéry, propriétaire, dame Anne Viet son épouse, de lui pareillement autorisée, demeurans à

M. Alexandre Viet, commis marchand, demeurant à

Et M. Laurent Follet, marchand chandelier, dame Joséphine Viet son épouse, de lui autorisée, demeurans à

« Lesdits sieurs Pierre Viet, Alexandre Viet, et dames Poret, Chéry
» et Follet, frères et sœurs germains, héritiers chacun pour un cinquième
» de M. Martin Viet, ancien négociant, et de dame Emilie Lenoir son
» épouse, décédés leurs père et mère. »

Lesquels comparans, désirant procéder à la liquidation et au partage des biens dépendans des successions des dits défunts sieur et dame Viet, leurs père et mère, ont fait préalablement les observations suivantes :

PREMIÈRE OBSERVATION.

Décès de la dame Viet.

Ladite dame Emilie Lenoir, épouse de M. Martin Viet, est décédée à   , le   1806.

Après son décès, il a été, par Me   , notaire à   , le   , procédé à l'inventaire des meubles et effets, titres, papiers et renseignemens dépendans tant de sa succession que de la communauté de biens qui avait existé entre elle et son mari.

DEUXIÈME OBSERVATION.

Liquidation de cette communauté.

Par acte passé devant M^e   , l'un des notaires soussignés, qui
en a la minute, et son collègue, le   , il a été procédé, entre
ledit feu sieur Viet père et ses enfans, à la liquidation et au partage des
biens de cette communauté. Il est inutile de rapporter ici ce qui, par ce
partage, a été abandonné à M. Viet père, puisque ces biens seront portés,
par distinction, dans la masse ci-après établie, qui comprendra aussi les
biens abandonnés aux enfans, entre lesquels ils sont restés indivis.

TROISIÈME OBSERVATION.

Décès de M. Viet père.

M. Martin Viet est décédé à   , le   1812.
Et le   , il a été procédé par M^e   notaire à   ,
en présence de témoins, à l'inventaire des biens meubles, titres, papiers
et renseignemens dépendans de sa succession.

QUATRIÈME OBSERVATION.

Mariages des enfans Viet.

1° M. Pierre Viet s'est marié à   le   floréal
an 4.
Par son contrat de mariage passé devant M^e, etc. ses père et mère
lui ont constitué en dot, chacun par moitié, la somme de 12,000 francs,
de sorte que 6,000 francs sont rapportables à la succession de la dame
Viet, et pareille somme à celle de M. Viet père.
Ledit sieur Pierre Viet doit de plus le rapport à la succession de sa
mère, des intérêts de la moitié de sa dot, à compter du jour du décès de
cette dame, à raison de cinq pour cent par année, sauf la déduction du
cinquième, au moyen de ce que ce décès est antérieur à la loi du 3 septembre 1807 ; et des intérêts de l'autre moitié, à compter du jour du
décès de M. Viet père, sur le pied de cinq pour cent par année, sans
retenue.
2° La demoiselle Emilie Viet a été mariée au sieur Poret le   , etc.
Par son contrat de mariage, etc.

(*Énoncer ainsi successivement les mariages et dots des enfans*)

Ces observations ainsi faites, il va être procédé, 1° à l'établissement
de la masse active des deux successions, 2° à la formation de la masse
passive, dont le montant sera déduit sur la masse active.
Cette déduction faite, les parties prélèveront somme suffisante pour
acquitter les dettes et charges; enfin, il leur sera fait des abandonnemens
nécessaires pour les remplir de leurs droits respectifs.

MASSE ACTIVE.

PREMIÈRE PARTIE. — *Mobilier.*

Art. 1er. La somme de montant de l'évaluation du mobilier détaillé en l'inventaire, etc. , ci. . . . .

Art. 2. La somme de montant des dettes actives déclarées audit inventaire, ci. . . . .

Art. 3. La somme de pour les arrérages échus au décès de M. Viet père, d'une rente viagère de qui lui appartenait sur l'État, ci. . .

Art. 4. La somme de de deniers comptans, existans lors de l'inventaire , ci. . . . .

Art. 5. La somme de que M. Pierre Viet doit rapporter à la présente masse pour le montant de sa dot, ainsi qu'il a été dit dans la quatrième observation , ci. . . . .

Art. 6. La somme de due par ledit sieur Pierre Viet, pour intérêts de sa dot, savoir, etc. , ci. . .

(*Rapporter ainsi les dots de chaque enfant, et les intérêts.*)

DEUXIÈME PARTIE. — *Immeubles.*

Propres de Madame Viet.

Art. 7. Une maison, etc. (*La désigner et indiquer la manière dont elle appartenait à la dame Viet.*)

Ladite maison évaluée à l'amiable entre les parties, à la somme de , ci. . . . .

Propres de M. Viet.

Art. 8. Trente pièces de terre situées au territoire de , contenant ensemble, etc. affermées à M. , suivant bail passé, etc. . . Ces terres appartenaient à M. Viet comme héritier, etc. Estimées ensemble la somme de , ci. . . . .

Biens provenans de la communauté d'entre M. et Madame Viet, qui avaient été abandonnés au père, par le partage énoncé en la deuxième observation.

Art. 9. Une maison sise à, etc. . . . .

*Biens provenans de cette même communauté et qui
avaient été abandonnés aux enfans conjointement,
par le partage énoncé en la deuxième observation.*

Art. 10. Un corps de ferme situé au village de   , etc.

*Biens acquis par M. Viet père, depuis le décès de son
épouse.*

Art. 11. Dix hectares de bois taillis, etc............

     TOTAL de la masse active, ci.................

Masse passive.

1° La somme de   due à la dame veuve
pour gages, ci....................................

2° La somme de, etc............................

     TOTAL de la masse passive, ci..............

Balance.

La masse des biens des deux successions se monte
à   , ci..............................

Et la masse passive à...........................

Partant il ne reste net à partager que   , ci.

Dont le cinquième pour chacun des enfans est
de   , ci...............................

Prélèvement.

Pour acquitter les dettes et charges montant à   , les parties sont convenues de prélever conjointement pareille somme sur les
deniers comptans employés sous l'art. 4 de la masse, dont, par conséquent, il ne restera plus que   (1).

Abandonnemens.

Pour fournir à M. Pierre Viet la somme de   qui lui revient
pour son cinquième dans le restant net de la masse active, il aura et il lui

_____

(1) Si l'on opérait le prélèvement au profit d'un seul, il s'en suivrait un
droit d'enregistrement comme cession sur les quatre cinquièmes.

appartiendra, et les autres parties lui ont cédé et abandonné, à titre de partage et arrangement de famille, ce qu'il a accepté :

1° La somme de   par lui rapportée sous l'art. 5 de la masse active, pour le montant de sa dot, ci.

2° La somme de   par lui également rapportée sous l'art. 6 pour les intérêts de cette dot, ci. . . .

3° La somme de   à prendre dans le mobilier employé sous l'art 1er, ci. . . . .

4°, etc. . . . .

Total   , somme égale au cinquième du restant net de la masse active, ci. . . . . , . .

Pour fournir à la dame Poret, etc. . . . .
    (Ainsi de suite, pour chaque enfant.)

Jouissance.

Pour, par les parties, jouir et disposer séparément, dès-aujourd'hui, des objets qui viennent de leur être abandonnés, et ce comme bon leur semblera, en toute propriété.

Garantie.

Lesdits enfans Viet demeureront respectivement garans, les uns envers les autres, des troubles et évictions qui procéderaient d'une cause antérieure au présent acte. (*C. C.* 884.)

Titres.

M. Pierre Viet a reconnu avoir en sa possession les titres de propriété des biens qui lui ont été abandonnés, et de plus les titres des terres situées à   , etc.   ; desquels titres, qui sont communs entre lui et ses frères et sœurs, il sera chargé de les aider à toute réquisition.

Pour l'exécution des présentes, etc.

2. *Liquidation des reprises d'une veuve, par suite de sa renonciation à la communauté.*

Par-devant, etc.
    Furent présens :
Dame Henriette M   , veuve de M. Charles D   , demeurante à   , d'une part;
Et MM. D   , seuls héritiers, chacun pour moitié, de feu M. Charles D   , leur père, mais seulement sous bénéfice d'inventaire, suivant la déclaration qu'ils ont faite au greffe du tribunal civil de l'arrondissement de   , par acte du   , d'autre part.

Lesquels ont dit que madame veuve D   , après avoir depuis longtemps sollicité l'établissement de la liquidation des reprises et créances matrimoniales qu'elle a droit d'exercer contre la succession de son mari, était sur le point de former une demande judiciaire contre les héritiers bénéficiaires, pour y parvenir; que, dans cette position, MM. D voulant éviter les frais qui seraient résultés de cette demande, ont consenti à ce que cette liquidation fût faite dès-à-présent.

En conséquence, il y a été procédé de la manière suivante.

Pour l'intelligence de l'opération, les parties ont préliminairemen' observé ce qui suit :

PREMIÈRE OBSERVATION.

Mariage et conventions matrimoniales de M. et madame D   .

(Analyser ici le contrat de mariage.)

DEUXIÈME OBSERVATION.

Succession échue à madame D   .

(Énoncer les biens et sommes que madame D   a pu recueillir pendant son mariage, ou déclarer qu'elle n'a rien recueilli.)

TROISIÈME OBSERVATION.

Décès de M. D   , *et opérations qui l'ont suivi.*

(On rapporte la date du décès, on énonce l'inventaire, la vente mobilière, le résultat du compte de l'officier qui a fait cette vente, etc.)

QUATRIÈME OBSERVATION.

Renonciation par madame D   *à la communauté.*

Suivant acte fait au greffe du tribunal de, etc. Madame D   à renoncé à ladite communauté, pour s'en tenir à ses reprises et créances matrimoniales.

D'après ces observations, on a établi les reprises et créances de madame D   , ainsi qu'il suit :

Les droits de madame D   *consistent :*

1°. Dans la somme de 12,000 fr. à elle constituée en dot par M. son père, suivant son contrat de mariage analysé en la première observation, ci..............   12,000 f.   » c

2°. Dans son préciput de 2,000 francs, ci.........   2,000   »

3°. Et dans la somme de 600 fr. à quoi les parties ont fixé la valeur de son deuil (C. C. 1481), ci.........   600   »

     TOTAL, 14,600 fr., ci..............   14,600   »

Sur quoi, il convient de déduire 1° les meubles et effets qu'elle a pris en nature à compte de son préciput, et désignés en la troisième observation; ces objets montant à 1,600 fr, ci................ 1,600 fr. »

1°. Six cents francs qu'elle a touchés pour loyers et arrérages de rente, ci......... 600   »   }   2,200   »

Cette déduction faite, il reste encore dû à madame D   la somme de 12,400 fr. ci......... · · · · ·   12,400   »

Dont acte : fait et passé, etc. ·

3. *Liquidation de communauté.*

Par-devant, etc.

Furent présens :

Madame Eugénie B   , veuve de M. René P   ,
demeurante à   ,

« Stipulant en son nom personnel à cause de la communauté de biens
» qui a existé entre elle et son mari, et, en outre, comme donataire uni-
» verselle, en usufruit, de tous les biens meubles et immeubles dépendans
» de sa succession, aux termes de leur contrat de mariage dont on fera
» ci-après l'analyse. » D'une part.

Et madame Sophie P   , veuve de M. C   , demeurante
à

« Seule (1) héritière dudit feu sieur René P   son frère ger-
» main, ainsi que le constate l'intitulé de l'inventaire fait après son
» décès, et ci-après énoncé. » D'autre part.

Lesquels, désirant procéder à la liquidation et au partage des biens
dépendans de la communauté qui a subsisté entre M. et Mme P   ,
ont, pour y parvenir, fait les observations suivantes.

PREMIÈRE OBSERVATION.

Contrat de mariage de M. et Mme P

Le contrat contenant les clauses et conditions civiles du mariage de
M. et Mme P   , a été passé devant M^e   , etc., le   1800.

Par ce contrat, ils ont stipulé entre eux une communauté de biens,
suivant l'ancienne coutume de   , avec exclusion des dettes et
hypothèques l'un de l'autre antérieures à la célébration de leur mariage.

M. P   s'est marié avec ses droits et actions, dans lesquels il
a déclaré qu'il existait pour 3,000 francs de mobilier, et 12,000 francs dus
par M. F

En considération de ce mariage, M. B   a donné et constitué
en dot à ladite demoiselle Eugénie B   , sa fille, en avancement de
sa succession, 1°. La somme de 12,000 francs qu'il s'est obligé de lui payer
le

(Cette somme est toujours due, madame veuve P   en fera la
reprise en nature.)

2°. 600 francs de rente perpétuelle, exempte de toute retenue.

(Madame veuve P   en fera également la reprise en nature.)

3°. Et 3,000 francs en habits, linge et effets à l'usage de la future
épouse, que M. B   s'est obligé de lui remettre la veille du
mariage, et dont M. P   a consenti de demeurer chargé envers elle
par le seul fait de la célébration dudit mariage.

Le futur a doué la future d'une rente viagère de 24,000 fr. de douaire
préfix.

---

(1) On dit ordinairement *seul et unique* ; cette expression est consacrée
par l'usage, mais ne présente pas moins un pléonasme vicieux.

(Ce douaire se confondra avec la donation universelle en usufruit dot il va être question.)

Le préciput, en faveur du survivant, a été fixé à 2,000 francs à prendi en meubles de la communauté, d'après la prisée de l'inventaire, sans cru ou, à son choix, en deniers comptans.

Les clauses concernant le remploi des propres et la faculté de reprise en renonçant à la communauté, lors de sa dissolution, ont été stipulée dans les termes ordinaires.

Ce contrat est terminé par une donation universelle en usufruit, que le futurs époux se sont réciproquement faite l'un à l'autre et au profit d survivant d'eux, pour en jouir pendant sa vie, de tous les biens mobilier et immobiliers dépendans de la succession de l'époux prédécédé, à compte du jour de son décès, sans être tenu de donner caution.

Les autres clauses et conditions de ce contrat sont inutiles à rapporte ici, ne devant pas trouver leur application dans le cours de la présent opération.

DEUXIÈME OBSERVATION.

Successions recueillies par M. P   avant son mariage.

Suivant un partage passé, etc.

TROISIÈME OBSERVATION.

Décès de M. P   et opérations qui l'ont suivi.

M. P   est décédé à   , le
Le même jour, les scellés ont été apposés, en sa demeure, pa
M.   , juge-de-paix de
Et le   , il a été procédé à la reconnaissance et à la levée desdit scellés, à mesure de la confection de l'inventaire qui a été fait pa
M^e   et son collègue, notaires à   , du mobilier et de titres, papiers et renseignemens dépendans de la communauté qui a exist entre M. P   et la dame son épouse, aujourd'hui sa veuve, ains que de sa succession, à la requête des dites dames P   et C en leurs qualités sus-dites.

Par la clôture de cet inventaire, tous les objets y désignés ont été laissés en la garde et possession de Madame veuve P   , qu l'a reconnu et s'en est chargée, pour en faire la représentation ou en compter quand et à qui il appartiendrait.

Plan de l'opération.

Ces observations ainsi faites, on va d'abord liquider les reprises di M. et Madame P

On établira ensuite la masse active de la communauté, sur laquelle or fera les prélèvemens convenables.

Le restant net composera les bénéfices de la communauté.

Sur la moitié revenante à la succession de M. P   dan ces bénéfices, on déduira les dettes et charges de cette succession.

Après quoi, on fixera les droits des parties, qui se feront respective ment des abandonnemens proportionnés à ces droits.

Enfin, l'opération sera terminée par les clauses et conventions qui en feront la suite nécessaire.

LIQUIDATION DES REPRISES DE M. ET Mme P

Reprises de madame P

D'après son contrat de mariage analysé en la première observation, madame P doit reprendre, savoir : en nature, les 10,000 fr. de principal et la rente de 600 fr. qui lui sont dus par M. son père.

Et en deniers, son apport en mariage de 3,000 fr.,
ci.. 3,000 f. » c.

Et son préciput de 2,000 fr., ci................. 2,000 »

Auquel il faut ajouter la crue qui est du huitième en sus d'après l'ancienne coutume de , ce qui fait...................................... 250 »

TOTAL...... 5,250 »

Sur quoi, il faut déduire sa mise en communauté, de 3,000 »

Reste à reprendre en deniers par madame P 2,250 »

Reprises de la succession de M. P

Aux termes de son contrat de mariage et des différens actes analysés en la deuxième observation, la succession de M. P doit reprendre, savoir :

En nature, 1°, 2°, etc......................

Et en deniers, 1° son apport mobilier en mariage de 3,000 fr , ci.................................. 3,000 f. » c.

2°. Huit mille fr. pour le prix de la vente qu'il a faite à M. F , ci........................... 8,000 »

3°. Sept cent quatre-vingt-onze fr. provenans des remboursemens de rentes qui ont été faits, ci....... 791 »

TOTAL...... 11,791 »

Mais sur quoi il faut déduire :

1°. Sa mise en communauté de 3,000 f. ci................................ 3,000 f. c.

2°. La soute de 11 f. 42 c. qu'il a payée par le partage du , ci..... 11 32

3°. Et 3,550 fr. dont ladite succession doit récompense à la communauté, pour raison des impenses utiles et nécessaires qui ont été faites, avec des deniers de cette commmunauté, à la maison située à , propre de M. P , et reprise en nature par sa succession, ci.................... 3,550 »

6,561 42

Reste à reprendre en deniers par la succession de M. P la somme de 5,229 fr. 58 c., ci....... 5,229 58

Masse active des biens de la communauté.

Art. 1ᵉʳ. Les meubles-meublans et effets mobiliers désignés en l'inventaire fait après le décès de M. P   , et montant à la somme de. . . . .

Art. 2. Etc. . . . .

TOTAL de la masse, 43,492 fr. 36 c. ci	43,492	36

Prélèvemens.

Il doit être prélevé sur cette masse, savoir :
En faveur de madame P   pour ses reprises en deniers , . . . , ...   ·2,250 f. »
En faveur des héritiers de son mari, 5,229 fr. 58 c.,
ci.   5,229   58

TOTAL	7,479	58

Dettes et charges de la communauté.

On doit aussi prélever sur la masse active, au profit de Madame P   , pour les dettes qu'elle a acquittées depuis le décès de son mari et celles qu'elle se charge d'acquitter , ... ˙. . . . .
1°. La somme de   , etc. . . . .
2°. La somme de   , etc. . . . .

TOTAL.	2,722

Récapitulation.

Les prélèvemens se montent à . . . . 7,479 f. 58 c.
Et les dettes et charges à 2,722   02

TOTAL GÉNÉRAL.	10,201	60

Balance.

La masse active s'élève à. . . . .   43,492 f. 36
Les prélèvemens et dettes à   10,201   60

Reste en bénéfices de communauté, . , ...   33,290   76
Dont la moitié est de.   16,645   38

Sur les 16,645 fr. 38 cent. montant de la moitié de M. P   dans les bénéfices, ci.   16,645   38

Il convient de déduire au profit de madame P   .
1°. la somme de 523 fr. 35 c. par elle payés pour les frais funéraires de son mari, ci. . . . . .   523 f. 35 c. ⎫
2°. celle de 600 fr. pour son deuil et   ⎬ 1,123 35
celui de ses domestiques, ci.   600   »   ⎭

Reste définitivement en bénéfices de communauté pour madame C   , seule héritière de M P   , ...   15,522   03

Réunion des droits des parties dans la communauté.

Il revient à madame P   ,
1° Pour le montant de ses reprises en deniers, . . .   2,250 f. » c.
2°. Pour les dettes qu'elle a acquittées ou doit acquitter, ... , ...   2,722 02
3°. Pour sa moitié dans les bénéfices de communauté,   16,645 38
4°. Pour les frais funéraires et pour le deuil, ...   1,123 35

ENSEMBLE 22,740 75

Il revient à Madame C   ,
1°. pour reprises en deniers. . . .   5,229 f. 58 c. ⎫
2°. Et pour ce qui lui reste net dans   ⎬ 20,751 61
les bénéfices de la communauté, . . .   15,522   03 ⎭

ENSEMBLE   20,751   61

TOTAL pareil au montant de la masse 43,492 36

Pour fournir à madame P   les 22,740 f. 75 c. qui lui reviennent en toute propriété et jouissance, madame C   lui a cédé et abandonné sous la garantie ordinaire entre co-partageans, ce qu'elle a accepté :
1°. Le mobilier, etc. compris sous l'art 1ᵉʳ de la masse,
2°. Etc.

TOTAL pareil à l'émolument de Mᵐᵉ P   . . .   22,740   75

Pour fournir à madame C   , etc

Entrée en jouissance.

Madame P   fera et disposera des objets à elle ci-dessus abandonnés comme bon lui semblera et comme de chose à elle apparte-nante, en toute propriété et jouissance à compter du
Et elle jouira, en outre, pendant sa vie, à partir de la même époque,

des objets abandonnés à Madame C   , en sa qualité de dona
taire universelle en usufruit des biens dépendans de la succession de so
mari.

Madame C   pourra disposer de la nue-propriété des somme
à elle ci-dessus abandonnées, aussi comme bon lui semblera, et comm
de chose à elle appartenante, à compter d'aujourd'hui; mais elle n
commencera à en jouir qu'à compter du jour du décès de Madame P
usufruitière.

Remise des titres.

Madame P   conservera tous les papiers de l'inventaire fai
après le décès de son mari, à la charge par elle d'en aider Madame C
à toute réquisition de sa part.

Après le décès de Madame P   , ces papiers seront remis
Madame C   ou à ses héritiers.

État d'immeubles.

Pour se conformer à l'art. 600 du Code civil, Madame P
fera dresser incessamment, en présence de Madame C   ou
de son fondé de pouvoir, un état des immeubles de la succession d
M. P   dont ladite dame sa veuve a l'usufruit.

Récolement des titres et papiers de l'inventaire.

La masse active n'ayant point été établie par dépouillement de l'in
ventaire fait après le décès de M. P   , on va faire le récole
ment des titres et papiers y inventoriés, afin qu'on puisse vérifier si tou
l'actif, qui peut en résulter, a été compris dans cette masse.

Cote 1 : Expédition du contrat de mariage de M. et Madame P
Cote 2 : Quinze pièces qui sont, etc.
Cote 3 : Deux pièces qui sont, etc.

Élection de domicile.

Et pour l'exécution des présentes, etc.

TITRE QUARANTE-SIXIÈME.

MAIN-LEVÉE.

§. Ier.

Définition.

L'ACTE de *main-levée* est celui par lequel on se désiste de l'effet des inscriptions, oppositions ou saisies qu'on avait formées contre un débiteur.

Main, en terme de palais, est pris pour un symbole de force et de puissance; c'est pourquoi on a donné pour attribut à la souveraineté de la justice, une main au bout d'un sceptre, que l'on appelle *main de justice*.

§. II.

Code civil.

Code de procédure.

§. III.

Jurisprudence.

1. Une femme mariée peut, sans observer ce qui est prescrit par les art. 2144 et 2145 du Code civil, consentir à la ra-

diation d'une inscription hypothécaire prise par elle ou pour elle, sur des biens de son mari, lorsque cette radiation doit avoir lieu, non dans l'intérêt du mari, mais dans l'intérêt d'un tiers envers lequel elle a valablement contracté une obligation qui ne lui permet pas de faire valoir son hypothèque contre ce tiers. (*Arrêt de la Cour de cassation du 12 février 1811.*) *Voyez* la 4e formule ci-après.

2. Le mari peut valablement donner main-levée d'une inscription prise pour sûreté d'une rente ou créance appartenante à sa femme, et dont il reçoit le remboursement en son absence, lorsqu'ils sont mariés sous le régime de la communauté ou sans communauté, ou sous le régime dotal. (*Conséquence des articles 2157, 1428, 1531 et 1549 du Code civil* ; Journal des notaires, *art.* 1219.)

3. Un tuteur qui ne reçoit pas le montant de la créance du mineur, ne peut pas consentir main-levée de l'inscription prise au profit de ce dernier. (*Cour de cassation, 22 juin 1818.*)

4. Les conservateurs n'ont pas le droit d'exiger l'expédition entière de l'acte de main-levée, en se fondant sur l'article 2158 du Code civil ; le ministre des finances a décidé, le 11 octobre 1808, que l'extrait doit suffire.

5. La main-levée d'une inscription hypothécaire donnée par le créancier au débiteur, peut être considérée comme un commencement de preuve par écrit du paiement. (*Cour de cassation, 17 juillet 1820.*)

§. IV.

Observations.

1. Une main-levée est définitive, lorsqu'elle est donnée sans réserve.

2. Une main-levée partielle est celle qu'un créancier donne de son inscription, seulement en ce qu'elle frappe sur tel ou tel bien, en en réservant l'effet sur les autres immeubles y désignés.

3. Avant de rédiger une main-levée, on doit se faire représenter, s'il est possible, l'original de l'opposition ou le bordereau d'inscription, ce qui facilite les moyens de vérifier les noms, prénoms, dates et numéros.

4. Pour payer valablement, il ne suffit pas à un acquéreur d'avoir la main-levée des inscriptions existantes à la transcription, il faut qu'on lui remette préalablement les certificats délivrés par le conservateur des hypothèques, constatant quelles inscriptions sont annulées et rejetées des registres ; car il arrive assez souvent que, par des erreurs de dates et de noms, ou par

tous autres motifs, le conservateur n'admet point les main-
levées.

5. Les hypothèques ne s'éteignant que par la renonciation du
créancier (art. 2180 du C. C.), il est bon d'exprimer cette
renonciation dans l'acte de main-levée, pour éviter le rétablissement de l'inscription.

6. Lorsqu'on rembourse une rente à un hospice ou à une
commune, ce sont les membres de la commission administrative
et les maires des communes qui donnent quittances; mais c'est
le préfet du département qui, sur la pétition qu'on lui adresse
et le vu de l'expédition de la quittance, donne main-levée des
inscriptions qui ont pu être prises pour sûreté de la rente remboursée. (*Décret du 11 thermidor an XII.*) Les consentemens
accordés par les préfets ont l'authenticité voulue par la loi.
(*Circulaire de la régie de l'enregistrement du 30 ventose an VIII.*)

§. V.

Formules.

1. *Main-levée pure et simple d'inscription.*

Aujourd'hui a comparu, etc.
M. B   , lequel a, par ces présentes, donné main-levée pure
et simple, et a consenti l'entière radiation, sans aucune réserve, de
l'inscription prise à son profit au bureau des hypothèques de   ,
le   , vol   , n°   , contre M C   , pour
sûreté de l'obligation que ce dernier a passée à son profit, devant
M°   et son collègue, notaires à   , le   .
M. B   déclarant renoncer au droit d'hypothèque qui résul-
tait en sa faveur de cette obligation.
Dont acte : fait et passé, etc.

2. *Main-levée partielle.*

Aujourd'hui, etc.
Lequel, sous la réserve ci-après exprimée, a, par ces présentes, donné
main-levée et consenti la radiation de l'inscription prise à son profit, etc.
(*comme dessus*); mais seulement en ce que cette inscription frappe sur
les terres vendues par M. C   à M. D   , suivant contrat
passé devant, etc., transcrit au même bureau le   , vol.   ,
n°   .
Renonçant en conséquence, à son droit d'hypothèque sur lesdites
terres, mais réservant expressément l'effet de cette inscription et son
hypothèque sur les autres biens de M. C   , y désignés.
Dont acte, etc.

3. *Réduction d'inscription.*

Aujourd'hui, etc.
Lequel a, par ces présentes, donné main-levée de l'inscription prise

à son profit, etc. ; mais seulement jusqu'à concurrence de la somme de   , voulant et entendant qu'elle soit restreinte à celle de   , consentant qu'elle ne subsiste plus désormais que pour cette somme seulement, et qu'en fesant la radiation de tout le surplus, le conservateur en soit valablement déchargé envers lui.

Dont acte, etc.

4. Main-levée d'hypothèque légale par la femme.

Aujourd'hui a comparu, etc.

Dame Victoire Dupoty, épouse du sieur Pierre-André Polle, bijoutier; avec lequel elle demeurait ci-devant à   , et actuellement à   , ladite dame dûment autorisée dudit sieur son mari, pour ce présent, et étant, ainsi qu'elle, ce jour en l'étude;

Laquelle a exposé que, par contrat passé devant Me   , notaire à   , en présence de témoins le   , enregistré, elle a acquis conjointement avec son mari, une maison située à   , rue   , du sieur P   , moyennant 6,000 francs qu'ils ont payés suivant quittance passée, etc.

Que, depuis cette acquisition, ladite dame Polle a formé une inscription d'hypothèque légale contre son mari, au bureau des hypothèques de   , le   , vol.   n°   .

Que lesdits sieur et dame Polle ayant revendu cette maison au sieur L   , moyennant 6,500 francs, suivant contrat passé, etc., transcrit au même bureau, le   , vol.   n°   , et ladite dame Polle ayant, par ce contrat, garanti solidairement avec son mari la vente faite au sieur L   , de tous troubles, hypothèques et autres empêchemens, elle est conséquemment tenue de la garantie de sa propre hypothèque; que conséquemment encore, en donnant main-levée de son inscription, en ce qu'elle frappe sur ladite maison, elle ne fait que ce à quoi ledit sieur L   pourrait la forcer, les art. 2144 et 2145 du Code civil ne lui étant point applicables, dans l'espèce, ce qui a été jugé par arrêt de la Cour de cassation du 12 février 1811.

D'après cet exposé, ladite dame Polle, sous l'autorisation de son mari, a, par ces présentes, donné main-levée et consenti la radiation de l'inscription d'hypothèque légale, ci-dessus datée et énoncée, en ce qu'elle frappe sur ladite maison vendue au sieur L   . Fesant laquelle radiation, le conservateur des hypothèques au bureau de   , en sera bien valablement quitte et déchargé.

Dont acte, etc.

5. Main-levée d'opposition.

Aujourd'hui, etc.

Lequel a, par ces présentes, donné pleine et entière main-levée de l'opposition ou saisie-arrêt formée à sa requête sur M. C   (saisi), entre les mains de M. D   , suivant exploit de   huissier à   , en date du   , enregistré le   . Consentant que cette opposition ou saisie-arrêt, soit nulle et de nul effet, et que M. D   , en payant et vidant ses mains en celles de M. C   ou autres qu'il appartiendra, relativement à ce qu'il peut devoir à M. C   ou avoir à lui, en soit bien valablement quitte et déchargé.

Dont acte, etc.

6. *Main-levée générale d'oppositions et inscriptions.*

Aujourd'hui a comparu , etc.

M. A

Lequel a, par ces présentes, donné main-levée pure et simple de toutes oppositions, saisies mobilières et immobilières formées à sa requête sur M. B , entre les mains de tous fermiers, locataires, débiteurs et autres, ainsi que de toutes inscriptions prises au profit du comparant, à tous bureaux d'hypothèques, contre M. B ; consentant que ces oppositions, saisies et inscriptions soient nulles et de nul effet , que les dites inscriptions soient rayées de tous registres où il a pu en être fait mention, et que les conservateurs d'hypothèques en fesant ces radiations, ainsi que tous débiteurs en vidant leurs mains en celles de M. B , ou de tous autres qu'il appartiendra, de ce qu'ils peuvent devoir ou avoir à lui, soient bien valablement quittes et déchargés.

Dont acte , etc.

7. *Main-levée d'un écrou.*

Aujourd'hui a comparu , etc.

Lequel a, par ces présentes, donné pleine et entière main-levée de l'emprisonnement et écrou (ou recommandation), par lui faits de la personne de M. B , dans les prisons de ; consentant que cet écrou soit rayé de tous registres où il aura été inscrit, et que M. B soit mis en liberté : quoi fesant, le geôlier sera bien et valablement déchargé envers le comparant.

Dont acte , etc.

8. *Main-levée d'une saisie immobilière.*

Aujourd'hui a comparu , etc.

Lequel a, par ces présentes, donné main-levée pure et simple de la saisie immobilière faite à sa requête sur M. B , d'une maison située à , rue , n° , suivant procès-verbal de , huissier à , en date du , enregistré , transcrit au tribunal civil de première instance de , séant à , le , et au bureau des hypothèques de , le , vol. , n° .

Plus, du procès-verbal de ladite saisie, enregistrée au bureau des hypothèques de , le , vol. , n°

Enfin, de toutes autres poursuites et contraintes faites relativement à ladite saisie immobilière.

Consentant que lesdits procès-verbaux soient nuls et de nul effet, et qu'ils soient rayés de tous registres où il a pu en être fait mention.

Dont acte , etc.

TITRE QUARANTE-SEPTIÈME.

MARCHÉ.

---

§. Ier.

Code civil.

Définition,	art.	1711.
Règles des devis et marchés,		1787—1799.
Privilége accordé aux ouvriers,		2103, n° 4.

§. II.

Observations.

1. Il y a plusieurs manières de faire les marchés.

On fait marché au mètre (à la toise), c'est-à-dire que le prix est payé à *tant* le mètre.

On fait marché la *clef à la main*, comme, par exemple, lorsqu'un entrepreneur de bâtimens s'oblige de fournir tous les matériaux et la main-d'œuvre nécessaire pour la construction d'une maison ; c'est ce qu'on appelle aussi *marché à la tâche*.

On nomme enfin *marché au rabais* celui qu'on adjuge à l'entrepreneur qui se soumet à faire l'ouvrage au plus bas prix : ce marché est le plus usité pour les ouvrages publics.

2. Souvent on fait précéder le traité du devis des ouvrages qui en sont l'objet, ou du moins on annexe le devis au contrat.

§. III.

Formule.

Par-devant, etc.

Furent présens : M. A   , entrepreneur de bâtimens, patenté sous le n°   , demeurant à   , d'une part;

Et M. B   , propriétaire, demeurant à   , d'autre part;

Lesquels ont, par ces présentes, fait entre eux le marché qui suit :

M. A   s'est obligé envers M. B   , ce acceptant, à faire et parfaire, bien et dûment, comme il convient, au dire d'ouvriers et gens à ce connaissans, tous les ouvrages mentionnés au devis fait et arrêté entre eux aujourd'hui, et demeuré ci-annexé, après avoir été d'eux signé en présence des notaires, pour la construction du bâtiment qui y est énoncé; en conséquence, M. A   fournira les pierres, moellons, chaux, sable, plâtre, ouvriers, échafaudages, et autres choses nécessaires, etc.

M. A   a promis de commencer ces ouvrages le du mois prochain, et de les continuer, sans interruption, avec nombre d'ouvriers suffisant, et de faire en sorte que le bâtiment puisse être achevé à la fin du mois de

Ce marché est fait moyennant la somme de   , que M. B   s'est obligé de payer à M. A   , savoir : un tiers dans six semaines, et les deux autres tiers, aussitôt que le bâtiment sera fait et parfait au dire des gens à ce connaissans, ainsi qu'il vient d'être dit.

Pour l'exécution des présentes, etc.

Les devis et conditions des marchés étant presque toujours établis par les entrepreneurs, et présentés par eux aux notaires, il a paru inutile d'en donner d'autres formules. (*Voyez*, au surplus, le *Parfait notaire*, tom. II, pag. 306.)

TITRE QUARANTE-HUITIÈME.

NOMINATION D'UN CONSEIL PAR LE PÈRE A LA MÈRE SURVIVANTE.

§. Ier.

Code civil.

§. II.

Formule.

Par-devant, etc.

A comparu M.

Lequel, voulant user de la faculté à lui accordée par l'art. 391 du Code civil, pour le cas où il décéderait avant son épouse, a, par ces présentes, déclaré qu'il nomme pour conseil spécial de tutelle à la dame   , son épouse, M.

qu'il prie de vouloir bien accepter cette charge, et sans l'avis duquel elle ne pourra faire aucun acte relatif à la tutelle de leurs enfans mineurs.

Ou bien :

Ne pourra faire que la recette des revenus desdits mineurs, et les dépenses ordinaires pour leur entretien et leur éducation.

Nota. Cette déclaration est révocable comme les testamens.

TITRE QUARANTE-NEUVIÈME.

NOMINATION DE TUTEUR, PAR LE SURVIVANT DES PÈRE ET MÈRE.

[S. Iᵉʳ.

Code civil.

Tᴜᴛᴇʟʟᴇ déférée par le père ou la mère, art.   397—401.
Formes de la nomination du tuteur,   392.

S. II.

Formule.

Par-devant, etc.
A comparu dame   veuve du sieur
Laquelle, voulant user de la faculté que lui accorde l'art. 397 du Code civil, a, par ces présentes, déclaré auxdits notaires qu'elle nomme et choisit pour tuteur à ses enfans mineurs (si elle décède avant leur majorité) le sieur   son frère, demeurant à   ,
qu'elle prie de vouloir bien accepter cette charge après son décès.
Dont acte, etc.

Nota. Cette déclaration est révocable comme les testamens.

TITRE CINQUANTIÈME.

OBLIGATION, OU PRÊT.

---

§. Iᵉʳ.

Définition.

On appelle *obligation*, un acte passé par devant notaire, pour prêt d'argent ou pour autre cause, à la différence des reconnaissances sous signatures-privées, que l'on appelle simples promesses où billets.

§. II.

Code civil.

Code de commerce.

§. III.

Observations.

1. Quand un particulier veut emprunter quelques sommes, il s'adresse à un notaire auquel il remet les titres de propriété des immeubles qui lui appartiennent, les baux, les quittances de contributions et les certificats des inscriptions existantes contre lui dans les divers bureaux des hypothèques où sont situés les biens; le notaire examine le tout, voit si les propriétés ont été purgées lors des acquisitions, quelle est la nature des inscriptions, etc. Enfin, il ne fait prêter et réaliser l'obligation que lorsqu'il est satisfait des renseignemens qu'il a pris. Les observations de la page 115 et suivantes, peuvent s'appliquer aux obligations.

2. Dans l'obligation, on énonce sommairement la désignation et les titres de propriété des immeubles qui seront hypothéqués pour garantie : en un mot, on s'environne de tous les renseignemens qui pourront devenir indispensables, s'il faut, un jour, recourir à la saisie immobilière.

3. Lorsque celui qui prête ne veut pas être remboursé avant l'échéance, il en fait une condition expresse dans l'acte ; sinon le débiteur est libre d'anticiper les époques convenues pour le paiement (*C. C.* 1187.)

4. Lorsque l'obligation est échue et que le débiteur ne paye pas, le porteur de la grosse lui fait un commandement, et vingt-quatre heures après, il a le droit de faire saisir ses meubles. (*Code de proc.* 583.)

5. Si l'obligation a été délivrée en brevet et qu'on veuille ensuite en avoir une grosse, on la rapporte pour minute au notaire par devant lequel elle a été passée. (Voyez ci-après au titre RAPPORT POUR MINUTE.

6. Lorsqu'une femme s'oblige solidairement avec son mari,

si les immeubles appartiennent au mari personnellement, i paraît prudent d'exiger de la part de la femme, un consentemen *d'antériorité d'hypothèque* en faveur du créancier; *c'est-à-dire* le consentement donné par un créancier inscrit à ce qu'un tier, le prime jusqu'à concurrence de telle somme dans l'effet d l'hypothèque à lui acquise sur les biens de son débiteur.

7. Cette antériorité d'hypothèque se confère ordinairemen en faisant subroger le créancier pour le montant de l'obligatio avec toute préférence, et sans aucune réserve de concurrence avec lui, dans l'effet de l'hypothèque légale acquise à la femme sur les biens de son mari, pour raison de ses reprises et créance. matrimoniales dont elle fait, en tant que de besoin, tout transport au créancier.

Cette précaution est généralement adoptée.

Elle a pour but d'empêcher que le créancier qui, dans ce cas a contre la femme l'action personnelle seulement, puisse être primé dans son hypothèque par ceux auxquels elle viendrait à céder ses droits contre son mari.

8. Lorsque la somme est prêtée pour faire un emploi désigné comme pour l'achat d'une maison, on oblige le débiteur de déclarer dans la quittance qu'il retirera du paiement du prix de son acquisition, qu'il a été fait des deniers du créancier, afin que ce dernier soit subrogé dans tous les droits et priviléges du vendeur. En conséquence, ce débiteur promet de fournir dans un délai déterminé la quittance constatant l'emploi. (*C. C.* 1249.

9. Dans une obligation, l'emprunteur déclare si les bien: qu'il hypothèque sont grévés et jusqu'à concurrence de quelle somme. (C. C. 2059.)

10. Souvent on annexe à la minute de l'obligation le certifica délivré par le conservateur des hypothèques, constatant qu'i n'existe pas d'inscriptions sur l'emprunteur, ou qu'il n'existe que telles ou telles inscriptions. On fait certifier véritable ce état par la personne qui emprunte.

11. Il n'est dû qu'un seul droit d'enregistrement pour une obligation contenant délégation, pourvu que la personne sur laquelle cette délégation est faite, n'intervienne pas dans l'acte pour l'accepter (*Dict. des droits d'enregistrement.*)

12. Lorsque les notaires ne conservent pas minute des obligations qu'ils reçoivent, ils déclarent que ces actes ont été délivrés *en brevets originaux*, à la réquisition expresse des parties. (*Voyez* ci-devant p. 40.)

13. Dans les obligations, on énonce l'état civil (1) des em-

___

(1) C'est la condition d'une personne relativement à sa qualité de Français ou d'étranger, d'enfant légitime ou naturel, de célibataire ou marié, etc.

prunteurs qui déclarent s'ils sont ou ne sont pas tuteurs ou urateurs, comptables de deniers publics, etc. (*C. C.* 2121.)

14. Anciennement, le prêt d'argent devait toujours être gra-uit; les lois ne permettaient pas de prêter à intérêt, et quelque nodique que fût l'intérêt, on le considérait comme usuraire. C'est l'assemblée constituante qui, par une loi du 12 octobre 1789, a utorisé la stipulation des intérêts dans le contrat de prêt.

15. Le prêt est un contrat unilatéral, car il n'y a d'engage-nent que de la part de l'emprunteur. Ce contrat est commercial, orsque la somme est prêtée à un commerçant qui se propose le l'employer dans son commerce; alors, on peut stipuler l'in-érêt à six pour cent.

16. On a conservé l'usage de stipuler, dans les obligations, 'exemption de retenue sur les intérêts; cette exemption a lieu le droit, d'après l'art. 1er de la loi du 3 septembre 1807, qui orte que l'intérêt conventionnel ne peut excéder en matière ivile, cinq pour cent, ni en matière de commerce, six pour lent, *le tout sans retenue.*

17. Lorsqu'on fait une obligation pour cause résultante d'un itre précédent, comme d'un bail, le créancier se réserve tous es droits et actions que lui donne ce titre.

§. IV.

Formule.

Par-devant, etc.
Fut présent M. L

« Agissant ici au nom et comme mandataire de M. Antoine C , propriétaire, et de dame Cécile S , son épouse, de lui au-torisée, demeurans à Paris, rue n° , suivant leur pro-curation spéciale à l'effet des présentes, passée devant, etc.
et dont le brevet-original, dûment enregistré et légalisé, représenté par M. L , est, à sa réquisition, demeuré ci-annexé, après qu'il l'a eu certifié véritable et signé en présence des notaires soussignés. »
Lequel a, par ces présentes, reconnu que lesdits sieur et dame , ses commettans, doivent bien légitimement à M. J , propriétaire, demeurant à , rue , à ce présent et acceptant :
La somme de dix mille francs en numéraire, pour prêt de semblable somme que ledit sieur J a fait auxdits sieur et dame C , en espèces d'argent ayant cours, comptées et réellement délivrées à la vue des notaires soussignés, pour employer à leurs besoins et affaires;
Laquelle somme de dix mille francs, ledit sieur L a obligé lesdits sieur et dame C , solidairement entre eux, de rendre et payer à mondit sieur J en sa demeure à , ou à son mandataire porteur de la grosse des présentes, dans cinq ans à compter de ce jour.

Jusqu'au remboursement effectif de cette somme, ledit sieur L
a obligé de plus lesdits sieur et dame C   , sous la solidarité ci-
dessus exprimée, d'en payer l'intérêt à mondit sieur J   , auss
en sa demeure, sur le pied de cinq pour cent par année, sans aucun
retenue. Cet intérêt courra également à compter de ce jour et sera payabl
tous les six mois.

Ces paiemens, tant en principal qu'intérêts, ne pourront s'effectue
qu'en numéraire d'or ou d'argent ayant cours, aux titre, poids-et valeu
de la monnaie actuelle, et non en papiers, billets ou effets, dont l'intro
duction pourrait avoir lieu en France, en vertu de lois, ordonnances e
autres actes du gouvernement, au bénéfice et à la faveur desquels ledi
sieur L   ès-dits noms a renoncé dès-à-présent.

Il est même convenu qu'en cas d'émission d'un papier-monnaie e
faute de numéraire, ils ne pourront se libérer envers M. J   d(
ladite somme de dix mille francs qu'en lui fournissant cinquante kilo
grammes (ou deux cents marcs) de lingots d'argent fin, au lieu de ladit(
somme (1).

A la sûreté et garantie de la présente obligation, ledit sieur L
ès-dits noms a affecté, obligé et hypothéqué spécialement :

1° Six hectares de terre, etc.

« Ces biens appartiennent audit sieur C   comme étan
» compris au premier lot, qui lui est échu, du partage de la successio
» de M. C   son père, décédé à   , dont il était héritie
» pour moitié; ledit partage passé devant M   , l'un des no
» taires soussignés et son collègue le   , enregistré. »

Ledit sieur L   a déclaré au nom desdits sieur et dame C
ses commettans, sous les peines de droit, auxquelles il les soumet
1° qu'ils n'ont jamais été chargés d'aucune tutelle ni curatelle, ni d'aucun(
comptabilité de deniers publics ;

2° Que les biens ci-dessus désignés ne sont grevés d'aucun privilége n
hypothèque, si ce n'est la portion de M. C   dans le march
de   , sur laquelle portion il doit une rente perpétuell
de   à M. L   son oncle, et sa moitié dans l
marché de   qui est affectée d'une rente viagère de
due à Madame veuve C   , sa mère, et formant la moitié de so
douaire préfix, ainsi qu'il résulte de l'acte de liquidation et partage pass
devant Me   l'un des notaires soussignés le   .

Pour plus de sûreté et de garantie de la présente obligation, ledit sieu
L   , en vertu de la procuration ci-dessus énoncée, a cédé e
transporté à mondit sieur J   , ce acceptant, jusqu'à concurrenc
de dix mille francs, les reprises, créances et autres droits matrimoniaux d
ladite dame C   , contre son mari, pour les exercer, par mondi
sieur J   , à son lieu et place, par préférence à elle, jusqu'a
remboursement effectif de ladite obligation. Par suite duquel transport
ledit sieur L   audit nom a mis et subrogé M. J   , toujour
par préférence à elle et jusqu'à concurrence de 10,000 francs, dans l'effe
de l'hypothèque que la loi lui accorde sur les biens de son mari.

Les frais de la présente obligation et ceux auxquels elle donnera lieu
seront acquittés par les sieur et dame C   .

(1) D'après l'art. 1895 du C. C., cette clause est sans effet; mais ell
est usitée, parce que les parties exigent qu'elle soit mise dans l'acte.

Et pour l'exécution des présentes, les parties ont élu domicile, etc.
(Voyez le Code civil, art. 111.)

Variations.

1. Si le prêt était fait antérieurement à l'acte, on dirait :

M. A   a reconnu devoir, etc .pour prêt que M. B
lui a précédemment fait de pareille somme, en numéraire ayant cours,
pour employer à ses besoins.

2. Si l'obligation était exigible à la volonté du prêteur, on
l'exprimerait ainsi :

M. A   s'est obligé de rendre cette somme à M. B   ,
en sa demeure à   , à sa volonté et première réquisition.

3. Si le prêteur voulait qu'on stipulât l'intérêt de l'intérêt, on
insérerait cette clause :

En cas de retard de paiement d'une année ou plus des intérêts ci-dessus
stipulés, M. B   s'est obligé de payer à M. A   l'intérêt de
l'intérêt, aussi sans retenue, sans être tenu par ce dernier d'en faire la
demande en justice.

4. Si le prêt était commercial et que l'intérêt fût à six pour
cent, on ajouterait :

Ces intérêts sont ainsi stipulés à raison de six pour cent, attendu qu'il
s'agit d'une affaire commerciale.

5. Si un particulier, au lieu de se rendre caution, s'obligeait
solidairement et était censé emprunter conjointement avec le
véritable emprunteur, on terminerait l'obligation par cette
clause :

MM. B   et C   ont déclaré (mais sans que cette déclaration puisse aucunement nuire ni préjudicier à M. A   , à
raison de la solidarité ci-dessus stipulée), que la somme de   formant l'objet de la présente obligation doit tourner au profit de M. B
seul, et que M. C   n'en touchera aucune partie :
En conséquence, M. B   s'est obligé d'acquitter aussi, seul
ladite somme et ses intérêts, et de garantir et indemniser M. C
de toutes poursuites relativement à l'obligation solidaire que ce dernier n'a
contractée, par le présent acte, que pour lui faire plaisir et lui faciliter le
prêt de cette somme, lequel prêt ne lui eût point été fait, sans cela, par
M. A   .

6. *Clause d'hypothèque de biens à venir, attendu l'insuffi-*
sance des biens présens du débiteur.

Au moyen de ce que les immeubles présentement hypothéqués par
M. B   , ne sont de valeur que de 10,000 fr., et que conséquemment ils sont insuffisans pour répondre de la présente obligation de

15,000 fr. , ledit sieur B   a consenti que chacun des biens qu'
pourra acquérir par la suite, à titre gratuit ou onéreux, y demeurât affecté
à mesure des acquisitions. (C. C. 2130.)

7. Clause qui rend la totalité de l'obligation exigible, en ca de non-paiement du premier terme.

Il est expressément convenu entre M. A   et M. B
qu'à défaut de paiement à son échéance du premier terme ou de l'un de
subséquens, la totalité de la présente obligation ou ce qui en serait redu
deviendra aussitôt exigible, sans pouvoir par M. B   exciper de
délais ci-dessus fixés, dont il demeurera déchu et qui seront considéré
comme non accordés.

8. Renonciation par le débiteur à se libérer avant l'époqu fixée.

Il est convenu entre les parties que M. B   ne pourra point ant
ciper le remboursement de tout ou de partie de la présente obligation
sans le consentement exprès de M. A   . (C. C. 1187.)

9. Exigibilité de l'obligation avant le terme, en cas de vent de l'immeuble hypothéqué.

Il est convenu que si les biens immeubles ci-dessus hypothéqués étaier
vendus par M. B   , avant le remboursement de la présent
obligation, la totalité de ladite somme de   et les intérêts qu
en seraient alors dus et échus, deviendraient à l'instant exigibles par l
seul fait de la vente, nonobstant les délais accordés par M. A

10. Clause en cas d'hypothèque de biens indivis.

Dans le cas où le partage de ces biens aurait lieu avant le rembourse
ment de la présente obligation , M. B   sera tenu d'en donne
connaissance à M. A   et d'hypothéquer spécialement les biens qu
lui seront échus ou abandonnés, à la garantie de la présente obligation
soit par un acte à la suite des présentes, soit par acte séparé. Au surplus
M. A   pourra, si bon lui semble, former entre les mains de
co-héritiers de M. B   , opposition à ce qu'il soit procédé à la lic
tation ou au partage des biens de la succession de son père, hors la pré
sence de M. A   ou sans l'y avoir dûment appelé. (Voyez l'ar
ticle 883 du C. C.)

11. Déclaration d'emploi.

En tête de l'obligation, on annonce que la somme a été prêté
pour être employée par l'emprunteur à l'effet ci-après déclaré.
Et l'on termine l'obligation par cette clause :

A la garantie du paiement de la somme susdite et de ses intérêts

M. B   a affecté et hypothéqué, spécialement et par privilége, attendu l'emploi dont il va être parlé, une maison située à   , etc.

M. B   a acquis cette maison de M. D   , suivant contrat passé devant M°   , etc.

dûment enregistré, transcrit au bureau des hypothèques de le   vol.   n°

Observation faite que toutes les formalités prescrites par les lois pour purger les hypothèques légales ont été observées (C. C. 2193 et suiv.), et que, pendant l'accomplissement de ces diverses formalités, non plus qu'à la transcription, il ne s'est trouvé ni n'est survenu aucune inscription hypothécaire sur ladite maison, ainsi que le constatent les certificats délivrés par M   , conservateur des hypothèques au bureau de   : le tout ainsi que M. B   en a justifié à M. A

M. B   a déclaré que la somme de   qu'il vient d'emprunter est destinée à être employée avec autres de ses deniers, sans emprunt, au paiement du prix de l'acquisition ci-dessus énoncée; promettant de faire incessamment cet emploi, et de déclarer, dans la quittance qu'il en retirera par-devant notaires, que dans le paiement qu'il fera, sont entrés les   ci-dessus empruntés, afin que M. A   ait et acquière privilége jusqu'à concurrence sur la maison sus-désignée, et soit subrogé aux droits, actions, priviléges et hypothèques de M. D

Extrait de laquelle quittance, contenant lesdites déclaration et subrogation, M. B   s'est obligé de fournir à M. A sous quinzaine et à ses frais; à peine de toutes pertes et de tous dépens, dommages et intérêts, et, en outre, d'être contraint au remboursement de la somme ci-dessus prêtée, si bon semble à M. B   , snas attendre le délai de trois ans, ci-dessus fixé, dont audit cas il demeurera déchu.

Ou plus simplement :

A peine de restitution de la somme prêtée et de tous dépens, dommages et intérêts.

12. *Clause en cas de minorité de la femme de l'emprunteur.*

Et, attendu que Madame B   est encore mineure, son mari s'est obligé personnellement à lui faire ratifier à son âge de majorité, qui arrivera le   , tous les engagemens, solidarité et autres conventions ci-dessus, et d'en rapporter acte en bonne forme à M. A   , quinze jours après.

13. *Cautionnement.*

A ce, était présent (ou est intervenu) M. C   ; lequel s'est, par ces présentes, volontairement rendu et constitué caution, etc. (Voyez *la suite, page* 114.)

14. *Gage mobilier.*

Pour plus grande sûreté de la présente obligation, en principal et in-

17

térêts, M. B   a présentement remis, par forme de nantissement, à M. A   , qui l'a reconnu, (*indiquer les objets*) appartenans audit sieur B   , ainsi qu'il l'a déclaré et affirmé entre
les mains des notaires soussignés.

Lesquels objets, M. A   sera tenu de rendre à M. B   ,
dès que le montant de la présente obligation lui sera remboursé.

Mais il est convenu qu'à défaut de paiement de tout ou de partie du
capital et des intérêts, à leur échéance, M. A   aura la faculté
d'en poursuivre la vente judiciaire et aux enchères, après un simple commandement fait à M. B   , à son domicile, pour ledit sieur
A   être payé par privilége et préférence à tous autres créanciers, sur les deniers qui proviendront de la vente.

15. *Antichrèse.*

(*Voyez* ci-devant, page 84.)

16. *Délégation.*

Pour plus grande sûreté du paiement de l'obligation ci-dessus, en principal et intérêts, M. B   a, par ces présentes, cédé, transporté
et délégué, etc. (Voyez *la formule de la délégation, page* 193.)

On ajoute seulement que M. A   pourra toucher la
somme déléguée sans attendre l'échéance de l'obligation.

Et l'on termine ainsi :

17. *Cas d'un second emprunt.*

Les sommes que M. A   recevra en vertu de cette délégation,
libéreront d'autant M. B   envers lui, d'abord par imputation
sur les intérêts, et subsidiairement sur le capital de l'obligation ci-dessus.

M. A   a reconnu que M. B   lui a remis, à l'appui
de la délégation, la grosse du titre de la créance déléguée.

Il a été convenu, 1° que nonobstant la délégation, l'obligation ci-dessus
conservera toute sa force et vertu ; en conséquence, que M. A
pourra user cumulativement ou séparément des droits résultans de l'une
ou de l'autre, jusqu'à parfaite libération ; 2° et que cette délégation sera
annulée, du moment où M. B   se sera acquitté envers
M. A   de ladite obligation, en principal et intérêts ; à l'effet
de quoi, M. A   lui fera alors toute rétrocession nécessaire.

M. B   se proposant d'emprunter une autre somme
de   , l'hypothèque ci-dessus consentie se trouvera en concurrence avec celle de ladite somme de

TITRE CINQUANTE-UNIÈME

ORDRE, OU DISTRIBUTION PAR CONTRIBUTION

§. Ier.

Définition.

L'ORDRE est un acte ou procès-verbal qui règle les préférences auxquelles ont droit des créanciers hypothécaires sur le prix d'une vente d'immeuble; et l'on appelle *contribution*, la distribution qui se fait entre des créanciers chirographaires, de deniers mobiliers appartenans à leur débiteur, au prorata de leurs droits.

§. II.

Code de procédure.

Code civil.

Code de commerce.

§. III.

Jurisprudence.

1. Il peut être convenu, dans un contrat de vente, que l'acquéreur n'ouvrira pas d'ordre pour la distribution du prix. (*Arrêt de la cour de cass.*, du 28 *juillet* 1819.)

2. Lorsque par un contrat de vente, il a été convenu que les frais en seraient supportés par le vendeur, et que l'acquéreur

les a avancés, il n'a pas le droit de se faire colloquer pour le montant de ces frais, sur le prix de l'immeuble vendu; il ne peut avoir de recours que contre son vendeur. (*Cour de Paris,* 24 *août* 1816.)

3. La cour de cassation, par deux arrêts, des 9 novembre 1812 et 31 janvier 1815, a décidé que lorsqu'un acquéreur a payé son prix aux créanciers colloqués dans un ordre fait à l'amiable, il peut en demander la restitution, s'il est obligé de payer une seconde fois à d'autres créanciers qui y ont été omis et qui devaient être colloqués de préférence.

§. IV.

Observations.

1. La contribution peut avoir lieu à l'amiable ou en justice ; la forme amiable dispense de toute procédure. Les créanciers produisent volontairement leurs titres, et affirment entre les mains des notaires la ligitimité de leurs créances.

2. Pour qu'il y ait lieu à contribution, il n'est pas nécessaire qu'il y ait, au moins, trois créanciers opposans; l'art. 775 du Code de procédure ne s'applique qu'à l'ordre. (*Loret.*)

3. Les créanciers chirographaires qui jouissent des priviléges énoncés en l'art 2101 du C. C., doivent être admis à l'ordre, lorsque le mobilier a été insuffisant pour les payer. (*C. C.* 2104.)

4. La contribution se termine par la main-levée des oppositions ou saisies formées par les créanciers.

§. V.

Formule.

Par-devant, etc

Furent présens MM. A, B   et C   restés seuls héritiers, chacun pour un tiers, sous bénéfice d'inventaire (suivant actes faits au greffe de   , en date des   ) du feu sieur D leur cousin, décédé à   , le   , au moyen des renonciations faites à sa succession par, etc.

Lesquels comparans, désirant rendre compte aux créanciers de ladite succession de la gestion qu'ils en ont eue, et mettre ces créanciers à même de distribuer entre eux les deniers qui en proviennent, chacun suivant leurs droits, ont requis M⁰   , l'un des notaires soussignés d'établir ce compte, de la manière suivante, et pour l'intelligence duquel il a été préliminairement exposé ce qui suit :

PREMIÈRE OBSERVATION,

Décès de M. D   , et inventaire qui l'a suivi.

M. D   est décédé à   , le   , etc.

DEUXIÈME OBSERVATION.

Renonciation par sa veuve à la communauté.

La dame veuve D   a renoncé à la communauté qui a existé entre elle et son mari, par acte fait au greffe, etc.

TROISIÈME OBSERVATION.

Renonciation de quelques-uns des héritiers, et acceptation sous bénéfice d'inventaire par les autres.

Ainsi qu'on l'a dit en tête des présentes, les sieurs   , ont renoncé, etc. En sorte que la succession est restée à MM. A , B   , et C   , qui ne l'ont acceptée que sous bénéfice d'inventaire, suivant acte , etc.

QUATRIÈME OBSERVATION.

Vente du mobilier.

Les meubles, chevaux, bestiaux, produits des récoltes, et ustensiles dépendans de la succession de M. D   , ont été saisis à la requête du sieur   l'un de ses créanciers, et, par suite, vendus par le ministère de   , etc., suivant procès-verbal du   .

D'APRÈS ces observations, on va procéder à l'établissement du compte à rendre par les héritiers bénéficiaires.

Plan de l'opération.

1°. Il sera d'abord dressé l'état des deniers dont le recouvrement est effectué, et celui des sommes dont le recouvrement est certain.

Cette division en deux classes paraît nécessaire, parce qu'il appartient à tous les créanciers venant à la contribution, une portion aliquote dans les deniers recouvrés, et une portion dans ceux dont le recouvrement est à faire.

2° Quoiqu'il semble inutile de porter les créances qui sont absolument douteuses ou perdues, on en présentera le tableau, afin de ne rien omettre.

3° Il sera ensuite dressé l'état des créanciers de la succession. Cet état sera également divisé en deux tableaux : le premier comprenant les créanciers privilégiés, et le second les créanciers ordinaires ayant seulement droit à la contribution sur les deniers qui resteront libres, après que les créanciers privilégiés auront été remplis.

4° Enfin, on fera aux créanciers la distribution des deniers actifs de la succession, suivant les droits de chacun.

ÉTAT DES FONDS QUI SONT A DISTRIBUER.

PREMIER TABLEAU.

Deniers dont le recouvrement est effectué.

Art. 1er. La somme de, etc. ....

TOTAL......

DEUXIÈME TABLEAU.

Sommes dont le recouvrement paraît certain.

1° La somme de, etc............................

Récapitulation.

Les sommes comprises dans le premier tableau, montent à......................................
Et celles du second tableau, à....................

TOTAL del 'actif......

Tableau des créances actives dont on ne peut espérer le recouvrement.

1° La somme de, etc..............................

ÉTAT DES CRÉANCIERS DE LA SUCCESSION.

PREMIER TABLEAU.

Créanciers privilégiés.

1° Les frais faits par les héritiers bénéficiaires, etc......
2° Etc...

TOTAL..............

Balance.

Les sommes à distribuer montent à................
Celles qui sont dues par privilége s'élèvent à.........
En conséquence, il restera pour les créanciers venant à contribution................................

DEUXIÈME TABLEAU.

Créanciers chirographaires venant par contribution.

1° M., etc. ....

TOTAL.......

On a vu ci-dessus que de l'actif de la succession de
M. D   , il reste pour les créanciers chirographaires ou non privilégiés, la somme de.............
Ce qui, d'après le montant des créances non-privilé-
giées, donnera à chacun *tant* par cent, ci.............
Cette somme sera payée, savoir :   avec les
deniers qui resteront des sommes comprises dans le premier tableau de l'actif, ci............................
Et le surplus avec les   montant des deniers
à recouvrer, ci....................................

TOTAL.......

COLLOCATIONS.

Premièrement. — *Créanciers privilégiés.*

1° M., etc., à qui il est dû   pour   ,
touchera pareille somme sur les employés art. 1er du
premier tableau de l'actif, ci.......................
2° M., etc....... ....

TOTAL.......

Deuxièmement. — *Créanciers non privilégiés.*

1° M.   , à qui il est dû   pour
touchera *tant*, savoir : dans les sommes disponibles
tant, et dans les deniers à recouvrer *tant*, ci......

TOTAL des sommes réparties à chacun desdits créanciers,
          , somme qui ne diffère en moins du montant
de celles à distribuer que de   centimes gagnés par les
fractions, ci....................................

Ce fait, MM. A, B et C, ont dit que, par des lettres missives, ils ont
invité les créanciers sus-nommés de se trouver aujourd'hui, en l'étude
de Me   , l'un des notaires soussignés, pour toucher et recevoir les sommes à eux revenantes d'après l'état d'ordre et de contribution ci-dessus, en conséquence, ils ont requis Me   de pro-

céder à la distribution des sommes disponibles, entre les créanciers, chacun suivant ses droits.

Ont comparu au même instant :

1° M.   , lequel, après avoir affirmé entre les mains des notaires soussignés, la légitimité et la sincérité de sa créance, a reconnu avoir touché et reçu, en numéraire ayant cours, compté et réellement délivré à la vue des notaires soussignés, la somme de   , pour ce qui lui revient tant par privilége que par contribution, d'après l'ordre ci-dessus, dont quittance. Au moyen de ce paiement, il a donné main-levée, etc. (*Voyez* les formules, au titre MAIN-LEVÉE.)

2° M.   , lequel, etc.

Aucun autre créancier n'étant intervenu, le paiement des sommes dues à ceux qui ne se sont point présentés, se fera au fur et à mesure de leur comparution, toujours d'après l'état ci-dessus, et sur les quittances desdits créanciers ou de leurs fondés de pouvoirs : en conséquence, le présent procès-verbal est demeuré clos.

Dont acte, etc.

TITRE CINQUANTE-DEUXIÈME.

PARTAGE.

§. Ier.

Définition.

Lorsqu'une succession est échue à plusieurs co-héritiers, il arrive rarement qu'ils s'accordent tous ensemble pour la posséder par indivis, c'est-à-dire en commun, c'est pourquoi on fait ordinairement des *partages* entre les co-héritiers, pour assigner à chacun les corps héréditaires qui doivent composer son lot, sa portion, afin qu'il puisse en jouir par lui-même, indépendamment des autres.

§. II.

Code civil.

Code de procédure.

§. III.

Jurisprudence.

1. Les co-propriétaires d'un terrain indivis ne peuvent s'interdire d'en faire le partage, et stipuler qu'il restera en commun entre eux pour le pâturage de leurs bestiaux. (*Cour de cassation*, 18 *novembre* 1818.)

2. Le partage d'une succession peut être demandé, encore qu'il y ait eu convention entre les héritiers sur le mode de jouissance de l'objet indivis, et que ce mode ait duré plus de trente ans. (Idem., 15 *janvier* 1813.)

3. Le mineur émancipé n'a pas besoin de l'autorisation du conseil de famille pour provoquer un partage. (*M. Chabot*, Commentaires sur les successions, *art.* 817.)

4. Le partage où des mineurs, même émancipés, sont intéressés, doit être fait en justice, encore bien qu'il n'y ait que du mobilier. (*Idem.*)

5. C'est au mari seul qu'appartient le droit de demander le partage des biens dotaux de sa femme. (*Arrêt de la Cour d'Aix du 9 janvier* 1810.)

6. La cour de cassation, par arrêt du 30 août 1815, a décidé qu'un partage où un mineur est intéressé, et qui a lieu en justice, peut être fait par attribution de parts, plutôt que par tirage au sort, si ce mode est autorisé comme pourrait l'être une transaction.

7. Celui qui a bâti sur un terrain dont il n'est que co-propriétaire, est en droit de demander que la portion où se trouvent ses constructions, soit comprise dans son lot. (*Cour de cass.*, 11 *août* 1808.)

8. Les créanciers personnels d'un des héritiers peuvent critiquer un partage consommé, comme étant simulé et frauduleux. (*Cour de Metz*, 3 *janvier* 1820.)

9. Les co-héritiers n'ont pas le droit de demander la résolution du partage à défaut du paiement de la soute. (*Id.* 23 mars 1820.)

10. Les soutes et retours qui se trouvent dans les partages d'ascendans, faits par testament, ne donnent point ouverture au droit de mutation. (*Délibération de la régie de l'enreg.*, 19 *septembre* 1821.)

§. IV.

Observations.

1. Le partage amiable est celui qui a lieu entre majeurs tous présens ou dûment représentés, jouissans de leurs droits civils, et n'ayant point ou n'ayant plus de contestations entre eux relativement au partage.

2. Le partage judiciaire est celui qui est fait en justice entre co-héritiers ou co-propriétaires étant en contestation, soit sur la demande en partage, soit sur le mode d'y procéder soit sur la manière de le terminer ; ou parmi lesquels il y a des absens non dûment représentés, ou des mineurs, ou des interdits, etc.

3. Les partages anticipés sont ceux que le père, la mère ou les autres ascendans ont la faculté de faire de leurs biens, entre leurs enfans et descendans. Ils remplacent les démissions de biens, autorisées dans l'ancien droit.

4. Les partages provisionnels sont ceux qui sont faits entre majeurs et mineurs, sans observer les formalités prescrites par l'art. 466 du Code civil.

5. *Abandonnement*, en matière de partage, signifie la cession, le transport que l'on fait à une veuve ou à des héritiers, de la portion qui leur est revenue par le résultat de l'acte de partage.

6. A l'égard du partage précédé de liquidation, *voyez* ci-devant page 227 et suiv.

§. V.

Formules.

1. *Partage amiable.*

Par-devant, etc.
Furent présens : M. A   , d'une part ;
Et M. B   , d'autre part ;
Lesquels, voulant procéder au partage d'un marché de terre, composé de vingt pièces situées au territoire de   , contenant ensemble   hectares, dont ils sont propriétaires indivis, chacun pour moitié, savoir : M. A   , en qualité de seul héritier de M.   son père, décédé à   ; et M. B   , en qualité de légataire particulier de demoiselle   sa tante, décédée à   , suivant son testament reçu par, etc.
Ont fait faire à l'amiable par M. R   , cultivateur à   , qu'ils ont choisi à cet effet pour expert, l'estimation de chacune desdites pièces et la division du marché en deux lots, pour être tirés entre eux par la voie du sort.

Désignation des terres.

Art. 1er. Cinq hectares au lieu dit le
  t. d. c. à, etc., estimés *tant*, ci . . . .
Art. 2. Dix hectares au canton du,
  t. d. c. etc., estimés *tant*, ci. . . . .
Art. 3. Etc. . . . .

    TOTAL de l'estimation des vingt pièces. . . . . . 10,000 f. «
  Dont la moitié pour chacun des co-partageans est de. . 5,000 «

DIVISION EN DEUX LOTS.

Premier lot.

Le premier lot a été composé :
  1° De la pièce de cinq hectares employée sous l'art. 1er
de la masse, pour la somme de   , ci . . . . .
  2° De la pièce, etc. . . . .

    TOTAL égal à la moitié de la masse. . . . . 5,000 f. «

Deuxième lot.

Le second lot a été composé :
  1° Etc.

De la composition desquels lots, les parties, après les avoir examiné
ont déclaré être contentes ; et les ayant tirés au sort en la manière accou
tumée, par l'évènement, le premier lot est échu à M. B
et le second à M. A

En conséquence, ils se sont fait respectivement tous abandonnemen
et délaissemens nécessaires, à titre de partage, ce accepté réciproquemen
par chacun d'eux, savoir : M. A   à M. B   , de
objets compris dans le premier lot à lui échu, et M. B
M. A   des objets compris dans le second lot.

Pour par eux jouir et disposer, dès aujourd'hui, des pièces de terr
comprises dans le lot assigné par le sort à chacun d'eux, comme de chos
à eux appartenante, en toute propriété et jouissance.

Les lots ci-dessus étant parfaitement égaux, il n'y a eu aucune sout
ni retour.

La garantie de droit entre co-partageans aura lieu entre les parties
mais il est convenu que cette garantie ne s'étendra pas au plus ou moin
de mesure qui pourrait se trouver à quelques-unes des pièces de terre.

Pour l'exécution, etc.

Cas de soute.

Si, par exemple, le premier lot était plus fort de 200 franc
que le second, on dirait :

TOTAL du premier lot..........................	5,200 f.	«
Comme il ne doit être que de..................	5,000	«
Celui des co-partageans à qui il écherra, fera soule à l'autre des deux cents francs d'excédant, ci..........	200	»

Dans le second lot, on comprendrait pour dernier article la soute de 200 fr. due par le premier lot, ce qui porterait ce second lot à 5,000 fr.

A la fin du partage, on énoncerait ainsi le paiement de la soute :

M. A   a reconnu que M. B   lui a présentement payé la somme de 200 francs pour la soute résultante à son profit du partage ci-dessus, dont quittance.

Ou : M. B   s'est obligé de payer à M. A les 200 francs de soute qu'il lui doit d'après le présent partage, d'ici à six mois, sans intérêts.

(*Voyez* l'art. 2103, nº 3, et l'art. 2109 du C. C.)

Clause relative aux titres.

Les titres communs desdites pièces de terre resteront entre les mains de M. A   , qui s'est obligé d'en aider M. B   , à toute réquisition et sous récépissé.

Au surplus, M. B   pourra s'en faire délivrer, s'il le désire, des expéditions ou extraits, à frais communs entre lui et M. A .

2. *Partage judiciaire.*

L'an mil huit cent vingt   , le jeudi vingt-deux décembre, dix heures du matin, par-devant Me   notaire à la résidence de   , soussigné et en son étude,

Ont comparu M. Charles Ferté, etc.

2º M. Denis Ferté, etc.

3º M. Louis Lebel, propriétaire, demeurant à   , au nom et comme tuteur légal de Jules Lebel, fils mineur de lui, et de feu dame Amélie Ferté, son épouse,

4º Et M. Adrien Ferté, marchand drapier, demeurant à   , au nom et comme subrogé-tuteur dudit mineur Jules Lebel, son cousin, aux termes de la délibération du conseil de famille des parens et amis dudit mineur, tenue sous la présidence de M. G   , juge-de-paix du   arrondissement de Paris, suivant son procès-verbal en date du   , enregistré.

« Lesdits sieurs Charles Ferté, Denis Ferté et mineur Lebel (celui-ci
» par représentation de la feue dame sa mère, et sous bénéfice d'inven-
» taire, suivant acte fait au greffe du tribunal de première instance séant
» à   , en date du   ), héritiers chacun pour un
» tiers de dame Émilie Lefèvre, leur tante et grand'tante, décédée
» à   , le   , veuve de M. J   . »

Lesquels ont exposé que suivant un jugement contradictoirement rendu par le tribunal civil de   , le   , dont une expédition est demeurée ci-jointe, après qu'il y a été fait mention de l'annexe; il a été ordonné que, par ledit Mº   notaire à   ; il sera procédé aux comptes et rapports que les parties peuvent avoir à se faire, à l'établissement de la masse, et généralement à toutes les opérations nécessaires pour parvenir au partage des biens tant mobiliers qu'immobiliers dépendans de la succession de ladite feue dame J

En conséquence ils ont requis ledit Mº   de procéder aux dites opérations, pour lesquelles il a été commis.

Obtempérant à ce réquisitoire, ledit Mº   a ouvert le présent procès-verbal desdites opérations.

Dont acte : fait et passé à   , en l'étude, les jour, mois et an sus-dits. Et les comparans ont signé avec ledit notaire, après lecture faite.

Suivent les signatures.

Et le   , en conséquence du procès-verbal qui précède, et en exécution du jugement y énoncé, il a été procédé, par Mº   notaire à   , soussigné, à l'établissement de la liquidation et du partage des biens de la succession de Mºª   , veuve de M. J   , ainsi qu'il suit :

OBSERVATIONS PRÉLIMINAIRES.

PREMIÈRE OBSERVATION.

Testament de Mºª J

Madame J   a fait un testament olographe, en date à   du Ce testament a été présenté le   à M. le président du tribunal de première instance séant à   , lequel, après en avoir constaté l'état, suivant son procès-verbal, en a ordonné le dépôt entre les mains dudit Mº   notaire soussigné.

Par ce testament, qui a été enregistré à   , le madame J   a fait *telles* et *telles* dispositions.

Exécution du testament.

Par acte passé devant ledit Mº   , qui en a la minute, et son collègue, le   , MM. Ferté et Lebel, tuteur, (ce dernier dûment autorisé à cet effet par délibération du conseil de famille, etc.) ont consenti l'exécution dudit testament, et ont fait la délivrance des legs y portés.

En conséquence, tous les legs de sommes exigibles et d'objets mobilier ont été acquittés et remis par l'exécuteur testamentaire.

DEUXIÈME OBSERVATION.

Décès de Mºª J   , apposition de scellés et inventaire.

Madame J   est décédée à   , le   , etc.

TROISIÈME OBSERVATION.

Vente mobilière

Les meubles et effets non légués ont été vendus par le ministère de, etc.

QUATRIÈME OBSERVATION.

Compte de l'exécuteur testamentaire.

M,   , exécuteur des ordonnances de dernière volonté de madame J   , a fait diverses recettes et dépenses, dont il a rendu le compte suivant.

CHAPITRE PREMIER. — *Recette.*

(Voyez pour l'établissement du compte, page 138.)

CINQUIÈME OBSERVATION.

Estimation des biens immeubles.

Sur la demande en partage formée par MM. Charles et Denis Ferté, contre M. Lebel, le tribunal de première instance de l'arrondissement de   , a, par jugement du   , enregistré et signifié, ordonné que par MM. A   , B   et C   , tous trois nommés experts, les immeubles dépendans de la succession de madame J   seraient vus, visités et estimés, pour parvenir audit partage.

Lesdits experts, après avoir prêté le serment accoutumé devant M.   , juge dudit tribunal, commissaire en cette partie, ainsi qu'il est constaté par acte fait au greffe, le   , ont procédé à l'estimation de ces immeubles, suivant leur procès-verbal en date au commencement du   , déposé au greffe le   , et entériné par jugement du même tribunal en date du   .

Par ce jugement, M. A   l'un des trois experts a été nommé à l'effet de composer les lots desdits immeubles, pour être tirés au sort devant Me   , notaire soussigné.

SIXIÈME OBSERVATION.

Jugement qui commet Me   notaire à l'effet des présentes opérations.

Suivant un jugement, etc.

PLAN DE L'OPÉRATION.

D'après ces observations, il va être procédé à l'établissement de la masse des biens meubles et immeubles dépendans de la succession de madame J   , etc

(Pour la suite des opérations, voyez ci-devant page 235.)

Le présent procès-verbal clos et arrêté par le notaire soussigné, à
en son étude,   le

Procès-verbal de la composition des lots.

Et le   , a comparu devant M^e   , etc.
M. A
Lequel, en exécution du jugement du   , a procédé à la
composition des lots ci-après, et en a fait son rapport devant le notaire
soussigné, ainsi qu'il suit.
M. A   a observé que les biens qui restent à partager, déduction
faite des prélèvemens, montent ensemble à 99,000 fr. ci... 99,000 »
Dont le tiers est de.............................. 33,000 »
Et, après avoir examiné la nature des divers biens à partager, leur
valeur estimative d'après les prisées et expertises qui en ont été faites, e
les divisions les plus commodes et les plus égales dont ils paraissen
susceptibles, en les considérant dans leur ensemble, il a fait et arrêté le
lots qui suivent :

Premier lot.

Le premier lot a été composé, 1°., etc.

Le présent procès-verbal de rapport a été reçu et rédigé par le notair
soussigné à   , en son étude, les jour, mois et an sus-dits; il a
été vaqué à ce que dessus depuis   jusqu'à   .
Et ledit sieur A   a signé avec le notaire après lecture faite.

Procès-verbal de clôture.

Et le   ont comparu devant M^e   , etc.
MM. Ferté et Lebel, ci-devant dénommés, qualifiés et domiciliés;
Lesquels ès-noms et qualités qu'ils ont agi précédemment,
Après avoir pris communication et lecture du procès-verbal dressé pa
ledit M^e   , et contenant les comptes, liquidation et formatio
de lots des biens de la succession de madame J   ,
Ont déclaré n'avoir rien à y opposer et en ont requis la clôture.
Ce procès-verbal écrit sur vingt-quatre feuilles de papier timbré, d
format des présentes, a été, à l'instant signé par les comparans, qui on
également signé le recto de chaque feuille, ainsi que les renvois et l
la mention des mots rayés.
Dont acte : fait et passé, etc.

Procès-verbal de tirage au sort après l'homologation.

Et le   , ont de nouveau comparu devant M^e   , et c
son étude,
MM. Ferté et Lebel, etc.
Lesquels ont exposé que les comptes, liquidation et partage, de l
succession de madame J   , dressés par ledit M^e   , ain
que la formation de lots faite par M. A   , ont été homologués pa
jugement du tribunal du   , etc.
Qu'ils comparaissent, en conséquence, à l'effet de tirer lesdits lots pa
la voie du sort.
Et de suite, il a été procédé par ledit M^e   , notaire au tirag

au sort des trois lots composés par M. A   expert, suivant son rapport du   , dont la minute précède.

Ce tirage ayant été effectué devant le notaire soussigné, en présence des comparans, le premier lot est échu à M.   , le second à M.   , et le troisième à M.   .

Auxquelles parties, Me   notaire soussigné a fait respectivement la délivrance des lots qui leur sont échus : ce qui a été accepté par MM. Ferté et Lebel, sous la garantie ordinaire et de droit en matière de partage.

Pour, par lesdits sieurs Charles Ferté, Denis Ferté et mineur Lebel, disposer, dès aujourd'hui, des objets compris dans leurs lots, comme bon leur semblera, en toute propriété et comme de chose à eux appartenante, et en jouir et percevoir les fruits et revenus à compter du onze novembre dernier.

Remise des titres.

M. Charles Ferté a reconnu qu'il lui a été remis *tels* et *tels* titres, etc.

Et pour l'exécution des présentes, etc.

3. Partage anticipé d'ascendans.

Par-devant, etc.

Furent présens : M. D   , propriétaire, et dame   son épouse, de lui autorisée, demeurans ensemble à

Lesquels, considérant que leur grand âge ne leur permet plus de se livrer à la gestion de leurs biens immeubles,

Voulant d'ailleurs prévenir les dissensions qui pourraient s'élever, à leur décès, entre leurs enfans, relativement au partage de ces biens, en profitant de la faculté que leur accorde l'art. 1075 du Code civil,

Ont procédé, de la manière suivante, au partage et à la distribution de leurs biens immeubles ci-après désignés, entre leurs quatre enfans, qui sont : 1°., etc.

Masse des biens à partager.

Art. 1er. etc.

TOTAL. . . . .

Dont le quart est de. . . . . . .

Abandonnemens.

Pour remplir leurs enfans du quart revenant à chacun d'eux dans la masse ci-dessus établie, lesdits sieur et dame D   ont, par ces présentes, fait donation entre-vifs et irrévocable,

Savoir :

A   ce qu'il accepte, 1° etc.

Pour, par chacun des donataires, faire et disposer dès aujourd'hui des biens qui viennent de lui être donnés, comme bon lui semblera, en pleine propriété et comme de chose à lui appartenante; mais n'en jouir qu'après le décès du survivant desdits sieur et dame D   qui s'en sont expressément réservé l'usufruit pendant leur vie et celle du survivant d'eux, à titre de constitut et de précaire. Et, au jour du décès dudit survivant, les donataires réuniront l'usufruit à la nue-pr priété desdits biens.

Ce partage anticipé et ces donations sont faits à la charge par les dor taires qui s'y sont obligés, 1° de laisser jouir lesdits sieur et dar **D** , pendant leur vie et celle du survivant d'eux, de totalité des biens ci-dessus désignés ; 2° de payer tous les frais et dro auxquels ces présentes donneront lieu, etc.

Les donateurs s'interdisent la faculté de pouvoir louer et afferm lesdits immeubles à d'autres qu'aux donataires.

Les contributions de toute nature auxquelles ces biens sont imposé et les réparations usufructuaires des bâtimens seront, bien entendu, à charge desdits sieur et dame **D** , jusqu'au décès du sur vant d'eux.

Les titres de propriété desdits biens resteront entre leurs mains, po être remis, lors du décès du survivant, à qui de droit.

Et pour l'exécution , etc.

Lorsque tous les enfans sont majeurs, les ascendans, au li de faire eux-mêmes le partage de leurs biens, en font ordina rement la donation à tous leurs enfans conjointement, souve à la charge d'une rente viagère ; et, par le même acte ou par subséquent, les enfans procèdent entre eux au partage des bie donnés.

Cet acte étant très-facile à rédiger, on s'est dispensé d' donner ici la formule.

Voyez d'ailleurs page 207.

TITRE CINQUANTE-TROISIÈME.

PRÊT A USAGE OU COMMODAT.

---

§. Ier.

Code civil.

§. II.

Observations.

1. Lorsque l'usage de la chose n'est point accordé gratuitement (*art.* 1876), ce n'est pas un prêt, mais un louage. (*art.* 1708 et 1709.)

2. Il est rare que l'on constate devant notaires le prêt à usage ; mais, comme cela peut arriver, quand, par exemple, l'emprunteur ne sait pas signer, en voici un modèle :

§. III.

Formule.

Reconnaissance du prêt à usage d'un cheval, de ses harnais et d'une voiture.

Par-devant, etc.

A comparu M. Louis Bontemps, propriétaire, demeurant à

Lequel a reconnu que M. Achille Tavernier, cultivateur, demeurant à   , à ce présent, lui a prêté, pour faire un voyage en Bourgogne, et pour un mois, à compter d'aujourd'hui,

1° Un cheval hongre, alzan, âgé de cinq ans, etc. ;

2° Les harnais dudit cheval, savoir : un collier, etc. ;

3° Et une voiture à deux roues, essieu en fer, etc.

M. Bontemps a promis de veiller à la garde et à la conservation de ce
objets, de nourrir le cheval comme il convient, de le faire panser, soi-
gner et reposer en temps et lieu, de ne point le surcharger ; de main
tenir la voiture et les harnais en bon état; de garantir ladite voiture de tou
les accidens qu'il sera en son pouvoir d'éviter.

Il sera tenu de rendre le cheval tel qu'il lui a été délivré; faute de quoi
il sera tenu de payer à M. Tavernier, à l'expiration des trente jours
cinq cents francs, à laquelle somme ledit cheval est estimé, lors mêm
qu'il viendrait à périr sans la faute de M. Bontemps, ou qu'il serait di
minué de valeur par quelque vice ou défaut qui lui serait survenu pen
dant ce temps.

Si la voiture se détériore par le seul fait de l'usage, et sans aucun
faute de la part de M. Bontemps, il ne sera pas tenu de la détérioratior
(*C. C.* 1884.)

Il ne pourra répéter de M. Tavernier les menues dépenses qu'il aur
faites pour l'entretien de la voiture et des harnais (1886.)

Mais si, pendant le mois, ledit sieur Bontemps est obligé pour la con
servation de cette voiture, à quelque dépense extraordinaire, nécessair
et tellement urgente qu'il n'ait pas pu en prévenir M. Tavernier, celui-c
sera tenu de la lui rembourser (1890.)

M. Bontemps s'est obligé de payer le coût du présent acte.

Et pour l'exécution, etc.

TITRE CINQUANTE QUATRIÈME.

PROCURATION OU MANDAT.

§. Ier.

Code civil.

§. II.

Jurisprudence.

1. Il n'est pas nécessaire que la procuration donnée par des parens, pour élire un tuteur, contienne leur vœu personnel. (*Arr. de la cour de Metz, 23 brumaire an XIII.*)

2. Une femme ne peut ni aliéner ses biens personnels, ni les hypothéquer, ni emprunter, en vertu de la procuration générale que lui a donnée son mari, partant pour un long voyage. (*M. Toullier, Droit civil nos 643 et 644; arrêt de la cour de Poitiers, du 5 pluviose an XIII.*)

3. Pothier dit que lorsque le mandant n'a limité aucun temps,

ni apposé à la durée de sa procuration aucune condition, elle vaut *in perpetuum*, c'est-à-dire, tant que que le mandant existe ou qu'il ne révoque pas la procuration. Quelques praticiens, ajoute-t-il, disent qu'il faut, en ce cas, renouveler la procuration tous les ans, mais c'est une erreur qui ne mérite pas d'être réfutée.

M. Massé, en son *Parfait notaire*, page 571, tome Ier, dit qu'à Paris on regarde les procurations comme prescrites par un `laps de dix années ; que la disposition de l'art. 121 du Code civil semble avoir confirmé cette maxime.

§. III.

Observations.

1. On appelle *constituant, mandant*, ou *commettant*, la personne qui donne procuration; et *procureur constitué* ou *mandataire*, la personne à qui elle est donnée.

2. Une procuration est susceptible de toute espèce de conditions et de clauses, pourvu qu'elles ne soient contraires aux lois ni aux mœurs. (C. C. 1172.) Du reste, l'affaire qui est l'objet du mandat, doit être telle que le mandataire puisse s'en charger.

3. Les rédacteurs du *Journal des notaires* pensent qu'une procuration peut être donnée à l'effet de recueillir une succession non ouverte, pourvu qu'elle soit conçue en termes généraux, et que l'on ne parle point nommément de la succession que l'on a en vue.

4. Le mandataire a la faculté de se faire substituer, même lorsque la procuration ne la lui confère pas expressément. (*M. Maleville.*)

5. En pays étrangers, les chancelleries et les consulats du royaume de France sont compétens pour recevoir les actes publics des Français, et y remplacent les notaires pour ces actes ainsi, une procuration faite par un Français devant ces chancelleries ou consulats, équivaut à une procuration passée devant notaire.

6. Relativement aux annexes et extraits de procurations, *voyez*, ci-devant, pages 9, 22 et 37; et pour les légalisations, page 45.

7. La procuration *générale* est celle qui contient un pouvoir général et indéfini d'administrer toutes les affaires et de gouverner tous les biens du mandant.

8. La procuration *spéciale* est celle qui porte un pouvoir borné pour telle affaire. Le porteur d'une telle procuration ains

limitée, doit se renfermer uniquement dans ce qui fait l'objet de sa commission.

Quoique la procuration soit spéciale, on ne l'énonce pas moins comme générale, parce que, par le mot *générale*, on entend toutes les circonstances qui ont rapport à l'affaire particulière pour laquelle le pouvoir est donné.

10. La procuration en brevet peut être faite *en blanc*. Après l'établissement des noms et qualités de la personne qui donne procuration, on laisse en blanc une ou plusieurs lignes pour y remplir à volonté le nom du mandataire.

11. La femme, pour donner une procuration à son mari, a besoin de son autorisation. (*Voyez* page 86.)

12. Lorsque la procuration est générale, ou lorsqu'elle a pour objet une affaire très-importante, le notaire en garde minute pour qu'on puisse y recourir.

13. Si la procuration passée devant notaire est spéciale à l'effet de représenter le mandant à une assemblée de créanciers, et de vérifier et affirmer tous titres de créances, on met après les mots *déclarer que ladite créance est sincère et véritable*, ceux-ci : *ainsi que le mandant l'a présentement affirmé entre les mains des notaires soussignés.*

14. On ne peut fournir au trésor royal, et dans les bureaux des hypothèques, que les expéditions des procurations. Ces actes n'y sont pas reçus en originaux.

15. Lorsqu'il s'agit de diriger des poursuites, on insère dans les procurations le pouvoir de *se concilier si faire se peut, traiter transiger, composer, etc.*

16. Celui qui contracte en qualité de procureur fondé. ne s'oblige qu'*audit nom ;* le mandant peut seul être poursuivi.

17. La renonciation que ferait le mandant par sa procuration de pouvoir la révoquer, serait de nul effet. (*Art* 2004 *du C. C.*)

18. On perçoit autant de droits d'enregistrement qu'il y a de mandataires, lorsqu'ils ont le pouvoir d'agir séparément : il en serait autrement, s'ils ne pouvaient agir que conjointement. (*Dict. des droits d'enregistrement.*)

19. On nomme *procurations anticipées*, celles que les présomptifs héritiers envoient sur les lieux avant le décès de leurs parens qui se trouvent dangereusement malades. L'intention des parties est d'empêcher que le juge-de-paix ne puisse apposer les scellés lorsque ces personnes décéderont, sous le prétexte que les héritiers seraient absens.

20. *Voyez*, ci-après, au titre SUBSTITUTION.

§. IV.

Formules.

1. *Cadre de toute espèce de procuration.*

Par-devant, etc.

Fut présent M. A

Lequel a, par ces présentes, fait et constitué pour son mandataire général et spécial M.

Auquel il a donné pouvoir de, pour lui et en son nom, etc. (*Détaillez les pouvoirs qu'on entend donner.*)

Et généralement de faire, relativement à ce que dessus, tout ce que le mandataire constitué (*ou* procureur constitué) jugera convenable, quoique non prévu en ces présentes; promettant d'exécuter les engagemens qui seront contractés par ledit mandataire, en vertu des pouvoirs ci-dessus, même de les ratifier, s'il est besoin; s'obligeant à rembourser audit mandataire les avances et frais que celui-ci aura faits pour l'exécution du mandat présentement donné, et de lui payer les salaires convenables.

Fait et passé, etc.

Ordinairement, les procurations se terminent ainsi :

Et généralement faire, relativement à ce que dessus, tout ce que le procureur constitué jugera nécessaire, promettant, etc. ; obligeant, etc.

Fait et passé, etc.

2. *Pouvoirs à l'effet de transférer des rentes sur l'État.*

Vendre, céder et transférer tout ou partie des inscriptions sur le grand livre de la dette publique, cinq pour cent consolidés, appartenantes a constituant ou qui pourront lui appartenir par la suite; commettre, à cet effet, tous agens de change; signer les transferts, en recevoir le prix donner toutes quittances et décharges valables; signer tous acquits, consentir tous émargemens, faire toutes déclarations et affirmations qu' appartiendra; substituer une ou plusieurs personnes, les révoquer, et substituer d'autres, et généralement faire tout ce qu'il conviendra.

Fait et passé, etc.

3. *Pouvoirs à l'effet de transférer des actions de la banque.*

Vendre, céder et transférer, au cours actuel de la bourse, la portion qui appartient au constituant dans trois actions de la banque de France inscrites au registre coté J, folio   ; signer les transferts, etc. (*Comme au n° 2.*)

4. *Pouvoirs de passer un bail.*

Passer bail à loyer (*ou* à ferme) à M.   pour 9 années à compter du   , d'une maison (*ou* terres) située à   , appartenant au constituant; convenir de telles autres charges, clauses et conditions que le procureur constitué jugera convenables ; passer et signer tous actes, élire domicile , etc.

Ou bien :

Faire bail d'un corps de ferme situé à   et des terres qui en dépendent, le tout appartenant au constituant, et ce aux personnes, pour le temps et moyennant les prix, charges, clauses et conditions que le procureur constitué jugera convenables ; passer et signer tous actes, faire et signer tous états de lieux ; faire faire tous arpentages, mesurages et bornages ; élire domicile, et généralement, etc.

5. *Pouvoirs à l'effet de passer tous baux, recevoir les loyers et fermages.*

Passer, renouveler et résilier tous baux à ferme ou à loyer, aux personnes, pour le tems , et aux prix, charges, clauses et conditions que le procureur constitué jugera convenables, des maisons, terres, prés, vignes, bois et autres biens qui appartiennent et pourront appartenir par la suite au constituant ; faire faire tous états de lieux , arpentages, mesurages et bornages ; donner et accepter tous congés ; faire faire toutes réparations, arrêter tous devis et marchés, en payer le montant. Toucher et recevoir les loyers et fermages échus et à échoir; de toutes sommes reçues, donner quittances et décharges valables ; consentir toutes mentions et subrogations; consentir toutes mentions et subrogations.

A défaut ou refus de paiement, etc. , (*comme au n° 21, ci-après.*)

6. *Pouvoirs d'emprunter par un mari et sa femme.*

Emprunter, jusqu'à concurrence de 10,000 francs, en une ou plusieurs parties, d'une ou de différentes personnes, pour le temps, aux taux et conditions que le procureur constitué jugera convenables ; obliger les constituans solidairement entre eux, au remboursement de ladite somme principale, et au paiement des intérêts qui seront stipulés , le tout aux époques et de la manière qui seront convenues.

Affecter et hypothéquer, à la sûreté des obligations, une maison située à   , etc.

Pour plus de sûreté et garantie desdites obligations, transporter aux prêteurs jusqu'à concurrence des sommes prêtées, tous les droits, actions, créances et reprises que ladite dame   peut et pourra avoir le droit d'exercer contre son mari, en vertu de son contrat de mariage ou de tous autres actes, à quelques titres et pour quelques causes que ce puisse être ; par suite de ce transport, subroger les prêteurs, aussi jusqu'à due concurrence, dans l'effet de l'hypothèque légale de ladite dame contre son mari ; le tout par préférence à elle.

Déclarer, pour les constituans, sous les peines de droit, que la maison ci-dessus désignée n'est grevée d'aucune hypothèque judiciaire ou conventionnelle; comme aussi, que les constituans n'ont jamais été chargés d'aucune tutelle ou curatelle , ni d'aucune comptabilité de deniers publics.

A l'effet de ce que dessus, passer et signer tous actes, élire domicile , substituer , etc.

7. *Pouvoirs à l'effet de se rendre caution.*

Se rendre caution et répondant solidaire, sous les renonciations ordinaires aux bénéfices de droit, de M. A   envers M. B   , pour raison du paiement de *telle* somme, etc.   Hypothéquer à la sûreté de ce cautionnement, une maison située à   ; déclarer qu'elle n'est grevée d'aucune hypothèque; soumettre le constituant aux peines du stellionat, passer et signer tous actes, etc.

8. *Pouvoir à l'effet d'acquérir.*

Acquérir de M.   aux prix, charges, clauses et conditions que le procureur constitué jugera convenables, une maison située à   ; obliger le constituant au paiement du prix et des intérêts, et à l'exécution de toutes les autres charges qui lui seront imposées; se faire remettre tous titres et pièces, en donner décharge; signer tous contrats de ventes ou procès-verbaux d'adjudications; faire faire toutes transcriptions; notifications, dénonciations, et offres de paiement; provoquer tous ordres, payer les créanciers colloqués ou faire toutes consignations; former toutes demandes en main-levée; constituer tous avoués, élire domicile, substituer, et généralement, etc.

9. *Pouvoirs à l'effet de vendre.*

Vendre, soit à l'amiable, soit à l'enchère, aux personnes et moyennant les prix, charges, clauses et conditions que le procureur constitué jugera convenables, une maison située à   , dont les constituans sont propriétaires; obliger les constituans solidairement entre eux à toutes garanties et au rapport de toutes main-levées et radiations; fixer l'époque d'entrée en jouissance; convenir du mode et de l'époque de paiement du prix; dresser tout cahier de charges; toucher et recevoir ledit prix, en donner quittance; remettre tous titres et pièces; consentir toutes mentions et subrogations; donner main-levée et consentir la radiation de toutes inscriptions, d'office ou autres.

À défaut de paiement, former toutes demandes en résolution de la vente, faire tous commandemens, etc., (*Comme au n° 21 ci-après.*)

10. *Pouvoirs à l'effet d'accepter une succession sous bénéfice d'inventaire.*

Se présenter au greffe du tribunal civil de première instance, séant à   ; y déclarer que le constituant n'entend accepter la succession de M. A   son oncle, dont il est habile à se porter héritier pour un quart, que sous bénéfice d'inventaire; affirmer (ainsi que le constituant l'a présentement affirmé, ès-mains des notaires soussignés), qu'il n'a fait aucun acte d'héritier pur et simple; faire toutes autres déclarations et affirmations que besoin sera; passer et signer tous actes, et généralement, etc.

Pour renoncer.

Déclarer que le constituant renonce purement et simplement à la succession de M. A   , etc. affirmer, etc.

11. *Pouvoirs à l'effet de paraître à un conseil de famille pour l'élection d'un subrogé-tuteur.*

Représenter le constituant au conseil de famille qui sera convoqué devant M. le juge-de-paix du canton de   , à l'effet de nommer un subrogé-tuteur à l'enfant mineur de M.   et de défunte dame S   son épouse, belle-sœur du comparant; conférer cette qualité à celui des parens maternels du mineur qu'il plaira au mandataire de désigner, et généralement faire ce qui est usité en pareil cas.

Ou bien :

Comparaître au conseil de famille du mineur   , neveu du constituant; prendre part à la délibération tendante à lui nommer un tuteur ou subrogé-tuteur; désigner, pour remplir ces fonctions, telles personnes que le procureur constitué jugera convenable; lui conférer toutes autorisations que le conseil de famille avisera; accepter celle desdites qualités qui pourrait être donnée au constituant; prêter tout serment requis en pareil cas; signer tous procès-verbaux, et généralement, etc.

12. *Pouvoirs pour affirmer en conséquence d'une saisie-arrêt.*

Comparaître devant M.   , etc., sur la citation notifiée au constituant à la requête de M.   par exploit de   , huissier à   , en date du   ; jurer et affirmer, comme le constituant l'a présentement fait entre les mains des notaires soussignés, qu'au jour de la saisie-arrêt faite en ses mains à la requête de M sur M.   , il ne devait rien et ne doit encore à présent aucune chose à M.   ; requérir en conséquence que le constituant soit renvoyé quitte, avec dépens, etc.

Ou bien :

Qu'il ne doit au sieur   , jusqu'à ce jour, que la somme de   , pour six mois échus le   , du loyer de la maison que M.   lui a louée à raison de   par année, suivant bail passé devant, etc. Qu'il n'existe entre ses mains sur le sieur aucune autre opposition que celle du sieur   .
Déclarer que le constituant est prêt et offre de payer ladite somme de   , à qui par justice sera ordonné; faire, au surplus, tous dires, réquisitions, protestations et réserves que besoin sera, et généralement, etc.

13. *Pouvoirs pour toucher une somme due par obligation.*

Toucher et recevoir de M. P   , ou de tous autres qu'il appartiendra, la somme de   due au constituant par M. P   , suivant une obligation passée devant Me   et son collègue, notaires à   , le   ; recevoir également tous intérêts échus et à échoir; de toutes sommes reçues, donner quittances et décharges valables; consentir toutes mentions et subrogations, avec ou sans garantie; donner main-levée et consentir la radiation de toutes inscriptions, remettre tous titres et pièces, passer et signer tous actes, élire domicile, substituer, et généralement, etc.

14. *Intitulé d'une procuration donnée à deux mandataires.*

Par-devant, etc., fut présent M. L

Lequel a, par ces présentes, fait et constitué pour ses procureurs généraux et spéciaux MM. D   et B   ,

Auxquels il donne pouvoir de, pour lui et en son nom, conjointement ou séparément, l'un en l'absence de l'autre, recevoir, etc.

15. *Intitulé d'une procuration par un mari à sa femme.*

Par-devant, etc., fut présent M. G

Lequel a, par ces présentes, fait et constitué pour sa procuratrice générale et spéciale dame   son épouse, qu'il autorise à l'effet de tout ce qu'elle fera en vertu des présentes, et à laquelle il donne pouvoir de, etc.

16. *Intitulé d'une procuration portant révocation d'une précédente.*

Lequel, en révoquant la procuration par lui ci-devant donnée à M.   , devant M²   notaire à   , etc.

Ou bien :

En révoquant toutes procurations par lui précédemment données.

A, par ces présentes, fait et constitué, etc.

17. *Procuration à l'effet de toucher des sommes dues par billets, ou autrement, poursuivre en cas de non paiement, etc.*

Par-devant, etc., fut présent M. C   , négociant, demeurant à

Lequel a, par ces présentes, fait et constitué pour son procureur général et spécial, M.

Auquel il a donné pouvoir de, pour lui et en son nom, toucher et recevoir de M.   ou de tous autres qu'il appartiendra, les sommes à lui dues par ledit sieur   , tant en principaux, qu'intérêts échus et à échoir, frais et accessoires, en vertu de billets, reconnaissances ou autrement; entendre, débattre, clorre et arrêter tous comptes; de toutes sommes reçues, donner quittances et décharges; consentir toutes mentions et subrogations, signer tous acquits, faire tous protêts, les dénoncer, exercer tous recours contre les endosseurs, tireurs ou autres garans;

A défaut de paiement ou en cas de contestation, citer et comparaître devant tous bureaux de conciliation, juges et tribunaux; proposer tous moyens de conciliation, se concilier si faire se peut, traiter, transiger;

composer ; sinon , plaider, opposer, appeler, se pourvoir en cassation ou par requête civile ; obtenir tous jugemens, les faire mettre à exécution ; exercer contre qui il appartiendra toutes poursuites, contraintes et diligences nécessaires ; former toutes oppositions, faire toutes saisies mobilières et immobilières ; prendre inscriptions ; provoquer tous ordres, contributions et distributions de deniers, retirer tous mandemens ou bordereaux de collocation , en toucher le montant ; remettre tous titres et pièces, donner toutes main-levées, consentir tous désistemens et toutes radiations d'inscriptions.

Compromettre, transiger et prendre tous arrangemens, consentir toutes remises, accorder termes et délais ; accepter tous transports, cessions et délégations.

En cas de faillite, requérir toutes appositions, reconnaissances et levées de scellés ; faire procéder à tous inventaires et récolemens ; comparaître à toutes assemblées de créanciers, prendre part à leurs délibérations, nommer tous syndics et séquestres ; signer tous contrats d'union et d'atermoiement, en poursuivre l'homologation ; faire vérifier les créances du constituant, affirmer qu'elles sont sincères et véritables, et qu'il n'a prêté son nom directement ni indirectement à qui que ce fût, ainsi que le constituant l'a présentement affirmé entre les mains des notaires soussignés.

Au sujet de ce que dessus, passer et signer tous actes, élire domicile, nommer et constituer tous avoués, arbitres, surarbitres, experts et tiers-experts, les révoquer, en constituer d'autres ; substituer une ou plusieurs personnes en tout ou en partie des présens pouvoirs ; et généralement, etc.

Fait et passé, etc.

18. *Pouvoirs de toucher les arrérages de rentes sur l'état.*

Recevoir de tous trésoriers , caissiers, payeurs, ou autres personnes qu'il appartiendra, les arrérages échus et à échoir de toutes rentes perpétuelles ou viagères appartenantes ou qui pourront appartenir au constituant et qui lui sont ou seront dues par le gouvernement ; en donner quittances, signer tous acquits et émargemens ; et généralement, etc.

Pouvoirs de poursuivre toutes liquidations de créances sur le gouvernement.

Poursuivre toutes liquidations de créances sur le gouvernement , produire tous titres et pièces, les certifier véritables ; faire toutes déclarations et affirmations ; retirer toutes ordonnances , bons, mandats, inscriptions, et autres effets qui pourront être donnés en paiement ; recevoir le montant desdites ordonnances, bons et mandats ; faire tous transferts, en toucher le prix ; donner toutes quittances et décharges valables.

19. *Intitulé d'une procuration donnée par une femme à son mari.*

Par-devant, etc.

Fut présente dame   , épouse de M.   , demeurant à   , et dudit sieur   son mari, aussi présent, spécialement autorisée à l'effet de ce qui suit.

Laquelle a fait et constitué, etc.

Voyez, ci-devant, page 86, la formule d'un acte d'autorisation, quand la femme est éloignée de son mari.

20. *Pouvoirs pour s'inscrire en faux.*

Défendre sur la demande formée contre le constituant par le sieur B   , suivant assignation qui lui a été donnée à la requête dudit sieur B   par exploit de   huissier à   , en date du   ; en conséquence, comparaître devant tous juges et tribunaux, y faire tous dires, réquisitions, protestations et réserves que besoin sera; opposer tous moyens de défense, requérir toute reconnaissance et vérification d'écriture, notamment à l'égard des mots *approuvé l'écriture ci-dessus* et des signatures *T*   prétendus avoir été mis par ledit constituant au bas d'un pouvoir qu'on prétend avoir été donné par lui au sieur B   , daté de   , le   ; dénier, s'il y a lieu, lesdits *approuvé et signatures*; présenter toutes requêtes à l'effet d'en ordonner la vérification; requérir la nomination de tous experts et tous dépôts de pièces; comparaître devant tous juges commissaires; produire toutes pièces de comparaisons; faire telles réquisitions et observations que le procureur constitué avisera. Prendre connaissance du rapport des experts; faire entendre tous témoins; enfin, s'inscrire, si le cas y échoit, en faux principal ou incident; faire toutes sommations, significations et déclarations; poursuivre l'audience à l'effet de faire admettre l'inscription et faire nommer le commissaire devant lequel elle devra être poursuivie; établir les faits, circonstances et preuves tendans à prouver le faux; obtenir tous jugemens, les faire mettre à exécution.

Aux effets ci-dessus, constituer tous avoués, les révoquer, en constituer d'autres; plaider, opposer, appeler, former toutes oppositions, passer et signer tous actes, élire domicile, substituer; et généralement faire tout ce que le procureur constitué jugera convenable, promettant l'avouer.

21. *Procuration pour recueillir une succession.*

Par-devant, etc.
    Furent présens :
M. Alphonse P   , et dame Rose F   , son épouse, de lui autorisée, demeurans ensemble à Orléans, rue   , n°   .

« Ladite dame P   habile à se porter héritière pour un » sixième (*ou* en partie), par représentation de M. F   , son » père, de dame Clotilde F   sa tante, décédée à   , » le   , veuve de M. C   . »

Lesquels ont, par ces présentes, fait et constitué pour leur mandataire général et spécial M

Auquel ils donnent pouvoir de, pour eux et en leurs noms, recueillir la succession de ladite dame veuve C   .

En conséquence, faire apposer tous scellés ou s'opposer à leur apposition; requérir la levée avec ou sans description de ceux qui pourraient avoir été apposés; faire procéder à l'inventaire des biens dépendans de ladite succession; faire, en procédant, tous dires, réquisitions, déclarations, protestations et réserves; choisir les officiers, gardiens et dépositaires; signer toutes vacations et procès-verbaux; introduire tous référés.

Prendre connaissance des forces et charges de ladite succession, notamment de toutes dispositions entre-vifs ou à cause de mort, les approuver ou contester, demander ou consentir la délivrance de tous legs, accepter ceux qui seroient faits à Madame P   ; par suite de cette connaissance, accepter ladite succession purement et simplement ou sous bénéfice d'inventaire, y renoncer même si elle est plus onéreuse que profitable, faire à cet effet les déclarations et affirmations nécessaires au greffe de tel tribunal qu'il appartiendra.

Faire procéder à la vente du mobilier de ladite succession avec ou sans attribution de qualité, obtenir à cet effet les autorisations nécessaires; choisir l'officier public qui procédera à cette vente; entendre son compte, en fixer le reliquat, le toucher, en donner décharge.

Recevoir toutes les sommes qui pourront être dues à ladite succession, payer celles qu'elle pourra devoir légitimement, le tout tant en principaux qu'intérêts, frais et autres accessoires, à quelque titre et pour quelque cause que ce soit.

Compter avec tous débiteurs, comptables, créanciers et autres qu'il appartiendra, représenter ou se faire fournir tous titres de créances, les approuver ou critiquer, entendre, débattre, clorre et arrêter tous comptes, en fixer le reliquat, le recevoir ou payer, ou bien demander et accorder termes et délais, prendre tous arrangemens, traiter, composer, transiger, faire même ou accepter toutes remises.

Faire toutes déclarations de succession, les affirmer sincères et véritables, payer tous les droits, en retirer quittance.

Procéder à tous comptes, liquidations et partages des biens dépendans de ladite succession; former les masses, y faire et exiger tous rapports; consentir toutes déductions et tous prélèvemens, le tout en principaux et intérêts; dresser les lots, les tirer au sort, accepter celui ou ceux qui écherront à Madame P   ; faire ou accepter tous abandonnemens; payer ou recevoir soutes, laisser tous objets en commun, conférer les pouvoirs nécessaires pour leur gestion et administration, et pour le recouvrement des créances qui en pourraient faire partie.

Louer et affermer pour le tems, moyennant le prix et aux charges, clauses et conditions les plus avantageux, tout ou partie des immeubles qui pourraient être laissés en commun ou seraient échus à ma dite dame P   .

Passer et signer tous baux, les résilier, en passer de nouveaux, donner et accepter tous congés.

Passer ou requérir tous titres nouvels.

Recevoir tous fermages, loyers et arrérages de rentes, échus et à échoir, en donner quittances.

Payer toutes contributions ou les faire acquitter par les fermiers et locataires.

Faire faire aux immeubles les réparations nécessaires; arrêter, à cet effet, tous devis et marchés avec tous entrepreneurs et fournisseurs; faire régler tous mémoires, les solder.

Transporter et transférer toutes rentes sur l'Etat ou sur particuliers, en toucher le prix, en donner quittances.

Vendre, à l'amiable ou de toute autre manière, les immeubles qui seront laissés en commun, ou ceux qui seront abandonnés à Mme P   ; faire ces ventes aux charges, clauses et conditions, et moyennant les prix les plus avantageux; stipuler toutes garanties et solidarités; fixer les époques d'entrée en jouissance et de paiement; soumettre les constituans au rapport des main-levées æt certificats de radiations des inscriptions qui pourraient gréver les biens vendus; faire toutes déclarations relatives à leur état civil, toucher le prix desdites ventes, avec ou sans intérêts suivant qu'il aura été convenu.

De toutes sommes reçues ou payées, donner ou retirer quittances et décharges valables; consentir toutes mentions et subrogations; faire et accepter tous transports, cessions et délégations, le tout avec ou sans garantie; remettre ou se faire fournir tous titres et pièces, en donner ou retirer décharge.

A défaut ou refus de paiement, et en cas de contestations au sujet de ce que dessus, exercer contre qui il appartiendra toutes poursuites, contrainte et diligences nécessaires; en conséquence, citer et comparaître sur toute citations, devant tous bureaux de paix, s'y concilier si faire se peut traiter et transiger, composer, accorder termes et délais; en cas de non conciliation, suivre devant les tribunaux compétens, constituer tou avoués et avocats, les révoquer, en constituer d'autres; plaider, opposer appeler, obtenir tous jugemens et arrêts, les faire lever, signifier et exé cuter, ou en interjeter appel, suivre jusqu'à jugemens définitifs; forme toutes oppositions, saisies et inscriptions hypothécaires; donner du tot main-levée, ainsi que de toutes inscriptions prises antérieurement; con sentir toutes radiations, même d'inscriptions d'office; passer et signer tou actes, élire domicile, substituer, et généralement faire tout ce qui ser nécessaire, quoique non prévu ni exprimé en ces présentes, promettan l'avoir pour agréable, s'obligeant, etc.

Fait et passé, etc.

22. Formule d'une procuration générale.

Par-devant, etc.
Fut présent M. A

Lequel étant sur le point de faire un voyage de long cours, et ne vo lant pas que ses affaires, non plus que celles des personnes dont les inté rêts pourront avoir quelques rapports avec les siens, souffrent de s absence;

A, par ces présentes, fait et constitué pour son mandatair e général spécial, M. B , auquel il a déclaré donner pouvoir de, pour l et en son nom, régir, gérer et administrer, tant activement que passiv ment, tous les biens et affaires du constituant; en conséquence d'agir de stipuler pour lui dans tous les actes et dans toutes les circonstances il serait intéressé;

Toucher et recevoir de qui il appartiendra, tous loyers, fermag arrérages de rentes, intérêts de capitaux et autres revenus échus et échoir par la suite, ainsi que toutes sommes principales, résultant d'obligations, contrats, billets ou autres titres, même tous rembourseme de rentes, offerts ou exigibles; et généralement toutes les sommes qui so ou pourront être dues au constituant, tant en capitaux qu'intérêts et frai à quelque titre, pour quelque cause et par quelque personne que ce puis être.

Entendre, débattre, clorre et arrêter tous comptes, en fixer les re quats, les recevoir ou payer, selon qu'ils seront actifs ou passifs;

Faire ou accepter toutes offres réelles;

Payer toutes les sommes que le constituant peut ou pourra dev légitimement, en principal et intérêts;

Faire et accepter tous transports, cessions et délégations, aux charge clauses et conditions que le procureur constitué jugera convenables.

Transférer les rentes sur l'État, etc. (*Voyez les n°s 2 et 3 qui précèdent.*)

Passer ou requérir tous titres nouvels, y faire toutes réserves. Recueillir toutes les successions qui pourront échoir au constituant; les accepter purement et simplement ou sous bénéfice d'inventaire; y renoncer, dans le cas où elles seraient plus onéreuses que profitables; à cet effet, faire toutes déclarations et affirmations que besoin sera.

Requérir toutes appositions, reconnaissances et levées de scellés, avec ou sans description; ou s'y opposer, si le mandataire le juge à propos; faire procéder à tous inventaires et ventes mobilières; y faire tous dires, réquisitions, protestations et réserves que besoin sera; prendre connaissance de tous testamens, donations et autres actes de libéralité, entre-vifs ou à cause de mort; contester ou consentir l'exécution; accepter toutes donations, faire et accepter toutes délivrances de legs.

Faire faire toutes estimations d'immeubles, ainsi que tous mesurages, arpentages et bornages de biens ruraux; nommer tous experts, signer tous procès-verbaux; approuver ou contredire ces opérations.

Procéder soit à l'amiable, soit en justice, à tous comptes, liquidations et partages de biens mobiliers et immobiliers composer toutes masses, y faire et requérir tous rapports, y laisser tous objets en commun, consentir tous prélèvemens et déductions; former tous lots, accepter ceux qui écherront au constituant, faire et accepter tous abandonnemens et délaissemens nécessaires, payer et recevoir soutes; consentir ou se faire faire la remise de tous titres et pièces; procéder également, à l'amiable ou en justice, à toutes licitations de biens immeubles indivis.

Vendre, à l'enchère ou autrement, tout ou partie des meubles, créances, rentes et biens immeubles, qui peuvent appartenir ou pourront appartenir par la suite au constituant, et ce aux meilleurs prix, charges, clauses et conditions que faire se pourra. (*Voyez la suite au n° 9.*)

Faire tous échanges que le procureur constitué jugera avantageux.

Payer tous droits de mutation, faire à ce sujet toutes déclarations et affirmations convenables.

Acquérir tous biens meubles, rentes, créances ou immeubles; en payer le prix. (*Voyez le n° 8.*)

Faire tous emprunts que le procureur constitué jugera nécessaires, soit pour payer le prix des acquisitions, soit pour toutes autres choses; obliger le constituant au remboursement des sommes prêtées et au paiement des intérêts; affecter et hypothéquer tout ou partie de ses biens immeubles, le soumettre aux peines du stellionat. Donner tous meubles en gage et tous immeubles en nantissement ou antichrèse.

Faire tous emplois et placemens de fonds, par obligations, billets ou autrement; passer et accepter toutes obligations et constitutions de rentes, viagères ou perpétuelles.

Faire faire aux maisons et bâtimens qui appartiennent ou pourront appartenir au constituant, toutes les réparations, augmentations et constructions que le procureur constitué jugera utiles et convenables; à cet effet, arrêter tous devis et faire tous marchés; régler tous mémoires d'ouvriers et fournisseurs, les acquitter.

Passer et renouveler tous baux à ferme ou à loyer, etc. (*La suite au n° 5.*)

De toutes sommes que le procureur constitué touchera ou paiera en vertu des présentes, donner quittances et décharges bonnes et valables; consentir et requérir toutes mentions et subrogations nécessaires, avec ou sans garantie.

Retirer de tous bureaux de poste ou de messagerie, les paquets, lettres chargées, caisses ou ballots qui seraient adressés au constituant ; se faire remettre tous dépôts, en donner décharges.

Contracter et dissoudre toutes sociétés au nom du constituant; prendre et acquérir tous intérêts dans les entreprises que le mandataire croira avantageuses ; y faire toutes mises de fonds, obliger le constituant à exécuter toutes les conditions qui lui seront imposées.

Comparaître à toutes assemblées de famille, relativement aux mineurs dont le constituant serait parent ou allié ; y délibérer, déférer ou accepter toutes qualités de tuteurs ou subrogés-tuteurs ; prêter tous sermens; accorder ou refuser les autorisations qui seront demandées.

En cas de faillite, (*Voyez le* n° 17.)

Donner toutes main-levées, consentir toutes radiations partielles ou définitives d'inscriptions qui ont pu être prises ou pourront l'être par la suite au profit du constituant,

Passer et signer tous actes, élire domicile, substituer en tout ou en partie des présens pouvoirs telles personnes que le mandataire constitué jugera convenables, et généralement, etc. (*Voyez le* n° 1.)

Si le constituant était un commerçant, on insérerait encore les pouvoirs qui suivent:

Faire et continuer toutes les opérations du commerce du constituant; en conséquence, acheter et vendre toutes marchandises, se charger de toutes commissions, faire tous chargemens, prendre toutes assurances, souscrire tous billets à ordre, effets de commerce et autres engagemens; tirer et accepter toutes lettres de change, signer tous endossemens et avals; arrêter tous comptes, faire tous protêts, dénonciations, comptes de retour, exercer tous recours en garantie, signer la correspondance.

Procuration à l'effet de consentir au mariage, de constituer une dot, etc.

Voyez page 150 et suivantes.

TITRE CINQUANTE-CINQUIÈME

PROROGATION DE DÉLAI.

§ . Ier.

Définition.

Une *prorogation* est un nouveau délai que le créancier accorde à son débiteur pour le paiement de la somme à lui due, résultante d'une obligation ou autre acte, pendant lequel temps les droits du créancier demeurent dans le même état, même contre la caution. (*Art.* 2039 *du C. C.*)

Presque toutes les *prorogations* sont faites entre les parties par actes sous signatures-privées ; mais la prudence ne demanderait-elle pas, dans certaines circonstances, qu'elles fussent consenties par actes notariés et même notifiées au conservateur des hypothèques, qui en ferait mention sur ses registres, en marge de l'inscription ?

§ . II.

Formule.

Par-devant, etc. Fut présent M. **A**

Lequel, sur la demande de M. **B**   , et pour l'obliger, a, par ces présentes, consenti de proroger de   ans, à compter du   , le délai par lui précédemment accordé audit sieur **B**   , pour le paiement de la somme de   , montant de l'obligation par lui souscrite au profit de M. **A**   , devant Me   , sous la réserve de tous les droits, actions et hypothèques résultans en sa faveur de ladite obligation.

En conséquence, M. **B**   , à ce présent, s'est obligé de payer ladite somme de   à M. **A**   le   , et de lui en continuer l'intérêt sur le pied de cinq pour cent sans retenue, ainsi qu'il a été stipulé dans l'obligation sus-énoncée, qui demeure dans toute sa force et vertu, n'y étant rien dérogé ni innové par ces présentes.

Dont acte, etc.

TITRE CINQUANTE-SIXIÈME

PROTESTATION.

§. Ier.

Définition.

On entend par *protestation* la déclaration que fait quelqu'un pour détruire ou empêcher l'effet d'un acte qui pourrait lui porter préjudice, et contre lequel il est dans l'intention de se pourvoir en temps et lieu.

§. II.

Observations.

Cet acte, dit M. Massé, n'est point de style, et il dépend absolument des circonstances de l'affaire dont il s'agit, il suffit de remarquer qu'après la comparution de celui qui proteste, on exprime le motif pour lequel il proteste, ou la chose contre laquelle il proteste, et l'on termine par cette phrase :

Protestant de nullité de   et de tout ce qui pourrait être fait en conséquence ; de quoi il a requis le présent acte, qui lui a été octroyé pour lui servir et valoir en temps et lieu, ce que de raison.

Il se rencontre peu de cas où les protestations reçoivent leur effet. (*Parfait notaire*, tome III, page 288.)

§. III.

Formule.

Aujourd'hui a comparu devant, etc.
Dame   veuve du sieur
demeurante à
Laquelle, après avoir pris communication de la signification qui vient d'être faite à Me   , avoué à   , par exploit de   , huissier à   , en date du
(et dont l'enregistrement n'appert, cette communication ayant eu lieu sur la copie), d'un acte passé le   , devant Me R   , notaire à   , le

A déclaré, pour rendre hommage à la vérité, qu'elle n'a signé l'acte en question qu'à la sollicitation d'un *tel*; que d'ailleurs elle n'en a pas saisi le contenu, ce dernier lui ayant fait entendre qu'il s'agissait seulement d'arrêter des frais considérables qui allaient être faits et qui seraient en pure perte pour elle;

Qu'il est de toute fausseté qu'elle ait fait inviter ledit M⁰   , son avoué, de suspendre les poursuites encommencées à sa requête contre   , ainsi qu'on l'a déclaré dans l'acte passé devant M⁰ R   ; qu'ainsi ledit M⁰   , son avoué, n'a fait que son devoir en continuant ces poursuites.

Pourquoi, elle a révoqué toutes les déclarations et les pouvoirs contenus dans l'acte passé devant M⁰ R   , le   ; et a protesté contre tout usage qui pourrait en être fait, etc.

Dont acte, etc.

TITRE CINQUANTE-SEPTIÈME.

PROTÊT.

----

§. Ier.

Définition.

LE *protêt* est un acte par lequel, faute d'acceptation ou de paiement d'une lettre-de-change, on déclare que celui sur qui elle est tirée et son correspondant seront tenus de tous les préjudices qu'on en recevra.

§. II.

Code de commerce.

§. III.

Observation.

Les notaires n'étant point dans l'usage de faire des protêts, regardant ces actes comme étant plus du ministère des huissiers que du leur, on s'est dispensé d'en donner ici la formule.

TITRE CINQUANTE-HUITIÈME.

QUITTANCES.

§. Ier.

Définition.

L<small>A</small> *quittance* est un acte par lequel le créancier reconnaît avoir reçu tout ou partie de ce qui lui était dû, et en tient quitte son débiteur.

§. II.

Code civil.

§. III.

Jurisprudence.

1. Le créancier ne peut être forcé de recevoir en paiement

des billets de banque, ni de la monnaie étrangère. (*Décret du 18 août* 1810.) Dans les paiemens, il est permis de faire emploi de la monnaie de billon, pour un quarantième et les appoints, il n'est pas permis d'en faire emploi, contre le gré du créancier, au-delà du quarantième, quel que soit l'usage local. A cet égard, les règles établies pour les caisses publiques, sont également établies de particulier à particulier. Dans ce quarantième, il ne faut pas employer les pièces de dix centimes dont la fabrication a été ordonnée par la loi du 15 sept. 1807; elles ne valent que pour appoint d'un franc et au-dessous. (*Cass.*, 28 *mai* 1810.)

2. Le détenteur d'un immeuble qui paie, en cette qualité, une dette pour laquelle son vendeur et ses co-héritiers étaient tenus solidairement, peut exercer son secours contre chaque héritier pour la totalité. (*Cour de cass.*, 27 *février* 1816.)

3. Les offres réelles des arrérages échus d'une rente sont nulles, si elles n'ont pas été faites dans la maison même désignée pour le paiement par l'acte constitutif de la rente, encore que ces offres aient été faites dans la même ville et parlant à la personne du créancier. (*Cass.*, 8 *avril* 1818.)

4. Le débiteur est tenu des frais de la quittance (*Art.* 1284 *du C. C.*) Il est également tenu de payer les droits de timbre, lorsqu'il se contente d'une quittance sous seing-privé. (*Art.* 9 *de la loi du* 10 *juin* 1791.) C'est au débiteur à payer l'amende causée par une quittance délivrée sur papier libre (*Cour de cass.*, 2 *fructidor an IX et* 28 *août* 1809); mais la régie peut s'adresser au créancier, sauf son recours. (*Art.* 75 *de la loi du* 28 *avril* 1816.)

§. IV.

Observations.

1. Il arrive souvent que des personnes qui doivent des sommes par obligations ou par autres actes, viennent dans les études de notaires, faire signer par leurs créanciers, la main-levée des inscriptions prises sur leurs biens, et qu'elles se contentent de quittances sous signatures-privées, avec la remise des pièces.

Quelquefois même, des acquéreurs paient par quittance sous signatures-privées qui peuvent s'égarer ou être soustraites, le prix des immeubles à eux vendus.

Le devoir des notaires est d'employer tout le crédit qu'ils peuvent avoir sur l'esprit de leurs cliens, pour les déterminer à suivre la marche que leur prescrit leur propre intérêt.

2. Lors du paiement d'un prix d'immeuble, il est nécessaire d'annoncer, dans la quittance, que le paiement est fait au moyen

de ce que les formalités prescrites par la transcription et la purge ont été remplies, et de rendre compte, par ordre de dates, de tout ce qu'on a fait à cet égard.

3. On appelle déclaration d'emploi la déclaration que fait une personne dans une quittance qui lui est donnée, que les deniers qui viennent de servir à sa libération, proviennent du prêt qui lui avait été fait, pour être employés à ce paiement, suivant obligation, etc.

4· Quand le créancier ne reçoit pas la totalité de ce qui lui est dû, il fait, par la quittance, les réserves convenables. (*C. C.*, art. 1908.)

5. Lorsque, par un acte postérieur à la vente, l'acquéreur paie en l'absence du vendeur, le prix de son acquisition au créancier de celui-ci, qui l'a subrogé dans tous ses droits, malgré la double libération, il ne peut y avoir ouverture qu'à un seul droit proportionnel de 5o centimes par 100 fr. (*Art.* 5854, 5935 *et* 6035 *du Journal de l'enregistrement.*)

§. V.

Formule.

Quittance d'arrérages de rente.

En présence de Me   et de son collègue, notaires royaux à   , soussignés;

Demoiselle B   , fille majeure, demeurante à   ,

A, par ces présentes, reconnu avoir reçu de M. L   , demeurant à   , au nom et comme tuteur du mineur P   , petit-fils de M. A   , ci-après nommé;

La somme de trois cents francs en numéraire compté et réellement délivré à la vue des notaires soussignés, pour les six mois échus le onze novembre présent mois, de la rente viagère de   léguée à ladite demoiselle B   , par M. A   décédé à   , suivant le testament olographe par lui fait en date du   , etc.   Dont quittance.

Mention des présentes sera faite sur toutes pièces que besoin sera par tous notaires de ce requis.

Fait et passé à   , etc.

Variations.

1. Quittance de loyers.

La somme de   pour trois mois échus le   , du loyer de la maison qu'il occupe et que M. A   lui a louée par bail passé devant   , etc.

2. Quittance d'une obligation.

La somme de　　　　　　　, en espèces d'argent ayant cours, comptées et réellement délivrées à la vue des notaires soussignés, dont
francs pour le montant d'une obligation (*ou bien* : pour le remboursement du principal d'une obligation) souscrite à son profit par M. B　　　　　　, suivant acte passé en minute devant Me et son collègue, notaires à　　　　　　, le　　　　　　, dûment enregistré ;

Et　　　　　　pour l'année échue aujourd'hui des intérêts de ladite obligation. Dont quittance.

Au moyen de ce paiement, M. A　　　　　　a donné mainlevée, etc.

(*Voyez pour la main-levée de l'inscription, page* 243.)

M. A　　　　　　a présentement remis à M. B　　　　　　; qui l'a reconnu, la grosse de l'obligation ci-dessus datée et énoncée, et le bordereau de ladite inscription. Dont décharge.

Les parties ont consenti que mention des présentes fût faite, même en leur absence, sur toutes pièces que besoin serait, par tous notaires de ce requis.

3. Quittance d'un paiement qui a eu lieu en plusieurs fois de sommes dues par jugement.

M. A　　　　　　a reconnu avoir reçu tant précédemment qu'aujourd'hui de M. B　　　　　　, en espèces d'argent ayant cours, la somme de　　　　　　, savoir : 1°　　　　　　francs, montant des condamnations en principal prononcées au profit de M. A contre M. B　　　　　　, aux termes d'un jugement contradictoirement rendu entre les parties par le tribunal de première instance séant à　　　　　　, le　　　　　　, dûment enregistré et signifié, et pour les causes y énoncées; 2°　　　　　　francs pour les intérêts de cette somme, depuis le　　　　　　jusqu'à ce jour, eu égard aux diverses époques où les paiemens ont été effectués; 3° et pour les frais de poursuites, de procédures et de jugement, y compris le coût de l'inscription ci-après énoncée. Dont quittance, ainsi que de toutes choses quelconques relativement auxdites condamnations.

Toutes quittances particulières qui ont pu être précédemment données, ne feront qu'une seule et même chose avec ces présentes.

(*Pour la suite, voyez le* n° 2 *qui précède.*)

4. Remboursement de rente.

La somme de　　　　　　, etc.

Savoir : 1° 395 francs 6 centimes (ou 400 livres tournois) pour le principal et remboursement sur le pied du denier vingt, de 19 francs 75 centimes (ou 20 livres tournois) de rente foncière, annuelle et perpétuelle, moyennant laquelle M. L　　　　　　, propriétaire à　　　　　　, a vendu au sieur B　　　　　　, cultivateur, et à dame L　　　　　　son épouse, demeurans à　　　　　　, treize ares cinquante centiares (trente-neuf perches et demie) de terre sis au terroir de　　　　　　.

lieu dit les Closeaux, suivant contrat passé devant M^e et son collègue, notaires à , le , dûment enregistré.

2° Et 57 francs 65 centimes (ou 58 livres 7 sous) pour deux ans et onze mois des arrérages de ladite rente échus jusqu'à ce jour.

Cette rente appartient maintenant à Madame D en qualité de légataire particulière de M. L , etc.

De laquelle première somme de 395 francs 6 centimes, Madame D a quitté et déchargé M. B , ainsi que de toutes choses généralement quelconques relativement à ladite rente.

Au moyen de ce remboursement, etc. (*Le reste, comme au n° 2.*)

5. Commencement d'une quittance ensuite d'un contrat de vente.

Et le en présence de M. , etc.

M. B dénommé, qualifié et domicilié au contrat de vente dont la minute est des autres parts, a reconnu avoir reçu de M. D , aussi dénommé, qualifié et domicilié audit contrat, à ce présent, la somme de , etc.

6. Quittance avec subrogation conventionnelle.

En présence de , etc.

M. A , a reconnu avoir reçu de M. B , a ce présent, la somme de 6,000 francs, en pièces de cinq francs comptées et réellement délivrées à la vue des notaires soussignés, et des deniers provenans de l'emprunt ci-après déclaré, pour solde du prix de la vente que M. A a faite à M. B , d'une maison située à , suivant contrat passé devant M^e et son collègue, notaires à , le , contenant le paiement du surplus de ce prix.

De laquelle somme de 6,000 francs, M. A a quitté et déchargé M. B , ainsi que de toutes choses quelconques.

Il est observé que ledit contrat de vente a été transcrit au bureau des hypothèques de , le , vol. , n° . Qu'à cette transcription il ne s'est trouvé que trois inscriptions, dont celle d'office prise au profit de M. A contre M. B , pour raison de ladite somme de 6,000 francs; que les deux autres ont été rayées définitivement le ; que, pendant la quinzaine qui a suivi cette transcription, il n'est survenu aucune inscription; enfin, que pendant l'accomplissement des formalités prescrites par la loi pour purger les hypothèques légales (1), il n'est survenu non plus aucune inscription de cette nature : le tout ainsi que le constatent l'état et les certificass délivrés par le conservateur des hypothèques du bureau de , en date des

M. B a déclaré que les 6,000 francs par lui présentement payés à M. A , lui provenaient de l'emprunt qu'il a fait de

---

(1) Souvent, on détaille ces formalités; on en trouvera le modèle dans les formules du contrat de vente, à l'*Établissement de propriété.*

M. C   , suivant obligation devant M^e   , qui en a la minute, et son collègue, notaires à   , le   , enregistrée : fesant cette déclaration pour satisfaire à la promesse contenue en ladite obligation, et afin qu'attendu l'origine des deniers, M. C   ' ait et acquière privilége sur ladite maison, et soit subrogé aux droits, actions, priviléges et hypothèques de M. A   , pour raison de ladite somme de 6,000 fr., notamment dans l'effet de l'inscription d'office prise à son profit contre ledit sieur B   , au bureau des hypothèques de   , le   , vol.   , n°   ; laquelle subrogation, ledit sieur A   a, en tant que de besoin, volontairement consentie, mais sans, de sa part, aucune garantie ni restitution de deniers, de manière qu'il ne pût être exercé aucun recours contre lui.

Les parties ont consenti qu'il fût fait mention des présentes, même en leur absence, sur les minute et expédition dudit contrat de vente, par tous notaires de ce requis.

Dont acte, etc.

Style de la mention à mettre en marge de l'expédition.

Les 6,000 francs qui restaient dus sur le prix de la vente, dont expédition est ci-contre, ont été payés par M. B   à M. A   , des deniers de M. C   , au profit duquel il a été consenti subrogation, suivant quittance passée devant mon collègue et moi, notaires à   , soussigné, qui en ai la minute, le   , dûment enregistrée, et portant pouvoir de faire la présente mention.

TITRE CINQUANTE-NEUVIÈME.

RAPPORT POUR MINUTE.

---

§. Ier.

Définition.

LE *rapport pour minute* est un acte par lequel on rapporte à un notaire un précédent acte qui a été délivré en *brevet*, pour être mis au rang de ses minutes, et en être délivré des expéditions à qui de droit.

§. II.

Observations.

On fait signer l'acte de rapport par la personne qui représente le brevet.

Ce rapport ne peut être fait que dans l'étude du notaire qui a reçu le brevet.

§. III.

Formule.

Aujourd'hui a comparu, etc.
M. A
Lequel a, par ces présentes, rapporté pour minute à M^e
l'un des notaires soussignés, à l'effet de lui en être délivré une grosse, le
brevet-original d'une obligation de 200 francs passée devant ledit M°
et son collègue, le   , dûment enregistrée, et souscrite au profit
du comparant par M. B
En conséquence, ce brevet est demeuré ci-annexé, après que mention du rapport y a été faite par les notaires soussignés.
Dont acte : fait et passé, etc.

La mention peut se faire ainsi :

Annexé à la minute d'un acte passé devant les notaires à
soussignés, aujourd'hui   , au moyen du rapport qu'en a fait
M. A

TITRE SOIXANTIÈME.

RATIFICATION.

S. Ier.

Définition.

La *ratification* est un acte par lequel une personne ratifie ce qu'une autre avait fait en son nom.

S. II.

Code civil.

Des actes recognitifs et confirmatifs,　　art. 1337—1340.
Indemnité que doit celui qui s'est porté fort, en
　　cas de non ratification,　　1120.
Effet de la ratification du mineur devenu majeur,　1311.

S. III.

Observations.

1. Un mineur devenu majeur ratifie les actes qui ont été faits pour lui pendant sa minorité, lorsque les formalités prescrites par la loi, pour la validité de ces actes, n'ont pas été remplies.

2. Une femme autorisée de son mari, ratifie l'obligation souscrite hors sa présence, par laquelle son mari l'avait obligée solidairement avec lui, en se portant fort pour elle.

3. Une personne ratifie les engagemens pris en son nom par le fondé de sa procuration, qui s'était porté fort pour elle, lorsque les pouvoirs n'étaient pas tout-à-fait spéciaux.

4. On fait presque toujours ratifier une vente d'immeubles, faite en vertu d'une procuration même spéciale.

S. IV.

Formule.

Aujourd'hui a comparu devant, etc.

Madame Eugénie Duval, épouse de M. Paul Lemaire, avec lequel elle demeure à　　, rue　　, et de lui spécialement autorisée à l'effet de la ratification ci-après, aux termes du contrat de vente dont il va être question.

(*Ou :* autorisée dudit sieur son mari, pour ce présent.)

Laquelle, « après avoir pris communication et que lecture lui a été faite
» par Mᵉ l'un des notaires soussignés, en présence de son col-
» lègue, de la grosse représentée auxdits notaires et par eux à l'instant
» rendue, d'un acte passé devant Mᵉ D et son confrère, no-
» taires à Paris, le , enregistré le , contenant obli-
» gation par M. Paul Lemaire, tant en son nom personnel qu'au nom et
» comme s'étant porté fort de la dame son épouse, comparante, au profit
» de M. H , propriétaire, demeurant à Paris, rue ,
» nᵒ , d'une somme de 5,ooo francs pour prêt que M. H
» a fait auxdits sieur et dame Lemaire, de semblable somme que M. Lemaire
» s'est obligé et a obligé sadite épouse solidairement avec lui, de rendre
» et payer à M. H , en sa demeure à Paris, dans les trois années
» du jour de ladite obligation, et de lui en payer l'intérêt, de six mois en
» six mois, sur le pied de cinq pour cent par année, sans aucune retenue ;
» à la sûreté desquels paiemens, M. Lemaire a hypothéqué spécialement
» 8 hectares de terre labourable, en plusieurs pièces, situées à ,
» appartenans à ladite dame Lemaire, ledit acte terminé par la déclaration
» qu'a faite son mari, que ces biens étaient francs et quittes d'hypothèque,
» et que ni lui ni son épouse n'étaient point tuteurs de mineurs, absens
» ou interdits. »

A, par ces présentes, déclaré approuver, confirmer et ratifier ladite obligation, consentant qu'elle soit exécutée en tout son contenu (*ou :* selon sa forme et teneur, *ou :* qu'elle reçoive sa pleine et entière exécution), de même que si elle y avait comparu et l'eût signée.

En conséquence, elle s'est obligée solidairement avec son mari, elle seule pour le tout, à payer à M. H ladite somme de 5,ooo fr. et ses intérêts, aux époques et de la manière déterminées par ladite obligation, sous l'hypothèque et affectation des biens y désignés, sur lesquels M. H pourra former inscription.

Dont acte, pour l'exécution duquel Madame Lemaire a élu domicile en sa demeure susdite, auquel lieu, nonobstant, etc.

Fait et passé, etc.

Si la ratification se fesait ensuite de l'acte ratifié, on le commencerait ainsi :

Et le mil huit cent , a comparu devant, etc. Madame L , etc.; laquelle, après avoir pris communication et lecture de l'obligation passée devant, etc., et dont la minute précède (*ou :* est des autres parts), etc.

TITRE SOIXANTE-UNIÈME.

RECONNAISSANCE D'ÉCRITURE.

§. Iᵉʳ.

Définition.

La *reconnaissance d'écriture* est un acte par lequel une personn
reconnaît qu'un acte sous signature-privée est de lui, et qu
l'écriture qu'on lui représente est de sa main. (*Répertoire a
Jurisprudence.*)

§. II.

Code civil.

Code de procédure.

§. III.

Observations.

1. Les reconnaissances d'écritures privées se font judiciaire
ment ou extra-judiciairement.

2. Celles qui sont faites devant notaires ne confèrent hypo
thèque qu'autant que cette hypothèque y est spécialement con
sentie, et que les biens hypothéqués y sont désignés.

3. S'il s'agit d'un simple billet, le créancier en fait préalable
ment le dépôt au notaire ; le débiteur vient ensuite reconnaîtr
l'écriture ou sa signature.

4. Avant de pouvoir diriger des poursuites en vertu d'un act

sous seing-privé, il faut qu'il ait été enregistré, reconnu en justice et rendu exécutoire par jugement.

§. IV.

Formule.

Aujourd'hui a comparu, etc.

M. A   ; lequel a, par ces présentes, déposé pour minute à Me   , l'un des notaires soussignés, un billet sous signature privé, en date à   , du   , fait sur papier timbré, enregistré à   , le   par   , qui a reçu   . ; contenant reconnaissance par M. B qu'il doit à M. A   la somme de   pour prêt, qu'il avait promis de lui payer le   , etc.

A aussi comparu M. B

Léquel a, par ces mêmes présentes, reconnu que ce billet est sincère et véritable, qu'il l'a écrit de sa main (ou : qu'il l'a fait écrire de la main d'un tiers), et que la signature qui y est apposée est bien la sienne : renouvelant ici, en tant que de besoin, les reconnaissances et engagemens qui y sont exprimés.

De plus, ledit sieur B   a affecté et hypothéqué spécialement au paiement de la somme susdite, une maison située à, etc.

Et, sur la réquisition de MM A et B   , ledit billet est demeuré ci-joint, après qu'ils l'ont eu signé de nouveau en présence des notaires.

Dont acte, etc.

S'il s'agit d'un acte sous seing-privé synallagmatique (*C. C.* 1102.), on le fait déposer et reconnaître par tous ceux qui l'ont signé.

Style.

Aujourd'hui, etc.

Lesquels ont, par ces présentes, déposé, etc.

Et, par ces mêmes présentes, toutes les parties comparantes ont reconnu que l'acte sous seing-privé, ci-dessus énoncé, est sincère et véritable, qu'il a été écrit en entier de la main de   , que les signatures qui y sont apposées sont bien les leurs; renouvelant, etc. (*Comme dans la formule qui précède.*)

TITRE SOIXANTE-DEUXIÈME.

RECONNAISSANCE DES ENFANS NATURELS.

§. Ier.

Code civil.

§. II.

Observations.

1. La reconnaissance du père ne peut être faite que par lui ou son mandataire spécial, et elle doit être entièrement libre et purement volontaire de sa part : c'est la conséquence nécessaire de la disposition de l'article 340 du Code civil. (*M. Massé.*)

2. La légitimation ne peut avoir lieu qu'avant le mariage (art. 331); ainsi, l'enfant naturel reconnu par le père pendant l'existence du mariage avec la mère, comme étant né de l'un et de l'autre antérieurement à leur union, ne peut réclamer les droits d'enfant légitime, lors même que, depuis le mariage, il a constamment et publiquement passé pour tel. (*Arrêt de la Cour de Douai, du* 15 *mai* 1816.)

§. III.

Formules.

1. *Reconnaissance par le père.*

Aujourd'hui a comparu M. A
    Lequel a, par ces présentes, reconnu volontairement et librement pour son fils naturel et simple, Auguste   né de lui et de demoiselle   le   , et inscrit aux registres de l'état civil, etc., comme étant né de ladite demoiselle   e de père inconnu. En conséquence, il a déclaré consentir que ledit Auguste portât désormais le nom de lui sieur A   , au lieu de celui de sa mère.
    Dont acte, etc.

2. *Reconnaissance par la mère.*

Aujourd'hui a comparu demoiselle B

Laquelle, etc. (*Comme dans le modèle précédent.*) comme étant né de père et mère inconnus (*ou* comme étant né de personnes supposées, ainsi que la demoiselle l'a déclaré) : en conséquence, elle a déclaré consentir que ledit A portât désormais le nom d'elle comparante.

Dont acte, etc.

N. B. Les droits des enfans naturels sur les biens de leur père ou mère, sont réglés par le Code civil, art. 756 et suivans.

TITRE SOIXANTE-TROISIÈME.

REMPLACEMENT MILITAIRE.

§. 1er.

Observation.

Les traités qui se font entre les jeunes-gens désignés pour le recrutement de l'armée, et ceux qui s'obligent de les remplacer dans le service militaire, sont reçus et passés par les préfets ou sous-préfets; mais les actes qu'ils dressent n'ont pour objet que de constater la convention relative à la substitution des personnes; toutes les autres conventions nécessaires, notamment les stipulations pécuniaires que contracte le remplacé, ou ses parens ou cautions, peuvent être faites devant notaires, et le remplaçant peut y stipuler surabondamment son obligation de remplacer et les autres engagemens qu'il contracte, sauf à réitérer devant l'autorité compétente, si cela n'a été fait, cette obligation de remplacer. (*M. Massé.*)

§. II.

Formule.

Par-devant, etc.
Ont comparu
M.   Lebrun
stipulant pour M.   son fils, d'une part;
Et Pierre
âgé de   , d'autre part.

Lesquels ont exposé que M. Lebrun fils, qui a complété sa vingtième année en 1819, a participé au tirage qui a eu lieu à E   , le   1820, entre les jeunes gens appelés pour le recrutement de l'armée, en exécution de la loi du 10 mars 1818;

Que le n° 10 lui étant échu, il est définitivement appelé à faire partie du contingent assigné au canton de R   (*ou bien :* il est désigné pour faire partie du contingent cantonnal de R   )

Que ledit sieur Pierre   s'étant offert de le remplacer, et ayant été accepté comme remplaçant de M. Lebrun fils, par M. le préfet de   , suivant son arrêté en date du   ;

Ils sont convenus entre eux de ce qui suit :

Le sieur Pierre   s'est obligé à remplacer M. Lebrun fils

dans son service militaire aux armées, pendant tout le temps et de la
même manière que ce dernier en serait tenu, et de sorte qu'il ne soit
aucunement inquiété, poursuivi ni recherché à ce sujet.

Ledit sieur Pierre   s'est engagé à justifier à M. Lebrun de sa
présence au corps, toutes les fois qu'il en sera requis.

Ces obligations et engagemens ont été contractés par le sieur Pierre,
moyennant la somme de 1,200 francs, que M. Lebrun père s'est obligé
de lui payer, savoir : 200 francs dans six semaines, etc.

Ces paiemens seront faits à   entre les mains du fondé de
pouvoir du sieur Pierre   ou de telle personne qu'il lui plaira de
désigner, si mieux il n'aime que l'argent lui soit envoyé par la poste à ses
frais.

Pour l'exécution des présentes, etc.

Quelquefois le remplacé ou son père hypothèque des biens à
la garantie de la somme qu'il doit payer au remplaçant. Dans ce
cas, on ajoute :

A la garantie des obligations que vient de contracter M. Lebrun, il a
affecté et hypothéqué spécialement *tel immeuble*, etc.

TITRE SOIXANTE-QUATRIÈME.

RÉPARATION D'HONNEUR.

---

§. Ier.

Définition.

LA *réparation d'honneur* est un acte par lequel on reconnaît le tort qu'on a eu d'injurier une personne.

§. II.

Observation.

La réparation d'honneur envers de simples particuliers, est, en justice, une aggravation de peine que le Code pénal n'autorise point, et en la prononçant, il y aurait violation de l'art 4. (*Arr. de la cour de cass. des* 20 *juillet* 1814 *et* 8 *juillet* 1813.) Les parties injuriées ne peuvent donc conclure qu'à des dommages-intérêts; mais souvent, il survient transaction, au moyen de la réparation que fait, devant notaire, la personne qui a offensé.

§. III.

Formule.

Aujourd'hui a comparu, etc.
Le sieur P

Lequel a, par ces présentes, déclaré et reconnu que c'est à tort et mal-à-propros s'il a injurié la dame   ,
étant sur la place de   , à   ,
le *tel jour*; que c'est par suite d'emportement involontaire, s'il lui a tenu les propos énoncés en la demande qu'elle a formée contre lui le   ,
par exploit de   , huissier à   , etc. Qu'il est fâché de n'avoir pu réprimer cet emportement, reconnaissant ladite dame
comme femme d'honneur et de probité, et non coupable des imputations qu'il a pu lui faire.

Est intervenue ladite dame....

Laquelle a déclaré se contenter de la réparation à elle ci-dessus faite par ledit sieur   ; et se désister, en conséquence, de ladite demande, à la charge seulement par le sieur P   de payer tous les frais.

Dont acte, etc.

TITRE SOIXANTE-CINQUIÈME.

RÉSILIATION DE BAIL.

§. Ier.

Définition.

La *résiliation de bail* est un acte par lequel on dissout et annule un bail.

§. II.

Observations.

1. Le contrat de louage, de même que tous les autres contrats, peut cesser par le concours de la volonté des parties contractantes.

2. La résiliation est consentie avec ou sans indemnité.

3. L'indemnité est assez souvent stipulée au profit du bailleur, lorsque surtout c'est le locataire qui a sollicité la résiliation : quelquefois aussi, l'indemnité est au profit du preneur, ce qui arrive lorsque le propriétaire est intéressé à la résiliation.

4. L'indemnité peut consister ou dans une somme payée comptant ou payable à une époque déterminée, ou dans la remise des loyers échus, ou dans la décharge donnée par le bailleur au preneur de faire les réparations locatives et de rétablir les lieux dans l'état où ils étaient lors de son entrée en jouissance ; ou dans le consentement à ce que le bailleur retienne les embellissemens que le preneur a pu faire.

§. III.

Formule.

Par-devant, etc.

Furent présens M. A   , d'une part, et M. B   , d'autre part.

Lesquels ont, par ces présentes, volontairement consenti la nullité et résiliation pure et simple, pour tout le tems qui reste à courir, à compter du   , du bail fait par M. A   à M. B   , pour   années, qui ont commencé le   , moyennant   francs, de loyer annuel, d'une maison située à, etc., suivant acte passé devant, etc.

Au moyen de quoi, ce bail sera et demeurera sans effet, comme non fait ni avenu, à compter du   , auquel jour M. B sortira de ladite maison et la rendra à M. A   , libre, vide et nette, en bon état de réparations locatives, et dans l'état où il l'a reçue.

M. A   a fait réserve de tous ses droits et actions résultans dudit bail, contre M. B   , pour raison tant desdites réparations locatives que des loyers qui seront dus et échus au *tel* jour.

Cette résiliation a été ainsi consentie, sans indemnité de part ni d'autre.

Dont acte, etc.

S'il y avait indemnité, on dirait :

Cette résiliation, qui a été sollicitée par le preneur, a été consentie de la part du bailleur, moyennant, etc. (*Expliquer la nature de l'indemnité et les conventions des parties à cet égard.*)

On peut aussi faire la résiliation de bail, sous la forme d'un désistement ; mais la manière que nous venons d'indiquer, est la plus usitée.

TITRE SOIXANTE-SIXIÈME.

RÉTROCESSION.]

§. Ier.

Définition.

La *rétrocession* est un acte par lequel une personne remet à une autre le droit que cette dernière lui avait cédé.

§. II.

Formule.

Par-devant, etc. fut présent M. A   (*noms du rétrocédant*);

Lequel a, par ces présentes, rétrocédé sous la simple garantie de ses faits et promesses,

A M. B   (*noms du rétrocessionnaire*), à ce présent et acceptant:

100 francs de rente foncière, annuelle et perpétuelle, franche de retenue, au principal de 2,000 francs, moyennant laquelle M. B a vendu à M. C   , une pièce de terre située à   , suivant contrat passé devant, etc., laquelle rente avait été cédée et transportée par M. B   à M. A   suivant acte passé devant, etc.

Pour en jouir et disposer par M. B   , comme de chose à lui appartenante, à compter de ce jour, et en toucher les arrérages à compter du   .

Cette rétrocession faite à la charge par M. B   de payer les droits et frais auxquels le présent acte donnera lieu;

Et, en outre, moyennant 1,900 francs que M. B   a présentement payés à M. A   , qui l'a reconnu, en numéraire ayant cours, dont quittance.

M. A   a remis à M. B   la grosse du contrat de vente et l'expédition du transport ci-dessus énoncé, dont décharge.

TITRE SOIXANTE-SEPTIÈME.

RÉVOCATION.

§. Ier.

Définition.

La *révocation* est un acte par lequel on déclare annuler un précédent acte.

§. II.

Code civil.

§. III.

Formules.

1. *Révocation d'une donation.* (C. C. 1096.)

Par-devant, etc.
Fut présente dame   épouse de M.
Laquelle a, par ces présentes, déclaré révoquer la donation qu'elle avai faite au profit de son mari, suivant acte passé devant, etc.
Entendant que cette donation soit et demeure sans effet, et qu'elle soi considérée comme nulle, non faite ni avenue.
Dont acte, etc.

2. *Révocation d'un testament.* (C. C. art. 1035.)

Par-devant, etc.
Fut présent M.
Lequel a, par ces présentes, déclaré révoquer le testament par lui fai

devant M^e notaire à , en présence de témoins, le , entendant que ce testament soit et demeure sans effet, attendu qu'il a changé de volonté relativement aux dispositions qu'il renferme.

Dont acte, etc.

Nota. On peut rapporter la date du testament que l'on révoque, quoiqu'il ne soit pas enregistré.

La révocation peut être faite sur la même feuille que le testament. (*Décret du* 15 *juin* 1812.)

3. *Révocation de procuration.* (C. C. 2003.)

Par-devant, etc.
Fut présent M. A
Lequel a, par ces présentes, déclaré révoquer la procuration qu'il a donnée à M. B , suivant acte passé devant, etc.
Entendant que M. B ne s'immisce plus dorénavant en aucune manière dans ses affaires, et que tous les actes qu'il pourrait faire en vertu de ladite procuration, à dater du jour de la signification des présentes, soient nuls et de nul effet.
Pour faire faire cette signification, tout pouvoir est donné au porteur.
Dont acte, etc.

Ou bien :

Lequel, en révoquant les procurations qu'il a pu donner précédemment, notamment celle qu'il a passée à M. B , devant, etc.
A, par ces présentes, fait et constitué pour son procureur-général et spécial M. A , auquel il donne pouvoir de, pour lui et en son nom, retirer des mains dudit sieur B les titres et pièces qu'il peut avoir au constituant, lui en donner décharge; compter avec lui des sommes, etc.

La révocation d'un testament est considérée comme non-avenue, si le testament subséquent qui la renferme, est nul. (*Cassation,* 20 *février* 1821.)

Les notaires peuvent faire et expédier les révocations sur les mêmes feuilles que les procurations. (*Décret du* 15 *juin* 1812.)

En fesant signifier la révocation au mandataire, on le somme de déclarer s'il a fait quelques emprunts pour son commettant, en supposant que la procuration fût spéciale à cet effet.

Si par l'acte de révocation, on nomme un nouveau mandataire, il est perçu un second droit de 2 francs, attendu que cette nomination ne dérive pas nécessairement de la révocation. (*Loi sur l'enregistrement.*)

TITRE SOIXANTE-HUITIÈME.

SOUS-BAIL.

§. I.

Définition.

On entend par *sous-bail*, la location que le principal locataire ou fermier fait de portion des lieux ou des biens qu'il tient à bail du propriétaire.

§. II.

Observations.

1. Avant de faire un sous-bail, on examine si le locataire ou fermier a, par son bail, le droit de sous-louer, sans le consentement du propriétaire.

Si le bail porte seulement la défense de *céder le droit*, le locataire peut sous-louer. (*Journal du Palais, tome* 51, *page* 104.) Voyez les articles 1717 et 1753 du Code civil.

2. L'article 2102 du C. C. n'a pas établi en principe que tous les meubles qui garnissent une maison, même ceux du sous-locataire, sont le gage des loyers dus au propriétaire.

Les droits respectifs du propriétaire et du sous-locataire, sont réglés par l'article 1753. (*Cassation*, 2 *avril* 1806.)

§. III.

Formule.

Par-devant, etc.

Fut présent M. A   , principal locataire, pour neuf années qui ont commencé le   , d'une maison située à   , rue   , nº   , suivant le bail que lui en a fait M. D   , devant Me   , notaire à   , le   , etc.

Lequel a, par ces présentes, donné à titre de sous-bail à loyer, pour trois années consécutives, etc.

A M. B

Deux chambres au premier étage, etc.
Ce sous-bail fait moyennant la somme de   , etc.

Nota. Le reste du sous-bail se fait absolument comme un bail ; ainsi, voyez la formule que nous avons ci-devant donnée, page 93.

TITRE SOIXANTE-NEUVIÈME.

SUBSTITUTION DE POUVOIRS.

§. I.

Définition.

L'A *substitution de pouvoirs* est l'acte par lequel une personne confère à une autre les pouvoirs qui lui avaient été donnés.

§. II.

Observations.

La substitution peut être ou de tous les pouvoirs contenus dans le mandat principal, ou d'une partie seulement de ces pouvoirs.

Le mandataire peut toujours substituer, quoiqu'il n'en ait pas reçu le pouvoir; mais voyez l'art. 1994 du C. C.

Quant au procureur substitué, il n'a pas le pouvoir de se faire substituer à son tour.

§. III.

Formules.

1. *Substitution partielle.*

Par-devant, etc.

Fut présent M. A

Lequel, en vertu de la faculté de substituer, contenue en la procuration que lui a donnée M. B   , devant Me   notaire à   ; en présence de témoins, le   , et dont le brevet original est demeuré annexé à la minute d'un contrat de vente passé devant Me   ; l'un des notaires soussignés, le   , etc.

A, par ces présentes, substitué en son lieu et place M. C   ; auquel il a transmis les pouvoirs à lui conférés par cette procuration, mais seulement à l'effet de toucher et recevoir, etc.

2. *Substitution totale.*

Par-devant, etc.

Lequel, etc. a, par ces présentes, substitué en son lieu et place, M. C , auquel il a transmis tous les pouvoirs à lui conférés par cette procuration, sans aucune exception.

Fait et passé à , etc.

TITRE SOIXANTE-DIXIÈME.

TESTAMENT.

———————————

§. I.

Co le civil.

§. II.

Jurisprudence.

Sur l'article 967 du C. C.

1. Un sourd-muet de naissance n'est pas absolument incapable de tester. Il le peut, du moins, par testament écrit, daté et signé de sa main. Mais, pour croire à sa capacité, les juges doivent avoir la preuve positive que la disposition testamentaire a bien été l'effet d'une volonté intelligente, et ces preuves sont à la charge de l'institué. (*Cour de Colmar*, 17 janvier 1815.)

Sur l'article 972.

2. Un testament est nul, quand la mention de la lecture, placée avant une disposition, n'embrasse pas cette disposition. (*Cassation*, 4 novembre 1811.)

3. Les mots, *fait, lu, passé et rédigé*, n'équivalent point aux termes *écrit par le notaire*. (*Cass.*, 4 et 14 *février* 1808.)

4. Le notaire peut rédiger le testament à la troisième personne. (*Cass.*, 18 *janvier* 1809.)

5. La mention que le notaire a écrit le testament, peut être aussi bien faite au commencement qu'à la fin de l'acte. (*Cass.*, 18 *octobre* 1809.)

6. La mention que le testament par acte public a été lu au testateur en présence des témoins, ne peut résulter de la déclaration du testateur lui-même, mentionnée dans l'acte ; elle doit être nécessairement constatée par le notaire. (*Limoges*, 26 *juin* 1813.)

7. La mention que le testament a été lu aux témoins, ainsi qu'au testateur, ne remplit pas le vœu de l'art. 972. (*Cass.*, 24 *juin* 1811.)

8. La mention que le testament a été lu en présence des témoins, doit nécessairement se rattacher à la mention de la lecture faite au testateur lui-même. Elle ne peut, à peine de nullité, avoir lieu dans une partie de l'acte qui soit sans rapport immédiat avec celle où se trouve l'autre mention. (*Cassation*, 23 mai 1810.)

Sur l'article 973.

9. La cour de Douai, par arrêt du 9 novembre 1809, a jugé que la mention de ne savoir *écrire*, n'emporte point avec elle

celle de ne savoir *signer*, parce que tel sait *signer* qui ne sait pas *écrire*.

Sur l'article 974.

10. Tout ce qui n'est pas ville ou bourg est campagne. (*Cour de Turin*, 29 *mai* 1810.) Ainsi, un certain nombre de maisons ramassées, quoique formant une commune, peut provoquer l'application de l'exception portée dans l'art. 974. (*M. Grenier*, tome, *I*er *page* 449.)

Sur l'article 975.

11. Rien n'empêche les notaires de prendre pour témoins des personnes de la même famille, même le père et les enfans. (*Cour de Bruxelles*, 25 *mars* 1806.)

12. Il n'est pas rigoureusement nécessaire que les témoins soient domiciliés dans l'arrondissement communal où le testament est passé. La loi du 25 ventôse an XI ne s'applique aux testamens que dans les cas pour lesquels le Code n'a point de disposition spéciale. (*Paris*, 18 *avril* 1814.)

13. Les commis, même les domestiques d'une personne, peuvent être témoins de son testament. (*Limoges*, 8 *juillet* 1808; *et Caen*, 4 *décembre* 1812.)

§. III.

Observations.

1. La définition du testament, donnée par l'art. 895 du Code civil, est fausse. On peut tester sans disposer d'un sou. J'ordonne les cérémonies de mes funérailles, je ne dispose de rien; je recommande un enfant à un ami, ou je lui nomme un tuteur, je ne touche pas à une obole de ma fortune; je révoque purement et simplement mon testament ou une disposition de mon testament, je ne diminue pas mon actif : cependant, toutes ces dispositions sont des testamens. (*Journal du Palais*, premier volume de 1815, page 256.)

Voici la définition du droit, qui est juste et complète : « Le » testament est la déclaration faite par son auteur dans les formes » prescrites par la loi, de la volonté qu'il veut qu'on exécute » après sa mort. »

2. Les notaires inscrivent sur leurs répertoires, avant le décès des testateurs, les testamens qu'ils reçoivent. L'insertion de ces actes sur le répertoire, doit contenir leur date et le nom des testateurs. (*Décision du grand-juge*, du 6 *vendémiaire an* XIII.

3. Les testamens déposés chez les notaires, ou par eux reçus, doivent être enregistrés dans les trois mois du décès des testateurs, à la diligence des héritiers, donataires, légataires, ou exécuteurs testamentaires, (*Art.* 21 *de la loi du* 22 *frimaire an VII.*) à peine du double droit d'enregistrement. (*Art.* 38 id.)

4. Suivant une décision du ministre des finances, du 25 avril 1809, les notaires peuvent délivrer expéditions des testamens reçus par eux, sans soumettre la minute à l'enregistrement.

5. Un testament non enregistré dans les trois mois du décès du testateur, n'en doit pas moins recevoir son exécution, sauf l'action du fisc pour le paiement de l'amende. (*Cour de cassation,* 23 *janvier* 1810.)

§. IV.

Cadre d'un testament olographe.

Moi (*prénoms, nom, profession et domicile du testateur*) ai fait mon testament, ainsi qu'il suit :

Je donne et lègue, par préciput et hors part, à L   mon neveu, *telle* chose, etc.

J'institue pour mon légataire universel   , etc.

Je révoque tous autres testamens et codicilles que j'ai pu faire avant celui-ci, auquel seul je m'arrête comme renfermant mes dernières volontés.

Fait et écrit de ma main en ma demeure à... le   mil huit cent-vingt.

Cadre d'un testament par acte public devant un notaire, en présence de quatre témoins.

Par-devant M^e   notaire à   département de   , et en présence des sieurs

Tous quatre témoins pour ce requis, demeurans à

Fut présent M.   demeurant à

Trouvé par lesdits témoins et notaire dans une chambre ayant vue par   croisées sur   et dépendante de la maison où demeure le testateur.

Lequel, étant malade de corps, mais sain d'esprit, ainsi qu'il est apparu auxdits témoins et notaire par la manifestation claire et précise de ses volontés, a, en présence desdits témoins, dicté son testament audit M^e   , ainsi qu'il suit :

Je donne et lègue, etc.

Le présent testament a été ainsi dicté par le testateur audit M^e notaire, qui l'a écrit en entier tel qu'il a été dicté, et qui en a donné lecture au testateur, le tout en la présence desdits quatre témoins, lesquels ont déclaré et affirmé qu'ils sont majeurs, sujets du roi, jouissant des droits civils, et qu'ils ne sont ni parens, ni alliés des légataires sus-nommés.

Fait et passé à   en la demeure sus-désignée du testateur, en présence des quatre témoins sus-nommés le   , mil huit cent   vers les   heures du soir. Et le testateur a signé avec lesdits témoins et notaire, après nouvelle lecture faite.

TITRE SOIXANTE-ONZIÈME.

TITRE NOUVEL.

§. Ier.

Définition.

L'ACTE par lequel une personne se reconnaît débitrice d'une rente précédemment constituée soit par elle-même, soit par ses auteurs, se nomme *titre nouvel*.

§. II.

Code civil.

Des actes recognitifs,	Art.	1337 et suiv.
Quand le créancier d'une rente peut-il exiger un titre nouvel?		2263.

§. III.

Observations.

1. Il est deux cas où il est de l'intérêt du créancier de la rente de requérir un titre nouvel, celui qu'a prévu l'article 2263 du Code civil, et celui où l'immeuble affecté à la rente par hypothèque, est sorti des mains du débiteur personnel, afin d'éviter la prescription de dix et vingt ans établie par l'art. 2265.

Si le tiers détenteur n'a pas été chargé de la rente et s'est borné à faire transcrire son contrat d'acquisition sans faire la notification dont il est parlé en l'article 2183, le créancier doit, avant l'expiration des dix années, s'il est présent ou des vingt années, s'il est absent, demander au tiers détenteur un titre nouvel ou déclaration d'hypothèque. Le changement de possesseur de l'immeuble, ne provenant pas du fait du créancier, c'est le tiers détenteur qui doit supporter les frais du titre nouvel ou de la reconnaissance d'hypothèque, sauf son recours contre le vendeur, si la radiation de toutes les inscriptions lui a été promise.

2. Comme d'après l'art. 873 du Code civil, les héritiers sont tenus hypothécairement de la totalité des dettes et charges de la succession, il est bon de faire passer un titre nouvel par ceux des héritiers auxquels sont échus les immeubles de la succession; ce titre dispense de la signification imposée aux créanciers par l'article 877, et interrompt aussi la prescription de dix et vingt ans. Les frais en sont à la charge des héritiers détenteurs.

§. IV.

Formule.

Par-devant, etc.

Furent présens le sieur D   , marchand tapissier, et d° B son épouse, de lui autorisée, demeurans à   , d'une part;

Et madame L   veuve de M. G.   , demeurante à   , d'autre part.

Lesquels ont exposé que, par contrat passé devant M° Maquer et son collègue, notaires à Paris, le   1754, le sieur P   et autres, ont vendu au sieur S   et à M   sa femme, deux maisons situées à   , l'une rue   , et l'autre, rue   , moyennant 1300 liv. de rente perpétuelle payable au 24 janvier de chaque année.

Que, par contrat passé devant M°   et son collègue, notaires à   , le   1784, dûment contrôlé, insinué et signifié, et sur lequel il a été obtenu des lettres de ratification scellées sans opposition au ci-devant bailliage de   , ledit sieur P a transporté à M. L   , 690 liv. rachetables de 13,800 liv., à prendre dans la rente de 1300 liv. énoncée ci-dessus.

Que, par autre contrat passé devant M°   , notaire à   , le   an III, M. R   et dame J   son épouse, demeurans à   , ont acquis ces deux maisons de M. S   , à la charge d'acquitter ces 690 liv. de rente.

Que, suivant acte reçu par M°   , etc., M. D   et son épouse en ont passé titre nouvel au profit de ladite dame veuve G   , à qui ladite portion de rente est due comme héritière pour un tiers de M. L   son père, et comme lui étant entr'autres choses échue par le partage des biens de sa succession, passé devant, etc.

Que M. D   et la dame B   son épouse, comparans, sont maintenant débiteurs de ladite rente de 690 liv., comme en ayant été chargés par M. R   et la dame J   sa femme, suivant contrat passé devant, etc.

D'après cet exposé, et pour satisfaire à la demande d'un titre nouvel que leur a faite Madame veuve G   , en vertu de l'art. 2263 du Code civil,

Ledit sieur D   et la dame son épouse se sont, par ces présentes, reconnus débiteurs solidaires et redevables, par chaque année, au 24 janvier, envers ladite dame veuve G   , de ladite rente foncière et perpétuelle de 690 liv., au principal de 13,800 liv.

En conséquence, ils se sont obligés conjointement et solidairement de payer et continuer ladite rente à madite dame veuve G   , en sa demeure à   , ou au porteur de ses pouvoirs, au 24 janvier de chaque année, jusqu'au remboursement qu'ils pourront en faire.

Au paiement de laquelle rente, les deux maisons sus-désignées resteront spécialement et par privilége affectées, obligées et hypothéquées.

Au surplus, il n'est rien dérogé ni innové, par ces présentes, aux contrats et titres ci-devant énoncés, qui, au contraire, conserveront toute leur force et vertu.

Ce accepté par madame veuve G   , sous la réserve de tous ses droits, actions, priviléges et hypothèques.

Et pour l'exécution des présentes, etc.

S'il s'agissait d'une rente constituée due par des héritiers, ils s'obligeraient personnellement, chacun pour leur portion afférente dans la succession, mais solidairement pour le tout, par hypothèque sur les immeubles de la succession, affectés à la rente, et on terminerait par cette clause :

A la garantie de la rente, en principal et arrérages, les maisons ci-dessus désignées continueront de demeurer spécialement affectées et hypothéquées; et, en outre, sans qu'une obligation déroge à l'autre, les autres immeubles dépendans des successions de M. et Mme R   , y sont et demeureront également affectés et hypothéqués.

TITRE SOIXANTE-DOUZIÈME.

TRANSACTION.

§. Ier.

Code civil.

Code de procédure.

§. II.

Jurisprudence.

1. On ne considère pas comme une transaction l'acte passé entre un père et ses enfans, par lequel ceux-ci partagent la succession de la mère décédée, et celui-là se démet de ses biens en leur faveur, lorsque cet acte est qualifié *démission de biens*, démission que le Code n'autorise pas. (*Cour de cass. du 26 frimaire an XIV.*)

2. On peut transiger sur la question de savoir si une rente est féodale ou purement foncière. (*Cass.*, 1er *juillet* 1810.)

3. L'erreur commune sur la publication d'une loi, est une erreur de fait. Les actes qui ont pour base cette erreur, sont nuls. (Id., 22 *messidor an XIII.*)

4. L'art. 2054 du C. C. est seulement applicable aux actes onéreux. (*C. de Grenoble*, 25 *août* 1806.)

5. L'exécution donnée à la transaction rend inapplicable l'art. 2054, et rend applicable l'art. 1340. (*Cass.*, 29 *juin* 1813.)

6. Une transaction dans laquelle un mineur se trouve intéressé, est parfaite et irrévocable à l'égard des majeurs, quoique les formalités prescrites par l'art. 467 du C. C. n'aient pas été suivies. (*C. de Lyon*, 16 *juillet* 1812.) Ces formalités n'étant que dans l'intérêt des mineurs, leur inobservation est étrangère aux majeurs, en ce sens qu'ils ne peuvent, de leur chef, en tirer un moyen de nullité contre les mineurs. (*M. Pailliet; argum. de l'art.* 1125.)

§. III.

Observations.

1. On énonce dans les actes de transaction l'objet de la contestation née ou à naître sur laquelle il s'agit de transiger; on rend compte des faits et l'on expose le plus clairement possible, les demandes et prétentions de chacune des parties, afin qu'on puisse voir positivement ce qui a fait la matière de la transaction.

2. Pour les personnes capables de transiger, voyez les articles 28, 128, 217, 219, 220, 224, 420, 467, 472, 481, 483, 484, 487, 499, 509, 513, 1124, 1449, 1536, 1538, 1576, 1988 et 2045 du Code civil.

3. Dans le nombre des nullités, il y en a qui sont particulières à la transaction, et d'autres qui sont communes à toutes les conventions.

Pour les nullités particulières, voyez les art. 887, 888, 1338, 2055, 2056, 2057 et 2058. Pour les nullités communes, voyez les art. 6, 1110, 1112, 1113, 1116, 1123, 1124, 1125, 1131, 2049, 2053, et 2057.

4. La transaction (dit M. Massé, en son *Parfait Notaire*, tome III, page 262) est le plus difficile de tous les actes, puisqu'il faut savoir distinguer, dans les prétentions des contractans, celles qui méritent quelque importance, exposer avec précision les moyens de droit dont ils peuvent les appuyer, montrer en quelque sorte le véritable nœud de la difficulté; et étouffer pour jamais, par des conventions claires et nettement exprimées, tous les germes de contestation qui peuvent naître, et des difficultés déjà élevées et de celles qui peuvent s'élever encore sur l'objet en litige.

5. L'acte de transaction doit commencer par l'exposé clair et net de ce qui en fait l'objet, notamment des prétentions respec-

tives des parties, des qualités et titres sur lesquels elles sont fondées, et de l'état de la procédure, au moment de la transaction, s'il s'agit d'un procès déjà intenté.

Après, on établit les conventions des parties, article par article.

6. Au surplus, le mieux est d'en faire un projet et de le soumettre aux parties et à leurs conseils, avant de l'écrire sur papier timbré.

§. IV.

Cadre d'une transaction.

Par-devant, etc.

Furent présens :

M. A   , d'une part ;

Et M. B   , d'autre part ;

Lesquels ont dit que, etc.

D'après l'exposé ci-dessus, MM. A   et B   , s'étant rapprochés, sont convenus et demeurés d'accord, à titre de transaction irrévocable sur procès, de ce qui suit :

Art. 1er, etc.

Au moyen des présentes, tous procès mus et à mouvoir, et toutes contestations nées ou à naître, entre les parties, relativement à ce que dessus, demeurent éteints et assoupis.

Et pour l'exécution, etc.

TITRE SOIXANTE-TREIZIÈME.

TRANSPORT DE BAIL.

---

§. Ier.

Définition.

Le *transport de bail* est un acte par lequel un locataire ou fermier cède à un autre la totalité de ses droits à un bail qui lui avait été fait, et qui n'est pas encore achevé.

§. II.

Code civil.

Quand le preneur a-t-il le droit de céder
son bail ?   Art. 1717 et 1763.

§. III.

Observation.

Le locataire, en cédant son droit au bail, demeure toujours garant du loyer et des conditions du bail, si le propriétaire n'est pas intervenu dans le transport pour l'approuver et pour accepter le cessionnaire.

§. IV.

Formule.

Par-devant, etc.
Furent présens : M. C   et dame   son épouse,
de lui autorisée, demeurans à
Lesquels ont, par ces présentes, cédé et transporté à M. C
leur fils, cultivateur, demeurant à   , à ce présent et
acceptant :

Leur droit, pour tout le temps de sa durée (*ou , s'il est commencé ,* pour tout le temps qui en reste à courir, à compter du *   )* au bail qui leur a été fait par M. L   pour neuf années, etc., d'un corps de ferme, etc., moyennant, etc., suivant acte passé devant Me   , etc.

Ce transport fait à la charge par M. C   fils, qui s'y est obligé, 1° d'exécuter et accomplir toutes les charges, clauses et conditions énoncées audit bail, et ci-dessus rappportées; 2° de payer, en l'acquit des cédans, aux époques ci-dessus mentionnées, les 5,000 francs en argent et les faisances ci-dessus déclarées, de fermage annuel, par chacune des   années qui restent à faire dudit bail; 3° de faire ensorte que, pour raison du paiement de ce fermage et de l'exécution desdites charges, clauses et conditions, lesdits sieur et dame C ne soient aucunement inquiétés, poursuivis ni recherchés par qui que ce soit, à peine de tous dépens, dommages et intérêts; 4° et de payer le coût du présent acte.

A ce, est intervenu M. L

Lequel a, par ces présentes, déclaré avoir pour agréable le présent transport, et se le tenir pour signifié, sous la condition néanmoins que les sieur et dame C   , père et mère, resteront garans principaux et répondans solidaires de leur fils, tant pour le paiement du fermage que pour l'exécution des charges, clauses et conditions insérées audit bail, qui conservera toute sa force et vertu contre les père et mère, sans que les paiemens que leur fils fera directement à M. L puissent aucunement lui préjudicier, et être considérés comme une dérogation à l'effet du bail contre les cédans : le tout à quoi ces derniers ont consenti.

Et pour l'exécution, etc.

TITRE SOIXANTE-QUATORZIÈME.

TRANSPORT DE CRÉANCE.

§ Ier.

Définition.

On entend par le mot *transport* une cession de créance ou autre droit incorporel. Celui qui fait le transport est appelé *cédant*, et celui à qui il est fait, *cessionnaire*. (*M. Massé.*)

§. II.

Code civil.

Du transport des créances et autres droits
   incorporels,   art. 1689—1701.
Créances privilégiées,   2101, 2102, 2103, 2104 et 2105.
Tradition des droits incorporels,   1607, 1689 et suiv.

§. III.

Jurisprudence.

1. La cession d'une créance hypothécaire sur un immeuble, peut être faite à l'acquéreur de l'immeuble, même après l'ouverture de l'ordre pour la distribution du prix. (*Cass.*, 5 *juillet* 1809.)

2. La cession de l'hypothèque attachée à une créance emporte cession de la créance elle-même. (*C. de Nîmes*, 4 *décembre* 1809.)

3. Jusqu'à la signification (*C. C.* 1690), les créanciers du cédant peuvent saisir et arrêter la créance cédée : si le cédant l'a cédée une seconde fois, et que le second acquéreur ait fait signifier la cession qui lui a été faite avant que le premier cessionnaire ait fait signifier la sienne, il sera préféré. (*M. Pailliet.*)

4. Le transport d'une créance, bien qu'il ait été consenti en temps utile pour le failli, n'est pas valable à l'égard de ses créanciers, si la notification n'en a été faite au débiteur que postérieurement à l'ouverture de la faillite. (*Paris*, 13 *décembre* 1814.)

5. La signification du transport d'une créance ne saisit le cessionnaire qu'autant qu'il n'existe pas d'oppositions. S'il en existe, le cessionnaire n'est aucunement saisi, pas même vis-à-vis d'opposans ultérieurs. (*Paris*, 15 *janvier* 1814.)

6. Les pensions et grâces viagères ne peuvent être saisies ni cédées pour quelque cause que ce soit. (*Art.* 12 *de la déclaration du 7 janvier* 1779.) Il n'est reçu, au Trésor royal, aucune signification de transport, cession ou délégation de pensions à la charge du Gouvernement. (*Art.* 2 *de l'arrêté du 7 thermidor an X.*) Cet arrêté est applicable aux traitemens de réformes, soldes de retraite et pensions des veuves ou enfans de militaires. (*Avis du Conseil d'État, du* 23 *janvier* 1808.)

Voyez les art. 580, 581 et 582 du Code de procédure civile, un décret de la Convention du 19 pluviose an III, et les lois des 10 juillet 1791 et 21 ventose an IX.

7. Peut-on dire, dans un acte de transport de créance, qu'il est fait *moyennant bon paiement et satisfaction, reçus par les cédans du cessionnaire, dont ils se tiennent contens et l'en quittent*, ainsi qu'on le voit dans plusieurs formules de l'ancien Parfait Notaire, de Ferrière?

Le tribunal de la Seine avait annulé un transport ainsi fait *moyennant bon prix et satisfaction*, en se fondant sur ce que l'art. 1591 du Code civil exige que le prix soit déterminé.

La Cour royale de Paris a infirmé ce jugement, par arrêt du 6 mai 1819, attendu qu'il suffit pour la validité d'une vente, que le prix soit certain; que l'usage d'acheter et vendre au comptant des créances et droits mobiliers, *moyennant bon prix et satisfaction*, a existé de tout temps, etc.

Et la Cour de cassation a rejeté le pourvoi, par arrêt du 30 avril 1822.

§. IV.

Observations.

1. Si le débiteur intervient à l'acte et déclare qu'il se le reconnaît pour bien et dûment signifié, il est inutile de faire faire la signification indiquée par l'art. 1690 du C. C.

2. Lorsqu'il n'y a point d'opposition entre les mains du débiteur, à l'instant de la signification ou de l'acceptation du trans-

port, le cessionnaire doit être tranquille, parce que cette signification ou acceptation lui donne la *saisine* de la créance; dès-lors il n'a plus à craindre l'effet des oppositions qui surviendraient sur le cédant.

3. Lorsqu'un transport est fait avec garantie, le cessionnaire, à défaut de paiement de la créance ou de la somme cédée, a une action en recours contre le cédant; mais pour qu'il soit admis à cette action, il ne suffit pas que le débiteur ait été mis en demeure de payer par un commandement qui lui aurait été fait, il faut qu'il soit constant qu'il est insolvable, le cessionnaire doit discuter tous les biens du débiteur.

4. Si, dans le transport, on stipule la promesse de fournir et faire valoir, même *payer après un simple commandement fait au débiteur, sans discussion*, le cessionnaire peut de plein droit, s'il n'est pas payé, s'adresser au cédant, sans être obligé de discuter le débiteur, ni de faire autre diligence qu'un simple commandement.

5. Quand bien même le cessionnaire jugerait à propos de ne faire porter dans le transport, que le prix réel par lui payé, il ne devrait pas moins le droit d'enregistrement sur le montant de la créance entière.

6. *Voyez* au titre DÉLÉGATION, pag. 92.

§. V.

Formule.

Par-devant, etc.

Fut présent M. A

Lequel a, par ces présentes, cédé et transporté, avec toute garantie et même avec promesse de payer, à défaut de paiement sur un premier commandement fait au débiteur ci-après nommé,

A M. B   , à ce présent et acceptant :

La somme de 4,200 francs due audit sieur A   par M. C   , savoir : 4,000 francs pour le principal d'une obligation souscrite par ce dernier au profit de M. A   , devant Me   et son collègue, etc.; et 200 francs pour les intérêts de ladite somme principale, échus depuis le   jusqu'à ce jour.

Etant observé qu'aux termes de ladite obligation, ladite somme de 4,000 francs sera exigible le   ; que jusqu'à son remboursement, elle est productive d'intérêts annuels sur le pied de cinq pour cent par année, sans aucune retenue.

Pour, par ledit sieur B   , etc. (*Comme dans la délégation,* pag. 193, *jusqu'après l'énonciation de l'inscription.*)

Ce transport fait, moyennant pareille somme de 4,200 francs, que M. A   a reconnu avoir reçue de M. B   en numéraire ayant cours compté à (*ou* hors) la vue des notaires soussignés, dont quittance.

M. B   a reconnu que M. A   lui a remis la grosse de l'obligation ci-dessus énoncée, ensuite de laquelle est le double du bordereau de l'inscription : dont décharge.

Il s'est obligé de payer les droits d'enregistrement et les honoraires du présent acte.

Pour le faire signifier à qui il appartiendra, tout pouvoir est donné au porteur de l'expédition.

Et pour son exécution, etc.

Le transport peut aussi se faire :

1°. Sans aucune garantie ;

2°. Sous la simple garantie des faits et promesses du cédant;

3°. Avec garantie de la solvabilité actuelle du débiteur ;

4°. Avec garantie de la solvabilité, tant actuelle que future du débiteur ;

5°. Avec obligation solidaire entre les cédans (*s'ils sont plusieurs*) de garantir, fournir et faire valoir, tant en principal qu'arrérages, (*s'il s'agit d'une rente.*)

A l'égard de l'acceptation du transport par le débiteur, *Voyez* page 194.

TITRE SOIXANTE-QUINZIÈME.

TRANSPORT DE DROITS SUCCESSIFS.

----

§. Ier.

Définition.

LE *transport de droits successifs* est la cession qu'on fait de ses droits dans une succession *ouverte*, à laquelle on est appelé.

§. II.

Code civil.

Du transport des droits incorporels,	art.	1689—1701.
Effet du transport,		780.
Droits éventuels,		791 et 1130.
Retrait successoral,		841.

§. III.

Jurisprudence.

1. Les co-héritiers qui veulent exercer le retrait successoral, peuvent arguer de simulation le prix de la cession faite par leur co-héritier. Ils peuvent déférer le serment à l'acquéreur, sur la sincérité du prix stipulé; et ce n'est qu'après avoir déterminé le prix réel en justice, qu'ils sont tenus d'en offrir le montant au cessionnaire. Mais le cédant lui-même ne peut demander la rescision pour cause de lésion. (*C. d'Aix*, 6 *décembre* 1809.)

2. La cession d'un objet déterminé ne donne pas lieu au retrait; la loi veut seulement éviter l'inconvénient qu'un étranger s'immisce dans le partage. Le cessionnaire d'un objet n'aurait pas ce droit : dès-lors, l'art. 841 du C. C. cesse d'avoir son application. Cette distinction se trouve confirmée par un arrêt de la Cour de cassation, du 9 septembre 1806. (*M. Pailliet.*)

3. Le tuteur qui veut exercer le retrait pour son pupille, doit être autorisé par le conseil de famille. (*Id.*)

4. L'héritier bénéficiaire peut exercer le retrait successoral. (*idem.*)

§. IV.

Observations.

1. Le cédant doit déclarer dans l'acte, s'il a touché quelques sommes dépendantes de la succession avant le transport par lui fait, dans lequel cas il réserve expressément ces objets par ledit transport ; sinon, il devrait les rembourser au cessionnaire.

2. Les receveurs de l'enregistrement exigent que l'héritier déclare, dans le transport qu'il fait de ses droits successifs, à quelle somme pourront s'élever les dettes de la succession, pour percevoir un droit sur la portion qui doit être supportée par lui dans ces dettes, parce qu'ils regardent cette portion comme augmentation du prix du transport. Cette déclaration peut être faite dans l'acte ou séparément sur le registre du receveur. (*Art. 16 de la loi du 22 frimaire an 7.*)

3. Les notaires ont l'attention de faire déclarer par le cédant, dans le transport des droits successifs, quels sont les biens qui composent principalement la succession.

§. V.

Formule.

Par-devant, etc.
Fut présent M. A
« Héritier pour un quart de M
» son oncle, décédé à   , le   , ainsi qu'il est
» constaté par l'intitulé de l'inventaire fait après son décès par M^e   ,
» notaire à   , en présence de témoins, le   ,
» dûment enregistré. »
Lequel a, par ces présentes, cédé et transporté, sous la simple garantie de sa qualité d'héritier ci-dessus exprimée,
A M. B   , à ce présent et acceptant, acquéreur pour lui et ses héritiers ou ayant-cause :
Tous les droits successifs, mobiliers et immobiliers, tant en fonds et capitaux qu'en fruits et revenus, échus et à échoir, appartenans audit sieur A   , en sa qualité susdite, dans l'hérédité dudit sieur   son oncle; en quoi que lesdits droits puissent consister, et en quelques lieux et endroits qu'ils soient dus et situés, sans aucune exception ni réserve quelconque.
Pour, par M. B   , en jouir et disposer, dès aujourd'hui, comme bon lui semblera, en toute propriété et comme de chose à lui appartenante, à compter de ce jour; M. A   le subrogeant, sans autre garantie que celle ci-dessus stipulée, dans tous ses noms, raisons et actions, à l'égard de ladite succession.

22

Ce transport fait, à la charge par M. B   , qui s'y est obligé, 1° de payer tous les frais, droits et honoraires du présent acte;

2° De payer et acquitter, en l'acquit et à la décharge de M. A   , la portion dont il peut être tenu dans les dettes et charges de ladite succession, ainsi que dans les droits de mutation, et de faire ensorte par M. B   que ledit sieur A   ne soit aucunement inquiété, poursuivi ni recherché par qui que ce soit, pour raison desdites dettes et charges, à peine de tous dépens, dommages et intérêts.

Et, en outre, moyennant la somme de, etc.

Le cédant a déclaré qu'il n'a reçu aucune somme ni disposé d'aucun objet de ladite succession.

Qu'il est à sa connaissance qu'il dépend de cette succession *tels immeubles*, etc.

Et que les dettes et charges, compris les droits de mutation, peuvent se monter à la somme de 1,600 francs, dont le quart à sa charge serait de 400 francs.

Mais cette dernière déclaration ne pourra donner à M. B aucun recours contre M. A   lors même que lesdits droits, dettes et charges, excéderaient ladite somme de 1,600 francs; ce dernier renonçant, de son côté, à pouvoir répéter de M. B   , au-delà du prix ci-dessus fixé, dans le cas où ces droits, dettes et charges ne s'élèveraient pas à ladite somme de 1,600 francs.

Et pour l'exécution, etc.

TITRE SOIXANTE-SEIZIÈME.

VENTE.

§. I⁰ˢ.

Code civil.

Code de procédure.

Code pénal.

§. II.

Jurisprudence.

1. Si le contrat de vente est avoué par les parties, ni l'une ni l'autre ne peuvent se refuser à son exécution. (*Cassation,* 29 *juillet* 1805.)

2. La vente, comme toute autre obligation, lorsqu'elle est désavouée, ne peut se prouver que par écrit. Elle peut s'établir par les lettres du vendeur et de l'acheteur. (*Pothier.*)

3. Suivant la loi du 11 brumaire an 7, sur le régime hypothécaire, la propriété d'un immeuble n'était point transférée par le contrat, mais par la transcription du contrat sur les registres du conservateur des hypothèques. Il n'en est plus de même. (Voyez *les art.* 1583 *et* 3181 *du C. C.*)

4. Le contrat de vente est du droit des nations. Tout homme, capable de volonté et de discernement, peut vendre et acheter. Le mort civilement a cette faculté, par la seule raison qu'il est homme. (*Paillict*; Voyez *l'art.* 25 *du Code civil.*)

5. Une maison doit être délivrée avec les clefs des portes et autres ustensiles qui en dépendent. Les titres, les plans et autres renseignemens sont aussi des accessoires (C. C. 1615), mais le vendeur n'est pas tenu d'en donner d'autres que ceux énoncés au contrat. Si le contrat ne contient aucune convention, le vendeur doit remettre tous les titres qu'il a; il n'est pas obligé de procurer, à ses frais, des expéditions des titres anciens qu'il n'a pas. (*M. Paillict*).

6. Si l'acquéreur fait transcrire son contrat et que la transcription ait lieu à la charge des hypothèques, mais qu'il ne purge pas, il n'en prescrit pas moins les hypothèques par 10 ou 20 ans, conformément aux articles 2180 et 2265 du Code civil. (*M. Delvincourt.*)

7. Tout premier acte qui fait cesser l'indivision entre co-héritiers étant considéré comme un partage, il en opère tous les effets : en conséquence, il est simplement déclaratif, et non translatif de propriété. (C. C. 883.) D'après ce principe, les actes de cette espèce, qualifiés de ventes ou de licitations, ne sont pas sujets à la transcription ; l'art. 54 de la loi du 28 avril 1816 ne leur est pas applicable, et dès-lors ils ne sont soumis qu'au droit de 4 pour 100. (*Cass.*, 27 *juillet* 1819.)

8. L'article 918 du Code civil ne s'applique pas à l'époux du successible ; il doit être regardé comme étranger. (*M. Pailliet*).

9. Un père peut valablement vendre à son fils, de même qu'à un étranger ; seulement, une telle vente est plus facilement soupçonnée frauduleuse ; mais encore, pour qu'elle soit annulée, il faut prouver la fraude. En conséquence, les ventes d'immeubles, faites par un père à l'un de ses enfans, ne sont point nulles de plein droit, quand même elles porteraient sur la presque totalité des immeubles du père. (*Colmar*, 15 *novembre* 1808.)

10. Lorsqu'un père a vendu à son fils des biens à vil prix, la vente est valable en soi ; mais elle est susceptible de rescision pour lésion : elle peut aussi être attaquée comme donation simulée, mais seulement pour demander la réduction de ce qui est donné au détriment de la légitime. (*Id.* 10 *décembre* 1813.)

11. Lorsqu'une vente de père à fils est faite à fonds perdu, elle a un caractère de donation qui la rend réductible à la quotité disponible. (*Id.* 15 *novembre* 1808.)

Voyez ci-après les observations, n°s 29 et 30.

12. L'acquéreur d'un immeuble peut demander la résiliation du contrat, si le vendeur lui a déclaré que cet immeuble n'était grevé d'aucune hypothèque, et qu'ensuite il se trouve grevé d'une ou de plusieurs. (*Douai*, 10 *janvier* 1812.)

13. Dans le cas de deux ventes successives, le premier vendeur, pour conserver son privilége, est tenu de prendre inscription dans la quinzaine de la transcription faite par le second acquéreur, bien que le premier acquéreur n'ait point transcrit. Les créanciers inscrits du premier acquéreur doivent être colloqués avant ce privilége, s'il n'est pas inscrit. (*Paris*, 16 *mars* 1816. *Cassation* 14 *janvier* 1818.) *Voyez* ci-après l'observation n° 10.

14. Dans le cas où un acte fait double est reconnu par toutes

les parties avoir trait à la vente d'un immeuble, si l'acquéreur est dans l'impossibilité de représenter son double et soutient que la vente est parfaite, tandis qu'au contraire le vendeur soutient que l'acte ne renferme qu'un simple projet ou vente conditionnelle, c'est à l'acquéreur à prouver son allégation; le vendeur ne peut être obligé à prouver que l'acte n'était qu'un simple projet, encore qu'il refuse de représenter son double. (*C. C. article* 1315; *Cass.* 15 *février* 1821.)

15. Lorsqu'un notaire procède à une adjudication volontaire, c'est la loi du 25 ventose an 11, et non le code de procédure qui doit régler la forme de l'acte, et il n'y a de vente consommée qu'autant que l'adjudicataire veut bien signer. (*Cass.*, 24 *janvier* 1814.)

16. Lorsqu'il est prouvé qu'un adjudicataire a écarté les enchérisseurs par dons ou promesses, l'adjudication est nulle. (*Paris*, 19 *janvier* 1814.)

§ III.

Observations sur les ventes mobilières.

1. Les ventes de meubles aux enchères sont faites, dans les endroits où il n'y a point de commissaires-priseurs, par les notaires, greffiers et huissiers. (*Loi du* 26 *juillet* 1790.)

2. Un arrêté du Conseil d'Etat, du 21 octobre 1809, porte, 1° que les quittances et décharges du prix des ventes mobilières faites par les notaires, etc., peuvent être mises à la suite ou en marge des procès-verbaux de vente; 2° que, dans ces cas, les quittances et décharges doivent être rédigées en forme authentique, c'est-à-dire, que l'officier public atteste que la partie est comparue devant lui pour régler le reliquat de la vente, dont elle lui donne décharge, et que cet acte est signé tant par l'officier que par la partie, et si la partie ne sait pas signer, par un second officier de la même qualité ou par deux témoins; 3° que les quittances et décharges, ainsi rédigées, doivent être enregistrées dans les délais fixés par l'article 20 de la loi du 22 frimaire an VII, savoir : pour les notaires, dans les dix ou quinze jours de leurs dates, etc.

Il n'est dû qu'un droit fixe de deux francs pour l'enregistrement. (*Loi du* 28 *avril* 1816.)

3. D'après une ordonnance du 26 juin 1816, il a été nommé un commissaire-priseur dans les chefs-lieux d'arrondissement.

4. Les ventes publiques et volontaires de récoltes sur pied sont dans les attributions des notaires, et non dans celles des commissaires-priseurs. (*Cour de cassation*, 1er *juin* 1822.)

Observations sur les ventes d'immeubles.

5. Dans les ventes d'immeubles à l'amiable, il y a plus de sûreté pour l'acquéreur à faire intervenir dans le contrat l'épouse du vendeur, quand bien même l'immeuble appartiendrait au mari seul, et de la faire obliger solidairement avec lui, à la garantie de la vente; de cette manière, l'acquéreur n'a plus à craindre l'effet d'une inscription légale qui pourrait être prise par ou pour cette dame. (*Voyez* p. 241.)

6. Lorsque la vente d'un immeuble comprend aussi des effets mobiliers, on en fait un état estimatif, article par article, que l'on joint à la minute du contrat. Cette distinction est nécessaire pour la perception du droit d'enregistrement qui n'est que de 2 francs par 100 francs pour la vente des objets mobiliers. (*Art.* 9 *de la loi du* 22 *frimaire an VII.*)

7. L'intérêt bien entendu de l'acquéreur est de porter dans son contrat d'acquisition la totalité du prix, nonobstant les observations contraires qui peuvent lui être faites.

8. Il doit encore ne payer à son vendeur aucune somme à valoir sur son prix, et ne pas faire travailler dans la propriété par lui acquise, avant de s'être assuré par l'expiration des délais fixés par la loi, qu'il ne surviendra pas de surenchère, et qu'il restera propriétaire incommutable.

9. Lorsqu'on est convenu par le contrat de vente que le prix ne sera payé qu'après l'accomplissement des formalités nécessaires pour purger les hypothèques, il faut fixer le délai dans lequel ces formalités devront être remplies; autrement l'acquéreur pourrait le reculer pour avoir un prétexte de différer le paiement.

10. Le privilége du vendeur ne peut se conserver que par l'inscription faite d'office lors de la transcription du titre (*Art.* 2108 *du C. C.*), ou par une inscription particulière prise par lui pour la portion du prix qui lui reste due; à défaut de cette formalité, il perd tous droits sur l'immeuble aliéné, lorsqu'il est revendu, et que le second acquéreur fait transcrire son contrat.

Le vendeur perd effectivement son privilége, en sorte que si l'acquéreur avait grevé l'immeuble d'hypothèques, ses créanciers devraient être préférés au vendeur dont le privilége n'a pas été inscrit; mais celui-ci a le droit incontestable de faire résoudre la vente par lui faite, si son acquéreur ne satisfesait pas aux obligations qu'il a contractées envers lui. La condition résolutoire est toujours sous-entendue (*Art.* 1184 *du C. C.*); le second acquéreur aurait donc à craindre l'action résolutoire, bien que le premier vendeur n'eût pas conservé son privilége, et pourrait suspendre le paiement de son prix (*Art.* 1653 *du C. C.*), s'il ne lui était pas justifié que son vendeur eût payé le sien, car le premier vendeur pourrait faire résoudre la vente. (*Art.* 1654, 2182, 2262.)

Il est donc dans l'intérêt de tout vendeur d'obliger l'acquéreur par une clause expresse de l'acte, de faire transcrire dans un délai déterminé; dans le cas où celui-ci ne remplirait pas cette obligation, le vendeur doit y suppléer, soit en fesant transcrire lui-même, soit en prenant inscription sur son acquéreur.

Un arrêt de la Cour de cassation du 7 mars 1811, a prononcé qu'un vendeur, qui n'avait pas fait transcrire, mais qui s'était borné à prendre inscription, avait conservé son privilége.

11. On fait mention des baux dans le contrat de vente, lorsqu'ils sont authentiques.

Pour les autres, l'acquéreur se charge pareillement de les exécuter, mais il fait, à cet égard, hors du contrat, des arrangemens particuliers avec le vendeur, ayant le soin surtout de retirer une déclaration des baux existans.

Les loyers qui pourraient avoir été payés d'avance par les locataires aux vendeurs, sont retenus par l'acquéreur sur son prix, à moins qu'il n'y ait convention contraire.

12. On stipule presque toujours le prix payable après la transcription et la purge sans inscriptions; mais lorsque l'acquéreur ne veut pas courir le risque de garder dans ses mains des fonds oisifs, on arrête par le contrat que si, lors de l'expiration du délai accordé pour la transcription et la purge, l'acquéreur ne pouvait effectuer le paiement de son prix par le fait des inscriptions existantes à sa transcription, les intérêts cesseront de courir sans que l'acquéreur ait besoin de remplir aucune formalité; cependant il aura peut-être à se défendre contre les créanciers du vendeur dans le cas où ils prétendraient avoir le droit d'exiger le paiement de ces intérêts.

13. Les frais d'actes et autres accessoires à la vente sont à la charge de l'acheteur. (*Art.* 1593 *du C. C.*)

Néanmoins, les notaires imposent par une clause expresse à l'acquéreur l'obligation de les payer.

14. Lorsqu'un contrat de vente contient une délégation acceptée par le créancier délégataire, il est dû, indépendamment du droit de la vente, un droit particulier de 1 fr. pour 100 fr. pour la délégation, parce que l'acceptation rend la délégation parfaite, et qu'alors elle donne lieu par elle-même à la perception du droit, comme transport de créance. (*Dict. des droits d'enreg.*)

15. Les ventes d'immeubles, sous signature privée, doivent

être enregistrées dans les trois mois de leur date, à peine du double droit d'enregistrement. (*Art.* 22 *et* 58 *de la loi du 22 frimaire an VII.*)

16. On termine les contrats de vente par un article auquel on donne pour titre : *Etat civil des vendeurs.* (Voyez *la note de la page* 252.)

On annonce dans cet article, si le vendeur est marié (dans ce cas, on rapporte les noms et prénoms de la femme), s'il est tuteur ou curateur, s'il est comptable de deniers publics, etc.

Si les femmes ou ceux qui les représentent, ou les subrogés-tuteurs, ne sont pas connus de l'acquéreur qui voudra purger sur son acquisition les hypothèques légales, il est nécessaire, et il suffit, pour remplacer la signification qui doit leur être faite aux termes de l'art. 2194 du Code civil, *en premier lieu*, que dans la signification à faire au procureur du roi, l'acquéreur déclare que ceux du chef desquels il pourrait être formé des inscriptions pour raison d'hypothèques légales existantes indépendamment de l'inscription, n'étant pas connus, il fera publier ladite signification dans les formes prescrites par l'art. 683 du Code de procédure; *en second lieu*, que cet acquéreur fasse inscrire dans le journal judiciaire du département ou de l'arrondissement, la note indicative de la signification faite au procureur du roi, pour faire la publication dont il vient d'être parlé, conformément à l'avis du conseil-d'état du 11 mai 1807, approuvé le 1er juin.

17. Les deux mois pour la *purge* (1) ne courent que du jour de l'insertion dans le journal judiciaire, de la notification faite au procureur du roi. (*Décret du* 1er *juin* 1807.)

18. Les formalités pour la *purge* sont très-minutieuses, et demandent beaucoup d'attention. Ce sont les avoués qui s'en chargent ordinairement.

La transcription s'entend de la formalité que doit remplir l'acquéreur ou le donataire s'il veut purger les biens acquis ou donnés. — Le conservateur des hypothèques dans l'arrondissement duquel l'immeuble est situé, transcrit sur son registre l'acte translatif de propriété que l'acquéreur, ou le donataire, ou un tiers pour eux, lui représente à cet effet.

La transcription a remplacé les lettres de ratification.

20. Depuis la disposition nouvelle, insérée dans l'article 834 du Code de procédure, la plupart des acquéreurs sont dans l'usage

---

(1) *Purge,* expression nouvelle adoptée pour exprimer la manière de purger une propriété que l'on vient d'acquérir, des hypothèques légales. (Voyez *les articles* 2193 *et* 2194 *du C. C.*) Le mot *purgation* vaudrait mieux que celui de *purge.*

d'attendre l'expiration de la quinzaine, sans requérir l'état des inscriptions qui peuvent frapper sur leur acquisition il en est aussi qui ne veulent pas attendre cette quinzaine, et qui trouvent un intérêt à requérir l'état des inscriptions immédiatement après la transcription de leur contrat, parce qu'alors d'après l'art. 835 du Code de procédure, ils ne sont pas tenus de faire aux créanciers non inscrits avant la transcription, les significations prescrites par les articles 2183 et 2184 du Code civil pour le purgement. Si l'état n'est requis qu'après l'expiration de la quinzaine, cet état doit comprendre toutes les inscriptions avenues jusqu'au dernier jour de la quinzaine (*M. Pailliet.*)

Si l'état est requis immédiatement après la transcription, il faut que l'acquéreur, en retirant son contrat transcrit du bureau des hypothèques, se fasse encore délivrer par le conservateur un certificat constatant qu'il n'est point survenu d'inscriptions sur le vendeur, pendant la *quinzaine* qui a suivi la transcription.

21. Quoique la loi n'exige pas la transcription, néanmoins les notaires presque dans tous les cas, conseillent à leurs clients de remplir cette formalité. En effet, comment un acquéreur, s'il ne fait pas transcrire son contrat, pourra-t-il savoir d'une manière certaine si la propriété qu'il vient d'acquérir, est libre de toutes hypothèques, puisque les créanciers du vendeur ont encore le droit de requérir inscription dans la quinzaine de la transcription? Dailleurs si ce nouveau propriétaire avait besoin par la suite d'emprunter, il serait possible qu'il n'y parvînt point à cause du défaut de transcription.

22. *Voyez* les art. 54 et 61 de la loi du 28 avril 1816.

23. Un acte de vente sous signatures privées, revêtu de la formalité de l'enregistrement, peut être transcrit sur les registres du conservateur.

24. Le droit d'enregistrement d'une vente dont le prix est de 5000 fr., pour le paiement duquel l'acquéreur constitue 800 fr. de rente viagère, ne doit être perçu que sur 5000 fr. sauf en cas de fraude le recours à l'expertise. (*Dict. de l'enregistrement, page* 686.)

25. Il est essentiel d'établir dans le contrat de vente, le moyen par lequel le droit de propriété qu'il transmet à un autre, lui a été transmis à lui-même; si c'est par succession, donation, legs, vente, échange, etc.

En effet, il importe beaucoup à l'acquéreur que cette propriété de la chose à lui cédée soit clairement établie au contrat, parce que c'est le droit de la personne qui lui vend qui fait le sien propre. Vainement dirait-on que les titres que le vendeur remet à l'acquéreur valent autant et plus que la clause qui dans l'usage sert à établir le droit que l'un transfère à l'autre; outre que ces titres peuvent s'égarer, c'est qu'il y en a quelquefois un si grand nombre que ce serait un travail très-pénible que celui de vouloir y démêler quelque chose, si le notaire n'avait pris soin de présenter dans une clause méthodique et concise, un abrégé frappant de ce qu'ils contiennent. Plus la propriété est compliquée et chargée de pièces, plus il est intéressant que le rédacteur du contrat prenne la peine d'en bien développer les diverses gradations.

26. Le vendeur est obligé de remettre à l'acheteur les titres de propriété de l'immeuble vendu, quand même il n'y aurait eu aucune convention sur ce fait, à moins cependant qu'il y en ait eu une contraire.

Au reste, il suffit, d'après le sentiment de plusieurs auteurs, que le vendeur en remette des copies collationnées, en offrant de représenter les originaux, au besoin.

27. Les contrats de vente sont susceptibles de clauses et de conditions particulières qui naissent des circonstances où les contractans se trouvent; telles sont les réserves que l'un d'eux veut faire, les charges qu'il veut imposer à l'autre, etc.

Ces sortes de clauses pouvant varier à l'infini, selon les différens cas, il n'est pas possible de donner des formules de toutes.

28. Les notaires demandent à ceux qui se présentent dans leurs études pour faire la vente d'un bien national la représentation des *décomptes,* (1) pour avoir la certitude qu'il ne reste plus rien dû à l'État sur le prix des acquisitions. Dans le cas où le vendeur aurait seulement les quittances des paiemens par lui faits de son prix, le notaire prévient l'acquéreur des risques qu'il peut courir par suite de la non-obtention du décompte définitif.

Suivant l'article 5 d'un décret du 22 octobre 1808, lorsque l'acquéreur d'un bien national est muni d'une quittance pour solde, elle vaut comme décompte définitif, s'il s'est écoulé plus de six ans, depuis la publication de ce décret, sans que l'administration générale ait fait signifier de décompte.

Ce décret maintient comme définitive, toute quittance pour solde délivrée aux acquéreurs de domaines nationaux par suite et en conformité des décomptes arrêtés définitivement, soit par l'administration de la caisse de l'extraordinaire, soit par la commission des revenus nationaux, soit par l'administration de l'enregistrement et des domaines.

---

(1) On appelle *décompte* la quittance définitive délivrée aux acquéreurs de biens nationaux, du paiement par eux fait de la totalité du prix de leurs adjudications.

Observations sur la vente à fonds perdu.

29. L'article 918 du code civil identifie la vente à fonds perdu avec la donation à la charge d'une rente viagère, lorsqu'elle est faite à l'un des suscessibles en ligne directe. (*Répert. de Juris.*)

30. Ainsi, lorsqu'un père ou une mère veut vendre à l'un de ses enfans une propriété moyennant une rente viagère sur sa tête, ou avec réserve d'usufruit, on doit faire intervenir dans le contrat tous ses autres enfans majeurs qui déclarent avoir la vente pour agréable. (*Voyez* les n°s 9, 10 et 11 du § 2 de ce titre.)

Observations sur la vente à réméré.

31. On observe, à l'égard de l'article 1662 du Code civil, que l'acquéreur n'a pas besoin d'obtenir un jugement de déchéance.

32. A l'article 1673, on doit entendre par *baux faits sans fraude*, les baux faits pour le tems permis par la loi à l'égard des biens d'autrui, dont on ne jouit que temporairement. (*Traité élém. du notariat*, art. 377.)

Observations sur la vente à vie.

33. La *vente à vie* est la vente d'un immeuble faite à une personne pour tout le tems qu'elle vivra, moyennant un prix fixe.

L'acquéreur à vie est tenu des charges de la propriété. (*Voyez* au titre *Bail-à-vie*, page 104).

Observations sur la licitation.

34. La licitation est la vente qui se fait au plus offrant et dernier enchérisseur, d'une maison ou de tout autre immeuble qui appartient en commun à plusieurs co-héritiers ou co-propriétaires, et qui ne peut commodément se partager.

35. Elle est ou volontaire ou forcée.

36. Elle est volontaire, lorsque toutes les parties sont majeures et d'accord; en ce cas, elle peut avoir lieu à l'amiable devant un notaire, et les formalités se réduisent à celles que les parties veulent bien employer.

37. Elle est forcée, s'il y a des mineurs, des interdits ou des absens, ou bien si les parties quoique toutes majeures, ne sont pas d'accord; en ce cas, il faut suivre les voies judiciaires.

Voyez les articles 459, 827 et 839 du Code civil, et l'article 970 du Code de procédure.

Observations sur les adjudications.

38. On appelle *adjudication* une vente d'immeuble faite publiquement à la chaleur des enchères.

2. Les notaires procèdent dans leurs études ou dans tous autres lieux indiqués par des affiches, aux adjudications volontaires des biens immeubles vendus par des majeurs qui ont le libre exercice de leurs droits, toutes les fois qu'il n'y a pas de poursuite de licitation.

39. Ils vendent de la même manière les fonds de commerce, rentes, créances, etc.

40. Les notaires de Paris adjugent aux enchères dans la chambre par eux établie, les immeubles qu'il sont chargés de vendre sur publications volontaires seulement. (*Arrêté de l'assemblée générale des notaires du ressort, du 13° thermidor an 12.*)

41. Les adjudications définitives sont prononcées à l'extinction des feux.

42. Il n'est reçu d'enchère que de la part d'avoués près les tribunaux de Paris ou de notaires du ressort de la chambre.

43. Pour rendre les procès-verbaux uniformes dans tous les points par lesquels ils peuvent se ressembler, et qui sont principalement relatifs à l'économie des frais et à l'exigibilité des droits d'enregistrement, les notaires de Paris ont été invités à se conformer au projet que la chambre leur a adressé par sa circulaire du 9 thermidor an 12.

Voyez le parfait notaire, tome 2, page 136.

44. Les procès-verbaux d'adjudication peuvent être mis à la suite des cahiers de charge. (*Dé. du cons. de l'enregistrement du 31 décembre 1817*); mais non à la suite de l'acte de dépôt du cahier des charges. (*Décision du Ministre des finances, 5 mars 1819*).

§. IV.

Formules.

1. *Vente de meubles.*

Par-devant, etc.

Fut présent le sieur A   demeurant à   n°

Lequel a, par ces présentes, vendu, a promis et s'est obligé de garantir de tous troubles, saisies et revendications quelconques,

A M. B   à ce présent et acceptant,

Les objets mobiliers dont le détail suit :
1°. etc.

Ou bien :

Les objets mobiliers désignés en l'état que les parties en ont dressé entre elles, et qui à leur réquisition, est démeuré ci annexé, après avoir été d'elles signé et parafé en présence des notaires soussignés.

Lesdits objets étant dans un appartement au premier étage d'une maison située à   , rue   , n°   , et desquels l'acquéreur déclare être en possession, comme occupant cet appartement.

Ou : Lesquels objets mobiliers ont été présentement remis à l'acquéreur qui l'a reconnu.

Ou encore :

Lesdits objets étant en une maison située à   , de laquelle maison ledit sieur A   a présentement remis les clefs à M. B   , qui a promis d'enlever lesdits meubles, sous huit jours, et de rendre ensuite lesdites clefs au vendeur.

Ou : Lesdits objets mobiliers étant en, etc. desquels lieux (ou des mains duquel, si c'est une personne qui en est dépositaire), l'acquéreur pourra les retirer aussitôt que bon lui semblera.

Ou enfin :

Lesquels objets mobiliers le vendeur s'est obligé de livrer et remettre à l'acquéreur en sa demeure sous huit jours.

Ainsi que ces objets mobiliers se poursuivent et comportent, sans en rien excepter ni réserver, et dans l'état où ils se trouvent, l'acquéreur déclarant en être content.

Pour, par lui, en jouir, faire et disposer, dès aujourd'hui, comme de chose à lui appartenante, en toute propriété.

Cette vente faite à la charge par l'acquéreur, qui s'y est obligé, de payer les droits et frais auxquels elle donnera lieu ;

Et, en outre, moyennant la somme de   que l'acquéreur a présentement payée au vendeur, qui l'a reconnu, dont quittance. (*Ou* : que l'acquéreur s'est obligé de payer au vendeur en sa demeure, dans six mois à compter de ce jour ; à la garantie duquel paiement les objets ci-dessus vendus demeurent affectés par privilège spécial expressément ré-servé au vendeur.)

Et pour l'exécution, etc.

2. *Vente d'une maison.*

Par-devant, etc.

Furent présens M. Louis Thorin, négociant, et dame Sophie Naté, son épouse, de lui autorisée, demeurans à

Lesquels ont, par ces présentes, vendu, promis et se sont obligés, conjointement et solidairement l'un pour l'autre, un d'eux seul pour le tout, de garantir de tous troubles, dons, douaires, dettes, hypothèques, évictions, aliénations, sur enchères et autres empêchemens généralement quelconques,

A M. Charles Gutel, ancien marchand, et à dame Rose Chardon, son épouse, de lui autorisée, demeurans à   , à ce présens et ce acceptant, acquéreurs pour eux et leurs héritiers ou ayant cause :

Désignation.

Une maison située à   , rue   , nº   , consistante, etc.

Ainsi que le tout se poursuit et comporte, sans aucune exception ni réserve; mais aussi, relativement au jardin, sans aucune garantie de mesure, dont le plus ou le moins, fût-il d'un vingtième et au-delà, sera au profit ou à la perte des acquéreurs, qui n'ont requis ici plus ample désignation de ladite maison, déclarant la connaître parfaitement pour l'avoir vue et visitée, et en être content.

Propriété.

Cette maison appartenait auxdits sieur et dame T   et dépendait de la communauté de biens qui existe entre eux, au moyen de l'adjudication qui en a été faite audit sieur Thorin, sous le nom de Me D   son avoué, à l'audience des criées du tribunal de première instance de   , le   , sur la vente par licitation qui en était poursuivie à la requête du sieur Debut, propriétaire à   , et de dame Louise Mallet, son épouse, en qualité de propriétaires pour un sixième indivis de ladite maison, du chef de ladite dame Debut, contre M. Mallet, commissaire-priseur à   , leur père et beau-père et les mineurs   Mallet, leurs frère et sœur, beau-frère et belle-sœur, propriétaires des cinq autres sixièmes indivis de ladite maison, en vertu d'un jugement rendu par le tribunal de première instance de   , contradictoirement entre toutes les parties le   , dûment enregistré et signifié; laquelle adjudication a eu lieu moyennant le prix principal de   que ledit sieur Thorin a payé en totalité ainsi qu'il résulte d'une quittance passée devant Me   l'un des notaires soussignés, qui en a la minute et son collègue, le   .

Le jugement d'adjudication de M. Thorin dudit jour   , a été enregistré le   , signifié le   , par exploit de   , huissier, et transcrit au bureau des hypothèques de   , le   , vol.   nº   , à la charge de quatre inscriptions y compris celle d'office, qui ont été rayées les unes définitivement, et les autres partiellement en ce qu'elles frappaient sur la maison adjugée audit sieur Thorin, le même jour   , suivant quatre certificats de radiation, délivrés par M. le conservateur des hypothèques de   , à la date dudit jour

Pendant la quinzaine de la transcription, il n'est survenu aucune inscription, ainsi que le constate un certificat du conservateur en date du   .

Les formalités prescrites pour la purge des hypothèques légales ont pareillement été remplies : à cet effet, la grosse du jugement d'adjudication susdaté, a été déposée au greffe du tribunal de première instance de   , suivant acte dressé par M. Robin, greffier dudit tribunal, le   , enregistré. Ce dépôt a été signifié au subrogé-tuteur des mineurs Mallet,

et à M.   , procureur du roi à   , suivant deux exploits
en date du même jour   , l'un de   , huissier à   ,
et l'autre de   , huissier à   . La notification du dépôt
faite au procureur du roi, a été insérée dans le bulletin judiciaire du département de   , qui s'imprimait à   , le   ,
art.   du journal, numeroté   . La grosse dudit jugement
d'adjudication est restée exposée pendant deux mois et plus dans l'auditoire
du tribunal de première instance   , ainsi qu'il résulte de l'acte
de retrait de ladite grosse qui a été dressé par M. Robin , greffier dudit tribunal, le   . Enfin , pendant toute la durée de l'exposition ,
il n'a été pris aucune inscription légale , ainsi que le constate un certificat
négatif délivré par le conservateur des hypothèques le   .

Ledit sieur Mallet, commissaire-priseur, était propriétaire de la moitié
de ladite maison, comme l'ayant acquise conjointement avec dame Mar-
guerite Rissé sa défunte épouse, pendant leur communauté de biens, de
M. Jean Lemaire , etc., suivant contrat passé devant Me R   ,
notaire à   , le   . Et les dame Debut et
mineurs Mallet, frères et sœurs germains, étaient conjointement propriétaires de l'autre moitié de ladite maison, ou chacun pour un sixième au
total, en qualité de seuls héritiers, chacun pour un tiers, de ladite feue
dame Mallet leur mère, décédée à   , le   , ainsi
qu'il résulte de l'intitulé de l'inventaire fait après son décès, par
Me   , notaire à   , le   .

M. Lemaire avait acquis ladite maison de M. Legoux et de dame Angélique Brière, son épouse, suivant contrat passé devant Me   ,
notaire à   , le   .

Et M. et Madame Legoux en étaient eux-mêmes propriétaires au moyen
de la donation qui leur en avait été faite, suivant contrat passé devant
Me   , notaire à   , le   , par dame Augustine
Delaville , veuve de M. Brière.

Jouissance.

Pour, par M. et Madame Gutel, jouir, faire et disposer, dès aujourd'hui
de ladite maison et de ses dépendances, comme bon leur semblera, en
toute propriété et comme de chose à eux appartenante.

Charges et conditions.

La présente vente faite à la charge par M. et Madame Gutel, qui s'y sont
obligés solidairement entre eux,
1°. De prendre ladite maison dans l'état où elle se trouve;
2°. De supporter toutes les servitudes passives, apparentes ou occultes,
continues ou discontinues, dont elle peut être valablement grevée, sauf
aux acquéreurs à s'en défendre et à profiter des servitudes actives, s'il en
existe, le tout à leurs risques ou avantages, ainsi qu'ils aviseront, sans que
jamais la présente stipulation puisse attribuer à qui que ce soit, plus de
droits que ceux qui seraient légitimement acquis et conservés jusqu'à
ce jour ;
3°. D'acquitter, à compter du   et à l'avenir, les contributions foncières et autres, auxquelles ladite maison pourra être imposée.
4°. De payer les frais, droits et honoraires du présent contrat.
La présente vente faite, en outre, moyennant la somme de

que M. et Madame Gutel ont à l'instant payée à M. et Madame Thorin, qui l'ont reconnu, en numéraire d'argent ayant cours, compté et réellement délivré à la vue des notaires soussignés : dont quittance.

Dessaisissement.

Au moyen de ce paiement, M. et Madame Thorin ont transmis à M. et Madame Gutel tous les droits de propriété et autres qu'ils ont ou peuvent avoir sur ladite maison, s'en dessaisissant à leur profit.

Transcription.

M. et Madame Gutel feront transcrire, si bon leur semble, et à leurs frais, le présent contrat, au bureau des hypothèques de   ; et si, lors de cette transcription ou pendant la quinzaine qui la suivra, il existe ou survient des inscriptions provenantes du fait des vendeurs, ils en rapporteront les mains-levées et certificats de radiation, dans les quarante jours au plus tard de la dénonciation qui leur sera faite de ces inscriptions à leur domicile ci-après élu.

Etat civil des vendeurs.

M. et Madame Thorin ont déclaré qu'ils n'ont pas contracté d'autre mariage que celui qui les unit, et qu'ils n'ont jamais été chargés d'aucune tutelle ou curatelle, ni d'aucune comptabilité de deniers publics.

Remise des titres.

Les sieur et dame Thorin ont remis à M. et Madame Gutel, qui l'ont reconnu, 1°. l'expédition transcrite de leur jugement d'adjudication ; 2°. l'original de sa signification ; 3°. l'état d'inscriptions et les certificats de radiation ; 4°. le certificat de quinzaine ; 5°. toutes les pièces relatives à la purge légale ; 6°. l'expédition de la quittance du   ; 7°. etc. Dont décharge.

Election de domicile.

Et pour l'exécution des présentes, etc.

1. Clauses diverses qu'on peut apposer au contrat de vente.

Sur la mesure, s'il s'agit de terre.

Ainsi que lesdites pièces de terre s'étendent et comportent, sans en rien réserver, et sans qu'il y ait lieu à aucun supplément du prix ci-après stipulé, en faveur des vendeurs pour l'excédant de mesure qui pourrait se trouver auxdites pièces ou à quelques-unes d'elles, ni à aucune diminution dudit prix pour moindre mesure, qu'autant que la différence de la mesure réelle à celle ci-devant exprimée serait d'un vingtième en plus ou en moins. Ou bien : quelque différence qu'il y ait de la mesure réelle à celle ci-devant exprimée. (Code civil 1619.)

A l'égard du prix, lorsqu'il n'y en a qu'une partie de payée comptant.

Cette vente faite, en outre, moyennant la somme de 20,000 francs à compte de laquelle les vendeurs ont reconnu avoir reçu des acquéreurs celle de 10,000 francs en pièces d'or et d'argent ayant cours, comptées et réellement délivrées à la vue des notaires soussignés, dont d'autant quittance. A l'égard des 10,000 francs de surplus, les acquéreurs se sont obligés solidairement l'un pour l'autre, un d'eux pour le tout, sous la renonciation ordinaire aux bénéfices de droit, de les payer aux vendeurs, en leur demeure à   , ou à leur mandataire porteur de la grosse des présentes, dans quatre mois de ce jour, sans intérêt.

Ou bien :

Après l'accomplissement des formalités nécessaires pour purger les hypothèques de toute nature, et dans quatre mois au plus tard, s'il n'existe aucune inscription, ou aussitôt après que les vendeurs auront rapporté aux acquéreurs les main-levées et certificats de radiations des inscriptions qui pourraient exister; et dans l'un ou l'autre cas avec les intérêts sur le pied de cinq pour cent par année, sans aucune retenue, à compter du

Ou bien encore :

De payer aux créanciers des vendeurs, utilement inscrits sur les biens vendus, suivant l'ordre amiable ou judiciaire qui pourra avoir lieu.

Ces paiemens ne pourront s'effectuer qu'en espèces d'or ou d'argent et non autrement. (*Voyez* page 254.)

Réserve de privilége.

A la garantie desquels paiemens, en principal et intérêts, la maison présentement vendue demeure, spécialement et par privilége, affectée, obligée et hypothéquée.

Dessaisissement.

- Sous la réserve de ce privilége, les vendeurs ont transmis aux acquéreurs, etc. (*Voyez le* n° 1.)

Cas de non paiement du prix.

Faute de paiement du prix, au terme ci-dessus convenu, la présente vente sera résolue de plein droit (*Code civil* 1656), et les vendeurs rentreront aussitôt dans la propriété et jouissance de ladite maison.

Cas d'existence d'inscriptions.

Il a été convenu que s'il se trouve des inscriptions sur les biens vendus et qu'elles n'excèdent pas le prix de cette vente, les vendeurs auront la faculté de déléguer aux créanciers inscrits les sommes suffisantes pour les remplir de leurs créances; qu'au moyen de ces délégations, les acquéreurs seront tenus de s'acquitter du restant du prix entre les mains des vendeurs.

Ou bien :

Que les acquéreurs ne pourront retenir en leurs mains qu'une somme suffisante pour les garantir du montant des inscriptions, et seront tenus de payer le surplus aux vendeurs, sans attendre la main-levée des inscriptions; qu'à l'égard des sommes que les acquéreurs auront retenues, ils seront tenus de les payer aux vendeurs à mesure des main-levées en bonne forme qui leur seront rapportées desdites inscriptions, sans attendre leur radiation.

Défaut de transcription dans le délai convenu.

Faute par les acquéreurs d'avoir fait transcrire le présent contrat et d'avoir rempli, dans le délai ci-dessus fixé, les formalités nécessaires pour purger, ils ne pourront exciper de ce retard, pour différer le paiement de leur prix au-delà de ce terme.

Charge d'exécuter les baux.

Cette vente faite à la charge par les acquéreurs, etc.

D'entretenir et exécuter, pour tout le temps qui en reste à courir, le bail fait de ladite maison au sieur   , pour   années qui ont commencé le   , moyennant   , suivant acte passé, etc.

Ou bien :

Le bail qui peut avoir été fait de cette maison.

Et de faire ensorte que les vendeurs ne soient aucunement inquiétés, poursuivis ni recherchés à ce sujet.

Clause de remploi au profit de l'épouse de l'acquéreur.

M. et Mme G   ont déclaré que la somme par eux ci-dessus payée, est la même que celle qu'ils ont reçue de M. P   , pour le prix de la vente qu'ils lui ont faite de terres situées à qui appartenaient à ladite dame G   , comme héritière de sa mère, et ce suivant contrat passé devant, etc.; faisant cette déclaration pour indiquer l'origine de ces deniers, et afin que la maison ci-dessus désignée et par eux présentement acquise serve de remploi et tienne nature de propre à madame G   , qui en sera et demeurera par conséquent seule propriétaire : lequel remploi a été formellement accepté par ladite dame G   . (C. C. 1435.)

Clause de garantie, lorsque le bien vendu est national.

Lesquels ont, par ces présentes, vendu, avec garantie solidaire entre eux de tous troubles, etc., qui leur seraient personnels.

Ou bien :

Sous la simple garantie de leurs faits et promesses et de ceux des précédens propriétaires, le gouvernement seul excepté.

Réserve d'usufruit.

Pour, par les acquéreurs, etc. (*Voyez* page 208 , n° 8.)

Vente moyennant une rente perpétuelle.

Cette vente faite, en outre, moyennant 1000 francs de rente foncière, annuelle et perpétuelle, etc. (*Voyez* page 158.)

Ou bien :

Moyennant 20,000 francs, pour laquelle somme les vendeurs ont présentement créé et constitué, etc.

Il a été convenu que les acquéreurs ne pourront rembourser cette rente avant trente ans de ce jour. (*C. C.* 530.)

Réméré.

Lesquels ont vendu, etc., sous la réserve de la faculté de réméré dont il sera ci-après parlé, à M.   , etc.

Pour, par lui, en jouir, etc., en toute propriété, au moyen des présentes, sauf le droit de réméré des vendeurs.

A la fin de l'acte :

Il a été convenu que les vendeurs pourront, à l'occasion de la présente vente, exercer pendant cinq années, à compter de ce jour, la faculté de rachat ou de réméré, et reprendre la maison ci-dessus vendue, en restituant par eux aux acquéreurs, en un seul paiement, le prix total de ladite vente, avec les frais et loyaux coûts que ces derniers se trouveront avoir déboursés pour cette vente, ainsi que les réparations nécessaires qu'ils auront faites à ladite maison : fesant lequel rachat, les vendeurs rentreront dès-lors dans la propriété et jouissance de cette maison pour la posséder dorénavant, de même que s'ils ne l'avaient jamais vendue.

Faute par les vendeurs d'avoir exercé leur action de réméré dans le délai ci-dessus fixé, les acquéreurs demeureront propriétaires incommutables de ladite maison. (*C. C.* 1662.)

Les vendeurs exerçant la faculté de réméré, on insère cette clause dans la quittance du prix qu'ils restituent aux acquéreurs :

Au moyen de ce remboursement, fait avant l'expiration des cinq années de la date du contrat ci-dessus énoncé, temps pendant lequel lesdits sieur et dame T   s'étaient réservé la faculté de rachat, suivant ledit contrat, ils rentrent dès aujourd'hui dans la pleine propriété, possession et jouissance de ladite maison, de même que s'ils ne l'avaient jamais vendue, lesdits sieur et dame G   leur en fesant, en tant que de besoin, toute rétrocession, sans de leur part aucune garantie ni restitution de deniers. Pour par eux en jouir et disposer, comme de chose à eux appartenante, et ainsi qu'ils auraient pu le faire avant la vente à réméré ci-dessus mentionnée.

Si les vendeurs renonçaient postérieurement à exercer la faculté de réméré, l'acte se rédigerait en ces termes, à la suite du contrat.

Et le   , sont comparus, etc.

Lesquels, au moyen du supplément de prix ci-après, ont, par ces présentes, renoncé à la faculté de réméré qu'ils s'étaient réservée, par contrat passé etc. relativement à la maison située à   , qu'ils avaient vendue, etc.

Cette renonciation faite de la part desdits   au moyen du paiement que M.   leur a présentement fait, d'une somme de   , à titre de supplément de prix de la vente de ladite maison, dont quittance.

En conséquence, lesdits sieur et dame   , demeureront propriétaires incommutables de ladite maison, les sieur et dame se désistant de tout droit quelconque sur cet immeuble.

Si la renonciation avait lieu sans supplément de prix, on dirait :

Lesquels ont, par ces présentes, renoncé purement et simplement, etc. Ce accepté par M   , etc.

2. *Procès-verbal d'adjudication par des majeurs.*

L'an   , le dimanche   du mois de   , neuf heures du matin ,

Par-devant M⁰   et son collègue notaires royaux, résidans à   , soussignés, et en l'étude dudit M⁰   ,

Ont comparu M. B   , et dame   , son épouse, de lui autorisée, demeurans à

Lesquels ont exposé que, désirant vendre une maison et plusieurs pièces de terre situées en la commune et sur le territoire de   , dont ils sont propriétaires, ils ont fait annoncer par des affiches mises et apposées dans ladite commune et autres circonvoisines, qu'il serait procédé aujourd'hui, à l'issue de la grand'messe, vers les midi, en l'étude et par le ministère dudit M⁰   , à la vente et adjudication définitive desdites maison et pièces de terre. Et ils ont requis ledit M⁰ d'établir, en leur présence, 1º la désignation de ces biens, dont ils ont à l'instant représenté les titres et baux ; 2º la propriété en la personne des vendeurs ; 3º enfin les charges, clauses et conditions sous lesquelles ils entendent les vendre.

Auxquelles opérations ledit M⁰   a procédé, en présence de son collègue, ainsi qu'il suit :

Désignation.

Art. 1ᵉʳ. Une maison, etc.
Art. 2. Une pièce de terre, etc.

Énonciation des baux.

La maison ci-dessus désignée est tenue, sans bail, par,   etc.
A l'égard des terres, elles sont affermées au sieur   etc.

Indication de la propriété.

Tous ces biens appartiennent à M. et Madame B

Etat civil des vendeurs.

M. et Madame B   ont déclaré qu'ils n'ont jamais été tuteurs ni curateurs de mineurs ou interdits; que M. B ·   a bien été comptable de deniers publics , d'abord comme receveur d   , et ensuite comme receveur d   ; mais qu'il a été déchargé de sa première gestion par un arrêt de la Cour des comptes du   ; que pour la seconde , il avait fourni un cautionnement qui le mettait à l'abri de toute hypothèque légale; qu'enfin, à l'égard de celle de Madame B   , contre son mari et sur ses biens, cette dame ne peut ni ne pourra l'exercer sur les immeubles ci-dessus désignés , puisque la vente en sera faite et garantie conjointement par elle et son mari.

Epoque de l'entrée en jouissance des adjudicataires.

Les adjudicataires pourront faire et disposer desdits biens, comme bon leur semblera, en toute propriété et comme de chose à eux appartenante , à compter de ce jour.

Ils entreront en jouissance de la maison le 1er janvier prochain.

Et ils auront droit aux fermages des terres à compter du onze novembre aussi prochain.

Les vendeurs se réservent ceux représentatifs de la récolte de la présente année.

Charges et conditions.

Art. 1er M. et Madame B   garantiront, solidairement entre eux, les adjudicataires, de tous troubles, dons, douaires, dettes, hypothèques , évictions , aliénations et autres empêchemens quelconques.

Art. 2. Les biens sus-désignés seront vendus tels qu'ils se poursuivent et comportent, sans en rien excepter, soit en masse, soit en détail, ainsi qu'il sera annoncé au moment de l'adjudication.

Art. 3. Les adjudicataires ne pourront prétendre à aucune indemnité, diminution de prix , ni dommages-intérêts, pour raison du moins de mesure qui pourrait se trouver aux pièces de terre, à quelque quantité que le déficit puisse s'élever : seulement, les adjudicataires auront le droit d'exercer contre qui il appartiendra les mêmes poursuites et actions qu'auraient pu le faire M. et Madame B   en vertu de leurs titres, mais sans recours contre eux dans le cas où ils ne parviendraient pas à recouvrer le manque de mesure.

Art. 4. L'adjudicataire de la maison sera tenu de la prendre dans l'état où elle se trouvera lors de son entrée en jouissance, sans pouvoir répéter contre les vendeurs aucune indemnité pour raison des réparations qui seraient à y faire , sauf l'exercice de leurs droits contre les locataires, à cause de réparations locatives ou autres dont ils pourraient se trouver chargés.

Art. 5. L'adjudicataire de ladite maison se mettra en possession et jouissance de ladite maison à ses risques et périls, sans pouvoir exercer aucun recours contre les vendeurs, dans le cas où il éprouverait quelque retard ou empêchement de la part des locataires.

Art. 6. Les adjudicataires des terres seront tenus d'entretenir et exécuter le bail ci-devant énoncé, pour le temps qui en reste à courir, de manière que les vendeurs ne soient aucunement inquiétés à ce sujet.

Art. 7. Les adjudicataires, tant de la maison que des terres, supporteront les servitudes passives, apparentes ou occultes, continues ou discontinues, dont ces biens peuvent être légitimement grevés; et réciproquement, ils exerceront à leur profit toutes les servitudes qu'ils pourront valablement réclamer : toutes contestations, au sujet de ces servitudes, soit en demandant soit en défendant, seront à leurs risques ou avantages.

Art. 8. Si les terres sont vendues en détail, ils toucheront les fermages au prorata du prix de leur adjudication.

Art. 9. Les adjudicataires paieront à M^e notaire, dans la huitaine de ce jour, sans pouvoir prétendre à aucune diminution de leur prix,   centimes par franc pour les frais d'affiches, d'annonces, d'enchères et de publications, y compris les honoraires dudit M^e.

Plus, les droits d'enregistrement, le timbre des présentes, des extraits qui en seront délivrés aux acquéreurs et de la grosse qui en sera remise à M. et Madame B

Art. 10. Chaque adjudicataire sera tenu de payer le prix principal de son adjudication aux vendeurs ou à leur mandataire, en l'étude de M^e , notaire à   , savoir : moitié dans six mois et moitié dans un an, avec l'intérêt du tout à compter de ce jour, sur le pied de cinq pour cent par année, sans aucune retenue : bien entendu que cet intérêt diminuera proportionnément, tel que de droit, lors du paiement de la première moitié du prix principal.

Art. 11. Ces paiemens, en principaux et intérêts, ne pourront s'effectuer qu'en espèces d'or ou d'argent et non autrement. Les adjudicataires ne pourront profiter du bénéfice de toutes lois ou ordonnances qui autoriseraient le contraire.

Art. 12. A la sûreté et à la garantie desquels paiemens, les biens vendus demeureront spécialement et par privilége réservé aux vendeurs, affectés, obligés et hypothéqués; et, en outre, sans qu'une hypothèque déroge à l'autre, les adjudicataires seront tenus, si ils en sont requis, d'y affecter et hypothéquer d'autres immeubles à eux appartenans, libres de tout privilége et hypothèque, pour une valeur d'environ la moitié de leur prix, ou bien de fournir bonne et solvable caution.

Art. 13. Les adjudicataires rempliront, à leur frais, d'ici à six mois toutes les formalités nécessaires pour purger les hypothèques de toute nature dont lesdits biens peuvent être grevés; et, s'il se trouve des inscriptions contre les vendeurs, ils en rapporteront aux adjudicataires les main-levées et certificats de radiation dans le mois de la dénonciation qui leur en sera faite au domicile de M^e , l'un des notaires soussignés; ou ils autoriseront les adjudicataires à se libérer entre les mains des créanciers inscrits, suivant l'ordre de leurs hypothèques, les vendeurs se réservant la faculté de déléguer à ces créanciers inscrits tout ou partie du prix des adjudications et des intérêts : auquel cas, les adjudicataires seront tenus de satisfaire aux délégations, si toutefois il n'y a pas d'autres créanciers inscrits que les délégataires; et en payant ainsi, les adjudicataires seront valablement libérés envers M. et Madame B

Au surplus, dans le cas où il y aurait des inscriptions, les adjudicaire seront tenus de se réunir pour en faire la dénonciation aux vendeurs, et s'il y a lieu, les significations aux créanciers inscrits : étant de condition de la présente adjudication, que les adjudicataires supporteraient, en leur propre et privé nom, les frais qu'entraîneraient les dénonciations et significations qui seraient faites individuellement.

Art. 14. Après le délai de six mois, les adjudicataires ne pourront opposer à M. et Madame B , le défaut de transcription ou de purge légale, pour retarder le paiement de la première moitié du prix principal.

Art. 15. Les titres de propriété desdits biens et les grosses des baux seront remis à celui des adjudicataires dont le prix sera le plus élevé, aussitôt qu'il en aura effectué le paiement, et à la charge par lui d'en aider ses co-adjudicataires à toutes réquisitions et sous récépissés.

Art. 16. Les enchères ne seront reçues que de personnes notoirement solvables; et les adjudicataires ne pourront faire de déclaration de command qu'en faveur de personnes également solvables : au surplus, il y aura solidarité entre les adjudicataires et leurs commands.

Art. 17. L'adjudication aura lieu aux bougies et à l'extinction des feux. Les enchères seront portées de vive voix, sans qu'elles puissent être au-dessous de francs.

Il n'y aura d'adjudication définitive qu'autant que M. et Madame B auront accordé les feux au dernier enchérisseur; jusques-là, celui-ci ne pourra prétendre aucun droit sur les immeubles à vendre, ni obliger M. et Madame B à consentir l'adjudication. Enfin, ces derniers se réservent la faculté d'ajourner indéfiniment et remettre l'adjudication, s'ils le jugent convenable à leurs intérêts.

Art. 18. M. et Madame B ont déclaré élire domicile à l'effet de l'exécution des présentes, en l'étude de Me l'un des notaires soussignés.

Toutes lesquelles charges et conditions ont été arrêtées et approuvées par M. et Madame B , qui ont signé ici, après lecture.

Et attendu qu'il est midi sonné et qu'il se trouve un nombre suffisant d'amateurs, M. Mme B ont requis ledit Me de leur faire lecture du cahier des charges ci-dessus et de procéder aussitôt après à la réception des enchères.

Obtempérant à ce réquisitoire, ledit Me a faire lecture, à haute voix, de ce cahier des charges, et a procédé à l'adjudication, de la manière suivante.

Il a été annoncé préalablement qu'à l'égard des terres on commencerait par recevoir les enchères qui seraient portées sur la masse, et que l'adjudication en serait prononcée provisoirement au profit du dernier enchérisseur.

Qu'immédiatement après, on recevrait les enchères qui seraient mises sur chaque pièce; que si le montant des dernières enchères portées sur chacune des pièces, excédait la dernière enchère mise sur la masse, les adjudications seraient prononcées définitivement au profit des adjudicataires partiels; qu'au cas contraire, ce serait le dernier enchérisseur sur le total qui resterait définitivement adjudicataire.

M. et Mme B se sont réservé la faculté de maintenir ou de ne pas maintenir les adjudications, si tous les lots n'étaient pas couverts, c'est-à-dire si l'un ou plusieurs de ces lots étaient dans le cas de leur rester.

Art. 1er. La maison située à, etc.

A été mise à prix à la somme de par M. C

Enchérie à par M. G

Surenchérie à par M. L

Après plusieurs publications, personne n'ayant plus voulu enchérir, il a été allumé successivement plusieurs bougies ; pendant la durée de la troisième, ladite maison a été portée à   par M. C

Une quatrième bougie ayant été allumée et s'étant éteinte, sans que personne ait surenchéri, ladite maison a été adjugée définitivement audit sieur C   , à ce présent et acceptant, comme dernier enché-risseur, moyennant ladite somme de   , outre les charges de l'enchère.

En conséquence, ledit sieur C   a promis et s'est obligé de payer cette somme aux vendeurs dans les termes et de la manière fixés par l'art. 10 du cahier des charges, et d'exécuter et accomplir toutes les clauses et conditions y insérées.

Art. 2. La totalité du marché de terre, etc

Si un particulier avait enchéri pour un autre, on l'exprimerait ainsi :

Lequel sieur C   a déclaré, à l'instant même, avoir enchéri et s'être rendu adjudicataire pour le compte et au profit de M. D   , dont il est mandataire suivant procuration, etc., *ou* dont il se porte fort, *ou* à ce présent et qui a accepté ladite adjudication.

Et pour l'exécution des présentes, etc.

3. *Licitation volontaire entre majeurs.*

L'an   le   , par-devant ; etc.
Ont comparu MM.   etc.
« Héritiers chacun pour un tiers de M.   leur père, ainsi que » le constate l'intitulé de l'inventaire fait après son décès par   , etc.

Lesquels, désirant procéder entre eux, à la licitation amiable d'une maison située à   , dépendante de la succession de leur père, ont requis lesdits notaires d'établir la désignation de la dite maison, l'origine de la propriété, et les charges, clauses et conditions de l'enchère.

Ce à quoi il a été procédé ainsi qu'il suit :
(Voyez *la formule du procès-verbal d'adjudication qui précède.*)

On observera que si les étrangers ne sont pas admis à enché-rir, la clause de transcription devient inutile. (C. C. 883).

4. *Licitation entre un majeur, jouissant de ses droits, et un interdit.*

L'an   , le   , par-devant Mᶜ   notaire royal, résidant à   , soussigné ; (1).
A comparu M. R

Lequel a dit que, par jugement rendu en la chambre du tribunal civil de première instance de la Seine, en date du   , enregistré et signifié, entre lui et dame   veuve de M.   , au

_____

(1) M. Massé est d'avis que le notaire commis doit être assisté d'un second notaire ou de deux témoins. (*Parf. not. t. 2, pag. 113.*) Cependant voyez l'art. 955 du Code de procédure.

nom et comme administrateur provisoire de la personne et des biens de M. Charles R   son fils, interdit, nommée et élue à cette quà-lité, qu'elle a acceptée, suivant jugement rendu en la chambre dudit tribunal, par défaut contre ledit interdit, le   mil huit cent vingt   ;

Il a été ordonné qu'à la requête, poursuite et diligence dudit sieur R   , il serait procédé à la vente sur licitation d'une maison située à   , arrondissement de   , dont lui et ledit sieur Charles R   sont propriétaires indivis, chacun pour moitié.

Que par autre jugement contradictoire rendu entre les mêmes parties, par la   chambre du même tribunal, en date du   , dûment enregistré et signifié; « attendu qu'en vertu du jugement du   , » le sieur   , expert nommé à cet effet, avait procédé à la visite et » estimation de ladite maison; attendu que son procès-verbal a été dé-» posé au greffe dudit tribunal le   ; attendu que la maison » étant située à   , la vente serait plus avantageuse si elle s'opé-» rait sur les lieux par le ministère d'un notaire. »

Le tribunal a entériné le procès-verbal de rapport dressé par ledit et a ordonné qu'à la requête, poursuite et diligence de M. R   , il serait procédé à la vente de cette maison, par le ministère dudit Me notaire soussigné, devant lequel le tribunal a renvoyé les parties, pour ladite vente avoir lieu au plus offrant et dernier enchérisseur, sur le cahier des charges qui serait déposé chez lui, à cet effet, par ledit sieur R   , et après l'accomplissement de toutes les formalités prescrites par la loi, en matière de vente par licitation entre majeurs et mineurs.

En conséquence, ledit sieur R   a, par ces présentes, dé-posé pour minute audit Me   le cahier des charges, clauses et conditions sous lesquelles ladite maison sera adjugée au plus offrant et dernier enchérisseur.

Ce cahier écrit sur   feuilles de papier, au timbre de   , et à la fin duquel est la mention suivante : « Enregistré à   signée   », contenant 1º. les noms, professions et demeures du poursuivant et du solicitant; 2º. la désignation sommaire de ladite maison; 3º. l'établissement des qualités et titres en vertu desquels le poursuivant, son solicitant et leurs auteurs sont et étaient propriétaires de cette maison; 4º. les charges, clauses et conditions de la vente; 5º. et la mise à prix.

Lequel cahier de charges, représenté par ledit sieur R   , est, à sa réquisition, demeuré ci-annexé, après avoir été de lui signé et pa-rafé en présence des notaires soussignés,

Dont acte : fait et passé à   , en l'étude de Me les jour, mois et an susdits. Et ledit sieur   a signé avec le notaire après lecture faite.

Procès-verbal indicatif du jour de l'adjudication prépa-ratoire.

Et le   , a de nouveau comparu devant   , etc. M. R

Lequel a dit que les frais faits sur ladite vente s'élèvent à   , que, pour parvenir à l'adjudication préparatoire de la maison dont il s'agit, il a fait rédiger un placard sur timbre à deux francs, indiquant

cette adjudication au dimanche   prochain ; que ce placard
a été apposé dans tous les lieux et endroits voulus par la loi ; que ces
appositions sont constatées par trois procès-verbaux dressés par
huissiers à   les   , enregistrés et visés par le maire   , etc.
que ce placard a été inséré dans le journal judiciaire de Paris le   ,
et dans celui de   , le   que ces insertions sont justi-
fiées par des exemplaires desdits journaux annexés au dossier.

Pourquoi ledit sieur R   a requis qu'il fût procédé à l'adjudication préparatoire, attendu que toutes les formalités prescrites par la loi
ont été fidèlement observées.

Et a signé après lecture.

A aussi comparu la dame   veuve   au nom et comme
tutrice de M. Charles R   son fils, interdit, suivant la délibération du conseil de famille, etc.

Laquelle a déclaré que loin d'empêcher cette adjudication, elle requérait qu'il fût procédé le   , en l'étude dudit Me

Et a signé après lecture.

A encore comparu M.   , au nom et comme subrogé-tuteur
dudit interdit, nommé à cette qualité, qu'il a acceptée, par la délibération
du conseil de famille, etc.

Lequel a déclaré consentir et même requérir qu'il soit procédé à l'adjudication préparatoire dont il s'agit.

Et a signé après lecture.

Desquels dires et comparutions, il a été dressé le présent procès-verbal
à   , en l'étude, les jour, mois et an que dessus.

Et les comparans ont signé avec le notaire après lecture faite.

Adjudication préparatoire.

Et le   ont comparu, etc.

Lesquels comparans ès-noms et qualités,

Ont requis ledit Me   notaire, de faire lecture aux personnes
qui viendraient pour enchérir, du cahier des charges du   , et de
procéder, s'il y a lieu, à la réception des enchères et à l'adjudication
préparatoire de la maison ci-devant désignée.

Et ont signé après lecture.

A quoi obtempérant, le notaire susdit et soussigné a donné lecture, à
haute et intelligible voix, aux personnes réunies en son étude, du cahier
des charges ; et a procédé à la réception des enchères, ainsi qu'il suit :

La maison ci-devant désignée a été criée sur la mise à prix de
faite par M. R   , poursuivant.

Un 1er feu a été allumé et s'est éteint sans enchère.

Deux autres feux ont été successivement allumés et se sont éteints sans
enchère.

En conséquence, le notaire soussigné a adjugé provisoirement ladite
maison à M. R   poursuivant, ce qu'il a accepté.

Et il a signé après lecture.

Sur la réquisition des comparans, il a été déclaré aux personnes présentes que l'adjudication définitive aurait lieu le dimanche
heure   , en l'étude dudit Me   , ce qui sera annoncé par
une nouvelle apposition d'affiches et une seconde insertion dans les journaux judiciaires de   , huit jours au moins avant celui de cette
adjudication.

Dont acte, etc.

Adjudication définitive.

Et le dimanche   , ont comparu devant Mc   et en son étude ,

M. R   , etc.

Lesquels ont dit que , par le procès-verbal d'adjudication préparatoire du   , il a été annoncé qu'il serait procédé aujourd'hui , heure de midi , par le ministère dudit Mc   et en son étude , à l'adjudication définitive , de la maison ci-devant désignée.

Que , pour y parvenir , ledit sieur R   a fait rédiger , etc.

(*Rappeler ici les appositions d'affiches , insertions dans les journaux , etc.*)

En conséquence , ils ont requis ledit Mc   de faire lecture , etc. (*Comme ci-dessus , en substituant le mot définitive au mot préparatoire.*)

Ladite maison a été enchérie par M.   à la somme de

Pendant la durée de plusieurs bougies allumées successivement , sur cette enchère , ladite maison a été portée à   par

Une autre bougie , de la durée d'environ une minute , ayant été allumée , M. B.   a surenchéri à   et M. C   à   ,

Deux autres feux , chacun de la même durée , ayant été allumés successivement , et , s'étant éteints tous deux , sans que , pendant leur durée , il soit survenu aucune enchère , le notaire soussigné a , du consentement de M.   , etc. , adjugé définitivement ladite maison audit sieur C moyennant   au par-dessus des charges

Lequel sieur C   , à ce présent et acceptant , comme dernier enchérisseur , s'est obligé de payer ladite somme de   , et d'exécuter les charges , clauses et conditions de l'adjudication , dans les termes et de la manière exprimés au cahier des charges.

Ledit sieur C.   a élu domicile en sa demeure à   , et a signé après lecture faite.

Dont acte : fait et passé à   en l'étude de Mc   ledit jour

Et lesdits sieurs R   , etc. , ont signé avec le notaire , après lecture faite.

FIN DE LA SECONDE PARTIE.

TROISIÈME PARTIE.

REMARQUES

SUR DIFFÉRENS SUJETS QUI ONT RAPPORT AU NOTARIAT,

OU

Nomenclature et définition des termes et expressions usités dans la pratique; formant le complément des deux premières parties, et pouvant servir, en même temps, DE TABLE DES MATIÈRES, au moyen de renvois.

ABANDONNEMENT.—Voyez page 126 et suivantes, et page 267.

AB INTESTAT. — Se dit de celui qui est appelé par la loi à la succession d'une personne qui est décédée sans avoir fait de testament.

ABRÉVIATION. — On termine ordinairement les actes notariés par ces mots : *pour l'exécution des présentes, les parties ont élu domicile en leurs demeures* ou *à tel endroit, auxquels lieux*, etc. *nonobstant*, etc. *promettant*, etc.; *obligeant*, etc. *renonçant*; etc.

C'est-à-dire : *auxquels lieux*, toutes significations, demandes et poursuites relatives au présent acte, pourront être faites ainsi que devant les juges des domiciles élus, *nonobstant* changement de demeure ; (*voyez l'article* 111 *du code civil ;*)

Promettant (les parties) d'exécuter le contenu audit acte;

Obligeant à cet effet tous leurs biens ;

Renonçant à toutes choses contraires à ces présentes. — Avant la loi du 25 ventose an XI, tout cela se mettait dans les grosses.

On trouve quelquefois dans les donations et contrats de vente, ces mots *dessaisissant, transportant, voulant, constituant pour procureur, donnant pouvoir*, etc. ; ils signifient que le donateur ou le vendeur se *dessaisit* en faveur du donataire ou de l'acquéreur, de la propriété des biens donnés ou vendus; lui *transportant* tous les droits qu'il a ou peut avoir sur ses biens ; *voulant* qu'il en soit saisi et mis en possession par qui et ainsi qu'il appartiendra ; *constituant* à cet effet pour son procureur le porteur des présentes , lui *donnant* tous les pouvoirs nécessaires.

ABROGATION. — Action par laquelle on annule une loi. C. C. 1390.

ABSENS. — Sont réputés *absens* ceux qui se sont éloignés du lieu de leur résidence ordinaire, et dont on n'a point de nouvelles. Lisez la formule, page 77; et voyez les observations pages 214 et 215, et les articles 112—143 du Code civil.

C'est à celui qui a intérêt de faire déférer une succession à un absent, à prouver l'existence de cet absent; cette preuve d'existence ne se trouvant pas, la succession avenue à l'absent, est dévolue à ceux avec lesquels il aurait le droit de concourir, ou à ceux qui la recueilleraient à son défaut : ainsi, un mari n'établissant pas que sa femme, notoirement absente depuis vingt ans, est encore vivante, c'est aux héritiers présomptifs de cette absente à recueillir les droits qui lui sont avenus. (*Cassation*, 21 *décembre* 1807.)

Lorsqu'un militaire absent est appelé à une succession, il faut que son existence soit prouvée aussi bien que s'il s'agissait d'un autre individu. (*Cour de Rouen*, 29 *Janvier* 1817.)

Les militaires absens dont on n'a point de nouvelles, ont été replacés dans la classe des citoyens ordinaires, et dès-lors, les articles 135 et 136 du code civil leur sont applicables. (*Cour Royale de Paris*, 27 *août* 1821.)

Une loi du 13 janvier 1817 a réglé la manière de constater le sort des militaires absens, jusqu'au traité de paix signé à Paris le 20 novembre 1815.

Voyez les articles 222, 312, 374, 817, 819, 838, 840, 1427, 1676, du code civil; les articles 83, 859, 860, 863, 909 et 910 du code de procédure, et l'article 587 du code de commerce.

ACCEPTATION DE DONATION. Voyez page 72 et suiv.

ACCEPTATION DE COMMUNAUTÉ. — Acte par lequel une femme ou ses héritiers acceptent la communauté de biens qui subsistait entre elle et son mari, avant la dissolution du mariage. Cette acceptation est tacite, lorsque la veuve ou ses héritiers s'immiscent dans les biens de la communauté. (*Code civil*, 1453 *et suivans*.)

ACCEPTATION DE SUCCESSION. — Acte par lequel un héritier présomptif accepte la succession à laquelle il est appelé, soit purement et simplement, soit sous bénéfice d'inventaire. (*Code civil* 774 *et suiv.* 795.)

ACCEPTILATION. — Remise de dettes.

ACCESSION. — Manière d'acquérir l'accessoire de la chose principale. (*C. C.* 546, 577 *et* 712.)

ACCESSOIRE. — C. C. 566, 1018, 1615, 1692, 2204.

ACCROISSEMENT. — La communauté conjugale de quelque manière qu'elle soit établie, soit par la loi, soit par les conventions des parties, est plutôt comme le dit Dumoulin, *in habitu quæ in actu*, et la femme tant que dure le mariage a plutôt l'espérance d'être associée qu'elle ne l'est réellement, puisque le mari pendant la durée du mariage, est considéré comme seul seigneur et maître de sa communauté et qu'il peut en disposer à son plaisir et volonté, sans le consentement de sa femme ; cette disposition de la coutume de Paris a été rapportée et adoptée par le code civil, article 1421.

De là les conséquences et les principes qui suivent. A la dissolution de la communauté, les droits de la femme qui pendant la durée du mariage n'étaient qu'éventuels et informes, deviennent constans et formés. La propriété que le mari avait pendant le même tems de tous les biens de la communauté, se restreint à la moitié de ces biens, la propriété de l'autre moitié se réalise dans la personne de la femme, et si c'est elle qui est prédécédée, elle transmet cette propriété à ses héritiers ; mais, en ce moment aussi, s'ouvre en faveur de la femme ou de ses héritiers, le droit d'accepter cette communauté ou d'y renoncer.

S'ils acceptent, leur droit à la propriété leur a été acquise au moment même de la dissolution de la communauté.

Mais s'ils renoncent, ils sont réputés n'avoir jamais eu aucun droit par cette renonciation.

S'il y a accroissement en faveur du mari ou de ses représentans, c'est un accroissement *non decrescendo*, qui ne produit pas de mutation, puisque le mari entièrement propriétaire avant la dissolution de la communauté, reste, après sa dissolution, dans le même état, parce que la renonciation produit en tout et pour tout, un effet rétroactif au moment de la dissolution. Le Conseil ayant jugé suivant l'ancienne jurisprudence, que, dans ce cas, il n'y avait pas de mutation sujette au centième denier, de même on doit décider aujourd'hui qu'il n'est dû aucun droit d'enregistrement pour cet accroissement.

ACCROISSEMENT (DROIT D'). — Droit que la loi donne à des cohéritiers ou co-légataires de recueillir la portion de ceux qui la refusent ou ne peuvent la prendre. (*Voyez* les articles 1044 et 1045 du code civil.)

Si un testateur avait dit : « *J'institue tel et tel pour mes léga-* » *taires universels* ou *je lègue tous mes biens à tel et tel,* » la portion de celui qui prédécéderait accroîtrait au survivant.

Au contraire, si le testament portait : « *J'institue tel et tel* *pour mes légataires universels, chacun pour moitié,* » leur quotepart étant déterminée, il n'y aurait pas lieu à l'accroissement en leur faveur, et chacun d'eux n'aurait toujours que la moitié qui lui aurait été léguée.

ACHALANDAGE. — Avantage qui résulte au profit de l'acquéreur d'un fond de commerce, de continuer les affaires dans le local occupé par son prédécesseur, et bénéfice qu'il trouve à travailler avec les pratiques attachées à la maison. Souvent dans les inventaires, on porte dans la masse active la valeur du fond de commerce, compris l'achalandage.

ACQUÊTS. — Biens acquis au profit de la communauté conjugale. Le Code donne à ce mot la même signification qu'on donnait autrefois au mot *conquêts*. *Voyez* l'article 1498.

ACQUIESCEMENT. — Consentement que l'on donne à un acte ou à une chose jugée. L'acquiescement peut avoir lieu devant notaires.

Modèle.

Aujourd'hui a comparu devant, etc., M. D   ; lequel a, par ces présentes, déclaré acquiescer purement et simplement au jugement contradictoirement rendu entre lui et M. L   , par le tribunal civil de première instance, séant à   , le   , portant, etc. (*Rapporter le dispositif*) En conséquence de cet acquiescement, M. D   a renoncé à pouvoir interjeter appel de ce jugement; s'obligeant, au contraire, à l'exécuter dans toutes ses dispositions.

Dont acte, etc.

ACQUITTEMENT. — Action d'acquitter. C. C. 2114.

ACTE. — *Voyez* page 70.

ACTE AUTHENTIQUE. — C. C. 1317.

ACTE DE COMMUNE. — On dit qu'une veuve a fait *acte de commune*, lorsqu'elle a reçu des sommes dues à la communauté ou payé quelques dettes, (C. C. 1454). La veuve ne doit prendre aucun parti avant de connaître les forces et charges de la communauté.

ACTE D'HÉRITIER. — Si celui à qui une succession est déférée, en acquitte les dettes ou dispose de quelques effets de la succession, s'il en perçoit les revenus ou s'il procède au recouvrement des dettes de l'hérédité, il fait *acte d'héritier*, à moins qu'il n'ait une autre qualité ou des autorisations pour agir ainsi. *Voyez* l'article 779 du C. C.

ACTE DE NOTORIÉTÉ. — *Voyez* page 75 et suivantes.

ACTES ENSUITE. — *Voyez* pages 6 et 11.

ACTE IMPARFAIT. — Quand un acte *imparfait* est porté sur le répertoire, on le met à sa date au nombre des minutes, afin de pouvoir le représenter à toute réquisition.

Le notaire ne peut en délivrer la copie, qu'en exécution d'une ordonnance du président du tribunal de première instance, de laquelle il fait mention sur cette copie; il annexe l'original de l'ordonnance à la minute de l'acte qu'il a fait préalablement enregistrer. (*Article* 841 *du Code de procédure et article* 41 *de la loi du du* 22 *frimaire an* 7.) *Voyez* ci-devant page 14.

ACTE NOTARIÉ. — *Voyez* pages 1, 35 et suivantes.

ACTE SOUS SEING PRIVÉ. — C. C. 1322 — 1331.

L'acte sous seing privé est celui qui, passé sans l'intervention d'aucun officier public, est signé seulement par les parties. S'il est reconnu par toutes les parties et déposé par elles chez un notaire, il devient authentique par le seul fait du dépôt; dès-lors aussi devient valide l'hypothèque conventionelle conférée par l'acte originairement sous seing privé. (*Sirey.*)

Un acte sous seing privé déposé chez un notaire par le débiteur, peut être expédié en forme exécutoire. (*Cour de cassation,* 27 *mars* 1821.) Les notaires peuvent écrire eux-mêmes des actes sous seing privé, nonobstant les déclarations de 1696 et 1699. (*Avis du conseil d'État du 26 mars 1808.*)

ACTE RESPECTUEUX. — *Voyez* pages 79 et suivantes.

ACTE SYNALLAGMATIQUE. — C. C. 1102.

ACTION. Droit que nous avons de poursuivre en justice ce qui nous est dû, ou ce qui nous appartient. Les actions sont divisées en actions personnelles, réelles et mixtes.

Les actions personnelles sont dirigées contre ceux qui sont obligés à donner ou à faire quelque chose; on les appelle personnelles, parce qu'elles sont attachées à la personne obligée, et la suivent partout.

Les actions réelles sont celles par lesquelles nous demandons la possession d'une chose dont nous avons la propriété, ou la jouissance de quelque droit réel sur un héritage, comme les hypothèques, les servitudes, etc. On les appelle réelles parce qu'elles ne peuvent être dirigées que contre le possesseur de l'héritage, ou de la chose qui nous appartient, ou sur laquelle nous avons quelque droit réel, et que dès le moment qu'il l'abandonne, il est déchargé de l'action.

Les actions mixtes sont celles qui participent des deux autres, comme quand nous demandons qu'un homme soit condamné à nous rendre un héritage avec restitution de fruits, ou avec des dommages et intérêts.

Les actions personnelles sont civiles ou criminelles.

Les actions civiles sont celles qui naissent d'un contrat ou d'un quasi-contrat.

Les actions criminelles sont celles qui naissent de quelque espèce de crime que ce puisse être.

Les actions réelles sont de deux sortes, l'action pétitoire et l'action possessoire.

L'action pétitoire est celle par laquelle nous demandons la possession d'une chose qui nous appartient, ou la jouissance de de quelque droit réel comme une servitude, une rente foncière, unehypothèque.

L'action possessoire ne regarde point la propriété de l'héritage, mais seulement la possession ; elle est accordée à celui qui est troublé en la possession d'un immeuble, d'un droit réel, et d'un droit universel, mais elle n'a jamais lieu quand il ne s'agit que de la possession d'un meuble en particulier.

(Code de procédure, article 23 et suivans.)

ACTION RÉSOLUTOIRE. — C. C. 1664. — *Voyez* page 548.

ACTIONS DE LA BANQUE DE FRANCE. — Elles doivent leur origine à la loi du 24 germinal an 11, qui en créa 45000. Le fonds primitif de chaque action est de 1000 francs ; elles produisent, tous les six mois, un dividende variable, suivant les circonstances plus ou moins heureuses.

On a payé 4 actions 4570 francs ; le dividende semestral a été fixé à 25 francs par action, pour savoir quel est le taux du placement, on multiplie 100 par 32 francs, puis par 2 (semestres), enfin par 4 (nombre des actions), et l'on divise le produit par 4570 ; on a pour résultat 5 francs 60 centimes pour cent.

On a acheté des actions à 1150 francs ; on veut savoir à combien devrait être fixé le dividende pour retirer 6 pour cent de ses fonds. On multiplie 1150 par 6, on divise le produit par 200 (2 semestres à 100), et l'on a pour résultat 34 francs 50 centimes.

Les actions de la banque peuvent être immobilisées (*Décret du 16 janvier* 1808) : ces actions restent alors soumises au Code civil. Elles ne peuvent être aliénées, et les priviléges et hypothèques ne sont purgés qu'en se conformant aux lois relatives aux priviléges et hypothèques sur les propriétés foncières.

ADHÉSION. — *Voyez* page 82.

ADIRÉ. — Terme synonyme d'*égaré*. Une partie à laquelle le débiteur rembourse la créance qui lui était due, déclare que la grosse de l'acte est *adirée* ; en conséquence elle s'oblige par la quittance de garantir le débiteur de tous recours.

ADITION D'HÉRÉDITÉ. —Acceptation de succession. C. C. 779.

ADJUDICATION. — *Voyez* pages 349 et 357 et le C. C. article 1596, 2213 ; C. de proc. 620 et suiv.

ADOPTION. — C. C. 343—360.

AFFECTATION D'HYPOTHÈQUE. — Page 83.

AFFICHES. — Placards imprimés qu'on appose dans les lieux les plus apparens, pour indiquer la vente d'immeubles, etc. C. C. 459 et C. de pr. 961. — Les affiches *manuscrites* et celles dites *à la brosse*, sont exemptes du timbre. (*Déc. du min. des finances*, 18 *juillet* 1820.)

AFFIRMATION. — C. C. 1456, 1781.

AGENDA. — Petit cahier destiné pour écrire les choses qu'on a à faire.

AGENT DE CHANGE. — Personne nommée par le Roi pour faire les négociations des effets publics, etc. C. de comm. 76.

ALÉATOIRE (contrat). — Code civil, art. 1104, 1964 et suiv.

ALIÉNATION. — Translation de propriété à titre lucratif ou onéreux.

ALINÉA. — *Voyez* page 37, note 3.

ALLUVION. — C. C. 556, 596.

AMENDE. — Peine pécuniaire encourue pour contravention à une loi. *Voyez* pages 5, 6, 38, 39, 46, 56, 57, 58, etc.

Il n'y a pas lieu à amende lorsque l'impression des répertoires des notaires couvre l'empreinte du timbre. (*Déc. du min. des fin. du* 24 *mai* 1820.

Les notaires n'encourent pas d'amende pour avoir couvert d'écriture le timbre sec et le contre-timbre apposés sur les papiers timbrés. (*Jug. du trib. de Vendôme,* 22 *janvier* 1814.)

Un notaire n'encourt pas d'amende lorsqu'il a mentionné dans un de ses actes, un acte sous seing-privé non enregistré, en vertu duquel il n'a pas instrumenté ; par exemple, lorsque les parties déclarent dans une quittance finale du prix d'une vente d'immeubles « qu'à des époques par elles indiquées, trois à-» comptes ont été payés suivant quittances particulières qui, » avec les présentes, ne serviront que d'une même chose. » (*Trib. civil de Paris,* 20 *juillet* 1821.)

AMENDER. — Profiter, tirer quelque avantage de quelque chose : *les héritiers d'un tel n'ont rien amendé de sa succession, il y avait trop de dettes.* (Trévoux.)

AMEUBLISSEMENT — *Voyez* page 172. C. C. 1497, 1505 et suiv.

AMPLIATION. — *Voyez* pages 20, 21 et 194.

ANNEXE. — *Voyez* pages 9, 10 et 37 note 4.

ANTÉRIORITÉ D'HYPOTHÈQUE. — Consentement donné par un créancier inscrit à ce qu'un tiers le prime dans l'effet de l'hypothèque à lui acquise sur les biens de son débiteur. *Voyez* page 252.

ANTICHRÈSE. — Page 84.

APOSTILLE. — Page 38.

APPERT (il). — Ancienne expression qui signifie *il apparaît, il est constant. Voyez* page 22.

APPORT. — Se dit des biens que les époux apportent en mariage. — Suivant un jugement du tribunal de Melun, du 13 mars 1817, l'estimation donnée aux objets mobiliers composant l'apport d'un époux marié sous le régime du papier-monnaie, ne doit pas être réputée avoir été faite d'après le cours de ce papier, et la réduction n'en doit pas être opérée au taux de l'échelle de dépréciation. (*Journal du Palais,* t. 50, p. 66.)

C. C. 1497 et suiv.

ARBITRAGE. — Espèce de juridiction que les particuliers exercent en vertu du pouvoir qui leur est donné par les parties, à l'effet de décider leurs contestations. *Voyez* page 134.

ARGENT. — C. C. 553, 536, 587, 869 et 1291.

ARRÉRAGES. — Page 157. — C. C. 584, 588, 1155, 1212, 1254, 1258, 1401, 1409, 1512 et 2277. — Tous arrérages, même ceux des inscriptions sur le grand-livre de la dette publique, échus au décès du propriétaire, doivent être compris dans la déclaration de sa succession. (*Dict. de l'Enreg.*)

ARRHES. — Gage que l'on donne pour assurer l'exécution d'une convention. C. C. 1590.

ARTICLES DE MARIAGE. — On entend par *articles des mariage*, une convention préliminaire par laquelle les futurs époux, ou les personnes sous l'autorité desquelles ils sont, arrêtent sous signatures privées les clauses dont il se proposent de composer leur contrat de mariage.

L'effet des articles de mariage est d'obliger les parties à la célébration du mariage, sous peine, contre celle qui prétendrait s'y refuser, de dépens, dommages et intérêts. (*Rép. de Jurisprudence.*) Cependant, l'obligation contenue en une promesse de mariage, de payer une somme déterminée, en cas de dédit, est illicite. (*C. C.* art. 1133; *Cour de cass.* 6 *juin* 1821.)

ASCENDANS. — Parens dont on descend en ligne directe. Le père, la mère, les aïeuls, les bisaïeuls d'une personne en sont les ascendans. C. C. 142, 150, 155, 161, 176, 179, 182, 205, 402 et suivans, 508., 733, 736, 746, 907, 915 et suivans, 935, 1075, 1113, 1513.

ASSURANCE (contrat d'   ). — Page 163.

ATERMOIEMENT. — Page 147.

ATTÉRISSEMENT. — C. C. 556, 560.

AUTORISATION. — Page 86. — C. C. 215, 216, 217, 218, 223, 225, 910, 937, 1239, 1427, 1449, 1450, 1535, 1538, 1555 et suiv. C. de proc. 861 et suiv. C. de comm. 3, 4 et 6.

AVANCEMENT D'HOIRIE. — Se dit de ce que l'on donne à un héritier présomptif par anticipation sur ce qui doit lui revenir dans une succession à échoir, et dont il doit tenir compte à ses co-héritiers après la mort du donateur. *Voyez* page 169. C. C. 511.

AVEUGLES. — Les personnes privées de la vue sont capables de toutes sortes d'actes entre-vifs et à cause de mort, en observant les formalités requises. (*Rép. de Jurisp.*)

Rien ne peut empêcher les notaires de recevoir des actes pour des personnes privées de la vue, puisqu'elles entendent la lecture de l'acte, font leurs observations, signent aux endroits qui leur sont indiqués, ou déclarent qu'elles ne savent ou ne peuvent signer.

Avis de parens. — *Voyez* l'art. 882 et suivans du Code de procédure.

Avoués. — Officiers ministériels qui ont remplacé les procureurs, et dont les fonctions consistent à représenter en justice les personnes qui les chargent de leurs affaires litigieuses, etc. *Voyez* l'art. 977 du code de procédure et l'art. 1597 du code civil.

Ayant-cause. — Celui auquel les droits d'une personne ont été transmis par succession, donation, legs, etc. C. C. art. 1122, 1319, 1322, 1340, 1365 et 1453.

Ayant-droit. — Celui qui est subrogé dans les droits d'une personne, par donations, ventes, transports, etc. C. de proc. art. 839; loi du 25 ventose an 11, art. 25.

Bagues et joyaux. — Don de noces ou de survie que le futur époux fesait à la future épouse dans les pays de droit écrit. On peut encore le stipuler aujourd'hui, sauf s'il y a lieu, sa réduction à la quotité disponible. *Voyez* la formule page 176.

Des arrêts ont jugé que tout ce qui a été donné par le fiancé à la fiancée, en faveur et contemplation du futur mariage, soit meubles, habits, bagues et autres choses, doit se rendre au fiancé ou à ses héritiers, quand le mariage ne s'ensuit point, même par quelque accident inopiné, pourvu qu'il n'ait pas tenu à celui qui les redemande, que le mariage ne s'en soit ensuivi.

Bail. — *Voyez* page 87. Une quittance de loyers ou de fermage insérée dans le bail même, n'est pas susceptible d'un droit d'enregistrement particulier. (*Déc. du Min. des fin. du 10 août* 1815.)

Bail a nourriture. — Convention par laquelle on s'oblige d'alimenter un particulier pendant un tems déterminé ou illimité, moyennant une rétribution annuelle, ou une somme fixe, ou l'abandonnement de la propriété ou de la jouissance de meubles ou d'immeubles, ou enfin gratuitement.

Pour des personnes autres que les mineurs, cet acte opère 50 centimes par cent francs, sur le prix cumulé des années de la convention, lorsqu'elles sont déterminées, si la rétribution est annuelle, ou sur la somme fixe dans le cas contraire. Si la durée est illimitée, le droit est de 2 pour cent sur le capital au denier dix de la rétribution annuelle, ou sur la somme fixe. Pour la nourriture des mineurs, le droit est de 25 centimes par cent francs sur le montant des années réunies de la pension ou sur la somme déterminée. (*Dict. de l'enreg.*)

Voyez page 161 et l'art. 69 de la loi du 22 frimaire an 7.

Formule d'un bail à nourriture.

Par-devant, etc.

Furent présens : M. A   , d'une part, et M. B
d'autre part ; lesquels sont convenus ensemble de ce qui suit : M. A
s'est obligé envers M. B   , ce acceptant, de le nourrir et loger,
d'une manière convenable, en la demeure de lui sieur A   ,
à   , rue   , et de lui fournir le linge de table et les
draps de lit nécessaires, pendant trois années consécutives, à compter
du   (*ou* pendant la vie et jusqu'au décès de M. B   );
et ce moyennant la somme de   francs, à titre de pension
annuelle, que M. B   a promis et s'est obligé de payer à
M. A ·   , en quatre termes égaux, par quartier, dont le premier
écherra et devra être payé le   , pour continuer ainsi de trois
en trois mois, jusqu'à l'expiration de ces trois années (*ou* jusqu'au décès
de M. B   .)

Il est bien entendu que M. B   devra se trouver chez M. A
aux heures ordinaires des repas.

Dont acte, etc.

Il arrive assez souvent qu'on détermine, par le bail, ce qui
doit être fourni pour le déjeuné, et de combien de plats le dîner
sera composé : on doit, à cet égard, faire expliquer les parties,
afin de leur éviter toute contestation ultérieure.

BAIL A VIE. — Page 104.

BAIL EMPHYTÉOTIQUE. — Page 105.

BÉNÉFICE D'INVENTAIRE. — Code civil, art. 793 — 810. *Voyez*
aussi les art. 461, 774 et 782 du même code, et les art. 174,
986 et suiv. du code de procédure.

Lorsqu'un héritier ne connaît pas les forces et charges de la
succession, et qu'il craint que le passif n'excède l'actif, il fait
au greffe du tribunal de première instance dans l'arrondissement
duquel la succession s'est ouverte, la déclaration qu'il entend
ne prendre la qualité d'héritier que sous bénéfice d'inventaire, si toutefois il ne s'est pas encore immiscé dans les affaires de la succession.

Un héritier qui a accepté sous bénéfice d'inventaire, ne peut
plus renoncer à la succession. *M. Grenier, traité des Don. t. 3,
page* 69.

L'héritier bénéficiaire qui vend ses droits dans l'hérédité ou
qui signe un compromis, devient héritier pur et simple.

BIENFESANCE (contrat de). — C. C. 1105.

BIENS. — Sont meubles ou immeubles ; C. C. 516—535, 711.

BIENS NATIONAUX. — On a donné le nom de *biens nationaux* aux
biens du clergé et autres, qui, par suite de différentes lois rendues en France, depuis la Révolution, ont été vendus au profit
de la nation. Dans les premiers tems, l'opinion publique semblait
diviser cette sorte de biens plus particulièrement en deux classes:

Les biens nationaux dits de première origine, c'est-à-dire, les biens de moines et autres biens d'église;

Et les biens nationaux dits de seconde origine, c'est-à-dire les biens confisqués sur les émigrés.

Toutes les propriétés sont inviolables, sans aucune exception de celles qu'on appelle *nationales*, la loi ne mettant aucune différence entre elles. (*Charte constitutionnelle*, art. 9.)

BIENS PARAPHERNAUX.— C. C. 1574 et 1576.

BILAN.— C. de comm. 471.

BILLET.—C. C. 1326 et 1327.

On doit considérer comme *laboureur* dans le sens de l'article 1326, un propriétaire aisé qui exploite ses propres terres. (*Cass.* 25 *février* 1818.)

Il n'en est pas de même d'un propriétaire aisé qui fait exploiter ses terres, mais ne les cultive pas de ses propres mains. (*Id.* 11 *brumaire an* 12.)

La reconnaissance par laquelle le maître s'oblige de payer à son domestique le montant de ses gages, est valable, quoiqu'elle ne contienne pas le *bon pour*. (*Id.* 23 *nov.* 1809.)

La reconnaissance du dépôt d'une somme d'argent est nulle, si elle ne porte pas le *bon pour*. (*Id.* 12 *janv.* 1814.)

Le billet souscrit solidairement par une femme et son mari, écrit de la main de celui-ci, est nul à l'égard de la femme, s'il ne contient pas de sa main le *bon* prescrit par l'art. 1326. (*Id.* 8 *août* 1815, 6 *mai* 1816 *et premier mai* 1820.)

Un billet sous seing-privé, nul faute du *bon pour*, ne peut servir de commencement de preuve par écrit. (*Colmar*, 5 *mars* 1816.)

BILLET-A-ORDRE. —Page 108. — Le droit proportionnel d'obligation n'est pas dû sur la disposition d'un contrat de vente, portant que l'acquéreur a souscrit des billets à ordre pour le paiement des intérêts à échoir du prix de la vente. (*Délib. du cons. d'admin. de l'enreg. du* 29 *mai* 1810.)

BORDEREAUX D'INSCRIPTIONS. — Le Code civil traite du mode de l'inscription des priviléges et hypothèques, sous les articles 2146, 2147 et suivans. *Voyez* aussi l'article 500 du Code de commerce.

Les rédacteurs du Journal de l'enregistrement pensent que, nonobstant le changement de timbre, un bordereau peut être mis à la suite d'une grosse écrite sur d'ancien papier timbré, en vertu de l'art. 2148 du Code civil. (n° 6222.)

Lorsqu'il a été rendu un jugement sur une demande en reconnaissance d'obligation sous seing-privé, formée avant l'échéance ou l'exigibilité de l'obligation, il ne peut être pris inscription hypothécaire en vertu de ce jugement, qu'à défaut de paiement de ladite obligation, après son échéance ou son exigibilité, à moins qu'il n'y ait eu stipulation contraire. Les frais relatifs à ce jugement ne peuvent être répétés contre le débiteur, que dans le cas où il dénie sa signature. Les frais d'enregistrement sont à la charge du débiteur, tant dans le cas dont il vient d'être parlé, que lorsqu'il refuse de se libérer, après l'échéance ou l'exigibilité de la dette. (*Loi du 3 septembre* 1807.)

Les inscriptions périmées sont celles qui ne produisent plus aucun effet, faute d'avoir été renouvelées dans les dix ans de leurs dates, conformément à l'art. 2154 du Code civil. Il faut avoir le soin d'annoncer dans la nouvelle inscription, qu'elle est prise en renouvellement de telle inscription qu'on énonce.

Le délai de dix ans doit être compté sans égard aux deux jours de terme. Ainsi, une inscription prise le 12 mai 1799, a pu être renouvelée le 13 mai 1809. (*Journal du Palais, tome* 40, *page* 343.)

Le premier novembre 1828 sera l'époque tri-décennale où le délai de la loi du 11 brumaire an 7 (1er novembre 1798), qui a prescrit l'inscription des priviléges et hypothèques, a commencé à courir. Dès lors, chaque créancier devra renouveler ses inscriptions primitives, afin de ne pas perdre son rang privilégié ou hypothécaire.

Lorsqu'on forme inscription pour une rente viagère, il est bon de porter le capital au double, ou au denier vingt, afin que si le bien affecté à la rente était vendu, l'acquéreur fût autorisé à retenir un capital suffisant pour le service de la rente, en ne payant que l'intérêt à cinq pour cent de la portion de prix qu'il retiendrait.

Modèle d'un Bordereau d'inscription de privilége résultant de vente ou de partage. (1)

Inscription de droit de privilége est requise,

Au profit de M. Charles Letellier, marchand quincaillier, demeurant à Paris, rue   , n°   , et pour lequel, domicile est élu en sa demeure (ou en la demeure de M°   , avoué à Paris, rue   , n°   .)

Contre M. Louis Richard, propriétaire, n'exerçant aucune profession (ou n'ayant aucune profession connue), demeurant à Paris, rue   , n°   .)

En vertu d'un contrat de vente passé devant M°   , qui en a la minute et son collègue, notaires à Paris, le   enregistré le

Ou bien :

D'un partage passé, etc.

A fin de sûreté et de paiement des créances dont le bordereau suit :

---

(1) D'après la forme des premiers registres que la Régie a fournis aux conservateurs.

1°. 20,000 francs, formant le prix principal de la vente contenue au contrat ci-dessus énoncé, exigibles, savoir; 10,000 fr. le premier janvier 1824, et 10,000 fr. le premier janvier 1825 ; ci . . . . 20,000 fr. »

2°. 8,000 fr. capital non exigible, mais nécessaire pour le service d'une rente viagère de 400 fr. stipulée payable annuellement le premier janvier, au requérant, pendant sa vie suivant, le même contrat, ci . . . . . . 8,000 fr. »

3°. Intérêts (1) échus et à échoir dudit prix principal, et arrérages de ladite rente viagère, aussi tant échus qu'à échoir, ... *Mémoire.*

4°. Frais, mises d'exécution et loyaux coûts, ... Indéterminés.

TOTAL des créances déterminées. . . . . 28,000 fr. »

Sur une maison située à Paris, rue   , n°   , bâtimens, cour et terrain en dépendans, t. d. c. à   , d. c. à   , d. b. à la rue   , d. b. à

Laquelle maison a été vendue par M. Le Tellier à M. Richard, suivant le contrat ci-dessus énoncé.

Modèle d'un bordereau d'inscription d'hypothèque.

Inscription de droit d'hypothèque est requise,
Au profit de M.
Contre M.   (*ou* contre la succession et les héritiers de M.   .)
En vertu d'une obligation passée, etc.

Ou d'un jugement contradictoire rendu par le tribunal de première instance séant à   , le   , à fin de sûreté des créances dont le bordereau suit :

1°. 6,000 fr., montant de ladite obligation (ou principal des condamnations prononcées par ledit jugement) maintenant exigibles (ou exigibles le   ), ci . . . . . 6,900 fr. »

2°. 900 fr. pour l'année courante et deux autres années à échoir des intérêts de ladite somme à raison de cinq pour cent par an, sans retenue, payables annuellement le   , ci . . . . 900 fr. »

3°. Frais, mises d'exécution et loyaux coûts, ... *Mémoire.*

TOTAL des créances déterminées. . . . . 6,000 fr. »

Sur une maison et un jardin situés à   , etc.
(*Ou si l'hypothèque résulte d'un jugement*, sur tous les immeubles actuels dudit sieur   , et sur ceux qu'il pourra acquérir par la suite.)

(1) Il n'est pas nécessaire de fixer les intérêts, puisque le vendeur est privilégié non-seulement pour le prix, mais encore pour tous les intérêts. (*Journal du Palais, t.* 51, *deuxième vol. de* 1818, *p.* 91.)

Modèle d'un bordereau d'inscription d'hypothèque légale d'une femme.

Inscription de droit d'hypothèque légale et générale est requise au profit de dame   , épouse de M.   , demeurante avec lui à   , pour laquelle, domicile est élu en la demeure de   .
Contre ledit sieur   , son mari.
En vertu de son contrat de mariage passé devant, etc.
A fin de sûreté de ses reprises et créances matrimoniales, *indéterminées.*
Sur tous les biens immeubles, présens et à venir, de son mari.

Modèle d'un bordereau d'inscription d'hypothèque légale résultante d'une tutelle.

Inscription, etc. Par M. A   , au nom et comme subrogé-tuteur de   , mineur, sous la tutelle de M. B   ; pour lequel mineur, domicile est élu en la demeure de   ; contre ledit sieur B   ; pour sûreté des sommes qu'il doit ou pourra devoir audit mineur, à raison de sa tutelle, *indéterminées;* sur tous les immeubles présens et à venir de M B   .

Bordereau pour inscription du privilége de la séparation des patrimoines.

Inscription du droit de privilége qu'a M. B   de demander la séparation du droit de patrimoine de feu M. C   , à l'égard des créanciers personnels de ses héritiers;
Est requise par le sieur B   , qui élit domicile en la demeure de
Contre la succession de M. C
En vertu de   , etc.
A fin de sûreté, etc.
Sur les biens immeubles dépendans de ladite succession.

On peut former cette inscription en vertu d'un simple billet; elle doit être faite dans les six mois du décès. (C. C. 878 et 2111.)

Bordereau de subrogation.

M. A   , pour lequel domicile est élu en la demeure de
Au nom et comme subrogé aux droits de M. B   , suivant transport passé devant, etc.
Requiert contre M. C   (débiteur),
A fin de sûreté et de paiement 1°, etc.
La mention sur les registres du conservateur, de la subrogation opérée par ledit transport dans l'effet de l'inscription prise au bureau des hypothèques   , le   , vol.   n°   , au profit de M. B contre M. C   , sur une maison située à   , etc.
Voyez au mot INSCRIPTION.

BREVET. — *Voyez* la note de la page 15, et page 40.

BREVET D'APPRENTISSAGE. — Page 110.

BULLETIN DES LOIS. — C'est à la loi du 14 frimaire an 2 (4 décembre 1793) qu'est dû l'établissement de ce bulletin.

Le Bulletin des Lois contient la collection des lois rendues en France depuis le 22 prairial an 2 (10 juin 1794), des décrets, ordonnances, et avis du Conseil d'État imprimés par l'Imprimerie Royale et publiés officiellement.

Il existe encore un recueil des lois et actes du Gouvernement, rendus depuis 1789 jusqu'au 22 prairial an 2, époque à laquelle a commencé le Bulletin des Lois.

CACHET NOTARIAL. — Page 44.

CAHIER DES CHARGES. — Procès-verbal, ou cahier contenant la réunion de toutes les charges et conditions moyennant lesquelles une adjudication doit avoir lieu. (Voyez *l'article* 958 *du Code de procédure.*)

CAISSE D'AMORTISSEMENT. — Administration créée en vertu de la loi du 6 frimaire an VIII, est chargée notamment des cautionnemens et consignations. *Voyez* le Code de commerce, art. 497 et 498.

CARENCE. — Procès-verbal duquel il résulte qu'on n'a trouvé aucun effet à inventorier. Ce mot vient du latin *carere*, manquer. *Voyez* le Code de procédure, art. 924.

CAUSE. — Code civil, 1131 et suiv.

CAUTIONNEMENT. — Page 112 et suiv.

CAUTIONNEMENT DES CONSERVATEURS. — Page 115.

CAUTIONNEMENT DES NOTAIRES. — Page 48.

Les intérêts en sont payés à 4 pour 100.

Un décret, du 22 décembre 1812, établit le mode des déclarations, ayant pour objet de donner le privilége du second ordre sur les cautionnemens; elles doivent être passées devant notaires, et conformes au modèle annexé au décret.

Le mode du remboursement est réglé par un autre décret du 18 septembre 1806.

Les déclarations qui confèrent le privilége de second ordre, sont exemptes du droit proportionnel, lors même qu'il n'est pas justifié d'une obligation enregistrée. (*Cour de cassation*, 4 décembre 1821.)

CERTIFICAT DE PROPRIÉTÉ. — Page 120.

CERTIFICAT DE VIE. — Page 124.

CESSION DE BIENS. — Page 126.

CHAMBRE DE DISCIPLINE. — Page 50.

CHARTE-PARTIE. — Bail d'un navire. Code de commerce, art. 273.

CHEPTEL. — Pages 87, 93 et 99.

CLAUSE. — Code civil, 1157, 1160, 1226 et suivans, 1766, 2070.

Une clause est la disposition particulière d'un traité, d'une loi, d'un contrat ou de tout autre acte public ou particulier.

La *clause comminatoire* est celle qu'on insérait dans un acte pour le cas d'inexécution d'une disposition, mais qui n'était considérée que comme une menace. Quelquefois on ajoutait : *la présente clause ne sera point réputée comminatoire, mais sera exécutée à la rigueur*. Le Code civil n'admet pas de clauses comminatoires. *Voyez* le Code de procédure, art. 1029.

La *clause de constitut* se dit d'une clause par laquelle le possesseur d'un bien reconnaît qu'il n'y a aucun droit de propriété, que la jouissance ne lui a été laissée qu'à ce titre de constitut et de *précaire*, c'est-à-dire par souffrance et par emprunt.

La *clause dérogatoire* est une stipulation par laquelle on déroge à un droit déjà acquis, en vertu d'une disposition de la loi ou d'une convention antérieure.

La *clause résolutoire* se dit de celle par laquelle on convient qu'un acte demeurera nul et résolu, dans tel ou tel cas.

CLERCS DE NOTAIRES. — Pages 2, 3 et 35. Code civil, 975.

CLIENTÈLE. — Réunion de toutes les personnes qui viennent passer leurs actes dans l'étude d'un notaire.

CLÔTURE D'INVENTAIRE. — Elle se faisait autrefois devant les juges-de-paix. Cette formalité n'est plus nécessaire.

CODE. — Réunion de lois écrites. *Voyez* la table du Code civil, page 65.

CODICILLE. — Acte contenant les dispositions qu'un testateur fait postérieurement à son testament, pour le changer, y ajouter ou retrancher. Maintenant, tous les actes de dernière volonté sont qualifiés de *testament* par le Code civil.

CO-HÉRITIERS. — Héritiers d'un défunt qui viennent conjointement à sa succession. Code civil, 780, etc.

CO-LÉGATAIRES. — Ceux à qui une même chose a été léguée conjointement. Code civil, 1044.

COLLATÉRAUX. — Parens qui ne sont pas de la ligne directe. Code civil, 731, 1082.

COLLATION. — Page 6.

COLLÈGUE, CONFRÈRE. — Les *confrères* sont membres d'un même corps, religieux ou politique. Les *collègues* travaillent conjointement à une même opération, soit volontairement, soit par quelque ordre supérieur. (*Beauzée.*)

D'après cette distinction, il nous semble que dans les actes où deux notaires opèrent ou sont censés opérer ensemble, on doit se servir du terme de *collègue* ; qu'au contraire, dans leurs correspondances et autres relations, où ils ne sont pas appelés à instrumenter conjointement, les notaires doivent se traiter de *confrères.*

COLLOCATION. — Ordre établi par un jugement dans lequel chaque créancier se trouve colloqué ou placé, pour être payé de ce qui lui est dû. Code civil, 2151.

COMMAND. — Page 188. — Une déclaration de command faite dans l'acte même d'adjudication, ne donne ouverture à aucun droit particulier d'enregistrement, et on ne peut exiger qu'elle soit enregistrée dans les vingt-quatre heures.

COMMERÇANS. — *Voyez* les articles 67 et 69 du Code de commerce.

Sont réputés commerçans :

1°. Le meunier, en même temps marchand de grains, ou de farines ;

2°. Le serrurier qui achète du fer, le revend après l'avoir travaillé et converti en objets de son art, qui exerce des actes de commerce et fait de ces actes sa profession habituelle ;

3°. L'agent d'affaires ;

4° Le titulaire d'un bureau de loterie.

Ne sont pas réputés commerçans :

Les maîtres charrons, pharmaciens, teinturiers-imprimeurs en toiles, limonadiers-confiseurs, lorsqu'ils ne font pas des actes de commerce par l'achat et revente en gros de denrées de différentes espèces ; ni les boulangers, aubergistes, maîtres de postes et maîtres de pension. (*Recueil, faisant suite au dict. de l'enreg. par M. Rolland, page* 14.)

COMMISSAIRES-PRISEURS. — Page 342.

COMMISSOIRE. — Clause dont l'inexécution annule un contrat.

COMMODAT. — Page 275.

COMMUNAUTÉ ENTRE CONJOINTS. — Société établie entre le mari et la femme par convention expresse stipulée par le contrat de mariage, ou tacitement par la disposition de la loi.

La première est appelée *conventionnelle*, et la seconde *légale.*

Dans quelque pays de la France qu'on se marie, on est, à défaut de contrat, soumis au régime de la communauté.

COMMUNE RENOMMÉE. — C. C. 1415, 1442 et 1504.

COMPARUTION. — Page 130.

COMPENSATION. — C. C. 1234, 1289, 1298, 1769 et 1885.

COMPROMIS. — Page 134.

COMPTE. — Page 137.

COMPTE DE TUTELLE. — Page 140.

COMPULSOIRE. — Page 144.

CONCORDAT. — Page 146.

CONCUSSION. — Code pénal, art. 174.

CONDITION. — C. C. 1168 et suiv.

CONDITION RÉSOLUTOIRE. — C. C. 1183 et suiv.

CONFUSION. — C. C. 1209, 1300.

CONGÉ. — Page 91.

CONJOINTS. — Personnes unies par mariage. Code civil, 767 et suivans.

CONQUÊTS. — *Voyez* Acquêts. — Code civil, 1408.

CONSANGUIN. — Parent du côté du père seulement.

CONSEIL. — Personne qui vient assister une partie relativement à l'acte qui l'intéresse.

Ce conseil ordinairement est un avocat, un avoué, etc.

Le notaire annonce dans l'acte, que telle partie est assistée de son conseil, lequel signe l'acte seulement à la fin, sans parapher les renvois ni le recto des pages.

CONSEIL DE FAMILLE. — Réunion des parens paternels et maternels d'un mineur, ou des amis à défaut de parens, devant le juge-de-paix de son domicile.

Voyez les articles 407, 408, 409, *et* 442 *du Code civil.*

Le conseil de famille a lieu le plus ordinairement pour nommer un tuteur ou un subrogé-tuteur au mineur.

La délibération de famille n'a pas besoin d'être homologuée, lorsqu'il ne s'agit que de procéder à un inventaire ou à la vente du mobilier; ni lorsqu'il s'agit d'accepter ou de répudier une succession. (*M. Toullier.*)

CONSEIL JUDICIAIRE. — Code civil, 513 et 514.

CONSEIL DE TUTELLE. — Page 248.

CONSENTEMENT. — Code civil, 1108 et suivans.

CONSENTEMENT A MARIAGE. — Page 149.

CONSIGNATION. — Versement fait par un débiteur dans le dépôt indiqué par la loi de la somme par lui offerte réellement à son créancier.

Les offres réelles suivies d'une consignation libèrent le débiteur.

Il n'est pas nécessaire pour la validité de la consignation, qu'elle ait été autorisée par le juge : il suffit qu'elle ait été précédée d'une sommation signifiée au créancier, et contenant l'indication du jour, de l'heure et du lieu où la chose offerte sera déposée ; le débiteur peut demander en justice que la consignation soit déclarée bonne et valable. *Voyez l'article* 1257 *et suivans du Code civil, et l'article* 814 *et suivans du Code de procédure.*

La caisse d'amortissement reçoit les consignations ordonnées soit par jugement, soit par décision administrative. (*Loi du 28 nivose an* 13.)

Voyez la loi du 28 avril 1816, notamment l'article 14.

L'article 7 de cette loi autorise la caisse à recevoir les consignations volontaires aux mêmes conditions que les consignations judiciaires.

CONSORTS. — Ceux qui ont un même intérêt dans une affaire.

CONSTITUTION DE RENTE. — Page 154.

CONSULTATION. — On entend par consultation, l'avis que donne par écrit, un avocat sur les questions pour lesquelles il est consulté.

Si les opinions sont divisées sur un ou plusieurs points dans un partage ou dans une autre opération, on fait un mémoire dans lequel on expose clairement les faits.

Les jurisconsultes aux lumières desquels on croit devoir s'en rapporter, donnent leur consultation, de laquelle les parties font tel usage qu'il leur plaît.

Dans quelques circonstances, on annexe le mémoire à consulter, et la consultation à la minute de l'acte, après les avoir fait enregistrer.

CONTEXTE. — Page 36.

CONTINUATION DE COMMUNAUTÉ. — Suivant la coutume de Paris, articles 240 et 241, la continuation de communauté avait lieu entre le survivant des père et mère et ses enfans mineurs, lorsqu'il n'avait pas fait procéder à l'inventaire légal des biens de la communauté dans les trois mois du jour du décès du prémourant, et lorsque cet inventaire n'avait pas été clos en justice trois mois après qu'il avait été fait.

Le Code civil n'établit pas la continuation de communauté.

CONTRAINTE PAR CORPS. — Droit qu'a un créancier de faire emprisonner son débiteur. *Voyez* le Code civil, art. 2059 et suivans, et le Code de procédure, art. 126, 127, etc.

CONTRAT. — Page 70.

CONTRAT A LA GROSSE. — Page 161.

CONTRAT D'ASSURANCE. — Page 162.

CONTRAT DE MARIAGE. — Page 164.

CONTRAT DE SOCIÉTÉ. — Page 178.

CONTRAT D'UNION — Page 181.

CONTRE-LETTRE. — Page 182.

CONTRIBUTION. — *Voyez* Ordre.

CONTUMACE. — Refus que fait une personne accusée d'un crime, de comparaître devant le juge, malgré les citations à elle faites. Code civil, art. 25 et suivans.

CONVENTION. — Pacte, accord entre deux ou plusieurs personnes. Code civil, 6, 1108 et suivans, 1132, 1134, 1157 et suivans, 1165 et suivans, 1370 et suivans.

CONVERSION DE RENTE. — Page 182.

CO-PARTAGEANT. — Celui qui partage avec un autre.

COPIE COLLATIONNÉE. — Page 14.

COPIE FIGURÉE. — *Voyez* ci-devant, page 42 ; le Code de procédure, article 203, et le Code d'instruction criminelle, article 455.

La copie figurée doit être le tableau de l'original sur lequel elle est faite ; on doit la faire sur du papier de même dimension, ligne pour ligne, page pour page, avec les ratures, renvois, etc.

COPIES DES TITRES. — Code civil, 1334 et suivans. ·

CO-PROPRIÉTAIRE. — Celui qui possède avec un autre.

COTE D'INVENTAIRE. — Liasse qui renferme les pièces d'un inventaire.

CO-TUTEUR. — Se dit du mari qui se trouve chargé d'une tutelle conjointement avec sa femme. Code civil, 396.

CRÉANCE. — Dette active, droit que la loi accorde au créancier de répéter une somme d'argent au paiement de laquelle un débiteur s'est obligé envers lui. On distingue trois sortes de créanciers : les *chirographaires*, qui n'ont pas d'hypothèque ni de privilége ; les *hypothécaires*, qui n'ont qu'une hypothèque sans privilége ; et les *privilégiés*, dont la créance a quelque privilége qui distingue leur condition de celle des autres créanciers.

CRUE. — C'était l'augmentation que l'on donnait au prix de chaque chose estimée dans un inventaire. A Paris, elle était le quart de ce que la chose avait été prisée. *Voyez* le Code civil, art. 825 et 868, et le Code de procédure, art. 943.

CURATEUR. — C'est celui qui est commis par la justice ou par la famille d'un individu, pour prendre soin de sa personne et de ses biens. *Voyez* les articles 25, 175, 393, 480 et suivans, 812 et 935 du Code civil, et l'article 998 du Code de procédure.

Le mari majeur est le curateur légal de sa femme mineure. (*Cour royale de Pau*, 11 *mars* 1811.) Code civil, 506.

DATE. — Pages 31 et 36. — Quand il y a deux dates pour la reception des signatures d'un acte, c'est la première qui compte pour l'enregistrement. (*Déc. min.* 27 *avril et* 9 *mai* 1809.)

DATION EN PAIEMENT. — Acte par lequel un débiteur, pour se libérer envers son créancier, lui abandonne en paiement de sa dette, soit une rente ou autre objet mobilier, soit un immeuble.

On peut donner à cet acte la forme du contrat de vente, en stipulant compensation du prix avec la créance de l'acquéreur ; ou en disant que la vente est faite, pour, par le vendeur, demeurer quitte et libéré de sa dette.

On ajoute « que la créance ne sera réputée éteinte définitivement, et la quittance qui en est donnée ne sera considérée comme définitive, que lorsque le cessionnaire sera devenu propriétaire incommutable du bien cédé, et qu'après la radiation de toutes les inscriptions et la purgation de tous les priviléges et hypothèques dont il peut être grevé ; à l'effet de quoi le cessionnaire se réserve jusques-là l'effet de ses inscriptions, priviléges et hypothèques résultans de sa créance. »

Toutes les régles sur la garantie et sur la lésion, sont communes au contrat de vente et à la dation en paiement.

DÉCHARGE. — Page 185.

DÉCHÉANCE. — Peine qui consiste à être privé de l'exercice d'un droit que l'on avait. C. C. 451.

DÉCLARATION. — *Voyez* pages 182 et 292.

DÉCLARATION DE COMMAND. — page 188.

DÉCLARATION D'EMPLOI. — Page 299.

DÉCLARATION D'HYPOTHÈQUE. — Dans le cas où un acquéreur ne remplit aucune des formalités prescrites par la loi pour purger sa propriété, les créanciers inscrits peuvent exercer contre lui l'action en déclaration d'hypothèque (C. C. 2169). Deux arrêts de la cour de cassation des 6 mai 1811 et 27 avril 1812 ont décidé que cette action ne peut avoir d'autre objet que d'interrompre la prescription.

Lors même que les acquéreurs ont passé déclaration d'hypothèque, les créanciers sont obligés de renouveler leurs inscriptions dans les dix ans, pour pouvoir exercer leur action hypothécaire contre ces acquéreurs, qui, s'ils ne la renouvellent pas, peuvent encore purger les hypothèques en remplissant les formalités prescrites. (*Cour de cass.* 18 *juin* 1817.)

Dans l'acte de déclaration d'hypothèque, l'acquéreur expose « que par tel contrat il a acheté tel immeuble d'un tel, qu'à la transcription du contrat, il s'est trouvé telles inscriptions ; que du nombre de ces inscriptions est celle qu'a prise M. A pour sûreté d'une obligation de   ; qu'il fait cette déclaration pour satisfaire à la réquisition dudit sieur A   et pour lui servir et valoir ce que de droit, mais sans entendre souscrire envers lui aucun engagement personnel; ce qui est accepté par M. A   sous toutes réserves. »

DÉCLARATION DE SUCCESSION. — S'entend du droit à payer à la régie de l'enregistrement pour les successions, dons ou legs, qui viennent à échoir soit à des co-héritiers soit à des étrangers, et dont la transmission n'a lieu que par décès.

Les mutations de propriété ou d'usufruit par décès sont enregistrées au bureau de la situation des biens. (*Art.* 27 *de la loi du* 22 *frimaire an* 7.)

S'il s'agit d'une mutation au même titre de biens meubles, la déclaration en est faite au bureau dans l'arrondissement duquel ils se trouvent au décès de l'auteur de la succession. (*Idem.*)

Les autres biens meubles sans assiette déterminée lors du décès, sont déclarés au bureau du domicile du décédé. (*Idem.*)

Les rentes sur l'État ne payent pas ce droit; cependant les arrérages échus au décès font partie de l'actif à déclarer.

Les délais pour l'enregistrement des déclarations sont de six mois à compter du jour du décès, lorsque celui dont on recueille la succession est mort en France;

De huit mois, s'il est décédé dans toute autre partie de l'Europe;

D'une année, s'il est mort en Amérique;

Et de deux années s'il est mort en Afrique ou en Asie. (*Art. 24 de la loi du 22 frimaire an sept.*)

Ces droits se paient sur les inventaires communiqués ou sur les déclarations des parties.

A défaut de baux authentiques, les immeubles sont estimés d'après la matrice des rôles ou d'après les revenus déclarés.

Si le droit n'est pas acquitté dans les délais prescrits, il est payé à titre d'amende un demi-droit en sus. (*Art.* 39 *idem.*)

La peine pour les omissions reconnues avoir été faites dans les déclarations est d'un droit en sus de celui qui serait dû pour les objets omis.

Il en est de même pour les insuffisances constatées dans les estimations des biens déclarés. (*Art.* 39 *idem.*)

Il y a prescription pour la demande de ces droits après cinq années à compter du jour du décès pour les successions non-déclarées; et après trois années, à compter du jour de l'enregistrement, s'il s'agit d'une omission dans une déclaration faite après décès. (*Art.* 61 *idem.*)

Les droits de mutation par décès, ainsi que le droit et demi-droit en sus, dont la peine est prononcée par l'article 39 de la loi du 22 frimaire an VII, ne peuvent être exigés des tiers-acquéreurs. (*Avis du Conseil d'État du 4 septembre* 1810.)

DÉCOMPTE. — *Voyez* page 347.

DÉCONFITURE. — Position d'un débiteur non commerçant dont les biens sont insuffisans pour payer les dettes. *Voyez* page 146.

DÉGUERPISSEMENT. — Acte par lequel le détenteur d'un immeuble grevé d'une rente foncière, en abandonne la possession pour se soustraire à cette charge. Voyez le *parfait notaire*, tom. premier, page 777 et suivantes.

DÉLAISSEMENT PAR HYPOTHÈQUE.—Abandonnement d'un immeuble fait par celui qui en est propriétaire pour se libérer des poursuites d'un créancier auquel il n'est pas obligé personnellement, mais qui a un hypothèque sur cet immeuble.

Le délaissement par hypothèque doit être fait en justice, parce qu'il ne profite pas seulement à celui qui a intenté l'action, mais à tous ceux qui ont des hypothèques sur l'héritage abandonné.

Le délaissement par hypothèque diffère du déguerpissement, en ce que le délaissement par hypothèque a lieu pour des dettes hypothécaires, tandis que le déguerpissement n'a lieu que pour des charges réelles. (*Rép. de juris.*) Voyez *l'article* 2172 *du C. C.*

Le délaissement par hypothèque se fait au greffe de la situation des biens. *Art.* 2174 *idem.*

DÉLÉGATION. — Page 192.

DÉLIVRANCE DE LEGS. — page 190.

DÉMISSION DE BIENS. Acte par lequel une personne fesait de son vivant, le partage de ses biens entre ses présomptifs héritiers. Voyez *Partage anticipé.*

DÉMISSION DE NOTAIRE. — Page 195.

DÉPÔT. — 196.

DÉPÔT DU RÉPERTOIRE. — Page 45.

DÉPÔT POUR MINUTE. — Page 198.

DÉSAVEU DE PATERNITÉ. — Désaveu que fait un mari de l'enfant dont sa femme est accouchée, dans les cas prévus ou autorisés par la loi. *C. C. art.* 316 *et suiv.*

DÉPOUILLEMENT D'INVENTAIRE. — Tableau sommaire de l'inventaire lui-même ; il est nécessaire pour connaître les forces et charges de la succession et pour déterminer le parti que la veuve ou les héritiers auront intérêt de prendre.

DESCENDANS. — Ceux qui sont issus les uns des autres, comme les enfans, les petits-enfans, les arrière-petits-enfans, etc.

DESHÉRENCE. — Droit acquis au domaine public de succéder dans la propriété des biens des personnes qui décèdent sans héritiers ou dont les successions sont abandonnées. C. C. 33, 539, 723, 724 et 766.

DÉSISTEMENT. — Page 201.

DESTITUTION. — *Voyez* pages 33, 39, 44, et l'art 176 du code de commerce.

DEUIL. — C. C. 1481. Autrefois, il se payait à raison d'une année du douaire de la femme. La loi n'en accorde point au mari.

DEVIS. — Page 246.

DÉVOLUTION. — C. C. 753, 734 et 765.

DISCUSSION. — Droit accordé à la caution qui ne s'est pas obligée solidairement, d'exiger que le créancier dirige d'abord son action contre le principal obligé. (*Art.* 2021 *du C. C.*)

DIVISION. — Lorsque plusieurs personnes se sont rendues cautions d'un même débiteur pour une même dette, sans renoncer au bénéfice de division, chacune d'elles peut exiger que le créancier *divise* préalablement son action, et la réduise à la portion de chaque caution. (*Art.* 2025 *du C.C.*)

Dol.—Ruse, adresse frauduleuse dont on se sert pour tromper quelqu'un. C. C. 887, 1116.

Domaines engagés. — Biens qui dépendaient du domaine de la couronne, et qui ont été aliénés par les rois en faveur de divers particuliers.

Il résulte des lois des 1er décembre 1790, 10 frimaire an II, 14 vendémiaire an VII et 11 pluviose an XII, 1°. que si une propriété a fait partie du domaine de l'État avant 1566, et que les titres annoncent la clause de retour ou le rachat, le Gouvernement a le droit de s'en mettre en possession.

2°. Que si la propriété était sortie des mains de la couronne, à quelque titre que ce soit, depuis 1566, soit que la clause de retour se trouve énoncée ou non dans le titre primitif, le Gouvernement a encore le droit d'en demander la réunion.

Il est donc de la plus grande importance pour celui qui achète une grande terre surtout, d'examiner l'origine de la propriété, afin de savoir si cette terre n'a point fait partie du domaine de la couronne, soit avant, soit depuis 1566.

Domestiques. — Page 35. C. C. 109, 1384, 1465 et 2272.

Domicile. — C. C. 102 — 111, 1247, 1258, 2018 et 2148. Si l'habitation est située sur les limites des arrondissemens de deux tribunaux différens, c'est la principale porte d'entrée qui détermine le lieu du domicile. (*M. Toullier.*)

Dommages et intérêts. — C. C. article 1149 et suivans.

Don manuel. — Don d'objets mobiliers fait de la main à la main et sans acte; il ne peut avoir d'effet qu'autant qu'il a été consommé du vivant du donateur. (*Cass.* 12 *décembre* 1815.)

Don mutuel. — C'était ainsi qu'on appelait, avant le Code civil, une donation faite entre époux, par un seul et même acte, qui conférait ordinairement au survivant l'usufruit de la moitié appartenante au prédécédé dans les biens de la communauté. C. C. 1097.

Un don mutuel est régi, quant à ses effets, par la loi en vigueur à l'époque où le droit s'est ouvert par le décès de l'un des époux : il en serait autrement d'une donation mutuelle faite par contrat de mariage.

Donation. — Pages 43, 203 et suivantes.

Donation entre époux. — Page 203 et suivantes; formule, page 209.

Dot. — On comprend sous cette dénomination, les biens constitués à une femme par ses parens ou autres, et ceux qu'elle apporte de son chef à son époux pour soutenir les charges du mariage.

Lorsque les père et mère dotent conjointement leur enfant, la dot est réputée donnée en avancement d'hoirie sur leurs successions futures par moitié, de sorte qu'après le décès du premier mourant, l'enfant devra rapporter la moitié de la dot, ou moins prendre; il ne fera le rapport de l'autre moitié qu'après le décès du premier mourant.

Les intérêts de chaque moitié sont dus à compter du jour du décès.

Il est permis de stipuler que la totalité de la dot sera imputable sur la succession du premier mourant des père et mère. Voyez les articles 1438 et 1544 du C. C.

Douaire. — C'était la jouissance que la coutume ou les conventions matrimoniales accordaient d'une certaine portion des immeubles du mari à la femme qui lui survivait.

On distinguait deux sortes de douaires: le douaire coutumier, réglé par la coutume où les héritages sujets au douaire étaient situés; et le douaire préfix ou conventionnel, qui dépendait de la convention des parties, et qui se réglait par la coutume du lieu où le mariage était célébré.

Suivant la coutume de Paris, articles 249 et 255, le douaire était propre aux enfans.

Les lettres de ratification ne purgeaient pas les douaires.

Le douaire coutumier des enfans a été aboli par l'art. 61 de la loi du 27 nivose an 2.

Le douaire préfix ou conventionnel a été, comme le douaire coutumier, aboli par la loi du 17 nivose an 2.

Voyez les arrêts de la Cour de cassation des 18 frimaire an 11, 20 septembre 1807, 6 mars 1811, 26 mai 1812, 8 janvier 1814, 31 mars et 31 décembre 1817.

Double écrit. — Acte sous seing privé fait en plusieurs originaux. *Voyez* les articles 1325 et 1102 du C. C.

Un arrêté de compte doit être fait double.

Il n'est pas indispensable que la signature de toutes les parties soit sur chaque exemplaire de l'écrit; il est assez ordinaire que les parties se contentent de l'échange de leurs signatures, parce qu'il n'est pas nécessaire que le porteur d'un exemplaire signé de l'autre partie y mette sa propre signature, attendu qu'il n'a pas besoin de s'engager envers lui-même. (*Rép. de Juris.*, et *Cour de cas.* 13 octobre 1806.)

Double lien. — Double relation de parenté, du côté paternel et du côté maternel.

Droit. — S'entend, en général, de tout ce qui est conforme aux lois, aux coutumes qui servent aux peuples à régler leurs intérêts et leurs différends.

La jurisprudence est la science du droit. M. Delvincourt définit le *droit*, l'art de la justice et de l'équité, ou le recueil des principes servant à distinguer le juste de l'injuste, etc.

Voyez page 67.

DROIT DE RECHERCHE. — Rétribution due aux notaires pour les recherches qu'ils sont requis de faire dans leurs minutes.

DROIT DE RETOUR. — Droit en vertu duquel un donateur recouvre par le décès du donataire les choses qu'il lui avait données. *Voyez* les art. 747, 951 et 952 du code civil.

Lorsqu'une personne se présente pour vendre ou hypothéquer des immeubles, le notaire doit examiner si les actes qui établissent la propriété, ne contiennent pas la stipulation du droit de retour.

DROITS, NOMS, RAISONS ET ACTIONS. — Sous ces noms, sont compris tous les droits et toutes les prétentions d'une personne.

Droit, signifie ici ce qui appartient de droit à quelqu'un, en vertu d'un titre légitime.

Nom, signifie titre, qualité, en vertu desquels on agit ou l'on prétend quelque chose.

Raison, signifie toute prétention légitime.

Action, se dit d'une demande que l'on intente, ou du droit que l'on a de former une demande en justice. (*de Ferrière.*)

DROITS CIVILS. — C. C. 7, 17, 22 et 32.

DROITS SUCCESSIFS. — *Voyez* page 536.

DUPLICATA. — Double d'un acte.

Lorsqu'une personne a perdu sa quittance, elle en demande une autre à celui qui a reçu ; alors, ce dernier exprime dans la nouvelle quittance qu'elle est délivrée par duplicata.

Lorsqu'on envoie une procuration dans les îles ou colonies, on se la fait délivrer en brevet par duplicata, afin de profiter de deux occasions pour la faire parvenir.

ÉCHANGE. — Page 210.

Dans le contrat d'échange, il n'y a pas lieu, autant que dans le contrat de vente, à l'indemnité pour défaut de contenance dans les objets échangés ; ces sortes de contrats étant plus faits *ad corpus* que *ad mensuram*. (*Colmar*, 1ᵉʳ mai 1807.)

L'échangiste évincé de la chose reçue en échange, peut, selon l'art. 1705 du C. C., revendiquer la chose qu'il a donnée, alors qu'elle a passé dans les mains d'un tiers acquéreur. (*Cour d'Aix*, mai 1813.)

ÉCHELLE DE DÉPRÉCIATION. — Tableau de la dépréciation du papier-monnaie dans chaque département depuis le 1ᵉʳ janvier 1791 jusqu'au 1ᵉʳ thermidor an 4, pour servir à fixer quelle somme en numéraire représente celle qui a été prêtée pendant cet intervalle de temps.

EFFETS PUBLICS. — Rentes sur l'État. C. de comm. 90 ; code pénal, 139, 419 et suiv.

ÉLECTION DE DOMICILE. — Indication d'un lieu dans lequel les parties déclarent qu'elles entendent établir leur domicile pour l'exécution d'un acte, ce qu'on appelle *domicile de choix. Voyez* page 365 et le C. C. art. 111

ÉMANCIPATION. — Acte qui met les enfans hors de la puissance paternelle, et qui donne aux mineurs l'administration de leurs biens.

Voyez le C. C. art. 476 et suivans; l'art. 1305 id., et le code de comm. art. 2 et 6.

ÉMOLUMENT. — Profit que l'on tire d'une chose. C. C. 871 et 1483.

L'émolument de l'héritier se compose de sa part dans tout ce qui dépendait de la succession au moment où elle s'est ouverte.

EMPHYTÉOSE. — Page 105.

EMPLOI. — Placement de fonds. C. C. 455 et suiv., 482, 1065, 1450, 1553 et suiv.

EN COMMUN. — En société, indivisément.

Souvent, dans les partages, on laisse en commun les créances douteuses, et l'on convient de la personne qui sera chargée d'en faire le recouvrement.

ENFANS ADULTÉRINS. — Nés d'un adultère, ou d'une personne mariée avec une personne libre, ou de la conjonction illicite de deux personnes mariées à d'autres.

C. C. 331, 335 et 762.

ENFANS DE FAMILLE. — Légitimes ou légitimés. C. C. 151.

ENFANS INCESTUEUX. — Nés de personnes entre lesquelles le mariage est prohibé. C. C. 331, 335 et 762.

ENFANS NATURELS. — Nés hors mariage, de deux personnes libres. C. C. 158, 756 et suivans, et 908.

ENREGISTREMENT. — Page 58.

ENVOI EN POSSESSION. — C. C. 120 et suiv., 723, 724, 769, 770, 1006 et 1008.

ÉTAT CIVIL. — *Voyez* la note, page 252, et page 345.

ÉTAT DES LIEUX. — Page 92.

ÉTAT DE MEUBLES. — C. C. 948 et 1532.

ÉTATS D'INSCRIPTIONS. — Certificats que les conservateurs des hypothèques délivrent à tous ceux qui les requièrent, des inscriptions existantes sur les propriétés situées dans leurs arrondissemens.

Les notaires ne font placer aucune somme par hypothèque pour leurs cliens, qu'après s'être assurés de cette manière, si les biens offerts en garantie sont ou ne sont pas grevés.

Dans la délivrance des états à fournir, les conservateurs doient v se conformer à la volonté clairement manifestée par les parties requérantes. (*Décis. min.*, *du 8 mai 1822.*)

ÉTRANGER. — Lorsqu'un étranger se présente pour faire un acte, on exige, s'il ne sait pas la langue française, qu'il soit assisté d'un interprète assermenté qui signe l'acte avec lui.

ÉVICTION. — Action de déposséder quelqu'un d'une chose dont il est en possession. C. C. 884 et suiv., 1626, 1636, 1640, 1845.

EXÉCUTEUR TESTAMENTAIRE. — Celui que nomme un testateur pour faire exécuter les dispositions de son testament. C. C. 1025, 1030, 1031 et 1032, et code de pr. 932 et 942.

L'exécuteur testamentaire choisit, pour faire l'inventaire, tels officiers qu'il lui plaît.

EXÉCUTOIRE. — Acte émané du juge, qui donne pouvoir de contraindre au paiement, selon les formes judiciaires. Les notaires se font délivrer par leur juge de paix, un exécutoire pour le recouvrement des avances de droits d'enregistrement. (*Art. 30 de la loi du 22 frimaire an sept.*)

EXPÉDITIONS. — Pages 5 et suivantes, 41 et suiv. C. C. 1335, 1397; Code de pr. 226, 839 et suiv.

EXPERT. — C. C. 453.

EXPROPRIATION FORCÉE. — C. C. 2204, 2218.

Le Code de procédure a abandonné cette expression; il appelle saisie immobilière les poursuites à faire pour parvenir à la vente des immeubles. *Voyez* l'art. 673 et suivans.

EXTRAIT. — Page 21 et suiv.

FAILLITE. — Code de commerce, art. 437, 441, 448, 547, 551, et 554.

FAISANCES. — Redevances en denrées que le fermier est tenu de livrer annuellement au propriétaire, d'après leurs conventions.

FAIT DE CHARGE. == Malversation commise par un officier public dans l'exercice de ses fonctions.

FERMAGES. — C. C. 584, 586, 1155, 2102, 2277; Code de proc. 691.

FOLLE ENCHÈRE. — On nomme adjudication ou revente à *folle enchère* celles qui sont faites aux risques d'un précédent propriétaire qui n'a pas rempli les conditions de son adjudication. C. de proc. 712 et suiv.

FONDS DE COMMERCE. — Souvent, les ventes de fonds de commerce ont lieu par adjudication, dans les études des notaires.

FONDS PERDU. — C'est une somme d'argent employée de façon que celui auquel elle appartenait s'est dépouillé entièrement de son principal, et ne s'en est reservé qu'un revenu sa vie durant. C. C. 918. *V.* page 348.

Frais de justice. — Frais de scellés, d'inventaire, de vente et de distribution. (*M. Favart.*) C. C. 2101.

Frais funéraires. — Ceux qui se font pour l'inhumation d'un défunt; ils ne se prennent point sur la masse de la communauté, étant à la charge de la succession seule; ils sont privilégiés sur les meubles, et passent après les frais de justice. C. C. 2101.

Frères. — On appelle *frères germains*, ceux qui sont nés du même père et de la même mère; *consanguins*, ceux qui ne sont frères que du côté paternel; *utérins*, ceux qui ne le sont que du côté maternel. C. C. 733, 752.

Fruits civils. — Loyers des maisons, fermages de terres; intérêts, arrérages de rentes. C. C. 584.

Gage. — Page 257.

Gains de survie. — Avantages qui ont lieu entre époux au profit du survivant.

Garantie. — Obligation de garantir, de dédommager, d'indemniser. — C. C. 884, 1440, 1513, 1547, 1625 et suiv. 1727.

Garantie de mesure. — C. C. 1617 et suiv.

Garantie des faits et promesses. — Elle résulte de l'équité naturelle, et par conséquent aurait lieu, quand même elle ne serait pas stipulée dans un acte (C. C. 1628); elle varie suivant la nature de la convention qui est faite. En matière de vente, de transport, elle consiste à garantir par le vendeur que l'objet qu'il vend ou transporte, lui appartient réellement ou lui est légitimement dû; qu'il n'en a disposé en faveur de qui que ce fût.

Généalogie. — C. C. 734.

Griffe. — Instrument dont quelques notaires se servent pour appliquer leurs noms, d'une manière lisible, en tête de chaque feuille de papier timbré dont ils doivent se servir. On y trouve l'avantage d'éviter la confusion des papiers.

Grosse. — Pages 16 et suiv. 41, 43 et 44.

Habitation. — C. C. 625, 632, 1570.

Héritage. — Immeuble qui vient de succession. C. C. 1251 et 1638.

Héritier. — Celui qui recueille à titre successif, les droits actifs et passifs qu'avait un défunt au moment de sa mort. Il y a deux sortes d'héritiers: ceux qui sont institués, nommés par un testament; et ceux à qui la loi défère la succession par la proximité du degré de parenté.

Héritier bénéficiaire. — C. C. 803. *V.* page 374.

Héritier présomptif. — Celui qui se trouve dans le degré le

plus apparent de successibilité, et qui, par cette raison, est présumé devoir être héritier. On lui donne cette qualité, soit avant le décès de celui à qui il s'agit de succéder, soit après l'ouverture de la succession, jusqu'à ce qu'il ait pris qualité ou renoncé.

HÉRITIER PUR ET SIMPLE. — Celui qui a accepté une succession purement et simplement, et qui alors est tenu de toutes les dettes du défunt, quand même elles excéderaient la valeur des biens de la succession.

HOIRIE. — héritage, succession.

HOMOLOCATION. — Jugement qui ordonne l'exécution d'un acte. C. C. 448, 458, 467, 483, 511 ; Code de proc. 249, 885, 955, 982 ; Code de com. 524 et suiv.

HONORAIRES — Page 53.

HYPOTHÈQUE. — C. C. 2114 et suiv.

Un créancier à terme peut requérir contre son débiteur la déchéance du terme, lorsqu'une partie quelconque des biens qui lui étaient hypothéqués, a été vendue, de telle sorte que cette partie de biens puisse être purgée de l'hypothèque. (*Cas.* 9 *janvier* 1810.)

L'hypothèque consentie avant la loi du 11 brumaire an 7, par un débiteur, sur tous ses biens présens et à venir, ne s'étend pas aujourd'hui aux biens personnels de ses héritiers. (*Idem* 3 *décembre* 1816.)

IDENTITÉ OU INDIVIDUALITÉ. — Page 36.

IMMATRICULE. — Inscription qui se fait sur un registre tenu par les chambres de discipline, des noms et prénoms de chaque notaire, de l'ordonnance contenant sa nomination, de la résidence qui lui est assignée, de sa prestation de serment, etc.

Immatricule se dit encore de la mention faite sur le grand-livre de la dette publique, constatant qu'un *tel* y est inscrit pour *telle* portion de rente. L'acquéreur d'une rente sur l'État, se fait *immatriculer* sur la représentation du transfert signé par le vendeur.

IMMÉDIAT. — On dit qu'un notaire est le successeur *immédiat* d'un précédent notaire, lorsqu'il n'y a pas eu d'autre notaire entre l'un et l'autre ; autrement, on dirait successeur *médiat*. Voyez les styles, page 9 et suiv.

IMMEUBLES. — C. C. 517.

IMMEUBLES PAR DESTINATION. — C. C. 524.

IMMEUBLES FICTIFS. — Objets qui, meubles de leur nature, ne deviennent immeubles que par fiction. Les rentes sur l'État et les actions de la banque, affectées à des majorats ; celles de ces actions que le propriétaire ou le donateur a rendues immeubles, par sa déclaration faite dans les formes prescrites par la loi, sont *immeubles fictifs*.

IMMISCER (s'). — Se dit d'un présomptif héritier ou de celui qui est habile à se porter héritier, lorsqu'il fait acte d'héritier; et d'une veuve, lorsqu'elle fait acte de commune.

IMMOBILISATION. — Action de convertir un effet mobilier en immeuble fictif.

IMPENSES. — Dépenses pour améliorer un bien-fonds. C. C. 861, 867, 1381, 1634 et 2175.

INCOMPATIBILITÉ. — Les fonctions de notaires sont incompatibles avec celles des commissaires-priseurs. (*Ordonnance du 31 juillet* 1822.) Voyez page 34.

INDIVIDUALITÉ. — *Voyez* IDENTITÉ.

INDIVIS. — Se dit en droit de ce qui n'est pas partagé; ainsi jouir *par indivis* c'est posséder en commun une chose dont la propriété n'est point divisée.

Plusieurs héritiers sont propriétaires en commun d'une maison dont ils jouissent indivisément. Celui d'entre eux qui s'en rendrait adjudicataire par suite de la licitation, serait censé la tenir du défunt lui-même; dès-lors les inscriptions requises contre son co-héritier frapperaient à faux sur la maison, attendu qu'il n'aurait jamais été propriétaire de cet immeuble. (*Cour de Bruxelles*, 13 *décembre* 1808.)

Voyez l'art. 883 du C. C.

A cause de cet inconvénient, beaucoup de notaires craignent de faire prêter des fonds sur les biens indivis; et s'ils s'y déterminent, ils ne manquent pas d'engager le prêteur à faire dénoncer l'obligation aux co-héritiers ou co-propriétaires et à former opposition entre leurs mains, de manière qu'ils ne puissent procéder, hors sa présence, aux comptes, liquidations ou partages.

INSCRIPTION DE FAUX. — Déclaration judiciaire par laquelle on soutient qu'une pièce produite est fausse. Code de procédure, art. 214 et suiv.

INSCRIPTION D'OFFICE. — Elle résulte de la mention que le conservateur des hypothèques est tenu de faire sur ses registres sous sa responsabilité personnelle, lors de la transcription d'un jugement d'adjudication ou d'un contrat de vente, afin de conserver un privilége au profit du vendeur d'un immeuble, pour sûreté du prix, lorsqu'il n'a pas été payé comptant.

Voyez l'art. 2108 du C. C.

Les inscriptions d'office doivent, comme toutes les autres inscriptions, être renouvelées dans les dix ans, à la requête du vendeur, suivant un avis du conseil d'état du 22 janvier 1808.

L'inscription d'office conserve le privilége du premier vendeur, quoiqu'elle n'ait pas été renouvelée dans le délai de dix ans, et il suffit qu'il prenne une nouvelle inscription dans la quinzaine qui suit la transcription de la seconde vente. (*Journal du Palais, tome 48, page 548.*)

Si une partie du prix de la vente a été payée par un bailleur de fonds, qui ait été subrogé par le contrat, l'inscription d'office doit être faite à son profit pour cette portion de prix, et il ne doit en être formé au profit du vendeur que pour ce qui reste dû sur le prix. (*Cass. 22 avril 1807, et décision du min. des fin. du 5 novembre 1811.*)

Le Conservateur doit faire une inscription d'office, quoiqu'il ait été formellement dispensé par le vendeur de remplir cette formalité; ce n'est pas seulement dans son intérêt qu'elle a lieu, mais dans celui des tiers. Il a été décidé en principe que le Conservateur ne cesse d'être obligé d'inscrire d'office que lorsque le prix est payé par acte authentique. (*Jour. de l'enreg. art. 6838.*)

Le seul cas où le vendeur est autorisé à dispenser le Conservateur, c'est lorsqu'il renonce en même tems au privilége et à l'hypothèque résultans en sa faveur de la transcription de l'acte de vente. Dans ce cas, les tiers ne peuvent se plaindre du défaut de publicité d'un privilége qui n'existe plus d'après la renonciation du vendeur. (*Avis du Direct. génér. de l'enreg. du 7 août 1821.*)

L'inscription d'office conserve au vendeur tous les intérêts dus de sa créance, sans qu'il soit besoin d'une inscription particulière pour ceux qui excèdent deux années. (*Cass. premier mai 1817.*)

INSCRIPTION HYPOTÉCAIRE. Déclaration que fait un créancier sur un registre public, de l'hypothèque qu'il a sur les biens de son débiteur.

Cette inscription est une formalité que la loi a établie pour donner le moyen de connaître les hypothèques et priviléges dont les immeubles d'une personne sont grevés.

Les inscriptions se font au bureau de la conservation des hypothèques dans l'arrondissement duquel sont situés les biens soumis à ce privilège ou à l'hypothèque.

Voyez les art. 2146, 2154, 2155 du C. C.

Lorsqu'une hypothèque n'a pas été inscrite en tems utile, la créance tombe dans la classe des simples créanciers chirographaires. (*Cass. 19 déc. 1809 et 11 juin 1817.*)

L'inscription d'une hypothèque judiciaire ou légale frappe, non-seulement sur les biens présens, mais encore les biens à venir, sans qu'il soit besoin de prendre une nouvelle inscription à mesure des acquisitions que fait le débiteur. (*Id. 3 août 1819.*)

Les cessionnaires de la femme, ceux qu'elle a subrogés dans son hypothèque légale, jouissent de cette hypothèque avec l'avantage qui y est attaché, celui de subsister sans inscription. (*Cour de Metz*, 13 *juillet* 1820.)

Un mari peut encore être poursuivi comme stellionataire pour n'avoir pas fait connaître l'hypothèque légale de sa femme sur un immeuble qu'il affectait à une nouvelle créance, lorsque le créancier lui-même a déclaré, dans l'acte, qu'il avait connaissance des différentes hypothèques dont cet immeuble était grevé. (*Cass.* 25 *juin* 1817.)

Il en est autrement lorsque le mari vend un immeuble affecté à l'hypothèque légale de sa femme. (*Id.* 25 *juin* 1817.)

L'inscription prise dans les dix jours de la *déconfiture* du débiteur n'est pas nulle. (*Id.* 2 *sept.* 1812 *et* 11 *fév.* 1813.)

Le créancier, au profit duquel une délégation a été faite dans un acte où il n'a point figuré, ne peut en vertu de cet acte, requérir inscription contre le débiteur délégué, s'il n'a au préalable, accepté la délégation. (*Id.* 21 *févr* 1810.)

L'inscription prise au profit d'une succession sous la seule désignation de *succession d'un tel*, est valable. (*Id.* 15 *mai* 1809.)

L'omission des prénoms du créancier n'entraîne pas la nullité de l'inscription, si d'ailleurs on ne peut se méprendre sur la personne de ce créancier. (*Bordeaux*, 8 *février* 1811.) De même d'une erreur dans les prénoms. (*Cassation*, 15 *février* 1810.) De même encore de l'omission de la profession du créancier. (*Idem*, 1er *octobre* 1810.)

L'inscription prise contre *les héritiers d'un tel* est valable. (*Idem*, 8 *mars* 1812.)

Le privilége du vendeur comprend tous les intérêts échus du prix, quel que soit le nombre d'années, sans qu'il soit besoin de prendre d'inscription pour les conserver. (*Idem*, 5 *mars* 1816 *et* 1er *mai* 1817.)

L'article 2151 du Code civil, doit être entendu en ce sens que le créancier peut être colloqué pour les trois années qui expirent lors de l'ordre. (*Idem*, 27 *mai* 1816.)

Le débiteur ne doit pas rembourser au créancier ce que celui-ci a pu payer pour le *dressé* des bordereaux. (Code civil, 2155.)

Il n'est pas nécessaire, pour le renouvellement de l'inscription d'une créance antérieure à la loi du 11 brumaire an VII, de représenter les titres au conservateur. (*Cass.*, 14 *avril* 1817.)

Le rétablissement d'une inscription rayée peut être opposé aux créanciers inscrits depuis la radiation. (*Cour de Paris*, 15 *avril* 1811.) Plusieurs jurisconsultes ne partagent point ce sentiment.

Lorsqu'il s'agit de prestations qui n'ont pas de capital déterminé, le créancier inscrivant doit les évaluer à une somme fixée, à peine de nullité de l'inscription. (*M. Favart.*)

Le créancier d'une rente n'est pas tenu d'indiquer l'époque de l'exigibilité qui pourrait avoir lieu en vertu de l'art. 1912 du Code civil. (*Instruction du grand-juge du 21 juin 1808.*).

On peut requérir inscription en vertu d'un acte de vente sous seing-privé, non transcrit. (*Cassation, 6 juillet 1807.*)

Le créancier qui prend une inscription pour sûreté d'une créance actuellement exigible, n'est pas tenu, à peine de nullité, d'énoncer l'époque à laquelle l'exigibilité a commencé; il suffit qu'il fasse mention que la créance est exigible. (*Idem, 9 juillet 1811.*)

L'inscription prise en vertu d'un bail sous seing-privé, déposé chez le notaire qui en délivre expédition, d'après la convention des parties, est valide. (*Cass., 11 juillet 1815.*)

Les conservateurs ne peuvent pas exiger que les bordereaux soient signés des requérans. (*Avis du conseil-d'État, du 6 octobre 1821.*)

Pour un renouvellement d'inscription, le créancier n'est pas tenu de représenter son titre. (*Cass., 14 avril 1817.*)

L'inscription peut être prise par un tiers au nom du créancier, sans procuration écrite ni verbale de sa part. (*Id., 15 mai 1809.*)

Les biens affectés sont suffisamment désignés par ces expressions *sur tous les biens appartenans au débiteur, situés communes de* (*Id., 6 mars 1820.*)

Une constitution d'hypothèque conventionnelle contient une désignation suffisante des biens, lorsqu'elle est consentie sur tous les immeubles possédés par le débiteur dans une commune désignée et dans celles environnantes du même canton. (*Cassation, 28 août 1821.*)

Une inscription hypothécaire faite le 20 novembre 1810, a pu valablement être renouvelée le 20 novembre 1820. (*Code civil, art. 2154; recueil de Sirey, 7e cahier de 1822.*) *V.* p. 376.

INSCRIPTIONS SUR LE GRAND-LIVRE DE LA DETTE PUBLIQUE. — Ces termes qui n'avaient, sous l'ancien régime, aucun objet dans notre langue, désignent aujourd'hui le titre d'une rente due par l'État, et ce titre est ainsi appelé parce que chaque rente que doit le trésor, est enregistrée sur un grand-livre dont la formation a été ordonnée par une loi du 24 avril 1793. (*Répertoire de Jurisprudence.*)

Cette loi a substitué l'inscription à tous les titres des diverses rentes sur l'État.

La dénomination de tiers consolidé leur avait été donnée par la loi du 8 nivose an VI; depuis, par la loi du 21 floréal an X, on leur a donné la dénomination de cinq pour cent consolidés. Si, ayant payé 22895 fr. 50 c. une partie de rente de 1450 fr., on désirait savoir à quel taux on a placé ses fonds, on multiplierait 1450 par 100', et en divisant le produit (145000) par 2289 fr. 50 c. on trouverait six un tiers pour cent.

Pour trouver le capital d'une rente sur l'État, en supposant que la rente soit de 100 fr. et le cours de la bourse de 90 fr., on dira : si 5 fr. donnent 90, combien 100 ?... Rép. 1800 fr.

Ou bien : 100 au denier 20 donnent un capital de 2000 francs ; le cours étant de 90 fr. pour 100, on multiplie 2000 par 90, et divisant le produit (180000) par 100, on a pour résultat 1800 francs. *V*. au mot TRANSFERT.

INSINUATION. — Signifiait transcription littérale dans un registre particulier ouvert au public, des actes ou de la partie d'un acte, contenant donation entre-vifs, ses charges, clauses et conditions, etc.

Dans l'ancienne législation, d'après les dispositions de la déclaration du 17 février 1731, toutes donations entre-vifs, sauf quelques exceptions, étaient assujéties à l'insinuation sous peine de nullité.

Cette formalité est totalement abolie par le Code civil pour toute espèce de donation.

Une donation faite sous l'empire de l'ordonnance de 1731 n'est pas nulle, faute d'insinuation pendant la vie du donateur, mort depuis la promulgation du Code civil. (*Cour de cassation,* 4 août 1814.)

INTERDICTION. — Action de priver quelqu'un de l'administration de ses biens, et quelquefois de sa personne. Code civil, 489 et 492. *Voyez* pages 40 et 54.

Le mari est tuteur de droit de sa femme interdite. Code civil, 506.

INSTITUTION CONTRACTUELLE. — Donation faite en faveur de mariage, de tout ou de partie des biens que le disposant laissera à son décès. Code civil, 1082 et suivans.

INTÉRÊT. — C'est le profit que l'on tire d'une somme d'argent prêtée, laquelle se nomme *capital* ou *principal*.

L'intérêt légal est celui qui court par le seul fait de la disposition de la loi, tel que l'intérêt dû aux mineurs, lorsque leur tuteur a négligé de placer leurs fonds dans les six mois ; l'intérêt dû aux femmes pour leurs reprises, à compter du jour de l'ouverture de la succession.

L'intérêt judiciaire ou *moratoire* est celui qui court au profit du créancier, en vertu d'une demande formée en justice. Code de proc. 57.

L'intérêt conventionnel est celui dont les parties conviennent ; il ne peut excéder en matière civile, 5 pour 100, ni en matière de commerce 6 pour 100, le tout sans retenue. (*Art.* 1er *de la loi du 3 septembre* 1807.)

Les notaires ne peuvent sous aucun prétexte stipuler dans leurs actes, un intérêt plus fort que celui permis par cette loi. *V.* cependant au mot VENTE.

La loi du 3 septembre 1807 a été suspendue pendant l'année 1814, suivant un décret du 18 janvier de cette même année.

Lorsqu'en empruntant une somme d'argent, on s'est obligé de la rembourser dans un certain délai et d'en payer l'intérêt jusqu'à cette époque, l'intérêt cesse de courir, à défaut de remboursement après l'expiration du terme convenu. *C. de cass.*, 10 *septembre* 1811.) Ainsi, dans une obligation, il faut avoir soin de stipuler que les intérêts seront payés jusqu'au remboursement et non pas seulement jusqu'à l'expiration du terme.

Voyez dans le Code civil :

On calcule l'intérêt de deux manières, ou à *tant* pour cent, ou au denier *tant*. Dans le premier cas, on entend que l'on retire du capital autant de fois l'intérêt désigné par le *tant* que le nombre 100 est contenu dans ce capital. Ainsi, 3000 fr. à 5 pour 100, produisent d'intérêt autant de fois 5 que 100 est contenu dans 3000.

On entend, dans le second cas, que l'on retire du capital, autant de fois 1, que le denier est contenu dans le capital. Ainsi, 3000 fr. prêtés au denier 20, produisent d'intérêt autant de fois 1 fr. que 20 est contenu dans 3000.

Lorsqu'on veut connaître le denier, on divise 100 par le *tant* pour 100, et le quotient marque le denier : par exemple, si l'intérêt est à 5 pour 100, en divisant 100 par 5, le quotient indique que l'intérêt est au denier 20. De même, on divisera 100 par le denier *tant* pour avoir le *tant* pour cent : si le prêt s'est fait au denier 25, on divise 100 par 25, et le quotient indique que l'intérêt est à 4 pour 100.

Pour avoir l'intérêt d'une somme, pour un an, on multiplie cette somme par le *tant* pour 100, et l'on prend le centième du produit, en tranchant les deux derniers chiffres sur la droite qui deviennent des centimes.

INTÉRÊTS-D'INTÉRÊTS. — C. C. 1154.

INTERLIGNE. — Page 38.

INTERPRÉTATION DES CONVENTIONS. — C. C. art. 1156 — 1167.

INTERVENTION. — Comparution d'une personne dans un acte ; par exemple quand le débiteur intervient dans le transport que fait le créancier de la somme par lui due à l'effet de déclarer qu'il se tient ce transport pour bien et dûment signifié, ce qui en évite la signification ; quand le vendeur d'un immeuble intervient dans la quittance que donnent à son acquéreur ses créanciers auxquels il avait délégué son prix, et déclare qu'il a pour agréable le paiement qui vient d'être fait.

INTITULÉ D'INVENTAIRE. — Page 215.

INVENTAIRE. — Page 215.

JOURNAL JUDICIAIRE. — Journal établi dans chaque département ou arrondissement, conformément aux dispositions du Code de procédure. (617, 683.)

JOURS OU LES NOTAIRES NE PEUVENT ACTER. — *Voyez* page 53. Aucune défense n'est faite aux notaires de procéder aux adjudications les jours de dimanches et fêtes. (*Manuel du notariat.*)

JUGES DE PAIX. — Officiers de l'ordre judiciaire créés par la loi du 24 août 1790, pour juger sommairement, sans frais et sans ministère d'avoués, des contestations de peu d'importance, et pour concilier celles dont le jugement est réservé aux tribunaux civils ordinaires (*Dict. du notariat.*) Il y a un juge de paix dans chaque canton. *Voyez* le code de procédure, art. 1ᵉʳ et suivans.

LACUNE. — Les actes notariés ne doivent offrir aucune lacune ou place vide et non écrite, à peine de 100 fr. d'amende. *Voyez* page 37.

LÉGALISATION. — Page 44.

LÉGATAIRE. — Celui à qui un legs a été fait.

LÉGITIMATION. — Action de rendre un enfant né hors mariage, capable de succéder à ses parens, comme les enfans nés d'un mariage légitime. C. C. 331 et suiv. *Voyez* page 306.

LÉGITIME. — C'était une portion que la loi donnait à certains héritiers présomptifs, dans des biens qu'ils auraient recueillis en totalité, sans les dispositions faites par le défunt à leur préjudice. En pays coutumier, elle était communément de la moitié de ce que chaque enfant aurait pu prétendre dans la succession de ses père et mère, s'ils n'eussent pas disposé de leurs biens par donation ou par testament.

Aujourd'hui, *légitime* signifie la portion réservée par la loi aux enfans sur les biens de leurs père et mère.

LÉGITIMITÉ. — État des enfans nés dans le mariage. C. C. 312 et suiv.

LEGS. — Donation faite par testament. On prononce *lè*. *Voyez* le Code civil, art. 1003. — 1024.

On appelle *caduc*, le legs qui n'a point d'effet.

C. C. 1039, 1042 et 925.

LÉSION. — Dommage, tort, préjudice qu'on souffre dans quelques transactions et dans quelques contrats. Pour la lésion en fait de partage, *voyez* les art. 887 et 890 du Code civil ; et pour celle en fait de vente, *voyez* les art. 1674 et suiv. du même Code.

Sur l'art. 1684, remarquez que les ventes *d'autorité de justice* sont les saisies immobilières, les ventes des biens de mineurs et de successions vacantes, etc.

LETTRES-DE-CHANGE. — *Voyez* page 225.

Quand elles sont faites devant notaire, elles doivent être enregistrées dans le délai prescrit par l'art. 20 de la loi du 22 frimaire an VII, au droit de 25 cent. par 100 francs. (*Loi du 28 avril 1816 ; décision du ministre des finances, du 19 mars 1820.*)

LETTRES DE RATIFICATION. — Avant l'édit du mois de juin 1771, les hypothèques assises sur des immeubles se purgeaient par la voie d'un *décret volontaire* que l'acquéreur faisait faire sur lui. Cet édit a abrogé l'usage des décrets volontaires pour y substituer les *lettres de ratification*. Ces lettres s'obtenaient dans les chancelleries établies près les tribunaux inférieurs, pour purger les hypothèques dont les immeubles étaient grevés. Le système des lettres de ratification a subsisté jusqu'à la publication de la loi du 11 brumaire an VII, à laquelle a succédé celle du 19 mars 1804 qui nous régit à présent.

LICITATION. — *Voyez* pages 339 et 148.

LICITE (cause). — C. C. 1108, 1131 et suiv.

LIGNE. — C. C. 733.

LIGNE COLLATÉRALE. — *Voyez* les art. 736 et 738 du Code civil. Deux frères sont au deuxième degré, l'oncle et le neveu au troisième, les cousins-germains au quatrième, etc.

LIGNE DIRECTE. — *Voyez* les art. 736 et 737 du C. C.

LIQUIDATION. — *Voyez* page 227.

Nota. On a omis, dans l'analyse du contrat de mariage, page 235, la mention de la mise en communauté. L'attention du lecteur y suppléera.

LIVRE TOURNOIS. — La livre tournois est remplacée par le franc.

LOI. — Page 67.

LOYAUX COUTS. — Déboursés de l'enregistrement, de transcription et de purge, frais d'adjudication, etc. C. C. 1673.

LOYERS. — C. C. 586, 1155, 1465, 2102, 2277. *Voyez* page 91.

MAIN-LEVÉE. — Page 241.

MAJORAT. — Qualification de biens formant la dotation attachée aux titres de duc, comte, baron, etc. C'est un décret du 1er mars 1808 qui a réglé et organisé les majorats.

Voyez aussi une ordonnance du Roi, du 25 août 1817, sur la formation des majorats à instituer par les pairs de France.

Le majorat est une substitution graduelle, successive et perpétuelle, faite dans la vue de conserver le nom et les armes d'un citoyen qui a rendu de grands services à l'État, et destinée à toujours aux fils aînés ou puînés, selon le vœu de l'institution. (*Dict. du Notariat.*)

MAJORITÉ. — État de la personne qui est âgée de 21 ans accomplis. (*Loi du 20 sept. 1792, et C. C. art.* 488.)

MANDAT. — Page 277.

MANDEMENS DE COLLOCATION. — Extraits délivrés en forme de grosse, par le greffier du tribunal de première instance, du procès-verbal contenant le règlement définitif de l'ordre du prix provenant de la vente d'un immeuble, et la collocation de chacun des créanciers inscrits. Ces mandemens leur servent de titre pour se faire payer par l'acquéreur des sommes auxquelles ils ont droit.

Voyez les art. 671 et 771 du C. de proc.

MARC LE FRANC. — Ces mots remplacent ceux *au sou la livre* dont on se servait, pour dire *au prorata de ce qui est dû à chaque créancier.*

En fait de contribution d'une somme mobilière, la répartition se fait au marc le franc.

Art. 926 du C. C.

MARCHANDE PUBLIQUE. — C. C. 220, et Code de commerce, 4, 5 et 7.

La femme mariée, commissionnée pour la recette des loteries, doit être considérée comme marchande publique. (*Cour de Paris*, 26 avril 1811.)

MARCHÉ. — Page 246.

MARIAGE. — C. C. 63 et suiv., 144—228.

MASSE. — Réunion des objets qui forment l'actif d'une succession. La *masse passive* se compose des dettes et charges.

MATRICE DES ROLES. — État original et individuel, contenant la fixation de la contribution à laquelle chaque habitant d'une commune est imposé.

MENTION.—Lorsque la quittance est passée par-devant un autre notaire que celui qui a reçu l'obligation, il convient, pour la décharge du débiteur, que le dépositaire de la minute de ce dernier acte fasse mention du remboursement. Cette mention n'est autre chose qu'une note écrite et signée de lui, portant que, par quittance d'un tel jour, telle somme a été remboursée.

Il en est de même pour le paiement du prix d'un immeuble, lorsqu'il a lieu par-devant un notaire autre que celui devant lequel la vente a été faite.

On ne saurait apporter trop de soins à veiller à ce que les mentions soient faites exactement : leur objet est beaucoup plus important que le public ne paraît le croire.

C'est aux notaires qui reçoivent les actes desquels résulte la libération de l'une des parties à veiller à ce que ces mentions soient faites, pour empêcher que les intérêts de leurs cliens ne soient un jour compromis, parce qu'ils n'auraient pas, sur leurs affaires, les renseignemens convenables.

Voyez le style, page 300.

MERCURIALES. — On entend par ce mot le relevé des notes qui sont tenues exactement par les maires, sur des registres, pour constater les prix moyennant lesquels les grains et autres denrées ont été vendus dans chaque marché public de leur commune.

Souvent dans les baux à ferme, on convient que les fermages seront payables en nature : alors, pour fixer la perception du droit d'enregistrement qui sera dû, on fait une évaluation, d'après le tableau des mercuriales du canton de la situation des biens.

Les mercuriales sont encore nécessaires pour établir la valeur qui sera due par le fermier, si le bailleur consent à recevoir les fermages en argent. (*Articles* 14 *et* 15 *de la loi du* 22 *frimaire an VII.*) *Voyez* l'art. 129 du Code de procédure civile.

MESURES. — Page 39.

METTRE EN DEMEURE. — Sommer quelqu'un par les voies de droit, de faire une chose à laquelle il s'est obligé. Code civil, 1139.

MEUBLES. — Code civil, 528 et suivans.

MINORITÉ. — État de l'individu de l'un ou de l'autre sexe qui n'a pas atteint l'âge de 21 ans accomplis. On déclare, dans les actes notariés, si les femmes qui contractent sont encore mineures. *Voyez* les art. 224 et 1124 du Code civil.

MINUTE. — Pages 5, 40 et 46.

MITOYENNETÉ. — Droit de co-propriété appartenant à deux voisins sur un objet qui forme la séparation de leurs héritages. *Voyez* le Code civil, art. 653, 654 et 666.

MŒURS. — Code civil, art. 6, 900 et 1172.

MONNAIE DÉCIMALE. — *Voyez* page 39, note 4.

MORT CIVILE. — État d'une personne qui est privée de toute participation aux droits civils. *Voyez* le Code civil, articles 22, 23, 24, 25, 26, 27, 28, 32, 33, 227, 390, 617, 1441, 1452, 1456, 1462, 1517, 1865, 1939, 2003, et le Code pénal, article 18.

MOTS RAYÉS. — *Voyez* page 39, et la note 1 de cette même page.

MUET. — Code civil, 936.

MUTATION PAR DÉCÈS. — Transmission qui s'opère, par le décès d'une personne, en faveur de ses héritiers légitimes ou institués.

Voyez DÉCLARATION DE SUCCESSION, et page 60 pour la quotité des droits.

NANTISSEMENT. — Code civil, 1286, 2041, 2076 et 2084.

NOMINATION DE CONSEIL. — Page 248.

NOMINATION DE TUTEUR. — Page 249.

NOTAIRES. — *Voyez* pages 1, 32 et suivantes.

NOTAIRES-CERTIFICATEURS. — *Voyez* page 124.

NOTAIRE EN SECOND. — *Voyez* note 1, page 7.

NOTIFICATION. — Acte par lequel on fait connaître judiciairement à quelqu'un un acte quelconque. Code civil, 154 et 932.

NOTORIÉTÉ. — Page 75.

NOUVELLES MESURES. — Page 39.

NOVATION. — Code civil, 1271, 1281.

Lorsque le créancier arrête quelques conventions avec son débiteur postérieurement aux actes établissant sa créance, il fait réserve de ses droits, actions, privilèges et hypothèques résultans en sa faveur, soit des actes, soit des inscriptions par lui requises, dans l'effet desquels il entend être et demeurer conservé, sans novation ni dérogation.

NUMÉRATION DÉCIMALE. — Page 39.

NUE-PROPRIÉTÉ. — On nomme ainsi la propriété d'un bien, séparée de l'usufruit.

Jacques achète une maison de laquelle il doit entrer en jouissance seulement à l'époque du décès de Pierre, son vendeur, qui s'en est réservé l'usufruit sa vie durant.

Cela s'appelle vente d'une nue-propriété, parce que l'usufruit appartient à un autre.

En cas de vente de la nue-propriété d'un immeuble, l'usufruit réservé par le vendeur est évalué à la moitié de tout ce qui forme le prix du contrat et le droit se perçoit sur le total. *Voyez* la loi du 22 frimaire an VII, titre 2, article 15, et le Dictionnaire de l'enregistrement

De cette manière, la somme à payer pour l'enregistrement est de 8 fr. 25 c. pour 100, du prix, tandis que la vente pure et simple d'un immeuble ne doit que 5 fr. 50 c. pour cent, plus le dixième.

Mais alors il ne sera dû aucun droit pour la réunion de l'usufruit à la propriété, lorsqu'elle aura lieu.

En conséquence, les notaires croient indispensable d'instruire les parties, avant de recevoir leurs signatures, de la somme qu'elles auront à payer pour l'enregistrement de la vente d'une nue-propriété, afin qu'elles ne soient pas fondées à se plaindre, sous prétexte qu'elles ignoraient la quotité du droit dont elles seraient tenues.

NULLITÉ. — Vice qui empêche un acte de produire son effet.

Le Code civil traite de l'action en nullité ou rescision des conventions, sous les articles 1304—1314.

Les nullités de contrat sont divisibles, en ce sens que le contrat, nul entre les parties qui ne sont pas réciproquement liées, est valable à l'égard des autres parties entre lesquelles il y a lien commun. (*Cour de Cass.*, 18 avril 1819.)

Les personnes que l'excès de la boisson a privées momentanément de l'usage de la raison, sont naturellement incapables de contracter pendant le temps que dure l'ivresse. L'ivresse peut donc être une cause de rescision. (*M. Pailliet.*)

OBLIGATION. — *Voyez* page 250 et suivantes.

Le terme d'*obligation* a deux significations.

Dans une signification étendue, *lato sensu*, il est synonyme du terme de *devoir*, et il comprend les obligations imparfaites, aussi-bien que les obligations parfaites.

On appelle *obligations imparfaites*, les obligations dont nous ne sommes comptables qu'à Dieu, et qui ne donnent aucun droit à personne pour en exiger l'accomplissement : tels sont les devoirs de charité, de reconnaissance; tel est, par exemple, l'obligation de faire aumône du superflu.

Le terme *d'obligation* dans un sens plus propre et moins étendu, ne comprend que les obligations parfaites qu'on appelle aussi *eng gemens personnels*, qui donnent à celui envers qui nous les avons contractés, le droit d'en exiger de nous l'accomplissement.

Les jurisconsultes définissent ces obligations ou engagemens personnels, un lien de droit qui nous astreint envers un autre à lui donner quelque chose, ou à faire ou ne pas faire quelque chose.

Il est de l'essence des obligations, qu'il y ait 1° une cause d'où naisse l'obligation, 2° des personnes entre lesquelles elle se contracte, 3° quelque chose qui en soit l'objet.

Les causes des obligations sont les contrats, les quasi-contrats, les délits, les quasi-délits, quelquefois la loi ou l'équité seule. (*Pothier.*)

Voyez le Code civil, art. 1101 et suiv.

OFFICE. — Titre qui donne le pouvoir d exercer quelque fonction publique. Avant la révolution, les offices étaient considérés comme une propriété : sans rétablir précisément la vénalité et l'hérédité des offices, la loi du 28 avril 1816 a conféré aux notaires, avoués, greffiers et huissiers, la faculté de traiter de leurs études. (*Dict. du Notariat.*)

Voyez page 195.

OFFRES RÉELLES. — Exhibition et présentation faites judiciairement à quelqu'un de la somme à lui due, ou de ce qu'on croit raisonnable et suffisant pour éteindre une action et faire cesser des poursuites. *Voyez* le Code civil, articles 1257 — 1264, et le Code de procédure, art. 812—818.

Le procès-verbal d'offres doit contenir l'énumération et la qualité des espèces.

Les offres réelles des arrérages échus d'une rente constituée, faites en parlant au créancier trouvé dans la ville où la rente est payable sont nulles, parce qu'elles n'ont pas été faites dans la maison même désignée pour le paiement par l'acte constitutif de la rente. (*Arrêt de Cass. du 8 avril 1818.*)

M. Toullier est d'avis que les offres réelles peuvent être faites par le ministère d'un notaire, en vertu de l'art. 1258 du Code civil. (*Droit Français, tome VII*, page 293.)

La disposition de l'art. 1260 du Code civil doit être restreinte aux offres *refusées et suivies de consignation*, parce que dans ce cas il y a faute du créancier. Code de procédure, art. 525.

ONÉREUX (CONTRAT) C. C. 1106.

OPPOSITION. — Acte qui a pour objet d'empêcher qu'un tiers ne se libère des sommes qu'il doit à quelqu'un au préjudice de la personne qui croit devoir former l'opposition. *Voyez* le Code de proc., art. 557 et suivans.

ORDONNANCES. — Règlemens qui émanent du roi, et qui ont pour objet l'exécution des lois.

ORDRE (BILLET A) — Page 108.

ORDRE DE CRÉANCIERS. — Page 258.

ORDRE PUBLIC. — *Voyez* le C. C. art. 6, 686 et 1133.

OUVRAGES SUR LE NOTARIAT. — Qu'il nous soit permis de rendre ici un hommage à l'estimable et savant auteur du *nouveau Parfait Notaire*, en citant cet ouvrage et en l'indiquant aux jeunes-gens comme le SEUL qui puisse achever leur éducation. Ce n'est pas sans une vive satisfaction, que nous avons appris que dans la retraite qu'il s'est choisie près P... Ste.-M......, M. Massé s'occupe d'un nouvel ouvrage qui aura pour titre : *Jurisprudence des Notaires.*

PACTE. — Un pacte ou une convention (car ce sont termes synonymes) est le consentement de deux ou de plusieurs personnes, ou pour former entre elles quelque engagement, ou pour en résoudre un précédent, ou pour le modifier.

PACTE COMMISSOIRE. — Clause par laquelle on stipule que si l'acheteur ne paye pas au vendeur le prix convenu au terme fixé, la vente sera résolue.

PAIEMENT. — Acquittement d'une dette ou d'une obligation. *Voyez* le Code civil, art. 1235 — 1270.

S'il est dit, dans un acte, que le paiement aura lieu en la maison du créancier qui, lors de l'obligation, était dans la même ville que le débiteur, et si, depuis, le créancier a transféré son domicile dans une autre ville éloignée du débiteur, celui-ci sera fondé à demander que le créancier élise domicile dans l'endroit où il l'avait, lorsque l'obligation a été passée. (*Pothier.*)

Voyez, page 295, le n° 1 du § 3.

Les quittances de trois années consécutives de loyers, fermages et arrérages de rentes, forment une présomption du paiement des années précédentes. (*Pothier.*)

Celui qui a fait un sacrifice prescrit par l'honneur, la délicatesse ou la piété filiale, acquitte une obligation naturelle ; la loi ne voit pas dans cet acte une pure libéralité. (*Cas. 3 août 1814.*)

PANONCEAUX. — Écussons en cuivre doré, portant les armes de France, et que les notaires ont à la porte extérieure de leur maison, pour annoncer qu'ils ont un dépôt public, placé sous la sauf-garde du souverain.

Le nombre des panonceaux, pour chaque étude, à Paris, doit être de deux au moins et de quatre au plus. (*Arrêté de la chambre, du 8 juillet 1812.*)

PAPIER—MONNAIE.—Assignats qui ont eu cours en France, en 1791, 1792 et 1793.

Lois qui ont été rendues sur le papier-monnaie.

1°. Loi du 25 messidor an III, qui suspend provisoirement les remboursemens, etc.

2°. Celle du 18 thermidor an III, qui excepte les créanciers des successions bénéficiaires, etc. de la défense d'anticiper les paiemens.

3°. Loi du premier fructidor an III, relative à la libération opérée par des offres réelles suivies de consignation.

4°. Celle du même jour, relative à la fixation du jour où a commencé la suspension des remboursemens décrétée le 25 messidor.

5°. Celle du 14 fructidor an III, qui abolit l'action en rescision des contrats de vente ou équipollant à vente entre majeurs pour cause de lésion d'outre moitié

6°. Celle du 12 frimaire an IV, qui autorise le refus de remboursement de capitaux dus par obligations antérieures au premier vendémiaire.

7°. Celle du 3 nivose an IV, interprétative de la précédente.

8°. Loi du 15 germinal an IV, qui lève la suspension des remboursemens et détermine le mode de paiement des obligations et fermages.

9°. Celle du 29 messidor an IV, qui rapporte les art. 2 et 3 de la loi du 15 germinal an IV, sur les transactions entre citoyens.

10°. Celle du 5 thermidor an IV, relative à la liberté des transactions entre citoyens.

11°. Loi du 11 ventose an V, qui rapporte celle du 25 vendémiaire an IV, relative aux contestations sur résiliation de vente ou adjudication par décret.

12°. Celle du 3 germinal an V, qui lève la suspension de toute action intentée pour cause de lésion, ordonnée par la loi du 14 fructidor an III.

13°. Loi du 5 messidor an V, relative aux transactions passées entre particuliers pendant la durée du papier-monnaie.

14°. Loi du 14 fructidor an V, qui porte que « les obligations » dont le titre produit aurait une date postérieure au premier » janvier 1791, seraient acquittées en numéraire métallique et

» sans réduction, lorsque ce titre rappellera l'origine de la
» créance, ou un titre antérieur à cette époque, ou qu'il sera dit
» *sans novation ;* et qu'il en serait de même, s'il était prouvé que
» le titre fût relatif à une obligation contractée avant le premier
» janvier 1791. »

15°. Loi du 15 fructidor an V, relative aux transactions entre
particuliers, antérieures à la dépréciation du papier-monnaie,
qui porte :

« Art. 2. Toutes les obligations d'une date antérieure au
» 1er janvier 1791, seront acquittées en numéraire métallique,
» sans réduction.

» Art. 6. Seront aussi exécutées de la même manière, les
» obligations expressément stipulées payables en numéraire mé-
» tallique, à quelque époque qu'elles aient été consenties.

» Art. 7. Il en sera de même des obligations par lesquelles on
» aura promis de faire des délivrances en grains, denrées, ma-
» tières d'or ou d'argent, ou autres marchandises. »

16°. Loi du 26 brumaire an VI, relative au mode de paiement
des arrérages de rentes et pensions, etc.

17°. Loi du 11 frimaire an VI, qui fixe le mode de remboursement des obligations contractées pendant la dépréciation du
papier-monnaie, et qui porte :

« Art. 2. Les obligations contractées pour simple prêt depuis
» le 1er janvier 1791, jusqu'à la publication de la loi du 29 mes-
» sidor an IV, seront censées consenties valeur nominale de pa-
» pier-monnaie, ayant cours, lorsque le contraire ne sera pas
» prouvé par le titre même, et à ce défaut par des écrits émanés
» des débiteurs, ou par leur interrogatoire sur faits et articles.

» Art. 4. Le montant de ces obligations sera, sauf les condi-
» tions ci-après, et pour toutes les sommes qui y ont donné lieu,
» réduit en numéraire métallique, suivant le tableau de dépré-
» ciation ordonné par la loi.

» Art. 5. Lorsque l'obligation aura été passée à plus de deux
» ans de terme au-delà de l'époque du 29 messidor an IV, le
» débiteur ne sera admis à demander la réduction en numéraire
» métallique, qu'autant qu'il aura légalement notifié au créan-
» cier, dans les deux mois qui suivront la publication de la pré-
» sente pour tout délai, à peine de déchéance, la renonciation
» aux termes à échoir, avec offre de rembourser le capital ré-
» duit, dans le délai d'une année, etc.

18°. Loi du 16 nivose an VI, qui porte que les conditions
prescrites par les art. 5 et 7 de la loi du 11 frimaire, aux débiteurs à longs termes, pour obtenir la réduction, sont communes
aux débiteurs par contrat de constitution de rente, etc.

19°. Loi du 16 nivose an VI, concernant la vente des immeubles, etc. , pendant la dépréciation du papier, et qui porte :

« Art. 14. Les douaires préfix , ainsi que tous autres avan-
» tages matrimoniaux stipulés par les contrats de mariage, seront
» acquittés en numéraire, etc. »

20°. Loi du 13 pluviose an VI, relatives aux rentes viagères
créées pendant la durée du papier.

21°. Loi du 26 floréal an VI, rectificative de celles des 11 frimaire et 16 nivose an VI.

22°. Celle du 6 floréal an VI, relative aux rentes viagères
créées moyennant un capital fourni en mandats.

23°. Lois des 8 et 9 floréal an VI.

24°. Loi du 19 floréal an VI, relative à l'action en rescision
pour cause de lésion d'outre-moitié, contre les ventes d'immeubles pendant la dépréciation du papier.

25°. La loi du 27 thermidor an VI, contenant des dispositions
additionnelles à celles relatives aux transactions faites lors de la
dépréciation du papier-monnoie, et qui porte :

« Art. 25. Quand, par suite d'une renonciation de la femme
» à la communauté, ou de la dissolution de ladite communauté
» par le divorce, par la séparation de biens, ou par la mort de
» l'un des époux, il écherra de liquider les reprises de la femme,
» en exécution de l'article XV de la loi du 16 nivose, an VI,
» le mari, à défaut d'emploi de la dot et des créances mobilières,
» ne devra à sa femme, ou à ses héritiers, que les valeurs qu'il
» a reçues, selon l'échelle de dépréciation, aux époques de cha-
» que paiement et remboursement; et s'il en a fait emploi, même
» au nom de la communauté, la femme ou ses héritiers seront
» tenus de l'accepter pour leur tenir lieu des créances ainsi rem-
» boursées pendant le cours du papier-monnaie.

» Art. 26. Il en sera de même à l'égard des remplois qui au-
» ront été faits par le mari, des deniers provenus soit de l'alié-
» nation des propres, soit du remboursement des capitaux de
» rentes constituées dans les pays où elles sont réputées immeu-
» bles, le tout néanmoins, pourvu qu'il y ait eu de sa part dé-
» claration d'emploi et acceptation du remploi par la femme
» pendant la communauté. »

PAPIER TIMBRÉ. — *Voyez* pages 5 et 55.

PARAFE. — Assemblage de traits de plume enlacés entre eux,
que les notaires ajoutent à leurs signatures.

Un notaire ne peut changer sa signature ni son parafe, si ce
n'est de l'autorité du juge et pour cause raisonnable. (*Ferrière.*)
Un arrêt du parlement de Nancy, du 19 février 1781, voulait
que chaque feuillet des minutes fût parafé.

PARCHEMIN. — page 55.

PART D'ENFANT. — On appelle *part d'enfant le moins prenant,*

la portion de la succession du père ou de la mère, qui revient
à l'enfant qu'ils ont le moins avantagé. *Voyez* le Code civil,
art. 1098, et ci-devant, page 174.

PARTAGE.— Page 265 et suivantes.

S. E. le ministre des finances a décidé, le 25 février 1821,
que la stipulation insérée dans un acte de partage, qui adjuge à
l'un des co-partageans l'usufruit, et à l'autre la nue-propriété
des biens indivis, sans soute ni retour, n'est passible que du
droit fixe d'enregistrement réglé pour les partages (5 francs), et
non du droit proportionnel dû pour les échanges.

PARTAGE ANTICIPÉ. — Pages 267 et 273.

PARTAGE PROVISIONNEL. — Page 267.

PATENTE. — Permission accordée par le gouvernement à un
citoyen, d'exercer un commerce ou une profession quelconque,
moyennant une rétribution. *Voyez* page 37, fin de la note 4.

PENSION. — Prestation en argent ou en nature.

PENSION ALIMENTAIRE. — Donnée annuellement à quelqu'un
pour alimens. *Voyez* pages 161 et 533, le code civil art. 205, et
le code de proc. art. 581.

PENSIONS SUR L'ÉTAT. — On les divise en trois classes : civiles,
religieuses et militaires. *Voyez* pages 121, 124, 333, et le Code
de proc. art. 580.

PERSONNES INCAPABLES. — Qui n'ont pas les qualités et les
dispositions nécessaires pour faire ou recevoir quelque chose.
Voyez les articles 25, 28, 513, 901, 1095, 1108 et suivans
du C. C., et ci-devant page 71.

PERSONNES INTERPOSÉES. — Qui prêtent leurs noms à d'autres
personnes qui seraient incapables de recevoir par elles-mêmes
une libéralité. *Voyez* le C. C. art. 911, 1099 et 1100.

Le neveu de la personne incapable, n'est pas présumé personne interposée. (*Cass.* 14 *avril* 1806.)

PIGNORATIF (contrat). — Contrat de vente d'un héritage par
un débiteur à son créancier, avec stipulation que le vendeur
pourra retirer l'héritage au bout d'un certain temps, et qu'il en
jouira, à titre de loyer, moyennant une certaine somme, ordinairement égale aux intérêts de la somme due.

Voyez RÉMÉRÉ.

PLACEMENT DE FONDS. — C'est souvent pour les notaires une
opération embarrassante et délicate; ils font ordinairement prêter
à ceux de leurs cliens dont ils connaissent les affaires et la moralité. *Voyez* page 251.

POLLICITATION. — Le contrat renferme le concours des volontés de deux personnes, dont l'une promet quelque chose à
l'autre, et l'autre accepte la promesse qui lui est faite; tandis
que la *pollicitation* est la promesse non encore acceptée par ce-

lui à qui elle est faite. La pollicitation, aux termes du pur droit naturel, ne produit aucune obligation proprement dite, et celui qui a fait cette promesse peut s'en dédire, tant qu'elle n'a pas été acceptée par celui à qui elle a été faite. (*Pothier.*)

PORTER-FORT. — On peut se porter fort pour un tiers, en promettant le fait de celui-ci.

L'engagement ne manque pas de lien ; car, si le tiers n'a pu être lié par la volonté de celui qui s'est porté fort, ce dernier l'est du moins envers celui qui a accepté son engagement. Il est tenu de procurer le fait du tiers : et, à défaut de le procurer, l'autre contractant a une action en dommages et intérêts contre lui.

Se porter fort pour un tiers, n'est pas le cautionner, c'est seulement s'obliger de rapporter sa ratification ; ensorte que, du moment où le tiers ratifie l'engagement qu'on a contracté pour lui, celui qui s'est porté fort est déchargé de toutes choses. Si cependant ce dernier avait promis de rapporter la ratification dans un certain délai, et que, ce délai expiré, il eût été mis en demeure par une sommation, ou si même sans qu'aucun délai eût été convenu il eût été mis en demeure, dans un temps convenable, de satisfaire à sa promesse, il sera responsable du dommage qu'il aura causé, par son retard, à l'autre contractant. (*Parfait notaire*, t. 1er, p. 127.)

Style.

Fut présent M. A   , au nom et comme se fesant et portant fort de M. B   , par lequel il s'est obligé de faire ratifier ces présentes, et d'en rapporter acte, sous trois mois et à ses frais, à M. C   , ci-après nommé.

PORTION AFFÉRENTE. — Part qui revient à chacun des intéressés dans un objet indivis.

Dans le partage d'une succession ou de toute autre chose commune, on appelle *part afférente*, la portion qui doit appartenir à chacun des héritiers ou co-partageans.

PORTION DISPONIBLE. — Portion de biens dont il est permis de disposer à titre gratuit. C. C. 913 et suiv.

Est réductible à moitié conformément à l'art. 904 du code civil, la donation qu'un mineur âgé de plus de seize ans a faite de la même portion de biens qu'un majeur aurait pu donner, quoique le donateur soit décédé en majorité. (*Cass.* 30 *août* 1820.)

La portion disponible doit être calculée sur les biens donnés ou légués et sur ceux dont le défunt n'a pas disposé ; mais le légataire ou donataire de cette portion disponible ne peut exercer sa donation sur les biens donnés ou légués.

Exemple.

Un père de cinq enfans laisse 30,000 francs de biens, y compris 20,000 francs qu'il avait donnés en avancement d'hoirie à l'un d'eux, qui les rapporte à sa succession, ci...   30,000 f. «

On déduit le don entre-vifs de 2,000   «

Reste dans la succession 28,000   «
Dont le quart disponible qu'il a donné à un autre de ses enfans, par préciput et hors part, est de 7,000   «

Reste pour la réserve légale des cinq enfans . . 21,000   »
A quoi l'on ajoute le rapport du don de . . . 2,000   «

Ce qui porte la réserve légale à 23,000   «
Dont le cinquième pour chaque enfant est de . 4,600   «

C'est à ces 4,600 francs qu'on ajoute le don de 7,000 francs par préciput, de sorte que l'enfant à qui il a été fait, doit avoir 11,600 francs.

Voyez à ce sujet un arrêt de la cour de cassation du 30 décembre 1816.

Une donation entre-vifs, consentie avant le code civil, mais dont l'auteur est décédé postérieurement, depuis ce code, n'est pas réductible en faveur des personnes qui ont droit à la réserve légale, jusqu'à concurrence de la portion légitime fixée par la loi qui était en vigueur au moment de la donation : c'est la loi existante au moment du décès qu'il faut suivre. (*Cour de Paris*, 27 *mai* 1817.)

Un père peut user en même temps de la faculté que lui donne l'article 919 du C. C. d'avantager l'un de ses enfans, et de la faculté qu'il trouve dans l'article 1094 du même Code, de disposer au profit de sa femme.

La disposition faite au profit du survivant des époux n'est pas réductible aux termes de l'art. 913.

Jean Boucaut avait neuf enfans, il avait donné à sa femme l'usufruit de la moitié de tous ses biens, et à ses deux enfans mâles le quart de ses biens par préciput : jugé qu'il serait délivré *un quart* par préciput et hors part aux deux enfans mâles ; que les trois quarts restans seraient partagés en neuf lots, pour chacun des neuf enfans ; que la veuve aurait, en jouissance sa vie durant, la moitié tant du préciput que des portions adjugés aux neuf enfans. (*Journal du Palais*, 1ᵉʳ *semestre de* 1811, *page* 376.)

PORTION VIRILE. — C'est une portion qui, dans une succession, est égale à celle des autres héritiers.

On l'appelle *virile*, à cause de l'égalité qui est entre cette portion et celle des autres héritiers.

Voyez le code civil, art. 873.

POT-DE-VIN OU ÉPINGLES. — Somme convenue que l'acquéreur paye au vendeur, indépendamment de son prix.

Les Notaires ne se mêlent en aucune sorte de ces opérations, ils laissent les parties régler elles-mêmes leurs intérêts à cet égard.

Le pot-de-vin se paye toujours comptant; si, par suite d'une sur-enchère, l'acquéreur se trouve évincé de la propriété, il ne peut pas le réclamer comme fesant partie des loyaux coûts; il a seulement recours contre la personne qui l'a reçu.

D'ailleurs, si celui qui paye le pot-de-vin exige une quittance de la somme payée, elle peut un jour être produite, alors elle serait regardée comme une contre-lettre passible d'amende. *Voyez* page 182.

PRÉCIPUT CONVENTIONNEL. — *Voyez* les art. 1515, 1516 et 1527 du code civil.

Le préciput est, conventionnel, parce qu'il n'est point établi par les dispositions de la loi, et qu'il est uniquement fondé sur la convention des parties qui peuvent le régler comme bon leur semble.

On convient assez souvent, par le contrat de mariage, que la future épouse, en cas de renonciation à la communauté, aura son préciput.

Les intérêts du préciput ne courent que du jour de la demande. (*Bourjon, Lebrun, etc.*)

La séparation de biens donne ouverture au préciput, lorsqu'il est dit, dans le contrat de mariage, qu'il aura lieu dans tous les cas de dissolution de la communauté. (*Cass.*, 26 *janvier* 1808.)

PRÉCIPUT ET HORS PART. — Somme déterminée qu'un enfant ou héritier a le droit de prendre dans la succession, indépendamment de la portion qui doit lui revenir.

Voyez le code civil, art. 843 et 919.

Ces expressions *par préciput et hors part* ne sont pas tellement sacramentelles, qu'on ne puisse rendre la même idée en d'autres termes ou y suppléer par des équivalens : ainsi, donner ou léguer *avec dispense de rapport*, a le même effet, que donner ou léguer *par préciput et hors part*.

On peut même se servir de ces mots *par préciput* sans y joindre *hors part*, ou dire seulement *hors part* sans y ajouter *par préciput*.

Un père ayant donné à ses enfans la quotité disponible, à la charge de la rendre à ses petits-enfans nés et à naître, conformément aux articles 1048 et 1049 du code civil, la cour de Douai, par arrêt du 27 janvier 1819, a jugé que cette charge équivaut à la mention de préciput.

PRÉLEGS. — Legs fait par préciput à un ou plusieurs de ceux qui doivent partager une succession. Il est ainsi appelé, parce qu'il doit être prélevé avant le partage, comme toutes les autres charges de la succession.

PRÉLÈVEMENT. — Déduction qui se fait, avant partage, soit sur la masse d'une communauté, en faveur des époux ou de leurs reprrésentans, pour les remplir des sommes dont ils sont créanciers de cette communauté, soit sur l'actif d'une succession, en faveur du co-partageant auquel il a été fait un avantage par préciput ou hors part.

Dans le premier cas, prélèvement est synonyme de reprise. *Voyez* le code civil, art. 830, 1433, 1470 et 1471.

PRESCRIPTION. — *Voyez* le Code civil :

Dispositions générales sur la prescription, Art.	2219—2227.
Possession,	2228—2235.
Causes qui empêchent la prescription,	2236—2241.
Causes qui en interrompent le cours,	2242—2250.
Causes qui en suspendent le cours,	2251—2259.
Dispositions générales,	2260 et 2261.
Prescription trentenaire,	2262—2264.
— Par dix et vingt ans,	2265—2270.
Prescriptions particulières,	2271—2281.

La prescription pour les droits corporels et incorporels appartenans à des particuliers, a été suspendue depuis le 2 novembre 1789 jusqu'au 2 novembre 1794, sans qu'elle pût être alléguée pour aucune partie du temps qui s'est écoulé pendant le cours de ces cinq années, soit pour le fonds desdits droits, soit pour les arrérages. (*Loi du 20 août 1792.*)

Il y aura 30 ans le 25 mars 1834 que le titre de la prescription a été promulgué. (*Voyez l'art* 2281.)

PRÉSOMPTION. — *Voyez* le code civil, art. 1349 — 1353.

PRÊT A USAGE. — P. 275.

PRÊT SUR GAGE. — P. 251 et 257.

PRÊTE-NOM. — Celui qui consent qu'une personne, qui ne veut pas être connue, acquière sous son nom une maison ou autres biens, ou fasse telle opération qu'il lui plaît.

PREUVE. — Conséquence légitime qui résulte d'un fait constant, dont la certitude fait conclure qu'un autre fait, dont on ignorait la vérité, est ou n'est pas véritable.

Voyez le Code civil :

Preuve des obligations et du paiement, Art.	1315 et 1316.

Preuve littérale.

Titre authentique,	1317—1321.

PRÉVARICATION. — Infraction des officiers de justice à leurs devoirs.

PRIMOGÉNITURE. — Aînesse.

PRISÉE. — *Voyez* page 216.

PRISONNIERS. — Page 71.

PRIVILÉGE. — *Voyez* le Code civil.

Les commis des négocians sont compris parmi les gens de service dont parle l'art. 2101. (*Cour de Metz,* 4 *mai* 1820.)

Lorsqu'en paiement du prix d'une vente, le vendeur reçoit des billets ou effets de commerce, et que le contrat de vente l'énonce, le vendeur conserve son privilége sur la chose vendue. Autrement, si le contrat portait quittance pure et simple. (*Cassation,* 16 *août* 1820.)

Le privilége du vendeur a lieu pour tous intérêts échus ; l'article 2151 du Code civil n'est pas applicable à ces intérêts. (*Cassation,* 5 *mars* 1806 *et* 11 *juin* 1807.)

Tous les immeubles de la succession sont affectés d'un privilége en faveur du co-héritier auquel il est dû une soute de partage, et non pas seulement les biens échus à celui qui doit la soute. (*Art.* 2103 *et* 2109 *du C. C.*)

Encore bien qu'un vendeur, après avoir été payé d'une partie de son prix par des prêteurs qu'il a subrogés à ses droits, ait cédé le surplus de ce qui restait dû, et ait transporté son droit de préférence, les cessionnaires ne peuvent être, en effet, préférés aux prêteurs subrogés. (*Arrêt de la cour de Paris,* 13 *mai* 1815.)

Sur le privilége du trésor, voyez les lois des 5 septembre 1807 et 19 novembre 1808.

PROCÈS-VERBAL D'ADJUDICATION. — Pages 349 et 357.

PROCÈS-VERBAL DE COMPARUTION. — Page 131.

PROCÈS-VERBAL DE COMPULSOIRE. — Page 145.

PROCURATION. — Pages 277 et suiv.

PROJET. — *Voyez* page 64.

Si l'acte présente quelques difficultés, le notaire le rédige en projet pour le communiquer aux cliens ou à leurs conseils, qui font les changemens, corrections et additions qui leur conviennent.

Quelquefois, les parties remettent aux notaires les projets des actes qu'elles veulent passer, d'après les instructions de leurs conseils.

Comme ces actes peuvent n'être pas faits dans la forme adoptée par les notaires, on met avant de les clorre, ces mots : *fait et transcrit littéralement sur le projet représenté.*

PROMESSE D'EMPLOI. — *Voyez* EMPLOI.

PROMESSE DE MARIAGE. — Écrit par lequel une personne promet à une autre de l'épouser.

Lorsque le juge trouve l'engagement valable, il condamne la partie qui refuse de l'accomplir à une somme à laquelle il arbitre les dommages et intérêts dus à l'autre partie pour l'inexécution de l'engagement.

Les dépenses que les recherches de mariage ont causées, pendant tout le temps qu'elles ont duré, à celui qui se plaint de l'inexécution des fiançailles, et la perte de temps qu'elles lui ont causée, sont les objets les plus ordinaires de ces dommages et intérêts ; l'affront que souffre la partie à qui on a manqué de foi y peut aussi quelquefois entrer, dans le cas où il y aurait lieu de craindre qu'il ne pût nuire à son établissement avec quelque autre. (*Pothier.*) M. Toullier suit la même doctrine, et un grand nombre de cours royales ont jugé dans ce sens.

Mais, voyez l'arrêt de la Cour de cassation dont nous avons rapporté la date aux mots *articles de mariage*, et un autre arrêt de la même cour, du 21 décembre 1814, où il est dit qu'une promesse de mariage souscrite avec la clause générale d'un dédit, était nulle en soi, comme contraire à la liberté qui doit régner dans les mariages, et que la nullité de cette obligation principale entraînait celle de la clause pénale qui y était attachée.

Un arrêt de la cour de Besançon, du 8 mai 1811, a condamné une demoiselle mineure, qui avait souscrit une promesse de mariage, à 100 francs de dommages-intérêts.

Au contraire, par un arrêt du 18 décembre 1810, les parties ont été mises hors de cour.

PROMESSE DE VENTE. — *Voyez* le Code civil, art. 1589, et ci-devant, page 540.

En promettant à quelqu'un de lui vendre telle chose pour tel prix dans le cas où elle lui conviendrait, il n'y a point là encore de vente ; les deux parties sont toujours libres, l'une de vendre, l'autre d'acheter.

Une promesse de revendre à quelqu'un l'immeuble qui déjà lui a appartenu, sous condition que ce quelqu'un acquitera les créances hypothécaires affectant l'immeuble, est réellement, ou équivalemment un acte de vente sous condition résolutoire. (*Cass.*, 28 *août* 1815.)

PROMULGATION DES LOIS. — Publication des lois.

Le roi propose la loi.

La loi est portée à la Chambre des pairs et à celle des députés.

Le roi seul sanctionne et promulgue les lois. (*Charte constitutionnelle.*)

La promulgation des lois et des ordonnances résulte de leur insertion au bulletin officiel. (*Ordonnance du* 27 *novembre* 1816.)

PROPRES. — Biens qui appartiennent particulièrement, et de son chef, à l'un des époux, et dont il n'entre dans la communauté que les fruits et revenus. Le Code civil ne se servant nulle part de cette expresssion *propres*, beaucoup de notaires ne l'emploient plus dans leurs actes.

PROPRES FICTIFS. — On donne le nom de *propres fictifs* aux effets qui, de leur nature, devraient faire partie de la communauté, de laquelle, cependant, on parvient à les exclure au moyen d'une stipulation contraire apposée dans le contrat de mariage.

Une personne apporte en mariage 20,000 fr., dont 6,000 fr. sont mis en communauté, avec convention que les 14,000 fr. de surplus lui demeureront conservés ; cette fiction de *propres* n'a pour objet que d'empêcher les 14,000 fr. d'entrer en communauté.

PROPRIÉTÉ. — Droit de jouir et de disposer des choses de la manière la plus absolue, pourvu qu'on n'en fasse pas un usage prohibé par les lois ou par les règlemens. (*Code civil, art.* 544.)

PROROGATION DE DÉLAI. — Page 291.

PROTESTATION. — Page 292.

PROTÊT. — Page 294.

L'art. 173 du Code de commerce, en statuant que les protêts seraient faits par les notaires ou les huissiers, n'a point indiqué de forme spéciale pour leur rédaction : d'où il suit qu'ils ne sont point nuls, si d'ailleurs ils remplissent les conditions exigées par ce code, n'importe de quelle manière ou dans quel ordre ils le seraient.

Le sixième paragraphe de l'art. 181 du Code de commerce semble autoriser les notaires à garder la minute des protêts qu'ils font, puisqu'aux termes de ce paragraphe, la présentation de l'expédition du protêt suffit pour exiger le remboursement de l'effet protesté.

Pour procéder régulièrement, il faut que les deux notaires qui font le protêt, présentent l'effet protesté. (*Cour de Rouen*, 30 *août* 1814.)

PUISSANCE PATERNELLE. — Code civil, 371 et suivants.

PURGE. — Page 345.

L'acte de dépôt du contrat de vente au greffe du tribunal civil, à l'effet de purger l'hypothèque légale de la femme, n'est pas valablement notifié à celle-ci au domicile du mari, et en parlant à ce dernier qui a reçu l'exploit, surtout si elle est séparée de fait d'avec son mari. (*Cour de Paris*, 25 *février* 1819.)

L'hypothèque légale d'une femme n'est pas purgée, lorsque l'acquéreur d'un immeuble affecté à cette hypothèque a signifié le dépôt de son contrat seulement au procureur du Roi et non à la femme qu'il connaissait, quoiqu'il ait déclaré, dans l'acte de signification, que ceux qui pouvaient avoir hypothèque sur l'immeuble vendu n'étaient pas connus de lui. (*Cassation*, 14 *janvier* 1817.)

QUITTANCE. — Pages 295 et suivantes.

Lorsqu'une obligation est acquittée pour un tiers, qui n'est pas subrogé aux droits du créancier, il ne peut être perçu au-delà de 50 centimes par 100 francs. (*Décision du ministre des finances, du* 2 *février* 1821.)

RADIATION. — Ce terme s'emploie pour exprimer l'action d'annuler une inscription hypothécaire.

On fournit, au bureau des hypothèques, les expéditions ou extraits des actes de mainlevée, sur le vu desquels le conservateur délivre les certificats de radiation.

Voyez au titre de la mainlevée, page 241.

Le conservateur doit, à l'inspection des expéditions fournies pour la radiation, voir si elles sont dans les formes et si elles ont les qualités voulues par la loi. Il doit être juge, dans ce cas, et du mérite de l'acte présenté et de la capacité de l'individu qui a consenti la radiation.

Lorsqu'un mandataire n'a pas un pouvoir formel de consentir, au nom du mandant, la main-levée de l'inscription, la radiation ne doit pas être faite. Les conservateurs sont autorisés à se faire remettre et à garder les expéditions des procurations passées en minute devant notaires, qui seraient produites pour la radiation, ainsi que les actes de décès et les titres authentiques qui prouvent les qualités d'héritiers ou de cessionnaires, dans le cas où ceux qui consentent la radiation ne seraient pas les titulaires primitifs des créances inscrites.

Le mari d'une femme mariée sous le régime dotal, bien que la créance hypothécaire fût dotale, doit seul consentir la radiation de l'inscription, parce que lui seul peut recevoir le remboursement de cette créance. (*Art.* 1549 *du Code civil.*)

Lorsqu'il s'agit d'une rente viagère éteinte par décès, le conservateur doit opérer la radiation de l'inscription sur la représentation de l'acte de décès du titulaire, en lui justifiant toujours du paiement des arrérages échus par une quittance authentique donnée par les héritiers de ce titulaire.

Le jugement contradictoire ou par défaut, auquel il n'a pas été formé opposition dans la huitaine franche de la signification à domicile, est devenu exécutoire; alors le conservateur peut radier, si on joint à l'expédition de ce jugement, un certificat authentique du greffier, qui constate qu'il n'est survenu aucun appel ou opposition; le conservateur doit, même en matière d'expropriation forcée, opérer la radiation sur la remise du jugement qui l'ordonne, huitaine après la signification, et non trois mois après le jugement de collocation.

Le jugement par défaut qui ordonne la radiation d'une inscription aux hypothèques, ne peut recevoir d'exécution qu'autant qu'il est signifié, non-seulement au domicile élu, mais encore au domicile réel des créanciers inscrits; autrement on doit refuser la radiation qu'il a ordonnée.

La femme mineure assistée des personnes dont le consentement est requis pour la validité de son contrat de mariage, peut, par le contrat qui en règle les conditions civiles, restreindre son hypothèque légale.

La réduction d'une inscription étant une radiation partielle, les procédés du conservateur pour l'opérer ne diffèrent point de ceux relatifs aux radiations ordinaires, excepté qu'il doit faire les réserves de droit pour la partie de l'inscription qui continue de subsister. (*Dict. de l'enreg.*.)

Voyez au mot Inscription hypothécaire.

RAPPORT A SUCCESSION. — C'est le rapport que les co-héritiers qui ont été avantagés par le défunt, font à la masse de sa succession, de ce qui leur a été donné, pour être compris dans le partage, comme s'ils n'en avaient jamais été saisis à titre particulier.

Voyez le Code civil:

Pour savoir ce que chaque cohéritier doit rapporter, 829 et 843.

Où se fait le rapport, 850.

Comment il se fait, 858.

Par qui et à qui est dû le rapport, 857.

L'époque à compter de laquelle sont dus les intérêts, 856.

Lorsqu'un des co-héritiers a bâti sur un terrain de la succession, cette circonstance autorise suffisamment les juges du fonds à décider que le sol sur lequel les constructions ont été faites, restera dans le lot du constructeur. L'exécution de l'art. 834 est subordonnée à l'existence d'une égalité parfaite dans les portions et dans les chances des co-partageans. (*Cassation*, 11 *août* 1808.)

L'héritier qui renonce, n'a aucun droit à la réserve, il ne peut retenir que la portion disponible. (*Id.* 18 *février* 1818.)

Les dons purement manuels ne sont pas sujets à rapport. (*Id.* 13 *janvier* 1807.) Il en serait autrement, si ces dons étaient considérables.

L'enfant est obligé de rapporter à la succession de son père, ce que ce dernier a payé pour le faire remplacer comme conscrit.

Voyez le C. C. art. 851, et le journal du palais, tom. 49, pages 24 et 31.

RAPPORT POUR MINUTE. — Page 301.

RATIFICATION. — Page 302.

RÉALITÉ D'ESPÈCES. — Elle a lieu quand une somme est mise et comptée sur le bureau de l'étude : alors, le notaire déclare que le paiement a été fait en espèces ayant cours, comptées, nombrées et réellement délivrées en sa présence.

Celui qui a fourni ses deniers pour payer le prix d'un immeuble, a privilége spécial sur cet immeuble; mais pour établir ce privilége, trois conditions sont nécessaires, et l'omission d'une seule le fait manquer : la première est qu'il ait été exprimé dans l'acte d'emprunt que la somme prêtée est destinée à payer le prix de l'acquisition; la deuxième, que par la quittance du vendeur, il paraisse que les deniers prêtés ont été employés à payer le prix de l'acquisition; la troisième, que ces deux choses soient constatées d'une manière authentique, c'est à dire que l'acte d'emprunt et la quittance soient faits devant notaires.

Enfin, pour établir ce privilége, il faut encore que, lors du prêt et de l'emploi, il y ait une *réalité des mêmes espèces*, précise et marquée. (*Parfait Notaire, tome* 1er *page* 244.)

RÉCIDIVE. — Action de tomber pour la seconde fois dans la même faute. *Voyez* pages 34 et 39.

RÉCOLEMENT D'INVENTAIRE. — Page 223.

RÉCOMPENSE. — Synonyme d'indemnité, de remploi.

En fait de communauté, on nomme *récompense*, l'indemnité due à l'un des conjoints par l'autre qui a profité des deniers de la communauté.

Voyez les art. 585, 1403 et suiv., 1423, 1424, 1436, 1437 et suiv., 1468 et suiv. du Code civil.

RÉCONDUCTION (tacite). — Continuation d'un bail qui n'a point été renouvelé à son expiration, et en vertu duquel le fermier ou locataire jouit, comme par le passé, de la ferme, de la maison, mais comme un locataire ordinaire, de manière que l'une des parties peut donner congé à l'autre, en observant les délais fixés par l'usage des lieux. C. C. 1759.

RECOUVREMENS. — Ils se composent de toutes les sommes qui sont dues à un notaire, soit pour avances et déboursés, soit pour honoraires des actes reçus tant par lui que par son prédécesseur, lorsqu'il y a eu convention entre eux.

Un notaire qui a fait l'avance des droits d'enregistrement d'actes par lui reçus, peut les répéter solidairement contre tous les contractans. (*Arrêts de la Cour de cassation, des 26 juin et 20 novembre 1820.*)

Les frais et déboursés dus à un notaire pour la minute d'un contrat de mariage, sont une dette personnelle du mari, et non de la femme. (*Cour de Paris du 20 avril 1816.*)

Les honoraires et déboursés des notaires ne sont soumis qu'à la prescription trentenaire.

Parmi les honoraires des notaires, il en est qui sont privilégiés : ce sont ceux qui leur sont dus pour inventaires, ventes d'immeubles ou licitations ordonnées par jugement, etc. C. C. 2101.

Voyez page 53.

RÉDUCTION DES DONATIONS ET LEGS. — C. C. art. 920—930.

RÉFÉRÉ. — Rapport fait au juge des difficultés relatives à l'exécution d'un acte exécutoire, d'un jugement, à l'apposition d'un scellé, à la confection d'un inventaire, etc. *Voyez* page 224.

RÉGIME DOTAL. — *Voyez* l'art. 1540 et suivans du Code civil, et ci-devant, page 175.

REMBOURSEMENT. — Pages 155 et 298.

Voyez aussi les art. 530 et 1433 du Code civil.

« Le rachat des rentes et redevances foncières ordinairement créées irrachetables et sans aucune évaluation de capital, sont remboursables, savoir : celles en argent sur le pied du denier vingt; et celles en nature de grains, volaille, denrées, fruits de récolte, service d'hommes, chevaux ou autres bêtes de somme, et de voitures, au denier vingt-cinq de leur produit annuel, suivant les évaluations qui en sont faites. (**V.** MERCURIALES.) Il est ajouté un dixième auxdits capitaux, à l'égard des rentes qui ont été créées sous la condition de la non retenue de dixième, vingtième et autres impositions royales. »

(*Décret de l'Assemblée constituante, du 18 décembre 1790.*)

Voyez page 157.

RECONNAISSANCE D'ÉCRITURE. — Page 304.

RÉCONSTITUTION. — C'est une constitution de rente perpétuelle à prix d'argent, avec déclaration que le prix en sera employé à rembourser une autre rente perpétuelle ou foncière due par le constituant, emploi qui est effectué par le même acte. L'effet de la réconstitution est d'opérer une subrogation en faveur du nouveau créancier, au lieu et à la place du créancier remboursé. (*M. Massé.*)

RÉMÉRÉ. — *Voyez* ci-devant, pages 348 et 356, et le C. C. art. 1659 — 1673.

La faculté de rachat passe aux héritiers du vendeur; elle est cessible. La faculté est un droit dont on peut disposer, comme de tous les autres biens, soit à titre gratuit, soit à titre onéreux. (*M. Pailliet.*)

Pothier est d'avis qu'on peut valablement convenir que le vendeur exerçant la faculté de réméré, sera tenu de rendre une somme plus forte que celle qu'il a reçue. Il ne trouve rien d'illicite dans cette clause, quelque forte que soit la somme stipulée.

REMPLACEMENT-MILITAIRE. — *Voyez* ci-devant pages 308 et 422.

REMPLOI. — Remplacement d'une chose qui a été aliénée ou dénaturée, comme une somme de deniers qu'on a reçue, un Immeuble qu'on a vendu, des futaies qu'on a fait abattre, etc. *Voyez* pages 1434 et 1435.

Pour que la déclaration puisse rendre l'héritage nouvellement acquis, *propre de communauté par subrogation*, il faut que cette déclaration soit faite, *in continenti*, par le contrat d'acquisition de l'héritage nouvellement acquis : si l'acquisition avait été faite sans cette déclaration, inutilement la ferait-on *ex intervallo* ; car l'héritage ayant été fait *conquêt*, lorsqu'il a été acquis, faute de cette déclaration, la communauté ne peut plus, par cette déclaration qu'on ferait *ex intervallo*, être privée d'une chose qui lui a été une fois acquise. (*Pothier, traité de la communauté, n°.*198.)

RENONCIATION. — Abandonnement volontaire des droits que l'on avait ou que l'on prétendait avoir sur quelque chose.

RENONCIATION A COMMUNAUTÉ. — Acte par lequel une femme ou ses héritiers renoncent, après la dissolution de la communauté, à leur part des biens de cette communauté, afin d'être déchargés des dettes dont elle pourrait être tenue.

Voyez ci-devant aux mots ACCROISSEMENT, ACTE DE COMMUNE; et le Code civil, art. 1457, 1459 et 1494; et le code de procédure, art 874 et 997.

RENONCIATION A SUCCESSION. Acte par lequel celui qui est appelé à recueillir une succession, déclare purement et simplement qu'il y renonce.

Voyez les articles 784 et 795 du code civil, et l'art. 997 du Code de proc.

Une renonciation à succession en faveur d'un tiers qui n'est pas héritier, est moins une renonciation qu'une donation. Elle doit donc être faite, non par acte au greffe, mais par contrat en forme de donation, à peine de nullité. (*Cass.*, 17 *août* 1815.)

L'héritier donataire qui renonce à la succession pour s'en tenir au don qui lui est fait, peut-il retenir cumulativement et la quotité disponible et sa part dans la réserve? Jugé en sens contraire par différentes cours. *Voyez* un arrêt de la cour de cassation du 18 février 1818.

Quand un successible renonce à la succession, sa renonciation est toujours recevable, à moins qu'on ne prouve qu'il ait fait acte d'héritier; il n'est tenu de justifier, ni d'aucun acte exclusif d'acceptation, ni d'aucun inventaire. (*Paris*, 16 *juillet* 1814.)

La faculté d'accepter une succession après l'avoir répudiée, dans le dernier état de la jurisprudence de certains pays de droit écrit, s'étendait aux collatéraux, et avait effet pendant un temps indéfini. L'héritier qui acceptait après avoir renoncé, pouvait restreindre son acceptation à la portion qui lui était dévolue; et, dans ce cas, l'autre portion restait *jacente*, relativement aux co-héritiers; elle n'accroissait pas à l'acceptant. (*M. Pailliet.*)

Par la prescription du droit d'accepter, il s'opère une dévolution de ce droit aux parens du degré qui suit immédiatement celui dans lequel se trouvent les parens qui ont, pendant 30 ans, négligé l'exercice. (*Id.*)

RENOUVELLEMENT DES INSCRIPTIONS. — Acte qui a pour objet d'empêcher que les inscriptions ne soient périmées. *Voyez* l'art. 2154 du code civil, et ci-devant aux mots BORDEREAU D'INSCRIPTION et INSCRIPTION HYPOTHÉCAIRE.

Pour opérer le renouvellement, les uns mettent en tête du nouveau bordereau : *renouvellement d'inscription*; les autres insèrent dans le bordereau que c'est *en renouvellement de telle inscription*.

Ces deux manières sont également bonnes, pourvu qu'on ait soin d'annoncer dans la nouvelle inscription, qu'elle est requise en renouvellement de la précédente, dont on rapporte la date, le volume et le numéro.

Une inscription prise le 12 mai 1799 a pu être renouvelée le 13 mai 1809; le délai de dix ans doit être compté sans égard aux deux jours de terme. (*Cour de Paris*, 21 *mai* 1814.) *Voyez* page 376.

L'inscription hypothécaire non renouvelée avant l'expiration des dix ans de sa date, s'anéantit de plein droit. Le conservateur des hypothèques ne doit pas comprendre dans les certificats qu'il délivre les inscriptions périmées. (*Id.* 21 *janvier* 1814.)

Le défaut de renouvellement au jour fixé, rend l'inscription sans effet à l'égard du tiers détenteur qui avait acquis postérieurement à cette inscription. (*Colmar*, 30 *juillet* 1813 ; *journal du Palais*, t. 40, *page* 364.)

RENTES SUR L'ÉTAT. — Rentes inscrites sur le grand livre de la dette publique.

Voyez page 598 et le Code civil art. 529.

Les rentes perpétuelles sur l'État peuvent être immobilisées pour la formation des majorats, aux termes du décret du 1er mars 1808.

Depuis la loi du 8 nivose an 6, on ne peut former opposition au paiement des rentes sur l'État.

La loi du 24 août 1793 défend aux notaires de faire des expéditions ou copies collationnées des contrats de rente sur l'État. *Voyez* page 13.

RENTE VIAGÈRE. — *Voyez* pages 154 et 159.

RENVOI. — Addition que les notaires marquent le plus ordinairement à la marge de leurs actes, et qui doit se lier au texte.

Les renvois ne peuvent être placés ni en tête de l'acte ni au bas des pages.

Voyez page 38.

RÉPARATON D'HONNEUR. — *Voyez* page 310.

RÉPERTOIRES. — Espèces de registres sur lesquels les Notaires tiennent note des actes faits dans leurs études. *Voyez* page 45.

REPORT. — Le report consiste à rappeler en tête de chaque page d'un partage, d'un compte, d'une quittance ou autre acte, les sommes qui forment le montant des calculs de la page qui précède.

En tête du recto de chaque feuillet, on écrit ces mots, *ci-contre*, et on tire la somme *hors ligne*.

En tête du verso, on écrit ces mots, de l'autre part, et on tire pareillement la somme hors ligne.

Le mot *report* ne se trouve pas dans les dictionnaires, et nous pensons que le mot *rapport* serait mieux.

REPRÉSENTATION. — *Voyez* les art. 739, 740, 741, 742, 743 et 745 du Code civil.

Pour rendre plus sensible l'application des mots par *souche* et par *tête* employés dans l'article 743, on rapporte ici le tableau n°. 15 du répertoire de la législation du notariat, page 310.

Louis.
De cujus.

Firmin.   Léon.

Marc.   Isabelle.

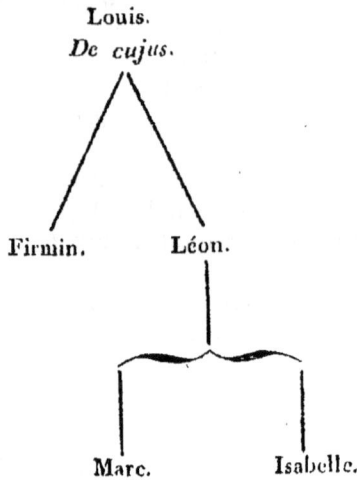

Louis est décédé laissant un enfant et des petits-enfans. Sa succession qu'on suppose être de 1,200 fr., se partagera par moitié entre *Firmin*, son fils, et *Marc* et *Isabelle*, ses petits-enfans, qui représentent *Léon*, leur père : ainsi, *Firmin* aura la moitié de la succession qui sera de 600 fr., ci...................... 600 f. «

Marc prendra la moitié de l'autre moitié, ou un quart au total, ce qui fait 300 fr., ci..................... 300 f. » }
Isabelle aura pareille somme de 300 fr., ci..... 300 » } 600 «

TOTAL...... 1,200 «

Le partage se fait ici par *souche*, parce que tous les héritiers ne sont pas au même degré; mais après la division principale, il se fait par *tête* entre les héritiers du même degré, qui sont *Marc* et *Isabelle*. On voit que ces deux derniers prennent ensemble la part de *Léon*, et qu'ils n'ont, au moyen du partage qu'ils font par moitié, qu'une portion égale à celle de *Firmin* leur oncle : c'est là ce qui constitue le partage par *souche*.

REPRISES. — Prélèvemens que chacun des conjoints a le droit de faire lors de la dissolution de la communauté.

Voyez les art. 1472 et 1503 du Code civil, et ci-devant pages 227 et 233.

REQUÊTE. — Acte par lequel on forme une demande en justice, et au bas de laquelle le juge met son ordonnance.

On présente requête au président du tribunal de première instance pour faire commettre d'office un notaire à l'effet de stipuler dans un inventaire ou dans un partage les intérêts d'une personne présumée absente, etc.

Lorsqu'il n'y a pas de scellés, la requête et l'ordonnance restent annexées à la minute de l'inventaire.

Les requêtes sont faites par les avoués.

C. de proc. art. 104.

RESCINDANT, RESCISOIRE. — Dans les transports de droits successifs et dans les contrats de vente d'immeubles, après la clause de dessaisissement ainsi conçue :

« Le cédant se dessaisit en faveur du cessionnaire de tous les » droits que lui attribue sa qualité d'héritier ; *ou le vendeur en* » faveur de l'acquéreur de tous ses droits sur l'immeuble vendu; » On ajoute, *même de tous droits rescindans et rescisoires.*

Ces termes quoique d'un usage assez fréquent, deviennent peu intelligibles par les interprétations différentes qu'en ont données plusieurs auteurs.

On a cru pouvoir s'arrêter à la définition suivante, qui est celle du plus grand nombre.

Le *rescindant* signifie la voie, le moyen qui s'emploie pour faire casser ou annuler un arrêt contre lequel on a de justes sujets de plainte. Cette voie ou ce moyen est une demande en justice ou une requête civile, contenant l'exposé des motifs qui doivent donner lieu à la cassation.

Le *Rescisoire* est l'objet principal du traité ou de la condamnation par lesquels on prétend avoir été lésé.

Prenons pour exemple un contrat de vente où l'acquéreur paraîtrait avoir traité en considération du revenu déclaré par le vendeur, supposé que cette déclaration soit infidèle et que le revenu réel se trouve de beaucoup inférieur au revenu annoncé, l'acquéreur formera une demande tendante à faire rescinder ou casser le contrat pour cause de dol et de surprise. Cette demande sera le *rescindant.* Après la rescision obtenue, il continuera son action relativement à l'objet principal qui est la restitution du prix, des frais et loyaux-coûts, et des dommages et intérêts s'il y a lieu, c'est ce qu'on appelle le *rescisoire.*

D'après cet exemple, il est clair que le *rescindant* doit être jugé d'abord et séparément du *rescisoire*; car s'il est décidé que le dol dont on se plaint n'existe pas, et que la rescision ne doit pas être ordonnée, il est inutile que l'on s'occupe de l'objet principal du traité.

La cession des *droits rescindans et rescisoires* dans les transports de droits successifs, a pour but d'autoriser le cessionnaire à se pourvoir contre les actes ou jugements susceptibles de rescision dans lesquels le défunt dont on cède la succession peut avoir été partie.

L'usage s'est encore introduit de l'insérer dans les contrats de vente, parce que les propriétés vendues peuvent être grevées de servitudes subsistantes en vertu de jugements ou de traités offrant quelques motifs de rescision.

Au surplus, comme il est constant qu'en cédant une hérédité, ou vendant un immeuble, on transporte en même temps tous les droits qui en dépendent, on peut très bien se dispenser de faire faire la cession expresse des *droits rescindans et rescisoires* qui embarrasse inutilement la rédaction des actes. (*Voyez* le C. de procédure art. 503.)

RESCISION. — *Voyez* au mot NULLITÉ, et le code civil, art. 887, 889, 890 et suiv. 1117, 1304, 1338, 1674 et suivans, 2052 et 2125.

RÉSIDENCE. — Lieu où le notaire est tenu de fixer son domicile. *Voyez* page 33.

RÉSILIATION DE BAIL. — *Voyez* page 311.

RÉSOLUTION DE CONTRAT. — Action de résoudre, de rendre comme non avenu ce qui a précédemment existé. *Voyez* le C. C. art. 1654 et suiv., 1741.

RESPONSABILITÉ. — Obligation imposée par la loi à tout fonctionnaire public, de répondre des fautes qu'il pourrait commettre dans l'exercice de ses fonctions.

Voyez l'art. 68 du Code de commerce.

La responsabilité qui pèse sur les notaires, est de nature à provoquer continuellement de leur part les soins les plus assidus et l'attention la plus sévère, s'ils ne veulent pas compromettre leur honneur et leur fortune.

RESSORT NOTARIAL. — Étendue de juridiction dans laquelle le notaire peut instrumenter. *Voyez* page 33.

RESTITUER. — Restituer une personne en son entier, c'est la remettre dans l'état où elle était auparavant.

On dit se faire restituer contre son obligation, contre sa promesse.

On restitue les mineurs contre les actes passés en minorité, non pas comme mineurs, mais comme lésés.

On restitue les majeurs contre une vente, quand il y a eu lésion de sept douzièmes. (C. C. 1674.)

RESTITUTION. — Espèce de substitution. *Voyez* le code civil, art. 1074 — 1048.

Le *donataire* ou *légataire* auquel est imposée la charge de rendre, est *le grevé de restitution*; celui auquel il est tenu de rendre est *l'appelé à la restitution*.

RÉTABLISSEMENT DE COMMUNAUTÉ. — *Voyez* le code civil, art. 1451.

RETENUE LÉGALE. — Diminution que le débiteur est autorisé légalement à faire sur les intérêts ou arrérages par lui dus, lorsque l'acte n'annonce pas qu'ils seront payés sans retenue. *Voyez* page 157.

RÉTROCESSION. — Page 315.

Retour. — Le retour est *légal ou conventionnel*; C. C. art. 747, 951 et 952. *Voyez* DROIT DE RETOUR.

Revendication. — Action par laquelle on réclame une chose dont on se prétend propriétaire.

La revendication s'applique plus particulièrement aux meubles.

Dans les actes portant vente d'objets mobiliers, les vendeurs s'obligent de garantir les acquéreurs de toutes saisies et *revendications*.

Révocation. — Page 314.

Saisie immobilière.. — Acte par lequel un créancier fait mettre les biens immeubles de son débiteur sous la main de la justice, pour être vendus au plus offrant et dernier enchérisseur. La saisie immobilière remplace l'expropriation forcée. *Voyez* les art. 2204 et suiv. du C. C., 673 et suiv. du Code de procédure.

Saisine. — Ce mot a différentes significations. On appelle *saisine* la prise de possession que l'exécuteur testamentaire fait de la totalité ou seulement d'une partie du mobilier du défunt, quand elle lui a été conférée par le testament. (*C. C.* 1026 et 1027.)

Sceau notarial. — *Voyez* CACHET NOTARIAL.

Scellés. — Apposition du sceau aux armes de France, faite par les juges-de-paix, sur les meubles et portes où sont les effets d'une personne qui vient de décéder, pour en empêcher la soustraction et conserver le tout intact et dans le même état.

Voyez le Code civil, articles 270, 451, 769, 810, 819, 820, 1031, 1328 et 1482; et le Code de procédure, art. 591, 907 et suivans.

On voit à la charge de qui sont les frais de scellés, aux articles 810 et 1482 du C. C.; et le cas où les scellés peuvent être levés sans description, à l'art. 940 du Code de proc.

Seconde grosse. — *Voyez* pages 17, 44 et 132; et l'art. 844 du Code de proc.

Secondes noces. — Nouveau mariage qu'une personne contracte, fût-il le troisième ou le quatrième.

Les législateurs ont, de tout temps, cherché à restreindre l'effet des libéralités qu'un époux veuf qui se remarie est presque toujours disposé à faire en faveur de son nouvel époux, au préjudice de ses enfans.

Voici ce que porte l'édit des secondes noces rendu sous le règne de François II, au mois de juillet 1560.

Premier chef.

« Les femmes veuves ayant enfans, ou enfans de leurs enfans, » si elles passent à de nouvelles noces, ne pourront, en quelque

» façon que ce soit, donner de leurs biens meubles, acquêts
» acquis par elles, d'ailleurs que par leurs premiers maris, pères,
» mères ou enfans desdits maris; ni moins leurs propres, à leurs
» nouveaux maris, ou autres personnes qu'on puisse présumer
» être, par dol ou fraude, interposées, plus qu'à l'un de leurs
» enfans, ou enfans de leurs enfans; et s'il se trouve division
» inégale de leurs biens, faite entre leurs enfans ou enfans de
» leurs enfans, les donations par elles faites à leurs nouveaux
» maris, seront réduites et mesurées à raison de celui de leurs
» enfans qui en aura le moins.

Deuxième chef.

« Au regard des biens à icelles veuves, acquis par dons et
» libéralités de leurs premiers maris, elles n'en peuvent faire
» aucune part à leurs nouveaux maris, mais elles sont tenues de
» les réserver aux enfans communs d'entre elles et leurs maris,
» de la libéralité duquel iceux biens leur sont avenus; le sem-
» blable gardé ès biens qui sont venus aux maris, par dons et
» libéralités de leurs défuntes femmes, tellement qu'ils n'en
» puissent faire don à leurs secondes femmes, mais qu'ils soient
» tenus de les réserver aux enfans qu'ils ont eus de leurs pre-
» mières. »

Le premier chef de cet édit avait été abrogé par la loi du 17
nivose an II. (*Cass.*, 8 *juin* 1818.) Ainsi, les dons faits sous
l'empire de cette loi, par un époux qui se remariait, ayant des
enfans d'un premier lit, n'ont pas dû être réduits, à l'égard du
nouvel époux donataire, à une simple part d'enfant le moins
prenant, comme l'ordonnait ce premier chef, mais à la quotité
d'usufruit déterminée par l'article 13 de la loi du 17 nivose.

Quant au second chef, il n'a pas été abrogé par cette loi.
(*Cass.*, 2 *mai* 1808.)

Voici ce que porte l'article 13 de la loi du 17 nivose : « Les
» avantages singuliers ou réciproques, stipulés entre les époux
» encore existans, soit par leur contrat de mariage, soit par des
» actes postérieurs, ou qui se trouveraient établis dans certains
» lieux par les coutumes, statuts ou usages, auront leur plein et
» entier effet, nonobstant les dispositions de l'article premier,
» auquel il est fait exception en ce point.

» Néanmoins, s'il y a des enfans de leur union, ou d'un pré-
» cédent mariage, ces avantages, au cas qu'ils consistent en
» simple jouissance, ne pourront s'élever au-delà de moitié du
» revenu des biens délaissés par l'époux décédé; et s'ils consis-
» tent en des dispositions de propriété, soit mobilières, soit
» immobilières, ils seront restreints à l'usufruit des choses qui

» en seront l'objet, sans qu'ils puissent excéder la moitié du
» revenu de la totalité des biens. »

Voyez maintenant l'article 1098 du Code civil, compris dans
le titre 2 du livre III, promulgué le 13 mai 1803.

Lorsque la portion disponible, fixée par l'article 913 du Code
civil, a été entièrement épuisée en faveur d'un enfant du premier lit, l'époux qui a fait la disposition ne peut plus disposer
de rien à titre gratuit en faveur de son époux du second ou
subséquent mariage.

Si les dons déjà faits à des enfans, n'épuisent pas entièrement
la quotité disponible fixée par l'article 913, l'excédant de cette
quotité peut être donné au nouvel époux, jusqu'à concurrence
d'une part d'enfant légitime le moins prenant et sans pouvoir
jamais excéder le quart des biens du disposant. (*Cassation, 2 février* 1819.)

Pour fixer la part d'enfant, on ne considère pas seulement les
enfans du premier lit, mais encore ceux du second mariage.

SÉPARATION DE BIENS. — Il y a deux espèces de séparation
de biens : l'une s'établit par contrat de mariage, ce qui l'a fait
appeler *séparation contractuelle*; elle a l'effet d'empêcher que le
mariage n'établisse une communauté entre les futurs conjoints.

L'autre s'opère pendant le mariage et dissout la communauté
que l'union des deux époux avait établie entre eux; celle-ci
n'étant pas volontaire, se nomme *séparation judiciaire*, parce
qu'elle n'a lieu qu'en vertu d'un jugement.

La séparation contractuelle est irrévocable, tandis que les
époux peuvent faire cesser la séparation judiciaire, en rétablissant leur communauté.

Le mari ne peut pas demander en justice la séparation de
biens.

Voyez le Code civil, art. 1443 et suiv., 1536, 1560 et 1563;
le Code de procédure, art. 49, 865 et suiv., et 1004; le Code
de commerce, art. 65, 69 et 70.

SÉPARATION DE CORPS ET DE BIENS. — *Voyez* les art. 306 et
suiv. du Code civil, 875 et suiv. du Code de procédure.

Le mari ne peut forcer sa femme, séparée de corps et de biens
à venir habiter avec lui; mais pour le surplus, elle est dans
la même position que la femme séparée de biens seulement.

SÉPARATION DE PATRIMOINE. — Séparation des biens appartenans au' défunt et avenus ou échus à l'héritier par le fait de'
la succession, d'avec ceux qui appartenaient personnellement
à cet héritier avant l'ouverture de la succession.

Voyez les art. 878 et 2111 du Code civil.

L'objet de la demande en séparation de patrimoine, est de

conserver aux créanciers de la succession un droit de préférence aux créanciers personnels de l'héritier.)

SÉQUESTRE. — *Voyez* le Code civil, art. 602, 1955 et suiv., et 2060; le Code de procédure, art. 135, 550 et 688; le Code de commerce, 106.

On donne aussi le nom de séquestre au dépositaire de la somme. Les notaires peuvent être nommés séquestres.

SERMENT. — Autrefois, les gardiens ou autres personnes étaient tenus de prêter serment au commencement de l'inventaire.

Mais actuellement, d'après les dispositions de l'art 943 du Code de procédure, le serment est prêté lors de la clôture.

Qu'il y ait des scellés ou non, c'est au notaire qu'appartient le droit de recevoir le serment.

La personne qui le fait, lève la main devant le notaire, et jure en son ame et conscience, qu'elle n'a détourné, vu détourner, ni su qu'il ait été détourné aucun des objets dépendans de la succession. Art. 943 du Code de procédure.

SERVITUDE. — *Voyez* dans le Code civil :

La définition et la nature des diverses servitudes, art.   637—639.
Servitudes qui dérivent de la situation des lieux,   640—648.
Servitudes établies par la loi,   649—652.
Mur et fossés mitoyens,   653—673.
Distance requise pour ouvrages intermédiaires,   674.
Vues sur la propriété voisine,   675—680.
Égout des toits,   681.
Droit de passage,   682—685.
Servitudes établies par le fait de l'homme, sur les biens,   686—689.
Comment elles s'établissent,   690—696.
Droits du propriétaire du fonds auquel la servitude est due,   697—702.
Extinction des servitudes,   703—710.

Avant de faire un contrat de vente, on lit attentivement les titres de propriété, pour désigner les servitudes, si elles sont connues; et, par l'acte, on oblige l'acquéreur de les souffrir. *Voyez* page 352 :

SIGNATURE. — *Voyez* pages 7 et 38.

SIGNIFICATION. — Notification qu'on fait à une personne, d'un transport ou d'un autre acte dont on lui laisse la copie. Elle se fait par le ministère des huissiers.

SOCIÉTÉ. — *Voyez* page 178.

SOLIDARITÉ. — *Voyez* les art. 1200 et 1203 du Code civil,

C'est bien inutilement que, dans leurs actes les notaires ajoutent ordinairement à l'obligation solidaire, la renonciation au bénéfice de division, ainsi conçue : *Un d'eux seul pour le toul, sous toute renonciation requise, aux bénéfices de division et de discussion.* Quelques personnes emploient à tort dans les actes notariés le mot *solidité* pour celui de *solidarité*. Voyez les art. 1200 et 1205 du Code civil.

La loi du 20 août 1792 avait aboli la solidarité relativement aux rentes foncières, soit qu'elle résultât de la loi, ou de la convention : ainsi, à l'égard de rentes résultantes de titres antérieurs à cette loi, les redevables sont libres de servir leur portion, sans pouvoir être contraints à payer celles de leurs co-débiteurs ; ils peuvent même les racheter divisément. Voyez le *Journal du Palais*, tom. 1er de 1813. Beaucoup de débiteurs ignorent cette loi.

SOMMATION. — Acte par lequel on interpelle une personne de déclarer ou de faire quelque chose.

SOMMATION RESPECTUEUSE. — L'acte que notre ancienne législation qualifiait ainsi, est aujourd'hui connu sous le nom d'acte respectueux. Voyez page 79.

SOUCHE. — Voyez *Représentation*.

SOUTE. — Somme qui se paye en forme de supplément par un des co-partageans, à l'autre, pour faire, par ce moyen, que leurs lots soient égaux.

Voyez le Code civil, art. 833, 1407, 1476 et 2109; le Code de procéd. art. 834, et ci-devant, pages 212, 266 et 268.

La faculté qu'a le propriétaire vendeur de conserver, sans inscription, son privilége sur le prix de la vente, ne s'étend pas au colicitant pour la soute due par l'adjudicataire. (*Paris*, 19 *juin* 1817.)

SOURD-MUET. — Aucune loi ne déclare le sourd-muet, soit expressément, soit implicitement, incapable de donner : il en a donc la capacité.

Cette conséquence est, en quelque sorte, écrite littéralement dans l'art. 902 du Code civil.

Rien ne l'empêche, en effet, de manifester sa volonté devant le notaire et les témoins qu'il appelle pour faire une donation entre-vifs; il peut écrire devant eux ses intentions.

Alors, puisque le sourd-muet peut faire ou accepter une donation, n'est-il pas capable de passer toutes sortes d'actes ? Il en prend lecture, et communique par écrit ses observations.

Seulement, le notaire doit avoir l'attention de lui faire écrire au-dessus de sa signature, qu'il a lu l'acte, et qu'il l'approuve dans tout son contenu.

Cependant un notaire ne pourrait-il pas, avec raison, se trouver embarrassé, si l'opération pour laquelle un sourd-muet requérait son ministère, offrait un intérêt majeur? Dans ce cas, ne lui serait-il pas permis d'hésiter sur le parti qu'il aurait à prendre ? Aurait-il tort d'exiger, soit une autorisation *adhoc* du tribunal civil, soit l'assistance d'un conseil ?

Sous-bail. — Page 316.

Sous-ordre. — Distribution de la somme qui a été adjugée à un créancier dans un ordre, laquelle est répartie entre les créanciers de ce créancier opposant sur lui.

On les nomme *créanciers en sous-ordre*, par la raison qu'ils ne sont pas créanciers directs du débiteur sur lequel l'immeuble a été vendu.

Décret du 22 décembre 1812.

Art. 1er. Les déclarations à faire à l'avenir par les titulaires de cautionnemens, en faveur de leurs bailleurs de fonds, pour leur faire acquérir le privilège du second ordre, seront conformés au modèle ci-annexé, passées devant notaire, et légalisées par le président du tribunal de l'arrondissement.

2. Dans le cas où le versement à la caisse d'amortissement serait antérieur de plus de huit jours à la date de ces déclarations, elles ne seront valables qu'autant qu'elles seront accompagnées du certificat de non-opposition délivré par le greffier du tribunal du domicile des parties, dont il sera fait mention dans lesdites déclarations, lesquelles au surplus ne seront admissibles à la caisse d'amortissement, s'il y a des oppositions à cette caisse, que sous la réserve de ces oppositions.

3. Le droit d'enregistrement de ces déclarations, est fixé à un franc.

4. Il n'est point dérogé par le présent décret à celui du 28 août 1808, portant que « les prêteurs de fonds ne pourront » exercer le privilège du second ordre, qu'en représentant le » certificat mentionné à l'art. 2 de ce décret » ; à moins cependant que leur opposition ou la déclaration faite à leur profit ne soit consignée aux registres des oppositions et déclarations de la caisse d'amortissement ; faute de quoi, ils ne pourront exercer de recours contre la caisse d'amortissement, que comme les créanciers ordinaires, et en vertu des oppositions qu'ils auraient formées aux greffes des tribunaux indiqués par la loi.

Modèle de déclaration à passer par-devant notaire, par les titulaires de cautionnement en faveur de leurs prêteurs de fonds, pour leur faire acquérir le privilège du second ordre.

Par-devant, etc.

Fut présent N.   (mettre les noms, qualité et demeure.)

Lequel a, par ces présentes, déclaré que la somme de   , que le comparant a versée à la caisse pour la (*totalité ou partie*) du cautionnement auquel il est assujéti en sa dite qualité, appartient en capital et intérêts à N   (mettre les noms, qualité et demeure); ou à N. N.   ; savoir : à N.   jusqu'à la concurrence de la somme de   , et à N   , jusqu'à la concurrence de celle de   ; pourquoi, il requiert et consent que la présente déclaration soit inscrite sur les registres de la caisse d'amortissement, afin que ledit N   ait et acquière (ou lesdits NN. aient et acquièrent) le privilége du second ordre sur ledit cautionnement, conformément aux dispositions de la loi du 25 nivose an XIII et du décret du 28 août 1808.

Dont acte, etc.

Voyez page 379.

STAGE NOTARIAL. — Temps d'étude dont doit justifier l'aspirant aux fonctions de notaire. *Voyez* page 48.

STELLIONAT. — Fraude qu'on emploie pour se faire confier de l'argent ; crime de celui qui vend son héritage à deux personnes, ou qui le déclare franc d'hypothèque. Ce mot vient du latin *stellionatus*, fait de *stellio*, espèce de lézard dont le corps est marbré, couvert de taches, symbole des artifices.

Voyez les art. 2059 et suiv., et 2136 du Code civil.

Les effets du stellionat sont de donner à celui contre lequel il a été commis, le droit de contrainte par corps contre le stellionataire, jusqu'à ce qu'il ait restitué les sommes qu'il a reçues à la faveur de sa fraude.

Les notaires ont l'attention d'observer aux parties, avant de recevoir leurs signatures, lorsqu'elles se soumettent aux peines du stellionat, qu'elles seront contraignables par corps, si leurs déclarations ne sont pas exactes.

Voyez pages 117, 118 et 254.

Le vendeur qui affecte à la garantie de la vente les biens grevés de l'hypothèque légale et non inscrite de sa femme, est obligé de le déclarer, sous peine de stellionat, surtout s'il n'est pas constant que l'acquéreur ait connaissance de cet hypothèque. (*Journal du Palais*, tom. 51 pag. 5.)

STYLE. — On entend par *style*, ce que les notaires mettent au commencement ou à la fin des grosses, expéditions, copies collationnées ou extraits qu'ils délivrent, pour leur donner la forme prescrite par la loi ou consacrée par l'usage. *Voyez* pages 7, 22 et suiv.

SUBDIVISION. — Division d'une partie d'un tout déjà divisé.

Par exemple, on procède entre une veuve et les héritiers de son mari, aux liquidation et partage des biens dépendans de la communauté qui subsistait entre eux ; on abandonne aux héritiers conjointement divers objets pour les remplir de la portion qui leur revient dans la succession du mari ; ensuite, soit par le même acte, soit par un acte particulier, les héritiers font la *subdivision* des objets qui leur ont été abandonnés.

Lorsque la subdivision a lieu par le même acte, elle n'opère aucun droit particulier d'enregistrement.

Il en est de même, lorsqu'avant la signature du partage, deux des co-partageans échangent entre eux leur lot respectif. (*Déc. min. du 5 novembre 1811; art. 4186 du journal.*)

SUBROGATION. — Transmission en la personne d'un tiers, des droits et actions du créancier contre son débiteur.

Voyez le Code civil.

Pour le cas où le tiers qui acquitte l'obligation n'est
   pas subrogé aux droits du créancier,   Art.   1237.
Les règles et effets du paiement avec subrogation,   1249 et suiv.
Subrogation de l'immeuble changé contre celui
   de l'époux,   1407.
Décharge de la caution, quand la subrogation ne
   peut avoir lieu,   2037.

Voyez aussi le Code de procédure civile, articles 612, 721 et suiv., 769 et 779; et le Code de commerce, art. 159.

Avant comme sous le Code civil, il fallait, pour opérer la subrogation conventionnelle, déclaration dans l'acte d'emprunt, que la somme était empruntée pour payer le débiteur; déclaration dans la quittance, que le paiement était fait avec les deniers empruntés, et enfin, passation devant notaires, de l'acte d'emprunt et de la quittance. (*Metz, 24 mars 1819; arrêt de règlement, 15 juillet 1698.*)

Voyez au mot RÉALITÉ D'ESPÈCES.

Lorsqu'un acquéreur d'un bien moyennant une somme payable aux créanciers hypothécaires, paye en l'absence du vendeur, à un créancier inscrit et qui le subroge à tous ses droits, il n'est dû que le droit de 50 cent. pour 100, comme quittance. (*Solution du 17 décembre 1817.*)

Si un créancier est remboursé d'une rente par un tiers qu'il subroge expressément dans les droits d'hypothèques, résultans du contrat de constitution passé à son profit contre son débiteur, cet acte est un transfert de rente, passible du droit de 2 pour 100, quoique le débiteur soit absent, ainsi que le tiers subrogé, attendu que le paiement est fait des deniers de celui-ci. (*Décis. min. fin. du 24 novembre 1820.*)

S'il n'y a pas de mention de subrogation dans l'acte de libération, il n'est dû que 50 c. pour 100 fr. (*Id. 2 février 1821.*)

SUBROGÉ-TUTEUR. — *Voyez* les art. 420, 425, 705, 1442 et 2137 du Code civil.

SUBSTITUTION. — Il y avait plusieurs sortes de substitutions dans le droit romain; la plupart avaient une signification toute différente de ce que nous appelons vulgairement *substitution*; car nous entendons ordinairement par ce terme, ce que les Romains appelaient *fidéicommis*, c'est-à-dire disposition laissée à la foi de l'institué ou du légataire.

Les diverses espèces de substitutions du droit romain, étaient encore, avant la révolution, très-usitées dans les provinces alors régies par le droit écrit. (1)

On divisait les substitutions en deux espèces principales : la substitution *directe* et la substitution *oblique* ou *fidéicommissaire*.

La substitution directe était celle qui se fesait en termes directs en faveur du substitué; il y en avait de trois sortes : la vulgaire, la pupillaire et l'exemplaire.

La substitution *vulgaire*, autrement dite seconde institution, était celle par laquelle un testateur, après avoir institué un héritier, en instituait un second, non pas pour partager la succession avec le premier institué, mais pour la recueillir tout entière, en cas que le premier ne soit pas héritier.

Le Code civil, art. 898., déclare qu'il n'appelle point *substitution* une semblable disposition; il ajoute qu'elle sera valable. Cet article ne prohibe pas la disposition, il n'en prohibe que le nom. Ainsi, ce qu'on appelait anciennement *substitution vulgaire* est encore licite aujourd'hui.

La substitution *pupillaire* était celle par lequel le père qui avait des enfans en sa puissance et en âge de pupillarité (14 ans pour les fils, 12 pour les filles), pouvait faire leur testament en fesant le sien.

La substitution *exemplaire* était celle par laquelle un père nommait un héritier à son fils furieux ou en démence, en cas qu'il vînt à mourir avant d'avoir recouvré sa santé.

Les substitutions pupillaire et exemplaire n'existent heureusement plus dans le nouveau droit.

Les substitutions *fidéicommissaires* ou *fidéicommis*, étaient celles par lesquelles les testateurs, après avoir institué un héritier ou donné quelque chose à un légataire, le chargeait de rendre la succession ou le legs à une autre personne. Les substitutions fidéicommissaires étaient les seules qui fussent en usage en pays coutumier.

_____

(1) Le *droit écrit* est le droit romain, qui était observé dans quelques provinces qu'on appelait *pays de droit écrit*, à la différence des pays coutumiers, qui avaient pour droit celui que la coutume du lieu avait adopté. La Guyenne, le Languedoc, la Provence, le Dauphiné, le Lyonnais, le Foretz, le Beaujolais, et une partie de l'Auvergne, étaient appelés *pays de droit écrit*.

Leur principal effet était de conserver les biens dans la famille, et d'empêcher l'héritier de les dissiper. Dans les familles opulentes, elles n'avaient d'autre but que celui d'enrichir l'un de ses membres, en dépouillant les autres.

Les substitutions furent abrogées par les lois des 2 septembre et 14 novembre 1792, et le Code civil a confirmé cette abrogation : seulement, il a permis la restitution, qui remplace, à quelques égards, la substitution. *Voyez* les art. 1048 — 1074.

On demandait si la nullité prononcée par l'art. 896 du C. C., frappait seulement sur la substitution ou la charge de substituer, ou si elle frappait entièrement sur l'institution, le don ou le legs qui était grevé de cette charge. Un arrêt de la cour de cassation, du 18 janvier 1808, a prononcé la nullité tant de l'institution que de la substitution.

Il ne faut pas confondre avec les substitutions fidéicommissaires prohibées par le Code, les dispositions entre-vifs ou testamentaires par lesquelles l'usufruit est donné à l'un et la nue-propriété à l'autre, l'art. 899 les permet expressément.

Il y a aujourd'hui trois exceptions à la prohibition des substitutions : la première résulte de la seconde partie de l'art. 896 du Code civil, et les deux autres des art. 1048 et 1049.

Un testateur peut faire un legs pour n'être recueilli qu'après la mort d'un tiers, par exemple, de l'héritier du testateur ; ou bien, en d'autres termes qui n'appellent le légataire que dans le cas où il survivrait à un tiers.

La matière des substitutions mérite une étude approfondie : on peut consulter le traité de M. Rolland de Villargues.

Substitution de pouvoirs. — Page 318.

Subvention. — Contribution d'un décime par franc que la régie de l'enregistrement perçoit, en sus du droit principal, en vertu d'une loi du 6 prairial an 7. On lui donne aujourd'hui le nom de *dixième*. Ainsi, au droit d'une vente immobilière qui est de 5 francs 50 centimes, il faut ajouter 55 centimes pour le dixième, ce qui fait 6 francs cinq centimes par 100 francs.

Succession. — Transmission qui se fait de tous les droits actifs et passifs d'un défunt en la personne de son héritier. Il y en a de deux sortes, savoir : celle qui se défère par testament et qu'on appelle *succession testamentaire* ; et celle qui est déférée par la loi, et qui est appelée *succession légitime* ou *succession ab intestat*.

On appelle *successible* celui qui est habile à succéder.

Voyez le Code civil :

Computation des degrés en ligne directe descendante :

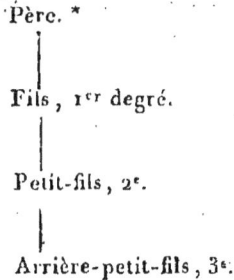

Père. *

|

Fils , 1er degré.

|

Petit-fils , 2e.

|

Arrière-petit-fils , 3e.

Computation des degrés en ligne directe ascendante :

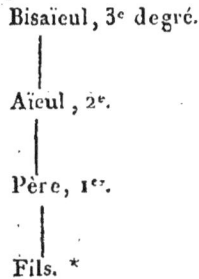

Bisaïeul, 3e degré.

|

Aïeul , 2e.

|

Père, 1er.

|

Fils. *

Computation des degrés en ligne collatérale.

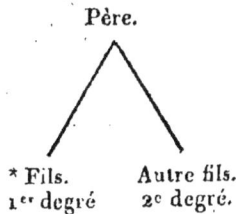

Père.

* Fils.   Autre fils.
1er degré   2e degré.

Ainsi, deux frères sont au deuxième degré.

Aïeul.

Père, 2e degré.   Oncle, 3e degré.

*Fils. 1er degré.

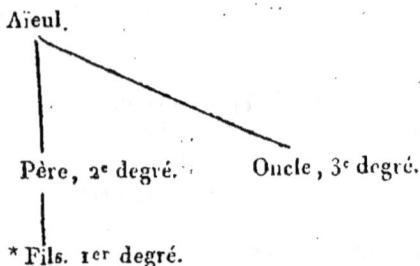

Ainsi, l'oncle est à l'égard du neveu, au troisième degré.

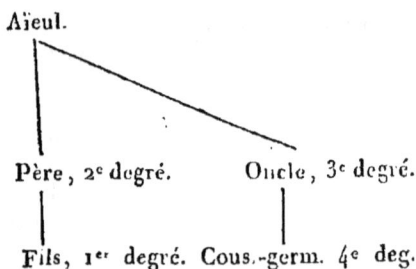

Aïeul.

Père, 2e degré.   Oncle, 3e degré.

Fils, 1er degré. Cous.-germ. 4e deg.

Ainsi, le fils de l'oncle, ou le cousin-germain, est au quatrième degré.

On voit que pour connaître les degrés, il faut partir depuis l'un des parens (le fils, dans les exemples ci-dessus), remonter vers l'auteur commun, sans le comprendre, puis descendre jusqu'à celui dont on veut savoir la proximité.

Voyez, au surplus les ouvrages de MM. Chabot (de l'Allier), Favart, etc.

SUCCESSION (DROITS DE). — Les legs de rentes viagères ne donnent ouverture à aucun droit d'enregistrement, lorsque le droit de mutation par décès a été acquitté pour l'universalité de la succession.

Il en est autrement d'un usufruit de meubles ou immeubles. (*Instruction générale, n° 574, 22 avril 1812.*)

Lorsque les droits d'une succession ont été acquittés sur tous les biens, il n'est rien dû à raison d'un legs de rente viagère en nature payable par les héritiers. (*Décision du min. des fin. du 12 mars 1819.*)

Voyez DÉCLARATION DE SUCCESSION.

SURANNATION. — On disait qu'une procuration était surannée, lorsqu'elle avait plus de dix ans de date. Si l'on voulait qu'une procuration pût servir au-delà de dix ans, on convenait qu'elle vaudrait *nonobstant surannation*; au moins, telle était la jurisprudence de la chambre des comptes relativement aux rentes sur l'État. Le Code civil qui, par l'art. 2003 détermine les différentes manières dont le mandat finit, ne parle en aucune sorte de la surannation.

Quelques personnes ont voulu prétendre d'après l'art. 121 de ce code que les procurations étaient surannées, c'est-à-dire, n'avaient plus d'effet au-delà de dix ans, parce que les héritiers présomptifs d'un absent qui a laissé une procuration, ne peuvent poursuivre l'envoi en possession provisoire qu'après dix années révolues, depuis la disparition ou depuis ses dernières nouvelles, mais cet avis n'a pas encore prévalu.

Voyez page 277.

SURCHARGE. — Action de substituer dans un acte un mot à un autre, sans néanmoins faire disparaître toutes les traces de celui-ci.

Voyez pages 38 et 39.

SURENCHÈRE. — Enchère au-dessus d'une autre.

Voyez le Code civil, art. 2185 et suivans, et le Code de procédure, art. 710, 711, 712, 832 et suivans, et le code de commerce, 565.

SURVIE. — État de celui qui survit à un autre. *Voyez* le Code civil, art. 720, 721, 1092, 1452 et 1525.

SUSCRIPTION. — Acte par lequel le testateur, qui a fait un testament mystique, en fait la présentation et le dépôt à un notaire. *Voyez* l'art. 976 et suiv. du Code civil.

Le testament serait nul s'il était seulement clos et scellé, sans aucune empreinte de sceau ou de cachet. (*Cour de cass.* 7 août 1810.) Mais le testament n'est pas nul, s'il est clos et scellé avec un cachet étranger. (Id. 8 *février* 1820.)

Rien n'empêche le notaire qui a écrit le testament mystique, de recevoir aussi l'acte de suscription.

Il est nécessaire qu'il résulte des termes de l'acte de suscription que le testateur l'a présenté au notaire et aux témoins. (*Cass.* 7 *août* 1810.)

SYNALLAGMATIQUE. — *Voyez* le code civil, art. 1102, 1184 et 1325.) Ce mot vient du mot grec *sun*, avec, *allatto*, changer.

TABLEAUX GÉNÉALOGIQUES. — Pour connaître d'une manière certaine les héritiers qui doivent partager une succession, il est quelquefois nécessaire de dresser préalablement la généalogie du défunt.

Ces tableaux démontrent plus sûrement à l'œil la filiation, les degrés de parenté.

Le défunt dont il s'agit de partager la succession, y est désigné sous les deux mots latins *de cujus*, c'est-à-dire de *cujus successione agitur,* de la succession duquel il s'agit. *Voyez* au mot SUCCESSION.

TACITE RECONDUCTION. — *Voyez* au mot RECONDUCTION.

TÉMOINS. — Les deux témoins qui assistent le notaire, conformément à l'art. 9 de la loi du 25 ventose an 11, s'appellent *témoins instrumentaires. Voyez* page 35.

Ils doivent être présens à l'acte depuis le commencement jusqu'à la fin.

A l'égard de ceux qui sont appelés pour constater l'identité ou l'individualité des personnes qui contractent, il faut qu'ils soient connus des notaires (*Voyez* page 36.), et qu'ils réunissent toutes les qualités requises par la loi, pour que ces fonctionnaires soient garantis absolument de toute responsabilité.

Les notaires ne sauraient prendre trop de précautions pour ne pas se compromettre : il faut donc que, sans craindre de mécontenter le public, ils exigent l'intervention des deux témoins certificateurs, lorsqu'ils ne connaissent pas les personnes qui se présentent. Cet objet, duquel peu dépendre leur fortune, est de nature à fixer continuellement leur attention d'une manière spéciale.

TENANS ET ABOUTISSANS. — On entend par ces mots, la désignation des propriétaires des biens adjacens à une propriété. *Voyez* page 92.

TESTAMENT. — Page 320.

TIMBRE. — Pages 5, 55 et suivantes. *Voyez* ci-après au mot VISA.

TIRER HORS LIGNE. — C'est porter une somme en chiffres à la marge, après qu'elle a été écrite en toutes lettres dans le corps de l'acte.

TITRE AUTHENTIQUE. — *Voyez* Acte.

TITRE GRATUIT. — Celui par lequel on acquiert une chose sans qu'il en coûte rien, et sans charge, comme la donation, le legs.

TITRE NOUVEL. — Page 324 et suivantes.

TITRE ONÉREUX. — Celui par lequel on acquiert une chose, non pas gratuitement, mais à prix d'argent ou moyennant certaines charges et conditions.

TITRES EXÉCUTOIRES. — *Voyez* l'art. 877 du Code civil.

TRADITION. — Action par laquelle on livre une chose à une personne. Il y a deux sortes de traditions : la tradition réelle et actuelle, celle par laquelle le donateur se dessaisit entièrement, et sans réserve, au profit du donataire, de la propriété et jouissance de la chose donnée.

La tradition civile et feinte, celle qui provient de la fiction de la loi, par laquelle le donateur est censé avoir livré la chose donnée, en conséquence de la donation qu'il en a faite, et être rentré ensuite en possession de cette chose, à titre d'usufruit et de constitut ou de précaire, en vertu d'une clause expresse apposée en l'acte, laquelle emporte la tradition de la chose à titre de propriété, et la possession civile et feinte.

En fait de vente d'immeubles, la remise des titres de propriété est une tradition feinte qu'on nomme aussi *symbolique*, parce qu'elle est une espèce de symbole de la mise en possession réelle.

La clause de saisine ou de dessaisine qu'on a coutume d'insérer à la fin des contrats de vente, est encore une tradition de ce genre.

Le droit romain ne requérait pas la tradition pour la validité des donations entre-vifs : ainsi elles étaient parfaites dans les pays de droit écrit, par le simple pacte et la convention. Dans les pays coutumiers, au contraire, cette formalité était indispensable. (*M. Massé.*)

Voyez le Code civil, art. 928, 1604, 1606, 1607 et 1919.

TRADUCTEUR. — Celui qui traduit une langue en une autre. Il faut que les pièces écrites en langue étrangère, soient, avant d'être déposées au notaire, traduites en français par un interprète assermenté.

TRANSACTION. — Page 527.

TRANSCRIPTION. — *Voyez* pages 61, 341, 343 et suivantes; et le Code civil, art. 939, 940, 1070, 1071, 1336, 2108, 2155, 2181, 2182 et 2199; et le Code de procédure, article 678 et suivans.

Si l'immeuble vendu est situé en partie dans l'arrondissement d'un bureau d'hypothèques, et en partie dans un autre arrondissement, le contrat de vente doit être déposé aux divers bureaux.

Le conservateur donne au déposant un certificat de dépôt, et la transcription a date du jour où le contrat est déposé.

Il fait mention de la transcription à la suite ou en marge de l'expédition déposée, et la rend au déposant, avec un état contenant l'inscription d'office prise au profit du vendeur, et les autres inscriptions dont l'immeuble est grevé, ou un certificat négatif, c'est-à-dire constatant qu'il n'en existe aucune.

Quinze jours après, le conservateur donne un état des inscriptions survenues dans la quinzaine, ou encore un certificat négatif.

Les partages et licitations entre co-héritiers n'étant que déclaratifs de propriété, ne sont pas du nombre de ceux sujets, par leur nature, à la transcription; l'art. 54 de la loi du 18 avril 1816 ne leur est pas nécessairement applicable, ils ne sont soumis qu'au droit de 4 pour 100 pour l'enregistrement, sauf celui de 1 et demi pour 100, à exiger lors de la transcription si elle est requise. (*Arrêt de Cassation, du 27 juillet 1819; Décision, du min. des fin., du 8 octobre suivant.*)

La vente faite et non transcrite sous la loi du 11 brumaire an VII, ne pourra être opposée sous le Code civil, à un tiers acquéreur, par la raison que les art. 26 et 28 de la loi du 11 brumaire an VII, qui prescrivaient impérieusement la transcription du contrat de vente d'immeubles, pour assurer aux acquéreurs la transmission de la propriété des objets immobiliers à eux vendus, ont été abrogés par l'art. 1583 du Code, qui n'a plus exigé la formalité de la transcription pour la transmission de la propriété par le contrat de vente ; qu'en conséquence depuis la promulgation du Code civil, l'aliénation consentie par l'acte de vente fait sous la loi de brumaire et non transcrit, est devenu incommutable. (*Arrêt de cass., des 8 mai et 15 octobre 1810.*)

Un acte sous seing-privé dûment enregistré peut être transcrit, même lorsque les signatures n'ont pas été reconnues par acte devant notaire ou par jugement.

Il est nécessaire de faire transcrire les donations d'immeubles pour prévenir les hypothèques acquises, même postérieurement à l'acte de donation. (*Arrêt de cass., du 10 avril 1815.*)

Lorsqu'une donation en ligne directe, par contrat de mariage, même antérieure au Code civil, n'a pas été transcrite, les immeubles qu'elle comprend peuvent être grevés d'hypothèques du chef du donateur, et les créanciers peuvent exciper du défaut de transcription de cette donation. (*Arrêt de Cass., du 2 avril 1821.*)

Les acquéreurs non solidaires d'immeubles, vendus en détail par adjudication volontaire ou devant notaires, peuvent requérir la transcription sur une seule expédition de l'adjudication ou de la vente en détail.

TRANSFERT. — L'acte de *transfert* est celui par lequel une personne vend à une autre une rente perpétuelle, cinq pour cent consolidés, qui lui appartient sur l'État. Cet acte ne se fait pas devant notaires, mais au Trésor royal. Le propriétaire de la rente signe son transfert. Le vendeur est accompagné d'un agent de change qui atteste sur le registre l'individualité du vendeur. (*Loi du 28 floréal an VII.*)

L'héritier bénéficiaire ne peut pas faire le transfert des rentes sur l'État, au-dessus de 50 francs, sans être préalablement autorisé en justice. (*Avis du conseil d'État, du 11 janvier 1808.*)

A l'égard des rentes de 50 francs et au-dessous, les tuteurs et curateurs des mineurs ou interdits peuvent les vendre sans qu'il soit besoin d'autorisation spéciale, ni d'affiches, ni de publications, mais seulement d'après le cours constaté du jour et à la charge d'en compter comme du produit des meubles. Les mineurs émancipés peuvent les transférer avec la seule assistance de leurs curateurs, sans qu'il soit besoin d'avis de parens ou d'aucune autorisation. — Quant aux rentes au-dessus de 50 fr., elles ne peuvent être vendues qu'avec l'autorisation du conseil de famille, mais sans affiches ni publications. (*Décret du 24 mars 1806.*) Ce décret est applicable aux actions de la banque, toutes les fois que les mineurs, interdits ou émancipés n'auraient qu'une action ou un droit dans plusieurs actions n'excédant pas en totalité une action entière. (*Autre décret du 25 septembre 1813.*)

Suivant l'article 24 de la loi du 17 août 1822, relative à la fixation du budget de 1823, le *minimum* des rentes, cinq pour cent consolidés, inscriptibles au grand-livre et susceptible d'être transféré, fixé à 50 francs par la loi du 24 août 1793, est et demeure réduit à la somme de 10 francs.

TRANSPORT. — Cession de droits, actions, créances ou autres choses semblables.

TRANSPORT DE BAIL. — Page 330.

TRANSPORT DE CRÉANCE. — Page 332.

TRANSPORT DE DROITS SUCCESSIFS. — Page 336.

Les cessions de droits successifs immobiliers entre co-héritiers, ne sont passibles que du droit d'enregistrement de 4 pour 100; on n'y joint pas le droit de transcription. *Voyez* page 341, n° 7.

Dans le cas où une cession de droits successifs ne contient aucune clause relative au paiement des dettes, le receveur de l'enregistrement ne peut exiger qu'on en déclare le montant; il peut seulement requérir l'expertise, dans le cas où le prix lui paraîtrait inférieur à la valeur vénale des biens cédés. (*Contrôleur de l'enregistrement.*)

Le cessionnaire des droits successifs est, sans stipulation expresse, passible des dettes de la succession. (*Arrêt de Cass. du 20 nivose an XII.*)

Si, depuis la cession qu'un héritier en partie a faite de ses droits successifs, son co-héritier renonce à la succession, la part du renonçant accroît-elle pour le profit comme pour les charges au cédant ou au cessionnaire?.... Les avis étant partagés sur cette question, il est prudent de dire, dans le transport de droits successifs, que dans le cas où quelques-uns des co-héritiers du cédant renonceraient à la succession, la part du renonçant accroîtra *ou n'accroîtra pas* au cessionnaire. (*M. Dupuis, Essai sur le Notariat,* page 504.)

Lorsqu'un transport contient des meubles et immeubles, le droit d'enregistrement doit être perçu sur la totalité du prix au taux réglé pour les immeubles, à moins qu'il ne soit stipulé un prix particulier pour les objets mobiliers, et que ces objets ne soient désignés et estimés article par article dans le contrat. (*Art. 9, de la loi du 22 frimaire an VII.*)

Mais si le mobilier est annoncé, dans l'acte, avoir été désigné et estimé dans un inventaire, cela équivaut à une désignation dans l'acte de cession. (*Jour. de l'enr. art.* 5906.)

TRANSPORT DE RENTE. — Le ministre des finances a décidé le 4 août 1817, que les transports de rentes foncières créées avant la publication de la loi du 11 brumaire an VII, sont de nature à être transcrits, et par conséquent susceptibles de l'application de l'art. 54 de la loi du 28 avril 1816. Cette décision a été confirmée par une autre du 2 janvier 1818. Ainsi, au droit d'enregistrement, qui est de 2 fr. pour 100, on ajoute 1 fr. 50 c. aussi par 100 fr., pour le droit de transcription.

Pour comprendre cette décision, il faut savoir qu'anciennement les rentes foncières avaient partout la qualité d'immeubles; et que par l'art. 7 de la loi du 11 brumaire an VII, il fut déclaré qu'elles ne pourraient plus à l'avenir être frappées d'hypothèques.

TROUSSEAU. — Se dit des habits, linge, hardes, bijoux et effets qu'une fille apporte en se mariant. On distingue dans le contrat les objets donnés à la future, de ceux qui lui proviennent de ses gains et épargnes.

TUTELLE. — Autorité dont est revêtu le tuteur, c'est-à-dire celui qui est établi pour veiller à la défense des mineurs.

Il y a quatre sortes de tutelles :

1°. La *tutelle dative*, celle qui, à défaut de tutelle, soit légale, soit testamentaire, soit officieuse, est déférée par le conseil de famille. (Code civil, 405—419.)

2°. La *tutelle légale*, celle que la loi donne au père ou à la mère ou aux autres ascendans. (C. C. 389—396 et 402—404.)

3°. La *tutelle officieuse*, celle dont une personne se charge volontairement envers un mineur qu'elle veut s'attacher par un titre légal. (C. C. 361—378.)

4°. et la *tutelle testamentaire*, celle que le dernier mourant des père et mère a droit de conférer, soit à un parent ou allié du mineur, soit à un étranger. (Code civil, 397—401.) *Voyez* page 249.

L'héritier du tuteur, quel que soit son sexe, est tenu de continuer la tutelle jusqu'à la nomination d'un nouveau tuteur, et ne peut s'affranchir des charges qui en résultent qu'en provoquant cette nomination. (*Journal du Palais, tome* 51, page 540.)

TUTEUR SPÉCIAL. — Il y a lieu dans quelques circonstances à nommer des tuteurs spéciaux aux mineurs; par exemple, lorsque dans un partage ils ont des intérêts opposés, soit entre eux, soit entre leurs tuteurs.

Voyez les articles 838 du Code civil, et 968 du Code de procédure.

UNILATÉRAL (contrat). — Code civil, art. 1103.
UNION (contrat d'). — Page 181.
USAGE (droit d'). — Code civil, art. 625 — 636.
USUFRUIT. — *Voyez*, dans le Code civil :

La définition de l'usufruit,	art. 578.
Comment il peut être établi,	579—581.
Les droits de l'usufruitier,	582—599.
Ses obligations,	600—616.
Comment l'usufruit prend fin,	617—624.

VACATION. — Espace de temps que les officiers publics emploient à travailler dans une affaire. *Voyez* ci-devant, pages 53 et 216.

Pour un inventaire auquel il n'a été vaqué que pendant quatre heures, il ne doit être perçu qu'un seul droit de 2 francs.

Pendant cinq heures, deux droits, attendu que la vacation excède quatre heures.

Pendant sept heures, deux droits pour une vacation de trois heures et une de quatre.

Pendant huit heures, deux droits pour deux vacations de quatre heures.

Pendant dix heures, trois droits pour deux vacations de trois heures, et une de quatre heures.

Pendant onze heures, trois droits pour une vacation de trois heures, et deux de quatre heures. (*Dictionnaire de l'enregistrement.*)

VENTE. — Page 339 et suivantes.
VENTE A UN SUCCESSIBLE. — Pages 341 et 348.

Dans un contrat de vente à rente viagère, à fonds perdu ou avec réserve d'usufruit, faite à un successible en ligne directe, le consentement donné en exécution de l'art. 918 du Code civil, par les autres présomptifs des héritiers du vendeur, étant nécessaire pour faire prendre au contrat le caractère parfait d'une vente, ne donne point ouverture à un droit particulier. Quoiqu'à défaut de ce consentement, l'aliénation puisse, sous certains rapports, être considérée, à l'égard de tiers, comme donation, la perception serait irrégulière si l'on exigeait le droit de donation ; c'est celui de vente qui est dû. (*Art.* 1886 *du Journal de l'enregistrement.*)

VENTE A VIE — Page 348.

Forme.

Fut présent M. A   , lequel a par ces présentes, cédé et abandonné, avec promesse de garantir de tous troubles, hypothèques et autres empêchemens, à M. B   , etc.

La jouissance, pendant la vie de ce dernier, d'une maison située à   , etc.

Pour, par ledit sieur B   en jouir, à compter de ce jour, pendant sa vie et jusqu'au jour de son décès : auquel jour, l'usufruit retournera et demeurera réuni et consolidé à la nue-propriété de ladite maison. Cette vente faite, etc.

VENTE D'IMMEUBLE. — Page 343.

On pensait communément, dans l'ancien droit, que les lois qui limitaient le taux de l'intérêt de l'argent, en matière de constitution de rente ou de prêt à terme, ne s'appliquaient point aux conventions d'intérêt en matière de prix de vente immobilière.

M. Massé pense qu'il en est de même dans le nouveau droit, bien que l'art. 1er de la loi du 3 septembre 1807, ne paraisse pas distinguer l'intérêt pour prix de vente de l'intérêt pour prêt. (*Parfait Notaire, t.* 2, *page* 57.)

Ainsi, dans un contrat de vente, on pourrait stipuler l'intérêt du prix à 6 pour cent.

Quand même la quotité de l'intérêt convenu entre l'acquéreur et son vendeur, serait plus considérable que le taux commun, les receveurs ne doivent asseoir leur perception que sur le prix principal exprimé au contrat; mais, s'ils découvrent que ce prix est au-dessous de la valeur vénale du bien vendu, et si l'acquéreur se refuse à payer le supplément des droits, en raison de cette valeur établie par des actes authentiques, ils ne peuvent se dispenser de recourir à l'expertise; et, à cet effet, ils doivent prendre l'autorisation de l'administration. (*Décision du ministre des finances, du* 28 *messidor an* **XII.**)

VENTILATION. — Estimation distincte de la valeur de chacune des choses vendues conjointement, moyennant un seul prix pour le tout; c'est la division de ce prix entre les diverses portions auxquelles il s'applique.

Elle a lieu lorsqu'il est nécessaire de connaître le prix de plusieurs objets vendus ensemble, et de fixer la valeur pour laquelle ils sont entrés chacun dans le prix total et unique de la vente. (*Art.* 1601 *du Code civil.*)

M. Boiste définit ce mot : *l'estimation de biens avant partage, la détermination de la valeur de différentes parties d'un bien vendu en bloc.*

Vice. — Code civil, art. 550, 1338, 1386, 1641 et suivans, 1648, 1649 et 1733.

Violence. — Code civil, art. 887, 1109 et suivans, 1304, 2053 et 2233.

Visa. — Formalité prescrite pour constater l'existence ou la date d'un acte. *Voyez* pages 45, 46 et 55.

Les écritures privées faites sur papier non timbré, sans contravention aux lois du timbre, quoique non comprises nommément dans les exceptions, ne pourront être produites en justice sans avoir été soumises au timbre extraordinaire, ou au *Visa* pour timbre, à peine de trente francs d'amende outre les droits de timbre. (*Art.* 30 *de la loi du* 13 *brumaire an VII.*) Cette disposition comprend même les actes sous seing-privé d'une date antérieure au 1er avril 1791. (*Dict. de l'enregis.*)

FIN DE LA TROISIÈME PARTIE.

EXTRAITS

DES STATUTS ET RÉGLEMENS DES NOTAIRES DU RESSORT DE LA CHAMBRE SÉANTE A PARIS,

Contenant ceux des réglemens anciens qui ne se trouvent pas abrogés par la législation actuelle, avec les additions et changemens résultans des délibérations prises tant par l'assemblée générale que par la Chambre.

ACTES.

Il ne peut y avoir plus de deux notaires coopérant au même acte ; lorsqu'il s'en présente un plus grand nombre, les deux plus anciens excluent les autres (sauf les exceptions prévues par l'art. 19 des règlements de 1681, *rapporté ci-après au mot* Inventaire).

Concours. Il ne peut y avoir plus de deux notaires pour coopérer à un acte.

Néanmoins, deux notaires, appelés par des parties ayant un même intérêt, ne peuvent exclure les collègues plus jeunes qu'eux, mais choisis par d'autres parties : dans ce cas l'acte doit être reçu par le plus ancien de ces notaires, et le plus ancien de ceux appelés dans un intérêt différent. (*Procès-verbal de la chambre du 5 nivose an 14, ou 26 décembre 1805.*)

Pour les honoraires, *Voyez* ci-devant page 53.

AFFAIRES D'ÉTAT.

Les notaires ont été avertis au nom du gouvernement, de s'abstenir de passer ou recevoir aucun acte ayant rapport aux affaires de l'État ou à la religion, sans les communiquer aux autorités et leur en demander auparavant la permission. (*Rapporté dans une délibération du 29 mars 1717.*)

Actes ayant rapport aux affaires d'état, défendus.

ANCIENNETÉ.

Le rang d'ancienneté entre nouveaux notaires est réglé par l'époque de la présentation à la Cham-

Rang d'ancienneté.

bre, et non par celle de la nomination ou de la prestation de serment. (*Procès-verbal de la chambre du 11 fructidor an 13 ou 29 août 1805.*)

ANNEXE.

Les notaires de Paris ne peuvent retenir les actes passés par leurs collègues

Aucun notaire de Paris ne pourra retenir testaments, inventaires, ni partages, par annexe à la minute d'un acte ou contrat qui sera par lui passé en conséquence, mais bien en cas de décès des deux notaires qui les auront reçus; et seront au contraire iceux testaments, inventaires et partages portés au notaire qui les aura signés en premier, et s'il est décédé, au second notaire, pour en délivrer des expéditions; et à l'égard des brevets, seront grossoyés par le notaire qui les aura signés en premier, et s'il est décédé ou n'est plus notaire, par le second, ainsi qu'il a été jusqu'à présent pratiqué. (*Art. 27 des règl. homologués le 31 mai 1681.*)

Procès-verbal de la chambre du 9 ventose an 13 (28 février 1805.)

Annexes et dépots d'actes remis par d'autres notaires.

Art. 1. Les notaires de Paris seront tenus de conserver, par voie d'annexe ou de dépôt, les brevets, extraits ou expéditions des procurations, substitutions de pouvoirs, ou consentements en vertu desquels ils passeront des actes, encore même que les pouvoirs qui viennent d'être qualifiés aient été passés devant d'autres notaires de la même ville.

Art. 2. Dans le cas où la pièce à annexer d'après l'art. 1er, serait l'expédition d'un acte passé en minute devant un notaire de Paris, contenant des opérations et détails complexes, et n'ayant d'autre rapport avec l'acte à passer que le pouvoir ou consentement qui s'y applique, le notaire instrumentaire de ce dernier acte ne pourra conserver, par annexe ou dépôt, que l'extrait en cette partie de la pièce présupposée, et cet extrait devra être délivré par le notaire qui en aura la minute.

Art. 3. Le notaire ne pourra délivrer ni expéditions ni extraits isolés des pièces ainsi annexées, lorsqu'il en existera minute dans l'étude d'un notaire de Paris; mais seulement il pourra en délivrer extrait ou expédition à la suite de l'expédition, extrait ou grosse de l'acte qui aura été passé en conséquence.

Art. 4. Les notaires de Paris pourront annexer aux partages ou autres actes, les grosses ou expéditions des actes constitutifs de rentes et créances, divisées ou laissées en commun entre les parties intéressées ; ils pourront aussi en délivrer des ampliations comme par le passé. De même, ils pourront annexer des titres de créances revêtus d'inscriptions hypothécaires, ou des transports revêtus de significations, quand les créances se trouveront appartenir à plus d'une personne ; mais ils ne pourront, quand ces titres de créances ou transports auront été reçus par des notaires de Paris, délivrer des copies ou extraits desdits actes, seulement ils pourront délivrer des copies des inscriptions hypothécaires ou significations de transports.

Art. 5. Aucun notaire de Paris ne pourra délivrer de certificats de propriété de rentes sur l'État, que dans le cas formellement voulu par la loi, c'est-à-dire lorsqu'il sera notaire détenteur de la minute de l'acte de mutation qui donnera lieu à ce certificat.

Certificats de propriété.

Art. 6. Si la mutation a eu lieu au profit d'un ou de plusieurs héritiers, le certificat de propriété ne sera délivré, nonobstant l'inventaire, que sur la réquisition motivée de la partie ou des parties prenantes ou fondés de pouvoirs, constatée par leurs signatures sur le certificat ; ou qu'en vertu d'un acte contenant acceptation de la succession, et même, s'il y a plusieurs héritiers, la fixation de leurs portions viriles dans les rentes sur l'État.

Art. 7. Dans le cas où plusieurs notaires de Paris auraient successivement reçu divers actes quelconques, établissant mutation d'inscription sur la dette publique à quelque titre que ce soit, le certificat de propriété ne pourra être délivré que par le notaire instrumentaire et détenteur de la minute du dernier acte qui aura fixé la propriété dans les mains des parties prenantes au jour du certificat, ou par le successeur aux minutes dudit notaire.

Art. 8. Si, par des décès successifs, il y a plusieurs actes faits par divers notaires, les uns pour une première division, les autres pour des subdivisions, les certificats de propriété seront faits par chacun des notaires, conformément aux divisions et subdivisions, résultantes des actes dont ils seront détenteurs.

Art. 9. Le notaire auquel appartiendra, d'après les art. 5, 6, 7 et 8 ci-dessus, le droit de délivrer des certificats de propriété, pourra mettre au rang de ses minutes, pour garantie de sa responsabilité, les extraits, grosses, expéditions, ou brevets originaux des actes passés devant d'autres notaires, de quelque résidence que ce soit, ou de tous autres départemens, ainsi que des jugemens ou autres pièces quelconques ayant trait préparatoire à la mutation.

Mais si la pièce est l'expédition ou la grosse d'un acte passé devant notaires de Paris, contenant des opérations ou détails complexes, n'ayant trait qu'en partie avec la propriété de la rente, il en sera usé à cet égard, conformément à l'art. 2 ci-dessus.

Art. 10. Le notaire qui aura signé le certificat de propriété ne pourra, non plus que ses successeurs, délivrer ni expéditions ni extraits de ceux des actes à lui déposés ou annexés à l'effet du certificat dont les minutes seraient en la possession d'un autre notaire de Paris; mais il pourra délivrer expéditions ou extraits de ceux de ces actes qui seront en brevets.

Art. 11. Lorsqu'il y aura lieu, d'après l'art. 9 ci-dessus, au dépôt ou annexe d'extraits, grosses, expéditions ou brevets originaux d'actes passés devant un notaire de Paris, autre que celui qui délivrera le certificat de propriété, ce dernier sera tenu, dans l'acte qui contiendra l'annexe ou le dépôt, d'exprimer que l'objet en est de parvenir à la délivrance d'un certificat de propriété de telle ou telle inscription qu'il désignera d'une manière précise.

Art. 12. Hors les cas prévus par le présent règlement, aucun notaire de Paris (même ayant instrumenté en second) ne pourra recevoir, ni en dépôt, ni par voie d'annexe, ou soit directement, soit indirectement, conserver et expédier les brevets, extraits, grosses, expéditions ou copies collationnées d'actes passés devant un autre notaire de Paris; cette faculté demeurant exclusivement réservée au notaire signataire en premier et à ses successeurs.

Art. 13. Les dispositions de l'art. 27 du règlement de 1681 (*rapporté ci-dessus*), seront expliquées et exécutées d'après celles du présent arrêté.

Lorsque l'annexe des grosses de titres constitutifs de rentes ou créances n'aura pas été faite aux minutes des partages, transports ou autres actes qui opéreront la division de ces rentes ou créances, ou par lesquels elles auront été laissées en commun, les notaires de Paris, dépositaires des minutes de ces partages, transports ou autres actes, ne pourront recevoir, même ensuite de ces actes, le dépôt subséquent desdites grosses pour en délivrer des ampliations, et ces dépôts ne pourront être faits que chez les notaires détenteurs des minutes des titres constitutifs. (*Procès-verbal de la chambre, du* 1er *octobre* 1812.)

Annexe de grosses pour délivrance d'ampliations.

ASPIRANS AU NOTARIAT.

Procès-verbal du 19 *novembre* 1812.

Stages des aspirans.

Vu l'art. 36 de la loi du 25 ventose an **XI**, portant, en thèse générale, que « pour être admis aux fonctions de notaire, il faut justifier d'un temps de stage de six années entières et *non interrompues*. »

Vu l'art. 41 de la même loi qui, en modifiant cette première disposition pour les aspirans au notariat de troisième classe, n'exige d'eux qu'un tems de stage de trois années :

La Chambre a été d'avis :

1°. Que l'art. 41 ayant eu pour seul objet de réduire le temps de stage, mais non d'en changer la nature, les aspirans au notariat de troisième classe, comme ceux de la première, doivent justifier que leur travail n'a pas éprouvé d'*interruption*, quoique ledit art. 41 n'ait pas répété cette condition.

2°. Que, pour satisfaire au vœu de la loi, relativement à cette même condition de *non interruption*, il ne suffit pas que l'aspirant ait travaillé de suite, dans un temps quelconque, pendant le nombre d'années prescrit ; mais qu'il faut que ce stage ait précédé immédiatement la demande, faite à la chambre, du certificat de moralité et de capacité, et qu'il ait continué, *sans interruption*, jusqu'à cette époque.

En conséquence, il ne sera délivré de certificat à aucun aspirant, soit pour la première, soit pour la troisième classe, qu'en justifiant par lui d'une *continuité* de stage dans le sens qui vient d'être établi.

BAUX A VIE.

Les minutes des baux à vie des maisons et héritages, doivent rester aux notaires des preneurs et acquéreurs, et les minutes des actes de délaissemens pour dots doivent rester aux notaires des épouses comme une suite des contrats de mariage. (28 *octobre* 1725.)

CLERCS.

Pour entretenir entre les notaires un respect réciproque, aucun d'eux n'admettra un clerc à son service, qu'il n'ait su du dernier notaire de la maison duquel il sera sorti, s'il en aura été fidèlement servi. (*Art.* 21 *des réglemens homologués le* 31 *mai* 1681.)

Aucun notaire ne pourra prendre un clerc sans le consentement du notaire de l'étude duquel il sera sorti le dernier ; et, en cas de refus de donner ledit consentement, sans celui des syndics. (*Réglemens des* 6 *décembre* 1688 *et* 1ᵉʳ *juillet* 1708.)

Lorsqu'un notaire viendra à décéder où qu'il vendra son office, son maître clerc ne pourra quitter son étude, pour aller demeurer chez un autre, pendant les trois mois qui seront comptés du jour de la réception du successeur, et aucun notaire ne pourra le prendre avant lesdits trois mois, si ce n'est du consentement du successeur ou des syndics. (11 *octobre* 1711.)

Chacun des clercs, actuellement en place et se destinant à l'état de notaire, sera tenu de s'inscrire sur le registre qui sera tenu à cet effet par le greffier de la compagnie, conformément à l'arrêt du 16 juillet 1779. A l'égard de ceux qui seront reçus à l'avenir chez les notaires en qualité de clercs, de ceux qui passeront d'un grade à un autre, soit dans la même étude, soit dans toute autre, et de ceux qui, sans changer de grade, changeront d'étude, ils seront tenus de s'inscrire dans les trois mois de leur entrée ou mutation de grade ou d'étude.

Aucuns clercs ne seront admis à s'inscrire qu'en

rapportant certificats de leurs temps d'étude des
notaires chez lesquels ils seront actuellement résidans, et de ceux chez lesquels ils auront auparavant demeuré; ou, en cas de retraite ou décès de
ces derniers, en rapportant les certificats de leurs
successeurs, si ceux-ci en ont connaissance suffisante; sinon il y sera suppléé, suivant les circonstances, par MM. les doyen, délégués et syndics,
sur le rapport de M. le greffier.

Aucun ne pourra être admis à s'inscrire comme
premier clerc chez un notaire, lorsque, dans le
même temps, il se trouvera déjà un autre clerc inscrit et résidant comme premier chez le même notaire. (26 et 29 août 1779.)

Lorsque deux aspirans présentent le même jour
au bureau de la compagnie leurs traités d'acquisition de charges de notaire, l'ancienneté est attribuée à celui qui a plus de temps de principale cléricature.

La chambre a arrêté, comme mesure d'exécution de l'article 13 de la loi du 25 ventose an XI,
qu'il sera recommandé aux notaires du ressort, de
tirer des traits de plume à la fin de chaque alinéa tant
des minutes que des expéditions et extraits de leurs
actes. (28 pluviose an XII, ou 18 février 1804.)

Les clercs de tous les notaires du ressort seront
assujétis à se faire inscrire sur un registre qui, à
cet effet, sera tenu par le secrétaire de la chambre,
conformément à l'arrêt du Parlement, du 16 juillet 1779.

La chambre n'admettra de demande, à fin de
certificat de moralité et de capacité, que de la part
d'aspirans travaillant actuellement en qualité de
clercs dans l'étude d'un notaire, et dont le stage, à
l'égard des aspirans travaillant chez les notaires du
ressort, se trouvera constaté par inscription sur le
registre à ce destiné.

Il ne sera statué sur les demandes de certificats,
que huitaine après la présentation; et, dans l'intervalle, il sera donné avis de la demande à tous les
notaires des arrondissemens dans lesquels l'aspirant
aura travaillé, afin d'appeler les notions qu'ils auraient à transmettre sur sa conduite et ses qualités.
(Procès-verbal de la chambre du 17 ventose an XII,
ou 8 mars 1804.)

Les clercs, qui entrent chez les notaires, ou changent d'études ou de grades, sont tenus de s'inscrire dans les trois mois de leur entrée ou de chaque mutation; les inscriptions ne devant constater que les trois mois antérieurs à leurs dates.

Les clercs, qui auront droit à s'inscrire, doivent porter leurs certificats chez le secrétaire de la chambre, qui leur indique de vive voix le jour que chacun d'eux doit revenir après le rapport à la chambre, et le *visa* des syndics.

· Les certificats à l'appui des inscriptions seront déposés aux archives de la chambre. (*Procès-verbal de la chambre du 26 vendémiaire an XIII, ou 18 octobre 1804.*)

Suivant un procès-verbal de la chambre, du 20 mars 1806, elle a déclaré ne pouvoir délivrer de certificats aux clercs aspirans au notariat hors du ressort, et ce, par le motif qu'il ne lui convient pas de prendre, à cet égard, l'initiative sur les chambres des arrondissemens dans lesquels ces clercs se proposent de s'établir.

DÉPOSITIONS.

Les notaires ne recevront aucune déclaration par manière de déposition ou de révélation sur des minutes ni autrement. (28 *mars* 1688.)

ENFANS NATURELS.

Procès-verbal de la Chambre, du 23 janvier 1806.

Concours dans les actes.

« 1°. Lorsque les héritiers légitimes n'ont pas » complété, par leur choix, le nombre de deux no- » taires nécessaire à la confection des inventaires, » partages et autres actes d'une succession, le no- » taire de l'enfant naturel peut-il être admis?

· » 2°. Dans le cas où le nombre des notaires serait » complété, peut-il, s'il est l'ancien, exclure les » notaires des héritiers légitimes?

» 3°. A-t-il droit, s'il est l'ancien, de conserver » les minutes?

Sur ces questions il a été pris les décisions suivantes :

Art. 1er. Le notaire de l'enfant naturel qui n'a pas encore obtenu l'envoi en possession, n'a pas le droit de concourir à la confection de l'inventaire; même dans le cas où le nombre de deux notaires ne serait pas complété par les héritiers légitimes ou autres ayant droit d'y faire procéder.

2. Lorsque l'enfant naturel a obtenu l'envoi en possession, le notaire par lui choisi peut concourir aux inventaires, comptes, partages et autres actes d'un intérêt commun; et, s'il se présente plusieurs notaires de part et d'autre, les deux plus anciens restent, et les autres doivent se retirer aux termes des anciens règlemens, sauf les exceptions ci-après.

3. Si les deux plus anciens notaires sont du nombre de ceux choisis par les enfans naturels, le plus jeune en réception devra se retirer, et l'autre notaire concourra avec le plus ancien de ceux nommés par les héritiers.

4. S'il s'agit d'actes tendant à la liquidation d'une communauté de biens pour lesquels le notaire de l'époux survivant a droit de rester conformément aux anciens règlemens, le notaire des héritiers légitimes, ou le plus ancien de ceux par eux choisis, aura seul le droit de coopérer à la confection de ces actes, avec le notaire du conjoint survivant, quand même les notaires des enfans naturels seraient plus anciens que celui restant pour les héritiers.

5. En cas de concurrence entre notaires appelés par l'époux survivant commun en biens, les héritiers légitimes et les enfans naturels pour la réception des actes auxquels un exécuteur testamentaire a droit d'appeler son notaire, ceux des enfans naturels devront se retirer et les droits d'admission et préférence entre les autres seront déterminés par les anciens règlemens.

6. Toutes les fois que le notaire des enfans naturels sera admis à concourir à la confection des actes de succession avec celui des héritiers légitimes ou de l'époux survivant commun en biens, il ne pourra retenir les minutes de ces actes; elles appartiendront à l'autre notaire co-opérant, quand même il serait le plus jeune en réception.

7. Lorsque l'enfant naturel ne se trouvera en concours avec aucun parent successible, mais seulement avec des légataires ou un exécuteur testa-

mentaire, ou un conjoint survivant non commun
en biens, quoique donataire ou légataire, les droits
de préférence et de garde des minutes entre les
notaires appelés par ceux ci et l'enfant naturel, se
détermineront d'après les articles 16, 17 et 19 des
anciens réglemens homologués le 31 mai 1681.

EXPÉDITIONS.

Ne pourra, le notaire qui aura par-devers lui les
minutes des inventaires, contrats ou autres actes
auxquels son confrère aura été appelé avec lui, en
délivrer copies ou extraits, que les expéditions ori-
ginales n'en aient été auparavant signées de sondit
confrère, et délivrées, ni faire signer lesdites expéditions, copies ou extraits à aucun notaire, sinon
en cas de maladie pour laquelle il ne puisse signer,
ou d'absence et éloignement de cette ville ; nonobstant laquelle maladie ou absence, il aura même
part à l'émolument que s'il avait signé lesdites expéditions, laquelle part le gardien des minutes
sera tenu de lui envoyer. (*Art.* 18 *du réglement
du* 31 *mai* 1681.)

GROSSES.

Voyez page 43.

Exécut. de l'o-
donnance du
5o août 1815.

Quelques personnes ont pu penser que cette
ordonnance ne s'appliquait qu'aux actes expédiés depuis le 20 mars 1815, époque à compter de
laquelle les grosses ont été expédiées, soit au nom
de Napoléon, soit au nom du peuple français, soit
enfin au nom des puissances étrangères, dans les
pays maîtrisés par leurs armes. Dans cette hypo-
thèse, son application, tout en devenant indispensable, était assez restreinte et eût pu ne pas nécessiter
de la voir régulariser uniformément; mais un instant de réflexion a dû les convaincre que cette
ordonnance embrassait tous les actes expédiés depuis
la fin du gouvernement du Roi Louis XVI; et c'est
principalement cette considération qui a fait rechercher, dans la lettre et l'esprit de l'ordonnance, les
principes et les règles qui doivent guider chacun
des notaires de Paris dans son exécution, et en-
conséquence fixer les différens styles que cette
exécution même rend nécessaires.

En ce qui touche les expéditions, l'ordonnance s'applique certainement moins aux actes des notaires de Paris qu'à ceux de leurs confrères des départements; en effet, s'il n'est pas inouï, il est au moins fort rare que ceux-là aient délivré des expéditions avec les formules qu'elle supprime; les notaires des départements, au contraire sont presque constamment tombés dans cette erreur; c'est ce qu'on peut remarquer dans les examens de pièces et dans les dépôts mêmes de procurations, notoriétés et autres actes simples. Toutes ces expéditions sont sujettes à rectification et si les parties requièrent la délivrance de nouvelles copies ou expéditions des brevets ou expéditions déposés, on ne doit les délivrer, si les parties veulent en faire usage, qu'après en avoir retranché la formule ancienne (*Voyez* le style n°. 4, page 18).

L'art. 2, de l'ordonnance dit que les porteurs de grosses et expéditions délivrées avec les formules qu'elle réprouve, seront tenus de s'en procurer de nouvelles. Toutefois il paraît démontré qu'elles ne peuvent être délivrées que par les notaires, dépositaires des minutes avec la formule royale pour les grosses seulement, les expéditions ne devant jamais en être revêtues.

Cet article, en statuant que les porteurs de grosses et expéditions délivrées au nom d'un pouvoir illégitime, auront la liberté de s'en servir en les présentant préalablement à un notaire royal, pour en faire rectifier la formule, détermine évidemment que tous les notaires indistinctement peuvent opérer cette rectification. Cependant ce principe peut recevoir une modification conforme à ce qui se pratique parmi les notaires de Paris par respect pour les clientelles, c'est d'engager les porteurs à faire faire les rectifications par ceux qui auront reçu les actes ou délivré les expéditions ou par leurs successeurs.

Pour obtenir une nouvelle grosse, il est indispensable que les personnes qui la demandent, représentent l'ancienne pour qu'elle soit bâtonnée; et sur cette grosse comme sur la nouvelle cela devra être, mentionné. (*Voyez* les styles n°. 1, 2. et 3.) L'ordonnance à la vérité, ne prescrit point cette représentation; elle porte d'ailleurs, art. 4, que l'obtention d'une nouvelle grosse n'est soumise à aucune autorisation ; mais cette précaution paraît être le seul remède à l'inconvénient résultant de la possession de deux grosses, et chaque notaire doit y tenir à la main.

« Les grosses nouvelles seront aux frais de ceux qui les demandent » porte l'art. 4, il est hors de doute qu'il en doit être ainsi des expéditions nouvelles, encore que l'ordonnance ne le dise pas.

Enfin, d'après l'article trois, la rectification des grosses et expéditions doit être faite sans frais. (*Voyez* le style n° 5.)

INVENTAIRES.

La minute appartient au plus ancien.

Lorsque deux notaires auront été concurremment appelés pour faire un inventaire ou récollement, la minute en demeurera par-devers l'ancien, lequel prendra le serment des parties ; et néanmoins, si ledit inventaire ou récollement était fait en conséquence de contrat ou articles de mariage à la requête de l'un des futurs époux en la présence de l'autre, ladite minute appartiendra au notaire de la future épouse, lequel sera tenu d'y appeler son collègue qui aura reçu ou qu'il saura devoir recevoir avec lui ledit contrat de mariage. (*Art.* 16 *des réglemens de* 1681.)

Ne pourra aucun inventaire ou récollement être fait par plus de deux notaires ; et s'il en était appelé davantage, il sera fait par celui de l'exécuteur testamentaire, s'il y en a un, et par celui du mari ou de la veuve et des héritiers, s'ils conviennent d'un seul, sinon par le plus ancien des notaires qu'ils auront appelés séparément ; et s'il n'y a point d'exécuteur testamentaire, ledit inventaire ou récollement sera fait par le notaire dudit mari ou de ladite veuve, et par celui des héritiers, sans que les notaires nommés par les créanciers s'y puissent entremettre, si ce n'était que l'inventaire fût fait à leur seule requête sans veuve ni héritiers. (*Art.* 19 idem.)

Lorsqu'un mari et une femme, séparés de biens, nomment chacun son notaire pour la confection d'un inventaire à l'occasion d'une succession échue à la femme, la minute doit rester au plus ancien. (17 *octobre* 1771.)

Un arrêté du 13 janvier 1780, commençant par ces mots :

« Dans tous les cas, le notaire de l'exécuteur tes-
» tamentaire », a été rapporté ci-devant, page 217.

Le subrogé tuteur ne peut nommer des officiers pour procéder à l'inventaire concurremment avec ceux des héritiers ou du conjoint survivant, sans préjudice du droit qu'il a de choisir un expert dans le cas prévu par l'art. 453 du C. C. (*Procès-verbal du 17 septembre* 1812.)

L'inventaire commencé par deux notaires et la première vacation finie, aucun notaire ne pourra exclure ni l'un ni l'autre des deux premiers ; cependant l'inventaire n'étant commencé que par un notaire, si postérieurement une partie ayant droit en nommait un autre, il pourra y travailler, bien entendu qu'en ce cas la minute demeurera toujours au premier quoique plus jeune. (10 *mars* 1715.)

Nota. Suivant un règlement fait pour Paris, le 6 avril 1632, l'inventaire devait être fait devant notaire, et écrit de la main du notaire ou de son clerc, et non de celle de l'une des parties. (*Parf. Notaire, tome 2, page* 556.)

MARIAGE

Les notaires ne doivent pas recevoir de procurations à l'effet de contracter mariage. (14 *novembre* 1811.)

MINUTE.

La minute d'une donation appartient au plus ancien, quoique cet acte contienne vente au donataire de quelques effets mobiliers et de récolte. (24 *juillet* 1695.) — Donation.

Le nombre des voix, qu'un notaire a pour lui de la part des parties intéressées à un acte, n'influe en rien pour l'attribution des minutes. C'est par ce motif que la compagnie a attribué la minute d'un bail au notaire le plus ancien, quoiqu'il n'eût été nommé que par l'un des propriétaires et le premier, tandis que l'autre notaire avait été appelé par tous les autres propriétaires. (23 *septembre* 1796.) — Droit d'ancienneté.

Une délibération du 10 décembre 1775 est ainsi conçue : — Minutes doubles.

« Il ne pourra y avoir du même acte plusieurs
minutes; l'usage des doubles minutes qui s'est introduit depuis plusieurs années sera regardé à l'avenir comme une contravention formelle à l'article
17 de nos réglemens. »(Arrêt du parlement conforme à cette délibération en date du 12 mars 1783.)

Les minutes des contrats et actes, où deux notaires
auront été concurremment appelés, appartiendront
à l'ancien, quand même les contrats auraient été
dressés par le plus jeune, à l'exception toutefois
des actes énoncés ci-devant, page 41. (Art. 17 des
réglemens de 1681.)

OBLIGATION.

La minute d'une obligation, souscrite pour l'u-
sufruit au profit d'un individu, et pour la nue-
propriété au profit d'un autre, appartient au notaire
de l'usufruitier. (24 septembre 1812.)

QUITTANCE.

Le notaire de celui qui reçoit un paiement, exclut
le notaire de celui qui a prêté les deniers pour faire
ledit paiement. (23 janvier 1695.)

La quittance du prix d'une vente, quoiqu'elle
porte constitution pour une partie dudit prix et
soit séparée du contrat, appartient au notaire de
celui qui fait le paiement, d'autant que la constitution n'est dans cet acte que par accident. (19
octobre 1698.)

SIGNATURE EN SECOND.

Les notaires seront obligés de signer l'un pour
l'autre les actes et contrats non contraires aux ordonnances et bonnes mœurs, dont ils seront requis,
sans pouvoir le refuser. (31 mai 1681.) Voyez au
mot Expédition.

SOLLICITEURS ET AGENS D'AFFAIRES.

Une délibération du 23 décembre 1730 porte :
« Nous sommes tous unanimement convenus et

» avons promis en parole d'honneur, que nous ne
» souffrirons directement ou indirectement qu'il
» soit fait des actes dépendans de nos fonctions,
» que les signatures en soient reçues, et que les
» expéditions, copies ou extraits en soient faits que
» sous nos vues, à notre sçu et sous nos ordres,
» par nos clercs travaillant actuellement dans nos
» études et résidans chez nous, sans pouvoir nous
» prêter sur cela à aucune facilité, convention ni
» accommodement, quand bien même ce serait à
» titre purement gratuit, à cause du danger qu'il y
» aurait pour le public et pour nous d'en user au-
» trement :

» Que MM. les syndics feront les informations
» nécessaires pour découvrir les contrevenants, si
» quelqu'un était capable de s'y prêter ou de faire à
» ce sujet quelques marchés et autres conventions
» indignes de notre ministère ; et que, s'il venait à
» notre connaissance, nous en avertirons lesdits
» syndics sans considération ni acception de per-
» sonnes ou verbalement ou par des mémoires ano-
» nymes, comme nous le jugerons à propos, pour
» en communiquer avec ceux qui composent le
» conseil de la compagnie, et s'en instruire assez
» certainement pour en faire, par les syndics, pu-
» bliquement les dénonciations en pleine assemblée,
» et s'il y échoit, en porter nos plaintes aux supé-
» rieurs et magistrats, à quoi la compagnie excite
» et autorise lesdits sieurs syndics.

TESTAMENT.

Le notaire qui a reçu un testament doit en re- *Remise dé testa-*
mettre la minute au testateur qui le réclame, sur *ment.*
une décharge sous seing-privé ou notariée. (*Procès-*
verbal de la chambre du 8 germinal an 12 ou 29
mars 1804.)

Lorsqu'un testament olographe porte une insti- *Dépôts dé testa-*
tution à titre universel, et lorsque M. le Président *mens ologra-*
du tribunal veut bien ne pas user de la faculté de *phes.*
désigner d'office le notaire dépositaire, le dépôt de
ce testament doit être confié au notaire de la succession ou au plus ancien des notaires de la succession, préférablement à celui du légataire universel. (*Procès-verbal du 6 mai 1812.*)

30

VISA.

Pour les lettres patentes portant réglement sur les compulsoires, le Roi a assujéti diverses significations, oppositions et exploits à être visés par les notaires entre les mains desquels ils seront faits.

L'art. 6 ordonne que les huissiers, chargés des saisies et oppositions entre les mains des notaires, à la délivrance des deniers dont ils pourront être dépositaires, seront tenus de faire viser, par le notaire entre les mains de qui l'opposition ou la saisie sera faite, l'original de l'exploit de saisie ou opposition, ainsi que les originaux de toutes significations qui pourraient être faites aux notaires, d'arrêts, significations, sentences et contraintes; autrement les notaires ne pourront être poursuivis pour les paiements qu'ils pourront faire nonobstant lesdites saisies, oppositions et significations qui ne seront pas visées; et, en cas de refus de la part des notaires de viser les originaux de ces exploits ou qu'il fussent absents, les huissiers seront autorisés à se retirer par devant l'un des syndics des notaires, à l'effet de faire viser lesdits originaux d'exploits, et le syndic, qui aura visé, en donnera avis au notaire pour le refus ou l'absence duquel il aura visé.

FIN.

ERRATA ET ADDITIONS.

Un auteur a dit que rien n'est plus inutile qu'un *errata*, parce que si les fautes sont aperçues, il ne peut rien apprendre, que dans le cas contraire, on n'est pas même tenté de le consulter. Cependant, pour notre amour-propre et celui de l'imprimeur, nous avons relevé les fautes et signalé les omissions suivantes :

Page 6, ajoutez à la vingt-deuxième ligne : Les prorogations de délai peuvent être mises ensuite des obligations. (*Journal de l'enreg. art.* 5248.)

Page 9, dernière ligne, au lieu de *législation* lisez *légalisation.*

Page 34, ajoutez à la vingt-huitième ligne : Les fonctions de notaires sont incompatibles avec celles de commissaires-priseurs. (*Ord. du* 31 *juillet* 1822.)

Page 35, ajoutez à la note (2) :

(Art. 5 de la constitution de l'an 8, portant que l'exercice des droits de citoyen est suspendu par l'état de domestique à gages.)

Page 46, ajoutez à la vingt-sixième ligne, ce qui suit :

« Les greffiers ne sont pas tenus de dresser acte du dépôt qui » est fait entre leurs mains, du double des répertoires des no-» taires : d'où il suit que les notaires ne peuvent être tenus d'ac-» quitter aucun droit pour un tel acte, lorsqu'ils n'en requièrent » pas la rédaction. (*Cour de cassation*, 11 *janvier* 1816.)

Page 59, ajoutez ce qui suit :

« Le droit d'enregistrement des ventes d'immeubles est fixé » à 5 et demi pour cent ; mais la formalité de la transcription au » bureau de la conservation des hypothèques, ne donne plus » lieu à aucun droit proportionnel. » (*Art.* 54 *de la loi du* 28 *avril* 1816.)

Page 64, ajoutez *sera*, au bout de la trente-cinquième ligne.

Page 65, ajoutez pour deuxième note :

« Les art. 726 et 912 du Code civil sont abrogés : en » conséquence, les étrangers auront le droit de succéder, de » disposer et de recevoir de la même manière que les français, » dans toute l'étendue du royaume. » (*Loi du* 14 *juillet* 1819.)

Page 95, ligne 37, lisez *clause.*

Page 104, ligne 10, au lieu de *rente à vie*, lisez *vente à vie.*

Page 123, ajoutez après la deuxième ligne :

» Les certificats de propriété pour *cautionnemens*, ne sont
» pas susceptibles d'être portés sur le répertoire, et il n'y a
» pas de délai de rigueur pour l'enregistrement. » (*Décision
du min. des fin. du* 1er *août* 1821.)

Page 157, après la neuvième ligne, ajoutez :
Voyez les remarques au mot *remboursement*.

Page 173, ajoutez après le N. B.

La clause d'un contrat de mariage, par laquelle la mère de
la future déclare en quoi consiste la part de celle-ci dans la succession paternelle, et s'oblige de lui donner ce qui pourrait
manquer à la consistance qu'elle attribue à cette portion d'hérédité, est passible du droit d'enregistrement de 50 cent. par 100
francs. (*Décision du min. des fin. du* 12 *janvier* 1821.)

Page 211, avant le parag. III :
Voyez les remarques, au mot ÉCHANGE.

Page 225, au bas de la page :
Voyez les remarques, au mot LETTRE DE CHANGE.

Page 235, *voyez* les remarques, au mot LIQUIDATION.

Page 257, ajoutez au bout de la vingt-deuxième ligne : ainsi
que dans l'effet de l'inscription d'office prise au profit de M. D.
          , le   , vol.   n°.

Page 258, reportez la vingt-deuxième ligne. « 17. *Cas d'un
» second emprunt.* » après la vingt-neuvième

Page 266, ajoutez au bas :
» Dans le cas d'un partage d'une même succession entre des
» co-héritiers étrangers et français, ceux-ci prélèveront sur les
» biens situés en France, une portion égale à la valeur des biens
» situés en pays étranger dont ils seraient exclus, à quelque
» titre que ce soit, en vertu des lois et coutumes locales. » Art.
2 de la loi du 14 juillet 1819.

Page 277, ligne 5, *lisez* article 1984.

Page 359, huitième ligne, *lisez être* au lieu de *erre.*

Id. ligne 23, *lisez :* vente d'une chose *sujette* à usufruit.

Page 361, *voyez* les remarques aux mots VENTE A VIE, VENTE
D'IMMEUBLE, etc.

Page 413, ajoutez à la sixième ligne et PORTER-FORT,
Code civil, art. 1120.

www.ingramcontent.com/pod-product-compliance
Lightning Source LLC
Chambersburg PA
CBHW031616210326
41599CB00021B/3201